प्रयागराज और कुम्भ

सांस्कृतिक वैभव की अभिनव गाथा

प्रयागराज और कुम्भ

सांस्कृतिक वैभव की अभिनव गाथा

कुमार निर्मलेन्दु

लोकभारती प्रकाशन

लोकभारती प्रकाशन
पहली मंजिल, दरबारी बिल्डिंग, महात्मा गाँधी मार्ग
प्रयागराज-211 001
वेबसाइट : www.lokbharatiprakashan.com
ईमेल : info@lokbharatiprakashan.com
शाखाएँ : 1-बी, नेताजी सुभाष मार्ग, दरियागंज
नयी दिल्ली-110 002
अशोक राजपथ, साइंस कॉलेज के सामने
पटना-800 006 (बिहार)
36-ए, शेक्सपियर सरणी
कोलकाता-700 017 (प. बंगाल)

प्रथम संस्करण : 2019

आस्था पेपर कन्वर्टर
प्रयागराज द्वारा मुद्रित

PRAYAGRAJ AUR KUMBH
by Kumar Nirmalendu

ISBN : 978-93-88211-51-2

मूल्य : ₹ 600

तेन त्यक्तेन भुञ्जीथा मा गृधः कस्यस्विद्धनम्

ईशावास्योपनिषद् के इस प्रथम मन्त्र में जगत् को त्याग के साथ भोगने और
दूसरों के धन पर लोभदृष्टि नहीं डालने का उपदेश दिया गया है। मेरे नाना इस
मन्त्र के मानो मूर्तिमान् विग्रह थे।
मगध अंचल के एक मध्यवर्गीय किसान परिवार में पैदा हुए और एक सीमित
परिवृत्त में रहकर परमधाम को चले गये। परन्तु गये एक सार्थक जीवन
जी कर। वे अपने गाँव-गिराँव के
त्रिवेणी बाबू भी थे, वैद्य जी भी और गाँधी जी भी!

साहित्य, संगीत और संस्कृति को लेकर मेरे मन में, कभी न समाप्त होनेवाली,
जिज्ञासा उत्पन्न करने का श्रेय मैं उन्हीं को देना चाहता हूँ।
'त्रिवेणी तीर्थ' विषयक यह पुस्तक
स्मृतिशेष नाना जी
को
समर्पित

विषय क्रम

भूमिका

आज विश्व के कई देश विभिन्न विचारधाराओं के प्रतीक बनकर उभरे हैं। कोई भौतिकवाद का प्रतीक बनकर उभरा है तो कोई अतिवाद का प्रतीक बनकर उभरा है, लेकिन भारतवर्ष अनादिकाल से अब तक अध्यात्मवाद का शाश्वत प्रतीक बना रहा है। भारत-विद्या (इण्डोलॉजी) की सामान्य समझ रखनेवाला व्यक्ति भी इतना जानता है कि भारतवर्ष की आत्मा का साक्षात्कार करने के लिए अध्यात्मवाद उसकी मूल कुंजी है। भक्ति, तीर्थ, धर्म, ब्रह्म और मोक्ष की अवधारणा को समझे बिना भारत देश और उसकी चेतना को समझ पाना सम्भव नहीं है।

'प्र' का अर्थ है विशाल और 'याग' का अर्थ है यज्ञ, यानी जहाँ विशाल यज्ञ हुआ हो, उस स्थान को 'प्रयाग' कहा गया। इस स्थान पर ब्रह्मा जी ने प्रथम बार विशेष रूप से यज्ञ किया गया था। कहते हैं कि ब्रह्माजी ने इस भूमि पर दस बार अश्वमेध यज्ञ किये थे। प्रयाग में जिस स्थान पर वह यज्ञ हुआ था, उसे आज भी दशाश्वमेध घाट कहा जाता है।

प्रथमं तीर्थराजं तु प्रयागाख्यं सुविश्रुतम्।
कामिकं सर्वतीर्थानां धर्मकामार्थ मोक्षदम्।।

तीर्थराज प्रयाग का नाम सर्वश्रेष्ठ तीर्थ के रूप में विख्यात है। वह सभी तीर्थों के फलों को देनेवाला तथा धर्म, अर्थ, काम एवं मोक्ष इन चारों का प्रदाता है।

पुराणों में प्रयाग को 'तीर्थराज' कहा गया है। प्राचीन काल ही नहीं बल्कि मध्य एवं आधुनिक काल में भी प्रयाग की महत्ता अक्षुण्ण रही है। अकबर ने प्रयाग में संगम के तट पर 1583 में एक विशाल किले का निर्माण कराया और वहाँ एक नया नगर बसाकर उसको एक नया नाम दिया- इलाहाबास। आगे चलकर यह नगर इलाहाबाद के नाम से प्रसिद्ध हुआ। इस प्रकार, इलाहाबाद नगर की स्थापना मुगल बादशाह अकबर ने की थी। इलाहाबाद भले ही नया नगर हो, परन्तु प्रयाग एक प्राचीन तीर्थस्थल है। स्वभावतः विराट हिन्दू जनमानस इस तीर्थोत्तम नगर को प्रयागराज के रूप में ही जानता और मानता रहा है। इस पुण्यभूमि की पौराणिकता और ऐतिहासिकता सम्बन्धी बोध को अक्षुण्ण बनाये रखने के उद्देश्य से उत्तर प्रदेश

शासन की अधिसूचना संख्या 1574 दिनांक 18 अक्तूबर, 2018 द्वारा इलाहाबाद जिले का नाम परिवर्तित करके प्रयागराज कर दिया गया है। इस प्रकार लोक आस्था का समादर करने के साथ ही जनाकांक्षा की पूर्ति भी हुई है।

प्राचीन काल में प्रयाग 'यज्ञभूमि' और 'तपोभूमि' के रूप में प्रसिद्ध रहा है। प्रकृति ने भी इस स्थान को भौगोलिक दृष्टि से विशिष्ट और अनुपम बनाया है। यहाँ गंगा, यमुना और सरस्वती नदी की धाराओं का संगम हुआ है। प्रयाग के सामने गंगा के पूर्वी तट पर झूँसी नामक एक काफी पुराना स्थल है, जिसको प्राचीन काल में प्रतिष्ठानपुर कहा जाता था। महर्षि भरद्वाज और आदिकवि वाल्मीकि दोनों का आशीर्वाद इस क्षेत्र को प्राप्त हुआ है।

ईसा पूर्व छठी सदी में गंगा और यमुना के मध्य की भूमि वत्सदेश कहलाती थी, जिसकी राजधानी प्रयाग से लगभग 45 किलोमीटर पश्चिम में यमुनातट पर स्थित कौशाम्बी नगरी थी। उस समय प्रयाग तीर्थ वत्सदेश के अन्तर्गत ही था। मौर्य काल में कौशाम्बी एक वैभवशाली नगर था। तीसरी सदी ई. पू. में सम्राट् अशोक ने वहाँ अपना एक पाषाण-स्तम्भ स्थापित किया था, जिस पर उसके और उसकी रानी कारुवाकी के लेख उकेरे गये हैं।

'त्रिवेणी संगम' प्रयाग का हृदयस्थल है तो अक्षयवट श्यामलता और स्वच्छ छाया का अनश्वर प्रतीक है। प्रयाग में होनेवाले कुम्भ पर्व में निवास, स्नान एवं तर्पण करने को पितरों को तारनेवाला, सभी प्रकार के पापों का नाश करनेवाला और भवसागर से पार करानेवाला कहा गया है। यह अकारण नहीं है कि उसको तीर्थ न कह कर तीर्थराज कहा गया है। भारत के सांस्कृतिक इतिहास में प्रयाग का स्थान बहुत ऊँचा है। गंगा, यमुना और सरस्वती के इसी पवित्र संगम पर हमारी महान् संस्कृति के कई विशिष्ट अध्याय रचे गये हैं। यहाँ हर बारह वर्ष पर कुम्भ पर्व का आयोजन होता है, जबकि हर छह वर्ष पर अर्द्धकुम्भ आयोजित किया जाता है। कुम्भ और अर्द्धकुम्भ के दौरान प्रयाग हिन्दू आस्था का सबसे बड़ा केन्द्र बन जाता है। अपनी परम्परा के प्रति भारतीय जनसामान्य के मन में प्राचीन काल से ही इतना दृढ़ विश्वास और इतनी प्रबल आस्था विद्यमान है कि यह हजारों वर्षों से उनको और उनके पूर्वजों को देश के कोने-कोने से खींचकर पावन जल में स्नान के लिए नदियों के तट पर ले आता है। अपार भीड़ जमा होती है। परन्तु विश्व के इस सबसे बड़े धार्मिक आयोजन कुम्भ महापर्व के दौरान आस्था और आत्म-अनुशासन का एक अद्भुत उदाहरण देखने को मिलता है।

तीर्थराज प्रयाग की महिमा अनन्त है। मत्स्य (104/12), कूर्म (1/36/27) और अग्नि पुराण (111/6-7) के अनुसार जो श्रद्धालु प्रयाग का दर्शन करके उसका नामोच्चारण करता है और वहाँ की पावन मिट्टी अपने शरीर पर लगाता है, वह

पापमुक्त हो जाता है। वहाँ स्नान करनेवाले को स्वर्ग की प्राप्ति होती है और वहाँ देह त्यागने वाले को मोक्ष मिल जाता है। कहते हैं कि मरते समय यदि कोई व्यक्ति प्रयाग का नाम-स्मरण कर ले तो उसको ब्रह्मलोक की प्राप्ति होती है; और वहाँ वह सिद्धों, संन्यासियों और मुनियों के साथ रहने का अधिकारी बन जाता है।

ज्योतिष भारतीय जीवन-पद्धति को प्रारम्भ से ही प्रभावित करता रहा है। ज्योतिष की गणना के आधार पर ही कुम्भ पर्व का आयोजन होता है। वर्ष 2019 में प्रयाग में अर्द्धकुम्भ का आयोजन हो रहा है। ऐसे विशिष्ट अवसर पर मेरे मित्र श्री कुमार निर्मलेन्दु की पुस्तक 'प्रयागराज और कुम्भ' प्रकाशित हो रही है। कुमार निर्मलेन्दु सांस्कृतिक विषयों के एक गम्भीर अध्येता हैं और इनकी इस पुस्तक में प्रयाग और कुम्भ के परिप्रेक्ष्य में एक सुरुचिपूर्ण एवं गवेषणात्मक अध्ययन प्रस्तुत करने का प्रयास किया गया है। यह विषय बहुत व्यापक है; और इसको एक छोटी-सी पुस्तक में समेट पाना किसी चुनौती से कम नहीं है। मुझे विश्वास है कि प्रयाग एवं कुम्भ और इन दोनों के बहाने हमारी गौरवशाली भारतीय संस्कृति के मूल स्वरूप को समझने की दृष्टि से यह पुस्तक बहु-उपयोगी सिद्ध होगी। मैं एक स्वस्ति वचन के साथ लेखक को अपनी शुभकामनाएँ देता हूँ-

सुगाः न कर्त सुपथा स्वस्तये। (ऋग्वेद, 10/63/7)

अर्थात्- सूर्यदेव हमारे कल्याण के लिए इस पथ को सुगम बना दें।

डॉ. आनन्द कुमार सिंह
निदेशक,
उ.प्र. संग्रहालय निदेशालय/
उ.प्र. राज्य पुरातत्त्व विभाग,
लखनऊ।

पूर्वपीठिका

असतो मा सद्गमय।
तमसो मा ज्योतिर्गमय।
मृत्योर्मामृतं गमय।।

- बृहदारण्यकोपनिषद् (1/3/28)

इस मन्त्र में ईश्वर से यह प्रार्थना की गयी है कि मुझे असत्य से सत्य की ओर, अन्धकार से प्रकाश की ओर और मृत्यु से अमृतत्त्व की ओर ले चलें। भारतीय जीवन-पद्धति में अमृतत्त्व का अनुसन्धान मानव-जीवन का चरम लक्ष्य रहा है। इस मृत्यु-लोक में जन्म लेनेवाला प्रत्येक मनुष्य अनादिकाल से इसी चिर अभिलाषा की पूर्ति के लिए सदा प्रयत्नशील रहा है। सुर हों या असुर सबको अमृत की चाह है। सब यह भी जानते हैं कि अमृत के अनुसन्धान के क्रम में विष भी उत्पन्न होता है। लेकिन विडम्बना यह है कि लोकहित में उस विष का पान करनेवाला कोई शिव आज नज़र नहीं आता।

प्रत्येक बारह वर्ष पर लगनेवाले कुम्भ या प्रत्येक छह वर्ष पर लगने वाले अर्द्धकुम्भ में एकत्र होने वाला अपार जनसमुदाय सम्भवतः अमृत से भरे कुम्भ की अपनी अव्यक्त अभिलाषा को लेकर ही वहाँ पहुँचता है।

पौराणिक अनुश्रुतियों के अनुसार एक बार दुर्वासा मुनि के शाप से देवतागण शक्तिहीन हो गये। तब भगवान् विष्णु ने अमृत प्राप्त करने के लिए देवताओं को समुद्र-मन्थन की सलाह दी। समुद्र-मन्थन हुआ और उससे 14 वस्तुओं की प्राप्ति हुई, जिनमें एक अमृत-कलश भी था। अमृत-कलश पाने के लिए देव-दानव भिड़ गये। उनका यह संघर्ष 12 दिनों तक चला। देवलोक का एक दिन मृत्युलोक के एक वर्ष के बराबर होता है। मृत्युलोक के हिसाब से यह युद्ध 12 वर्ष चला। संघर्ष के दौरान हुई छीना-झपटी में अमृत-कुम्भ प्रयाग, नासिक, उज्जैन और हरिद्वार में छलक गया। उन चारों स्थानों में अमृत की बूँदें नदियों के जल में गिरकर उनको अमृतमय बना गयीं। इसी कारण इन्हीं स्थानों पर हर बारह वर्ष में कुम्भ मेला लगने

लगा। इस पौराणिक मान्यता का सर्वाधिक प्रचार शंकराचार्य ने किया था।

लेकिन आदि शंकराचार्य के पूर्व भी प्रयाग में कुम्भ होता रहा है और इसका सबसे पुराना ऐतिहासिक वर्णन ह्वेनत्सांग (7वीं सदी ई.) ने किया था। उस समय प्रयाग के त्रिवेणी संगम पर दुनिया भर से ऋषि-मुनि, राजा-महाराजा, सामन्त, कलाविद् और धर्मप्राण जन लाखों की संख्या में एकत्र हुए थे। उस समय प्रयागराज में 75 दिनों तक महामोक्ष परिषद् का आयोजन हुआ था। महाराजा हर्षवर्द्धन ने अपने पूर्वजों की परम्परा का पालन करते हुए पाँच वर्ष का संचित कोष और अपनी निजी सम्पूर्ण सम्पदा प्रयागराज के उस मेले में दान कर दी थी। इससे कुम्भ परम्परा का स्पष्ट संकेत मिलता है।

परम्परागत रूप से हरिद्वार, प्रयाग, नासिक और उज्जैन में पवित्र नदियों के किनारे कुम्भ पर्व का आयोजन होता है। वैसे तो ये चारों भारत के प्रमुख तीर्थ हैं, परन्तु प्रयागराज तीर्थों के राजा हैं। यह भारत का सर्वप्रमुख सांस्कृतिक केन्द्र होने के साथ ही भारतीय सात्त्विकता का सर्वोत्तम प्रतीक भी है। यह हिन्दू आस्था का एक महान केन्द्र तो है ही, यह हमारे देश की धार्मिक और आध्यात्मिक चेतना का केन्द्रबिन्दु भी है। तीर्थराज प्रयाग के माहात्म्य का विस्तृत वर्णन मत्स्य, पद्म और कूर्म पुराण के कई अध्यायों में मिलता है। इन पुराणों में थोड़े-बहुत परिवर्तनों के साथ उन्हीं बातों को दुहराया गया है। आस्थावान हिन्दू ऐसा मानते हैं कि प्रयागराज की महिमा का बखान कर पाना कोई सहज कार्य नहीं है। सन्तकवि तुलसीदास कहते हैं-

को कहि सकइ प्रयाग प्रभाऊ। कलुष पुंज कुंजर मृगराऊ।।
सकल कामप्रद तीरथराऊ। बेद बिदित जग प्रगट प्रभाऊ।।

जहाँ कहीं भी देवनदी के एक से अधिक प्रवाह एक साथ मिलकर बहने लगते हैं, तो धाराओं का वह मिलन-स्थान 'प्रयाग' बन जाता है। हिमालय क्षेत्र में पंचप्रयाग तीर्थ ऐसे ही बने हैं। परन्तु इलाहाबाद में गंगा, यमुना और अदृश्य सरस्वती की तीन धाराओं के मेल से वह मिलन-स्थान तीर्थोत्तम और प्रयागराज बन गया है। यहाँ प्रतिवर्ष माघ स्नान के लिए, प्रति छह वर्ष पर अर्द्धकुम्भ स्नान के लिए और प्रति बारह वर्ष पर कुम्भ-स्नान के लिए असंख्य लोग आते हैं। भाषा, जाति, प्रान्त आदि के भेदों को भुला करके एक जनसमुद्र उमड़ आता है। कुम्भ मेला व्यक्तियों का ही संगम नहीं कराता, बल्कि वह भारतीय भाषाओं और लोक-संस्कृतियों का संगम भी बन जाता है।

कुम्भ मेले में लोगों का आना एक तीर्थ यात्रा है। 'तीर्थ' और 'तीर्थयात्रा' संस्कृत भाषा के शब्द हैं। तीर्थ का शाब्दिक अर्थ है- किसी नदी या नहाने के स्थान में उतरने के लिए बना रास्ता, सड़क, घाट या सीढ़ियाँ। इस प्रकार 'तीर्थयात्रा' का शाब्दिक

अर्थ है- नदी के घाटों की यात्रा करना। तीर्थयात्रा घरेलू सामाजिक पृष्ठभूमि की उलझनों के बीच शुरू होती है। तीर्थयात्री इन उलझनों से दूर किसी ऐसे स्थान पर जाता है, जो दैनन्दिन सांसारिक जीवन की जटिलताओं से अलग होता है। तीर्थयात्रा का उद्देश्य किसी भौतिक, आध्यात्मिक, प्रतीकात्मक या नैतिक लाभ की प्राप्ति होती है, जो तीर्थयात्री के विश्वास के अनुसार उस पवित्र स्थल से मिलती है। प्रयागराज का कुम्भ मेला सम्भवतः ऐसा ही एक सुअवसर उपलब्ध कराता है।

कुम्भ के दौरान संगम तीर्थ पर एक स्नान-दिवस पर भक्तिभाव से कई बार इतने लोग जमा हो जाते हैं कि उनकी संख्या दुनिया के कई देशों की कुल जनसंख्या से भी अधिक होती है। उन श्रद्धालुओं को वहीं से कभी कोई निमन्त्रण नहीं देता, वे श्रद्धा और भक्ति की एक अदृश्य डोर में बँधकर वहाँ खिंचे चले आते हैं। हमारी सनातन संस्कृति का यह चुम्बकीय आकर्षण अनादिकाल से यथावत् बना हुआ है। श्रद्धा और आस्था का यह आवेग सदियों से चली आ रही हमारी परम्परा का हिस्सा है। यह परम्परा हमें अपनी मूल संस्कृति से जोड़े रखने के साथ ही सांस्कृतिक एकीकरण का पथ भी प्रशस्त करती है।

स्कन्दपुराण के काशीखण्ड और पद्मपुराण के उत्तरखण्ड के अनुसार भौगोलिक तीर्थों के अतिरिक्त कुछ ऐसे सदाचार भी हैं, जिनको आलंकारिक शब्दावली में 'मानस तीर्थ' कहा गया है। उनके अनुसार सत्य, क्षमा, इन्द्रिय-संयम, दया, ऋजुता, दान, आत्मनिग्रह, सन्तोष, ब्रह्मचर्य, मृदुवाणी, ज्ञान, धैर्य एवं तप 'मानस तीर्थ' हैं; जबकि मनःशुद्धि सर्वोत्तम तीर्थ है। पुराणों में यह भी कहा गया है कि लोभी, दुष्ट, क्रूर, प्रवंचक, कपटी और विषयासक्त व्यक्ति तीर्थों में स्नान करने के बाद भी अपवित्र ही बना रहता है। कहने का आशय यह है कि मन और हृदय का शुद्धीकरण सर्वोत्तम तीर्थाटन है। हमारे धर्मग्रन्थों का यह रूप अपने-आप में अद्भुत और विलक्षण है। यदि इस दृष्टि से देखा जाये तो हमारे तीर्थ एवं पर्व आधुनिकता और भौतिकता की अन्धी दौड़ के बीच में थोड़ा ठहरकर हमें आत्मावलोकन करने का एक अवसर भी प्रदान करते हैं।

यद्यपि आज का प्रयागराज आधुनिक सुविधाओं से सुसज्जित एक आधुनिक नगर है, तथापि माघ मेले या कुम्भ मेले के दौरान कल्पवास करनेवाले श्रद्धालु संगम-तट पर पुरातन आश्रमी-जीवन का सुख प्राप्त करते हैं। प्रयागराज देवनदी गंगा, यमुना और अदृश्य सरस्वती के पवित्र संगम पर बसा हुआ एक प्राचीन नगर है। पौराणिक अनुश्रुतियों के अनुसार सोम, वरुण और प्रजापति का जन्म यहीं हुआ था। इसको 'भाष्कर क्षेत्र' भी कहा गया है। यह भारतभूमि का एक पवित्र भूभाग है। यह अपने कण-कण में भारत की सांस्कृतिक चेतना के अवयवों को समेटे हुए है। कुम्भ पर्व के समय प्रयागराज भारत की सामासिक संस्कृति का सबसे बड़ा

प्रतीक बन जाता है। गंगा, यमुना और सरस्वती के त्रिवेणी संगम पर कुम्भपर्व के दौरान आस्था, श्रद्धा और भक्ति की त्रिकूटधारा बहती दिखायी देती है। यह अनादिकाल से हिन्दू आस्था का एक मजबूत गढ़ रहा है। मुगलकाल में अकबर ने इस स्थान को प्रशासनिक और सामरिक दृष्टि से महत्त्वपूर्ण मानकर 1583 ई. में यहाँ एक किला बनवाया और इस नगर का नाम 'इलाहाबाद' कर दिया था। ब्रिटिश शासनकाल में भी यह एक प्रमुख प्रशासनिक केन्द्र था। हर दौर में इस नगर का गौरव अक्षुण्ण रहा है। स्वाभाविक रूप से प्रयागराज के गौरवशाली इतिहास के बारे में जानना-समझना एक सुखद अनुभूति है।

कलकत्ता में फरवरी 1900 ई. में एशियाटिक सोसाइटी ऑफ बंगाल की वार्षिक बैठक में बोलते हुए तत्कालीन वायसराय लॉर्ड कर्जन (1859-1925 ई.) ने कहा था कि "पुरातन इतिहास का एक बड़ा भाग, महान खोजों के इस युग में, अब भी केवल अनुमानों पर आधारित है। केवल विद्वानों के प्रयासों और शोध परिणामों से धीरे-धीरे उसकी परतें खुल रही हैं। परन्तु इसके सूत्र हमारे सामने सब जगह बिखरे पड़े हैं-भूमिगत शहरों में, अबूझ शिलालेखों में, सामान्य सिक्कों में, जर्जर स्तम्भों में और तराशे हुए पत्थरों में। वे हमें आधारभूत जानकारी प्रदान करते हैं, जिनसे हम भूतकाल का इतिवृत्त फिर से तैयार कर सकते हैं और एक बीते युग की नैतिकता, साहित्य, राजनीति व कला को पुनर्जीवित कर सकते हैं।" (भारत के महान भाषण, सं0 रुद्रांशु मुखर्जी, पृ. 50)

इस अभिभाषण को दिये हुए 119 साल बीत चुके हैं। परन्तु लॉर्ड कर्जन द्वारा उस समय कही गयी बातें आज भी पूर्ववत प्रासंगिक हैं। इसी बात को ध्यान में रखकर मेरे द्वारा अनेकत्र बिखरे हुए तमाम सूत्रों को समेटकर तीर्थराज प्रयाग के गौरवशाली अतीत को यथासम्भव पुनर्जीवित करने का प्रयास किया गया है। अतीत के जहाँ-तहाँ बिखरे हुए अवयवों को जोड़कर यथासम्भव एक समग्र चित्र प्रस्तुत करने का यह एक विनम्र और लघु प्रयास है। आशा है, आपको यह पसन्द आयेगा; और प्रयागराज तथा कुम्भपर्व के बारे में जिज्ञासु जनों की आवश्यकता की कुछ हद तक पूर्ति भी होगी।

यह पुस्तक बहुत ही कम समय में लिखी गयी है। वस्तुतः मेरे मित्र डॉ. आनन्द कुमार सिंह ने इस पुस्तक को लिखने के लिए मुझे प्रेरित किया। वे वर्तमान में उत्तर प्रदेश संग्रहालय निदेशालय एवं राज्य संग्रहालय, लखनऊ के निदेशक होने के साथ ही उत्तर प्रदेश राज्य पुरातत्त्व विभाग के निदेशक भी हैं। उनके सौजन्य से उपलब्ध सन्दर्भ-सामग्री और उनके द्वारा दिये गये सुझावों के लिए मैं उनके प्रति आभार व्यक्त करता हूँ। बन्धुवर डॉ. आनन्द वर्धन, असिस्टेण्ट प्रोफेसर, डेल्ही इन्स्टीट्यूट ऑफ हेरिटेज रिसर्च एण्ड मैनेजमेण्ट, नयी दिल्ली द्वारा समय-समय पर दिये गये सुझावों

के लिए उनके प्रति भी आभार व्यक्त करता हूँ। पुस्तक में प्रकाशनार्थ फोटोग्राफ उपलब्ध कराने के लिए इलाहाबाद राज्य संग्रहालय के फोटोग्राफर श्री प्रदीप श्रीवास्तव का आभारी हूँ। मेरे मित्र और प्रयागराज के जिला खाद्य विपणन अधिकारी श्री विवेक सिंह एक बहुत अच्छे फोटोग्राफर भी हैं। पुस्तक के कवर-पेज हेतु दोनों छायाचित्र उन्होंने ही सुलभ कराये हैं। अतः मैं उनका भी आभारी हूँ। राजकमल प्रकाशन समूह के श्री रमेश ग्रोवर एवं श्री आमोद माहेश्वरी का मैं विशेष रूप से आभारी हूँ, जिन्होंने बहुत रुचि लेकर अल्पावधि में इस पुस्तक को प्रकाशित कर आप सभी तक पहुँचाने का उद्यम किया है।

मकर संक्रान्ति
14, जनवरी 2019

कुमार निर्मलेन्दु

तीर्थावतार शिलापट्ट पर प्रयागराज का दृश्यांकन
(यह शिलापट्ट ब्रिटिश म्यूजियम, लन्दन में संरक्षित है)

अध्याय–1

भारतवर्ष, आर्यावर्त्त और मध्यदेश

भरत और भारत

हमारे देश का नाम **भारत** है। पुराणों के अनुसार स्वायम्भुव मनु के पुत्र का नाम प्रियव्रत था। उनके पुत्र हुए नाभि और नाभि के पुत्र हुए ऋषभ। राजर्षि नाभि के शुभ आचरण से प्रसन्न होकर भगवान् विष्णु ने ही पुत्र के रूप में उनके घर जन्म लिया था। कहते हैं कि नाभिनन्दन के जन्म के समय से ही उनके शरीर पर भगवान् विष्णु के वज्र-अंकुश आदि चिह्न विद्यमान थे। यह देखकर महाराज नाभि ने उनका नाम ऋषभ रखा। युवा होने पर ऋषभदेव का विवाह देवराज इन्द्र की कन्या जयन्ती से हुआ था। एक बार इन्द्र ने ईर्ष्यावश उनके राज्य में वर्षा नहीं की। ऋषभदेव ने इन्द्र के इस कृत्य पर हँसते हुए अपने योगबल से वर्षा का आह्वान किया; और फिर उनके द्वारा शासित भूभाग पर यथेष्ठ वर्षा हुई।

राजा ऋषभदेव के सौ यशस्वी पुत्र हुए। उनके सबसे बड़े पुत्र का नाम भरत था। ऋषभ ने अपने अवतार लेने के रहस्य का उद्घाटन करते हुए अपने सभी पुत्रों को धर्मपूर्वक कार्य करने का आदेश दिया और उनसे यह भी कहा कि वे सभी युवराज भरत की मनोयोगपूर्वक सेवा करें। लेकिन अन्तिम समय में ऋषभदेव ने अजगरवृत्ति धारण कर ली और अपने समस्त कार्य लेटे-लेटे ही करने लगे।[1]

जैन कवि स्वयम्भू द्वारा अपभ्रंश भाषा में लिखे गये रामकथा पर आधारित ग्रन्थ 'पउम चरिउ'[2] के अनुसार ऋषभदेव की दो पत्नियाँ थीं- सुमंगला और नन्दा। दोनों पत्नियों से उनके सौ पुत्र और दो पुत्रियाँ थीं। एक दिन सेवा कार्य में लगी नीलांजना नामक अप्सरा को देखकर उनके मन में वैराग्य उत्पन्न हुआ। लोकान्तिक देव ने वहाँ उपस्थित होकर उनके विचार का समर्थन किया। अतः ऋषभ वसन्ततिलक नामक उद्यान में पहुँचे। परिजनों से अनुमति लेकर उन्होंने आभूषण आदि को त्यागते हुए गृहत्याग (महाभिनिष्क्रमण) कर दिया। उस अवसर पर इन्द्र ने उनके केशों को रतनजटित वस्त्र में रखकर क्षीरसागर में प्रवाहित कर दिया। इसके बाद ऋषभदेव दान-धर्म के प्रचारार्थ भारत-भ्रमण पर निकल गये।

श्रीमद्‌भागवत पुराण के अनुसार ऋषभदेव के बाद उनके ज्येष्ठ पुत्र 'भरत' राजा बने। भरत एक चक्रवर्ती राजा हुए। वे बहुत ही धार्मिक और उदार स्वभाव के थे। उनका विवाह विश्वरूप की पुत्री पंचजनी से हुआ था, जिससे उनके पाँच पुत्र हुए। परन्तु वे वीतरागी थे, इसलिए उम्र ढल जाने के बाद राजकाज अपने पुत्रों को सौंपकर पुलहाश्रम (हरिहरक्षेत्र) जाकर तपस्या करने लगे। वहाँ चक्र (गण्डकी) नामक नदी के किनारे ऋषियों के आश्रम बने हुए थे। एक दिन वे चक्र नदी में स्नान कर रहे थे। वहीं प्यास से व्याकुल एक हिरणी पानी पीने आयी। तभी अचानक कहीं पास में ही एक सिंह दहाड़ उठा। सिंहनाद को सुनकर हिरणी भय से थर्रा गयी। प्राण बचाने के लिए उसने छलाँग लगाकर नदी को पार करना चाहा। वह गर्भवती थी, इसलिए उसका गर्भ नदी के बीच में ही गिर गया। वह भागकर एक गुफा में जा छिपी, किन्तु वहीं उसकी मुत्यु हो गयी। इस बीच हिरणी का नवजात शावक नदी में बहने लगा। भरत ने नदी में बहते उस अनाथ शावक को उठा लिया; और उसको पाल-पोस कर बड़ा किया। वे उस मातृहीन मृग के प्रेम में इतने अनुरक्त हो गये कि यम, नियम, भक्ति, पूजा सब भूल गये। इस आसक्ति के कारण उनका अगला जन्म मृग के रूप में ही हुआ। परन्तु पूर्व जन्म में उनकी साधना पूरी हो चुकी थी, इसलिए उनकी स्मृति नष्ट नहीं हुई। स्वभावतः मृग के रूप में भी वे भगवद्‌भक्ति में लीन रहे और अपनी माँ को छोड़कर पुलहाश्रम पहुँच गये।

भरत का अगला जन्म एक ब्राह्मण के पुत्र के रूप में हुआ। इस जन्म में भी उनकी पूर्व-जन्म की स्मृति बनी रही। वे हर समय भगवान् के चरणों में ही अपना ध्यान लगाये रहते थे। उनके माता-पिता ने अपने इस पुत्र को पढ़ाने का बहुत प्रयास किया, किन्तु अध्ययन के प्रति उनमें रूचि न जगा सके। पिता के दिवंगत होने के बाद उनके भाई उनको मूर्ख समझकर उसकी उपेक्षा करते रहे। उसी समय एक डाकू देवी भद्रकाली के समक्ष नर-बलि देना चाह रहा था। उसके अनुचरों ने निरुद्‌देश्य भटकते भरत को पकड़ लिया और उनको वन में बलि के स्थान पर ले गये। इस अनाचार को देखकर भद्रकाली अत्यन्त कुपित हुईं; और उन्होंने रौद्र रूप धारण कर लिया। फिर देवी ने अपने खड्ग से वहाँ मौजूद सभी डाकुओं का वध कर दिया। डाकुओं के वध के बाद भरत उस वन में अकेले रह गये।

संयोगवश उसी समय वहाँ से राजा रहूगण की सवारी निकल रही थी। राजा की पालकी ढोने के लिए कहारों की कमी पड़ रही थी। भरत पर नजर पड़ते ही उसने उनको कहारों के साथ पालकी उठाने को कहा। अनभ्यस्त होने के कारण भरत अन्य कहारों का विधिवत साथ नहीं दे पा रहे थे। स्वाभाविक रूप से पालकी का सन्तुलन बिगड़ रहा था। इस बात से क्षुब्ध होकर राजा रहूगण भरत को डाँटने-डपटने लगा।

तब भरत ने शालीनता के साथ उस राजा को उपदेश दिया। ब्राह्मण-पुत्र के यथार्थ रूप को जानकर राजा बहुत लज्जित हुआ।[3]

भरत के नाम पर ही इस देश का नाम पड़ा- भारत। स्पष्टतः जिस 'भरत' के नाम के आधार पर इस देश को 'भारत' कहा गया, वह शकुन्तला और दुष्यन्त के पुत्र- भरत नहीं थे, अपितु ऋषभदेव के पुत्र थे।

ऋषभात् भरतो जज्ञे वीरः पुत्रशताग्रजः।
सोऽभिषिच्याथ भरतं पुत्रं प्राव्राज्यमास्थितः।।
हिमाह्वं दक्षिणं वर्षं भरताय न्यवेदयत्।
तस्मात्तद् भारतं वर्षं तस्य नाम्ना विदुर्बुधाः।। [4]

भरत भारतीय इतिहास एवं परम्परा के एक महानायक थे। आर्य जाति के एक सशक्त नायक के रूप में भरत का उल्लेख ऋग्वेद में हुआ है। आर्यों की राजनैतिक व्यवस्था और उनकी संस्कृति को समुचित स्वरूप प्रदान करने में उनका विशिष्ट योगदान है। 'ऐतरेय ब्राह्मण' में भरत के राज्याभिषेक और तदन्तर उनकी विजयगाथा का वर्णन है। अश्वमेध नामक यज्ञ करने के बाद उन्होंने अपनी सत्ता को दृढ़तापूर्वक स्थापित किया था।

हमारे देश के विभिन्न नाम

यहाँ विचारणीय प्रश्न यह है कि यदि भरत के नाम पर इस देश का नाम भारत हुआ, तो भरत के राजा बनने के पूर्व इस देश का क्या नाम था? भागवत पुराण के अनुसार **भारतवर्ष** नाम पड़ने के पहले इस देश का नाम **'अजनाभवर्ष'** (भाग0, 5/7/3) था, जबकि वायुपुराण के अनुसार इस देश का नाम **'हैमवतवर्ष'** (वायु0, 35/52) था। पुनः यह प्रश्न उठता है कि इन दोनों नामों में से पुराना नाम कौन-सा है? सम्भव है कि इस देश के लिए ये दोनों नाम एक साथ प्रचलित रहे हों। जैसे आज भी कोई इसको भारत कहता है, कोई भारतवर्ष, कोई हिन्दुस्तान तो कोई इंडिया।

इस देश को विश्व के शेष भूभाग से पृथक् करनेवाला हिमवत् गिरि (हिमालय) प्रमुख रूप से अवस्थित है। सम्भवतः इसीलिए इस देश को 'हैमवतवर्ष' कहा गया है। परन्तु 'अजनाभ' का आशय कुछ गहरा है। 'अजनाभ' का व्युत्पत्तिपरक अर्थ है- अज (अजन्मा/भगवान् विष्णु) के नाभि-कमल पर स्थित देश। कहने का तात्पर्य यह है कि सृष्टिकर्ता ब्रह्मा ने भगवान् के नाभि-कमल पर निवास करते हुए जिस प्रथम लोक का निर्माण किया, वही देश है- अजनाभवर्ष। इस शब्द से यह संकेत भी मिलता है कि सृष्टि का श्रीगणेश अजनाभवर्ष (अर्थात् भारतवर्ष) से ही हुआ। मनुस्मृति के अनुसार मानव की उत्पत्ति सर्वप्रथम इसी स्थान पर हुई।

एतद्देश-प्रसूतस्य सकाशादग्रजन्मनः।
स्वं स्वं चरित्रं शिक्षेरन् पृथिव्यां सर्वमानवाः।।

यद्यपि आधुनिक वैज्ञानिक शोधों ने इस धारणा को पुष्ट नहीं किया है, उसके अनुसार प्रथम मानव की उत्पत्ति अफ्रीका के जंगलों में हुई; तथापि इतना तो तय है कि मानव सभ्यता के उपकरणों के हम आदि-शिल्पी रहे हैं। हमारे ही देश में, सिन्धु नदी की घाटी में मानव सभ्यता की नींव रखी गयी। इसके थोड़ा आगे-पीछे दुनिया के अन्य भागों में भी सभ्यताएँ विकसित हुईं, किन्तु उनमें से अधिकांश काल के प्रवाह में नष्ट भी हो गयीं। जबकि हमारी सभ्यता और संस्कृति अपने को काटती-तराशती निरन्तर आगे बढ़ती रही है। कहना न होगा कि परिवर्तन और निरन्तरता का सह-अस्तित्त्व भारतीय संस्कृति की एक अद्भुत विशेषता है।

घुलनशील तत्त्वों को मिलाकर अपने को प्रगाढ़ बना लेने का उपक्रम हमारी सामासिक संस्कृति की आधारशिला है। द्रविड़, आर्य, शक, पहलव, हूण इत्यादि अनेक देशी-विदेशी समुदायों के संश्लेष से हमारी संस्कृति का ताना-बाना बुना गया है। यह देश सचमुच एक महासमुद्र की तरह है, जिसमें न जाने कितनी सरिताओं का जल आकर मिला; और अन्ततोगत्वा इसकी अनन्त जल-राशि में विलीन हो गया। बाहरी तत्त्वों और उपकरणों को पचाकर समन्वय और सामंजस्य पैदा करने का सतत प्रयास हमारी सबसे बड़ी शक्ति है। यह हमारी संस्कृति का सबसे सबल पक्ष है।

हर्षकालीन गद्यकवि बाणभट्ट हमारे देश के लिए भारतवर्ष शब्द का प्रयोग करते हैं-

इतश्च नातिदूरे तस्यास्मद्भारतवर्षादुत्तरेणानन्तरे किम्पुरुषनाम्नि वर्षे वर्ष-पर्वतो हेमकूटो नाम निवासः। *(कादम्बरी, महाश्वेताजन्मवृत्तान्तः)*

बाणभट्ट के परवर्ती संस्कृति कवि आनन्दवर्द्धन कृत 'ध्वन्यालोक' में भी इस देश के लिए भारतवर्ष शब्द का ही प्रयोग किया गया है-

रतिर्हि भारतवर्षोचितेनैव व्यवहारेण दिव्यानामपि वर्णनीयेति स्थितिः। (तृतीयोद्द्योतः)

प्राचीनकाल में भारत को ब्राह्मण एवं जैन ग्रन्थों के अनुसार 'भारतवर्ष'; और बौद्ध ग्रन्थों के अनुसार मौलिक रूप से **जम्बूद्वीप** कहा जाता था। मौर्य सम्राट् अशोक के काल में भी जम्बूद्वीप नाम प्रचलित था। बौद्ध ग्रन्थों में अशोक को प्रायः 'जम्बुद्वीप का राजा' कहा गया है। कुछ पालवंशीय राजाओं ने भी अपने अभिलेखों में अपने को जम्बूद्वीप का राजा कहा है। यहाँ गौरतलब है कि जम्बूद्वीप से इस देश का भौगोलिक सन्दर्भ मिलता है, जबकि भारतवर्ष से राजनैतिक सन्दर्भ मिलता है। प्राचीन ग्रन्थों में सामान्यतः आर्यों द्वारा विजित, अधिकृत एवं बसाये गये क्षेत्रों को ही जम्बूद्वीप या भारतवर्ष की संज्ञा से अभिहित किया गया।

जम्बूद्वीप तत्युगीन सात महाद्वीपों में से एक था। सिनेरु इसके मध्य में स्थित था। बौद्ध ग्रन्थों में भारतवर्ष को एक बैलगाड़ी के आकार में प्रदर्शित किया गया है, जिसका मुख दक्षिण दिशा की ओर है। ब्राह्मण स्रोतों के अनुसार भारत की सतह कछुए के ऊपरी खोल की तरह उत्तल आकार की है।[5]

श्रीमद्देवीभागवत पुराण के अनुसार प्रजापति ब्रह्मा के पुत्र स्वायम्भुव मनु के दो पुत्र हुए- प्रियव्रत और उत्तानपाद। आगे चलकर सम्पूर्ण भूमण्डल पर महाराज प्रियव्रत का शासन हुआ। उन्होंने सूर्य के समान तेजस्वी रथ पर बैठकर पृथ्वी की सात बार प्रदक्षिणा की। प्रदक्षिणा के दौरान उनके रथ के पहियों से जमीन में जो गड्ढे हुए थे, वे ही सात समुद्रों में बदल गये। ये सात समुद्र थे- क्षारोद, इक्षुरसोद, सुरोद, घृतोद, क्षीरोद, दधिमण्डोद और शुद्धोद। उनके परिक्रमा मार्ग के बीच की धरती सात द्वीपों में बदल गयी। ये सात द्वीप थे- जम्बूद्वीप, प्लक्षद्वीप, शाल्मलिद्वीप, कुशद्वीप, क्रौंचद्वीप, शाकद्वीप और पुष्करद्वीप।

क्षार-समुद्र से घिरे पहले द्वीप का नाम है-जम्बूद्वीप। जम्बूद्वीप में नौ वर्ष हैं- इलावृत्तवर्ष, रम्यकवर्ष, कुरुवर्ष, हिरण्यमयवर्ष, हरिवर्ष, किम्पुरुष, भारतवर्ष, केतुमाल और भद्राश्ववर्ष। इन नौ वर्षों में भारतवर्ष को 'कर्मक्षेत्र' कहा जाता है। जम्बूद्वीप आठ पर्वतों द्वारा विभाजित है। जम्बूद्वीप के मध्य में स्थित होने के कारण इलावृत्तवर्ष को मध्यवर्ष भी कहा जाता है। इसमें भगवान् श्रीहरि 'रुद्र' रूप में विराजते हैं। यहाँ रूद्रदेव भगवान् संकर्षण की उपासना करते हैं। सुमेरु पर्वत इसी पर स्थित है। इलावृत्तवर्ष के दक्षिण की ओर निषध, हेमकूट और हिमालय नामक विशाल पर्वत हैं। इसके पश्चिम में माल्यवान और पूर्व में गन्धमादन पर्वत स्थित है। हरिवर्ष खण्ड में भगवान् 'नृसिंह' रूप में रहते हैं, भद्राश्ववर्ष में हयग्रीव रूप में, रम्यकवर्ष में मत्स्य रूप में, हिरण्यमयवर्ष में कच्छप रूप में, केतुमाल में कामदेव के रूप में, किम्पुरुषवर्ष में श्रीराम के रूप में, भारतवर्ष में आदिपुरुष के रूप में और उत्तरकुरुवर्ष में यज्ञपुरुष भगवान् श्रीहरि वराह रूप धारण करके विराजते हैं।[6]

नव खण्ड

प्रसंगवश भक्ति आन्दोलन के सन्दर्भ में बहुप्रयुक्त एक दोहा उल्लेखनीय है-

भक्ति द्राविड़ ऊपजी लाये रामानन्द।
परगट किया कबीर ने सात द्वीप नवखण्ड।।

पुराणों में भारतवर्ष के नव-खण्डों का विवरण मिलता है। मत्स्य एवं मार्कण्डेय पुराण के अनुसार भारत के नौ खण्ड निम्नवत हैं- इन्द्रद्वीप, कसेरु, ताम्रपर्ण, गभस्तिमान, नागद्वीप, सौम्य, गन्धर्व, वारुण और कुमारीद्वीप (भारत)।

भारत के इस नवखण्डात्मक विभाजन का कारण गुप्तकाल में भारत का अपार सांस्कृतिक विस्तार था। जब कई द्वीपों में फैले उस विशाल भूभाग को सांस्कृतिक इकाई के रूप में बृहत्तर भारत कहा जाने लगा, तब भारत की मुख्यभूमि के लिए 'कुमारीद्वीप' नाम का प्रयोग किया गया। उक्त नव खण्डों की पहचान निम्नवत की जा सकती है-

1. इन्द्रद्वीप	:	इन्द्रद्युम्न, अण्डमान द्वीप
2. नागद्वीप	:	निकोबार द्वीप
3. ताम्रपर्णी	:	सिंहल, श्रीलंका
4. वारुणद्वीप	:	बोरनियो द्वीप
5. कसेरुमान	:	मलयद्वीप
6. गभस्तिमान	:	?
7. सौम्य	:	?
8. गन्धर्वद्वीप	:	?
9. कुमारीद्वीप	:	भारत

राजशेखर ने अपनी 'काव्यमीमांसा' में नवखण्ड के नवें भाग को 'कुमारी द्वीप' कहा है। यह नवम भाग कन्याकुमारी से गंगा के प्रवाह तक फैला था। उत्तर से दक्षिण तक फैले इस भूभाग का दक्षिणी बिन्दु कुमारी (या कन्याकुमारी) था, इसलिए यह भारत देश ही **कुमारीद्वीप** के नाम से प्रसिद्ध हुआ। मार्कण्डेय पुराण के अनुसार ये सभी नौ खण्ड समुद्र द्वारा विभक्त थे।

मध्यकाल में भारत में मुसलमानों के आगमन के आसपास उन्होंने इस देश को एक नया नाम दिया- **हिन्दुस्तान**। वे अन्य विदेशज जातियों की भाँति पश्चिमोत्तर दिशा से भारतभूमि में प्रविष्ट हुए। शुरू-शुरू में वे लोग भारतभूमि और इसके निवासियों को सिन्धु नदी के पार के अथवा उसके आसपास के निवासी के रूप में जानते थे। उल्लेखनीय है कि फारसी में 'स' वर्ण का उच्चारण 'ह' की भाँति किया जाता है। इसलिए वे लोग सिन्धु नदी को तो 'हिन्दु' कहते ही थे, यहाँ के लोगों को भी 'हिन्दु' कहने लगे। बाद में भारतवर्ष को हिन्दुओं का देश मानकर उन्होंने इस देश को 'हिन्दुस्तान' कहना शुरू कर दिया। हिन्दुस्तान का अर्थ है- हिन्दुओं का स्थान। इस प्रकार भारतभूमि के लिए हिन्दुस्तान नाम का प्रयोग मुसलमानों द्वारा आरम्भ किया गया। स्वाभाविक रूप से हमारे प्राचीन संस्कृत, प्राकृत या पालि ग्रन्थों में भारतभूमि के लिए हिन्दुस्तान नाम का प्रयोग कहीं नहीं मिलता है।

आर्यावर्त्त

जैन स्रोतों के अनुसार विन्ध्य पर्वत भारत को दो भागों में विभक्त करता है- विन्ध्य के उत्तर में आर्यावर्त्त और उसके दक्षिण में दाक्षिनात्य या दक्कन। प्राचीनकाल में उत्तरी भारत को आर्यावर्त्त कहा जाता था। ऋग्वैदिक काल से लेकर बारहवीं शताब्दी ईस्वी तक के विभिन्न भारतीय ग्रन्थों में प्रायः इसी नाम का प्रयोग किया गया है। बारहवीं शताब्दी ई. के बाद इस नाम का प्रयोग उत्तरोत्तर कम होने लगा। 'मनुस्मृति' के अनुसार उत्तर में हिमालय पर्वत से लेकर दक्षिण में विन्ध्य पर्वत तक और पूर्व के समुद्र से लेकर पश्चिम के समुद्र तक आयावर्त का विस्तार था।

आसमुद्रात्तु वै पूर्वादासमुद्रात्तु पश्चिमात्।
तयोरेवान्तरं गिर्योरार्य्यावर्त्तं विदुर्बुधाः।। [7]

'शब्दकल्पद्रुम' में भी विन्ध्य पर्वत से लेकर हिमालय तक के भूभाग (विन्ध्यहिमालयोर्मध्यदेशः) को आर्यावर्त्त कहा गया है। 'अमरकोष' में भी इस बात की पुष्टि करते हुए कहा गया है- "आर्यावर्त्तः पुण्यभूमिर्मध्यं विन्ध्यहिमालयोः।"

प्राचीनकाल में भारतवर्ष के भौगोलिक विभाग और प्रदेशों के नाम एक समान नहीं रहे हैं। जातिकृत और राजनैतिक परिवर्तनों के कारण यहाँ की भौगोलिक संज्ञाएँ और परिभाषाएँ भी बदलती रही हैं।[8] परन्तु कुछ संज्ञाएँ और परिभाषाएँ दीर्घजीवी भी रही हैं। वराहमिहिर ने बृहत्संहिता में मध्यदेश के सभी ओर आठों दिशाओं में एक-एक विभाग रखकर कुल नौ विभाग किये थे। वायु पुराण में भी 'नवभेदाः' के रूप में नौ भौगोलिक विभागों की चर्चा की गयी है। परन्तु ये नौ भेद बृहत्तर भारत के हैं।

राजशेखर कृत 'काव्यमीमांसा' में भारत के भौगोलिक विभाग स्वरूप 'पंचस्थलम्' का उल्लेख है। कालिदास कृत रघुवंशम् के रघु-दिग्विजय प्रकरण में भी पाँच भौगोलिक विभागों का उल्लेख है। राजशेखर द्वारा वर्णित पाँच विभाग निम्नवत् हैं- पूर्वदेश, पश्चाद्देश, उत्तरापथ, दक्षिणापथ और मध्यदेश। जबकि वायुपुराण के अनुसार ये पाँच विभाग थे- प्राच्य, उदीच्य, दक्षिणापथ, मध्यदेश और अपर जनपद।[9] इससे स्पष्ट है कि पश्चाद्देश और अपरान्त (अपर जनपद) वस्तुतः एक ही है।

आर्यावर्त्त का केन्द्र : मध्यदेश

वैदिक काल में आर्यावर्त्त के पाँच भौगोलिक भाग थे- प्राच्य देश (पूर्व देश), प्रतीच्य देश (पश्चाद्देश, अपरान्त या पश्चिम देश), उत्तरापथ (उदीच्य देश), दक्षिणापथ (दक्षिण देश) और मध्य देश। आर्यावर्त्त के इन पाँच भागों का सबसे पहला उल्लेख वैदिक ग्रन्थ ऐतरेय ब्राह्मण (38, 3) में मिलता है। ऐतरेय ब्राह्मण के अनुसार 'मध्यदिशा' (मध्यदेश) के अन्तर्गत कुरु, पंचाल, वश और उशनीर जनपद आते थे।

इससे प्रतीत होता है कि आरम्भ में वर्तमान कानपुर तक का गंगा का तटवर्ती भूभाग मध्यदेश के अन्तर्गत आता था। उल्लेखनीय है कि आधुनिक 'मध्यप्रदेश' और प्राचीन 'मध्यदेश' में बहुत अन्तर है। अम्बाला के उत्तर-पूर्व साधौरा के पास सरसुती (सरस्वती) नदी हिमालय से उतरती है; और थानेसर होती हुई घग्घर (दृषद्वती) में मिलकर सिरसा तक पहुँचने के बाद मरुभूमि में गुम हो जाती है। दृषद्वती-सरस्वती के उस काँठे से कम से कम प्रयागराज तक प्राचीन भारत का मध्यदेश था। मध्यदेश के पूर्व, पश्चिम, उत्तर और दक्षिण के भूभाग क्रमशः प्राची, अपरान्त, उत्तरापथ और दक्षिणापथ कहलाते थे।

'मनुस्मृति' में 'मध्यदेश की सीमा पूर्व में प्रयाग तक मानी गयी है, जो उत्तर में हिमालय, दक्षिण में विन्ध्याचल और पश्चिम में सरस्वती नदी के विलीन होने के स्थान 'विनशन' से घिरे भूभाग का नाम है।

हिमवद्विन्ध्ययोर्मध्ये यत्प्राग्विनशनादपि।
प्रत्यतगेव प्रयागाच्च मध्यदेशः प्रकीर्त्तितः।।[10]

इस श्लोक में वर्णित 'विनशन' को संस्कृतिकोशकारों ने 'हस्तिनापुर के उत्तर-पश्चिम का प्रदेश' माना है। विनशन (या अदर्श) ही वह स्थान है जहाँ सरस्वती नदी की धारा विलीन या लुप्त हो गयी थी। मनुस्मृति के उक्त श्लोक के अनुसार विनशन से पूर्व का और प्रयाग से पश्चिम का भूभाग ही मध्यदेश था। 'काव्यमीमांसा' में मध्यदेश की पूर्वी सीमा वाराणसी कही गयी है। 'वृहत्संहिता' में प्रयाग को मध्यदेश की पूर्वी सीमा बताते हुए काशी को प्राची (पूरब) में गिना गया है। बौद्ध ग्रन्थ महावग्ग (5/13/12) अनुसार मध्यदेश का विस्तार पश्चिम में थानेश्वर से लेकर पूर्व में भागलपुर तक था। महावग्ग के अनुसार विदेह और मगध मध्यदेश के अन्तर्गत हैं। कुल मिलाकर, आर्यावर्त्त के मध्यभाग को ही मध्यदेश कहा जाता था।

उत्तर-वैदिक काल में आर्य जन जैसे-जैसे पूर्व और दक्षिण दिशा की ओर आगे बढ़ रहे थे, वैसे-वैसे मध्यदेश की सीमा का भी फैलाव हो रहा था। चीनी धर्मयात्री फाहियान ने भी मध्यदेश का उल्लेख किया है। उसके अनुसार मध्यदेश मथुरा से आरम्भ होता था। परन्तु मथुरा से लेकर कहाँ तक के भूभाग को मध्यदेश कहा जाता था, इस बात को उसने स्पष्ट नहीं किया है। जबकि अलबेरुनी ने कन्नौज के चारों ओर के इलाके को मध्यदेश कहा है। यहाँ उल्लेखनीय है कि भारतवर्ष में मुसलमानों की सत्ता दृढ़तापूर्वक स्थापित होने के बाद मध्यदेश नाम प्रचलन में नहीं रहा। बहरहाल, नेपाली लोग इस मध्यदेश के निवासियों को आज भी मधेसिया कहकर सम्बोधित करते हैं। 'मधेसिया' दरअसल 'मध्यदेशीय' शब्द का अपभ्रंश है। यहाँ उल्लेखनीय है कि नेपाली लोगों द्वारा व्यवहृत 'मधेसी' संज्ञा में बिहार के लोग भी सम्मिलित हैं।

आरम्भ में जब प्रयाग को मध्यदेश की पूर्वी सीमा माना जाता था, तब काशी, मिथिला, मगध, अंग, बंगाल, उड़ीसा और असम के प्रदेश को प्राची (पूरब) में गिना जाता था। ''आज भी भोजपुरी बोली की पश्चिमी उप-बोली 'पूरबी' कहलाती है, क्योंकि अन्तर्वेदियों की दृष्टि में बिहार के पश्चिमी छोर से 'पूरब' शुरू हो जाता है।[11]

कहते हैं, सृष्टि के आरम्भिक चरण में सब जगह अराजकता थी। अराजकता से पीड़ित लोगों ने वैवस्वत मनु को अपना राजा बनाया। मनु के ज्येष्ठ पुत्र का नाम इक्ष्वाकु था। वह मध्य देश का राजा बना, जिसकी राजधानी यही अयोध्या नगरी थी। इसी वंश में आगे चलकर दिलीप, रघु, अज, दशरथ और फिर श्रीराम जैसे महाप्रतापी राजा हुए।

वत्स जनपद

वराहमिहिर कृत 'वृहत्संहिता' में मध्यदेश के मुख्य जनपदों में कुरु, पंचाल, शूरसेन, मत्स्य और वत्स की गणना की गयी है। प्राचीनकाल में इलाहाबाद (प्रयागराज) के आसपास के क्षेत्र को ही वत्स कहा जाता था। इस जनपद की राजधानी कौशाम्बी थी। पौराणिक अनुश्रुतियों के अनुसार काशी के राजा प्रतर्दन के पुत्र वत्स ने 'वत्स' राज्य की स्थापना की थी। महाभारत युद्ध के बाद गंगा नदी की एक भीषण बाढ़ में हस्तिनापुर नगर नष्ट हो गया था। तब कुरु वंश के निचक्षु नामक एक राजा ने यमुना नदी के किनारे स्थित कौशाम्बी को अपनी राजधानी बनाया था। निचक्षु राजा जनमेजय के बाद की पीढ़ी में उत्पन्न हुए थे। वत्स में उदयन नामक एक प्रसिद्ध राजा हुए। भास के प्रसिद्ध संस्कृत नाटक 'स्वप्नवासवदत्ता' में अवन्ति की राजकुमारी वासवदत्ता और वत्स के राजा उदयन की प्रेमकथा का वर्णन किया गया है।

छठी शताब्दी ई.पू. में भारतवर्ष में कुल सोलह महाजनपद थे। महाजनपद का अभिप्राय बड़े जनपदों से है। जनपद शब्द दरअसल छोटे राज्य का वाचक है और महाजनपद बड़े राज्य का द्योतक है। कहने का तात्पर्य यह है कि तत्कालीन जनपदों में से सोलह जनपदों ने अपनी राजनैतिक स्थिति बहुत दृढ़ कर ली और वे सब महाजनपद के रूप में प्रतिष्ठित हुए। महाजनपदों के अलावा कई छोटे राज्य भी थे, जिनको मात्र जनपद कहा जाता था। उक्त सोलह महाजनपद प्रायः जोड़े में गिने जाते थे- (1) गन्धार-कम्बोज (2) कुरु-पंचाल, (3) शूरसेन-मत्स्य, (4) कोसल-काशी, (5) वृज्जि-मल्ल (वृज्जि-विदेह), (6) मगध-अंग, (7) अवन्ति-अश्मक और (8) चेदि-वत्स।

कोसल के एक राजा, जिनका उपनाम महाकोसल था, 625 ई.पू. के आसपास काशी जनपद को जीतकर कोसल में मिला लिया था। महाकोसल का पुत्र प्रसेनजित

बुद्ध का समकालीन था। प्रसेनजित के पुत्र का नाम विडूडभ (या विरुद्धक) था। कोसल के दक्षिण में वत्स जनपद स्थित था। वत्स जनपद वर्तमान बघेलखण्ड का भूभाग था। महाजनपदकाल में गंगा, यमुना और (अदृश्य) सरस्वती के संगम-तट पर अवस्थित प्रयाग वत्स महाजनपद के अन्तर्गत ही आता था। उदयन और अवन्तिराज प्रद्योत में लम्बे समय तक अनबन रही। अवन्ति ने मत्स्य जनपद को अपने अधीन कर लिया था। एक अनुश्रुति के अनुसार बाद में प्रद्योत के पुत्र पालक ने वत्स जनपद को पराजित करके अवन्ति राज्य में मिला लिया।

राजवंशों की आदिकथा

महाभारत के अनुसार ब्रह्मा के दाहिने अँगूठे से उत्पन्न दक्ष प्रजापति ही प्राचेतस दक्ष हुए। उन्हीं से सारी प्रजा की उत्पत्ति हुई। उनकी पत्नी वीरणी के गर्भ से एक हजार पुत्र उत्पन्न हुए। फिर उन्होंने पचास कन्याएँ उत्पन्न कीं। उनमें से तेरह कन्याओं का विवाह कश्यप ऋषि से किया गया। कश्यप की पत्नी अदिति से इन्द्र, विवस्वान् आदि पुत्र पैदा हुए। विवस्वान् के ज्येष्ठ पुत्र का नाम मनु और कनिष्ठ पुत्र का नाम यमराज था। मनु धर्मात्मा थे और उन्हीं से मानव-जाति की उत्पत्ति हुई। मनु के नौ पुत्र हुए- वेन, धृष्णु, नरिष्यन्त, नाभाग, इक्ष्वाकु, कारूष, शर्याति, पृषध्र और नाभागारिष्ट। इला मनु की कन्या थी। मनु के पचास पुत्र और भी थे किन्तु वे सब आपस में लड़कर मर गये।

इला से पुरूरवा का जन्म हुआ। कहते हैं इला पुरूरवा की माता और पिता दोनों थी। जो भी हो, पुरूरवा ने उर्वशी नामक अप्सरा के गर्भ से छह पुत्र पैदा किये- आयु, धीमान्, अमावसु, दृढ़ायु, वनायु और शतायु। आयु ने स्वर्भानवी से विवाह किया जिससे उसके पाँच पुत्र हुए- नहुष, वृद्धशर्मा, रजि, गय और अनेना। नहुष एक प्रतापी राजा हुए। उनके छह पुत्र हुए- यति, ययाति, संयाति, आयाति, अयति और ध्रुव। नहुष के बाद ययाति उनके उत्तराधिकारी हुए। ययाति की दो पत्नियाँ थीं- देवयानी और शर्मिष्ठा। देवयानी से दो पुत्र हुए- यदु एवं तुर्वसु; और शर्मिष्ठा से तीन पुत्र हुए- द्रुह्यु, अनु एवं पुरु।

प्राचीन भारत के विभिन्न राज्यों में प्रमुखतः सूर्य एवं चन्द्र नामक दो वंश के राजाओं का शासन रहा है-

क) *सूर्य वंश :* मनु के ज्येष्ठ पुत्र इक्ष्वाकु ने अयोध्या में सूर्य वंश की स्थापना की थी। अलम्बुष इक्ष्वाकु के पुत्र विशाल (नाभागारिष्ट/नाभानेदिष्ट) ने वैशाली की स्थापना की थी। कारुष ने दक्षिण-पश्चिम बिहार में, धृष्णु ने पंजाब में, नाभाग ने यमुना के दक्षिण में, शर्याति ने आनर्त (उत्तरी गुजरात) में और इक्ष्वाकु के पुत्र निधि ने विदेह में अपने-अपने राज्य स्थापित किये थे। उक्त सभी राजकुल सूर्यवंशीय थे।

ख) *चन्द्र वंश :* मनु के दौहित्र (नाती) ऐल पुरूरवा ने प्रतिष्ठान (झूँसी, प्रयाग) में अपना राज्य स्थापित किया। वे मनु की पुत्री इला और सोम के पुत्र बुध के बेटे थे। सोम के नाम के आधार पर इस वंश को सोम या चन्द्र वंश कहा जाता है। पुरूरवा के पुत्र अमावसु ने कान्यकुब्ज और उसके पौत्र क्षत्रवृद्ध ने काशी में अपने राज्य की स्थापना की। पुराणों में नहुष के पुत्र ययाति को भारतवर्ष का प्रथम सम्राट् कहा गया है। इला का पुत्र होने के कारण पुरूरवा को 'ऐल' कहा गया है। इसीलिए उसके वंश को 'ऐल वंश' भी कहा जाता है।

महाभारत के अनुसार अपने पाँचों पुत्रों में सर्वाधिक आज्ञाकारी होने के कारण कनिष्ठ होने के बावजूद ययाति ने पुरु को अपना उत्तराधिकारी बनाया; और अपनी प्रजा से अनुरोध किया कि वे पुरु को ही अपने राजा के रूप में स्वीकार करें। यदु से राज्याधिकारहीन यदुवंशियों (यादवों) की, तुर्वसु से यवनों की, द्रुह्यु से भोजों की और अनु से म्लेच्छों की उत्पत्ति हुई। परन्तु लगता है पुरु ने अपने साम्राज्य को अपने पाँच भाइयों के बीच बाँट दिया था-

1) पुरु को सरस्वती नदी के किनारे का भाग मिला। (प्रतिष्ठान अर्थात् वर्तमान झूँसी, प्रयाग)

2) यदु को पश्चिम में चावक, वेनवा आदि का भाग मिला।

3) तुर्वसु को दक्षिण-पूर्व एवं पश्चिमोत्तर भाग मिला।

4) द्रुह्यु को पश्चिम का भाग मिला।

5) अनु को गंगा दोआब का उत्तरी भाग मिला।

ऋग्वेद में कई स्थान पर 'पंचजन' शब्द का प्रयोग किया गया है। इससे प्रतीत होता है कि पुरु, यदु, तुर्वसु, द्रुह्यु और अनु आर्यों के मूल या प्रधान जन थे। आगे चलकर ये पाँचों जन अनेक आर्य जनों के रूप में विकसित हुए। शुरू में जनों की राष्ट्रीय भूमियों को 'जनपद' कहा जाता था। जनपद दरअसल ग्रामों का एक समूह था। कुलों के समूह को ग्राम कहा जाता था। जनपद के सामान्य लोग 'विश' कहे जाते थे। ग्राम के मुखिया को ग्रामणी कहा जाता था। प्रत्येक जनपद में एक पुर होता था, जो दरअसल जनपद का प्रमुख नगर होता था। जनपद का राजा पुर में ही निवास करता था, इसलिए पुर जनपद की शक्ति और संस्कृति का केन्द्र होता था।

आर्य संस्कृति के दो केन्द्र : अयोध्या और प्रयाग

मध्यदेश भारतवर्ष की आर्य संस्कृति का एक प्रमुख केन्द्र रहा है। पौराणिक अनुश्रुतियों के अनुसार सूर्यवंश और चन्द्रवंश से ही भारतवर्ष के समस्त राजवंशों का विकास हुआ है। सूर्यवंश (इक्ष्वाकु वंश) का केन्द्र अयोध्या था, जबकि चन्द्रवंश का केन्द्र प्रतिष्ठान (प्रयाग) था। अयोध्या और प्रयाग आर्य संस्कृति के दो प्रमुख केन्द्र

रहे हैं, जिनसे सम्पूर्ण भारतवर्ष में आर्यों की सर्वतोभद्र वैदिक संस्कृति का प्रचार और प्रसार हुआ।

महाभारत-काल में आकर भारतवर्ष में चन्द्रवंश की प्रधानता स्थापित हुई। लेकिन तब उनकी राजधानी प्रयाग नहीं रही। महाभारतकाल में चन्द्रवंशी कुरुओं ने हस्तिनापुर (मेरठ) और इन्द्रप्रस्थ (दिल्ली) को अपनी राजनैतिक शक्ति का केन्द्र बनाया। परन्तु प्रयाग को लेकर चन्द्रवंशियों का मोह सम्भवतः कभी समाप्त नहीं हुआ। यही कारण है कि महाभारत युद्ध के कुछ काल बाद नियति ने जब एक अवसर प्रदान किया तब चन्द्रवंशी कुरुओं ने दुबारा उसी प्रयाग क्षेत्र में अपनी नयी राजधानी का निर्माण किया।

पौराणिक अनुश्रुतियों के अनुसार एक बार गंगा नदी की भयंकर बाढ़ में बहकर हस्तिनापुर नगर पूर्णतः नष्ट हो गया। उस समय अर्जुन के पौत्र परीक्षित का पाँचवाँ वंशज निचक्षु हस्तिनापुर का राजा था। गंगा नदी की बाढ़ में हस्तिनापुर नगर के नष्ट हो जाने के बाद राजा निचक्षु ने प्रयाग के पास कौशाम्बी को अपनी राजधानी बनाया था। कौशाम्बी यमुना नदी के किनारे स्थित थी।

गङ्गयापहृते तस्मिन् नगरे नागसाह्वये।
त्यक्त्वा निचक्षुर्नगरम् कौशाम्ब्यां स निवत्स्यति।। (विष्णु पुराण)

कुछ काल बाद जब काशी के राजा प्रतर्दन ने वत्स नामक राज्य की स्थापना की तो उन्होंने भी कौशाम्बी को ही अपनी राजधानी बनाये रखा। स्वाभाविक रूप से प्रयाग वत्स राज्य के ही अन्तर्गत था। छठी शताब्दी ई.पू. तक आते-आते वत्स भारत का एक प्रमुख राज्य बन गया था।

भारतवर्ष के इतिहास में मध्यदेश के महत्त्व को इसी बात से समझा जा सकता है कि भारतीय परम्परा में हमारे राष्ट्रीय स्वाभिमान, आत्मगौरव और सात्विक आकांक्षाओं को सम्पूर्णता में वहन करने वाले दो शीर्षस्थ महानायक हैं- श्रीराम और श्रीकृष्ण। यह एक अद्भुत संयोग है कि श्रीराम की जन्मभूमि अयोध्या और श्रीकृष्ण की जन्मभूमि मथुरा, दोनों ही स्थान मध्यदेश में हैं। महर्षि वाल्मीकि का आश्रम[12] (चित्रकूट/चम्पारण), महाभारत की रणभूमि (कुरुक्षेत्र), द्रोणाचार्य का आश्रम (गुरुग्राम) और गौतम बुद्ध का जन्मस्थान (लुम्बिनी)- ये सब स्थान भी मध्यदेश में ही हैं। इस प्रकार मध्यदेश भारत की आर्य संस्कृति की धुरी है।

वैदिक साहित्य के अनुसार आर्यों का आरम्भिक निवासस्थान पश्चिमोत्तर भारत में सरस्वती नदी घाटी से लेकर गंगा नदी के उत्तरी किनारे तक फैला हुआ था। इसी भूभाग में कुरु-पंचाल जनपद स्थित था। प्रवजन एवं पुनर्वासन की लम्बी प्रक्रिया के बाद उनकी संस्कृति का प्रसार भारतवर्ष के विस्तृत भूभाग पर हो गया।

सन्दर्भ

1. श्रीमद्भागवत (पंचम स्कन्ध 2-6)
2. जैन परम्परा में श्रीराम को 'पद्म' कहा जाता है। स्वयम्भू कृत यह महाकाव्य 'पउम चरिउ' दरअसल राम का चरित है- 'पद्म चरित'।
3. श्रीमद्भागवत पुराण (पंचम स्कन्ध 7, 26); विष्णु पुराण (2/13, 14)
4. वायु पुराण (33/51-52); मार्कण्डेय पुराण (53/39-40)
5. Bimla churn Law, Ancient India (6th Century B.C.) Page 1
6. संक्षिप्त श्रीमद्देवीभागवत (गीताप्रेस, गोरखपुर) आठवाँ स्कन्ध, पृ. 580-601
7. मनुस्मृति (2, 22)
8. जयचन्द्र विद्यालंकार, भारतीय इतिहास की परेखा, जिल्द- 1, पृ. 107
9. वायु पुराण (श्लोक सं. 109-131)
10. मनुस्मृति (2, 21)
11. जयचन्द्र विद्यालंकार, भारतीय इतिहास की रूपरेखा, जिल्द- 1, पृ. 110
12. वाल्मीकि के आश्रम की अवस्थिति को लेकर मतभेद है। कुछ लोग इसको उत्तर प्रदेश के चित्रकूट में स्थित मानते हैं जबकि कुछ लोग बिहार के चम्पारण में स्थित मानते हैं।

अध्याय–2

प्रतिष्ठान

राजा पुरूरवा की राजधानी : प्रतिष्ठान

आर्य राजवंशों के मूल पुरुष वैवस्वत मनु थे। मनु सूर्य-वंश के संस्थापक भी थे। उनकी राजधानी अयोध्या में थी। जबकि दूसरे प्रसिद्ध राजवंश, चन्द्रवंश के संस्थापक पुरूरवा थे। उनकी राजधानी प्रतिष्ठानपुर थी। यह प्रयाग के निकट यमुना के उत्तरी और गंगा के पूर्वी तट पर स्थित थी। प्रतिष्ठान को वर्तमान इलाहाबाद के झूँसी क्षेत्र से समीकृत किया गया है।

शतपथ ब्राह्मण के अनुसार एक बार प्रातःकाल मनु नदी के जल में हाथ धो रहे थे। अचानक एक छोटी-सी मछली उनके हाथ में आ गयी। उसने मनु से कहा कि आप मुझे संरक्षण दें, समय आने पर मैं आपको संरक्षण दूँगी। मनु ने चकित होकर पूछा-कैसे ? तब उसने बताया कि अभी मैं छोटी हूँ। यदि जल में रही तो कोई बड़ी मछली मुझे खा सकती है। इसलिए मुझे किसी घड़े में रखकर मेरा पालन कीजिए। बड़ी होने के बाद मुझे समुद्र में डाल दीजिएगा। निकट भविष्य में जलप्रलय आनेवाला है। अपनी रक्षा के लिए आप एक नाव बना कर रख लीजिएगा।"

महाभारत के वन पर्व में मार्कण्डेय ऋषि यही कथा युधिष्ठिर को सुनाते हैं। जैसा कि उस मछली ने कहा था, आगे सचमुच वैसा ही हुआ। जलप्रलय में सब कुछ नष्ट हो गया। लेकिन तभी वह मछली एक विशाल मत्स्य के रूप में प्रकट हुई और उसकी सहायता से मनु उसी नाव में बैठकर पहाड़ के किनारे लगे। मत्स्य के निर्देश पर मनु ने सृष्टि में पाये जाने वाले सभी बीज और सप्त ऋषियों को भी सुरक्षित कर लिया था। उन्हीं की सहायता से सृष्टि को पुनर्जीवन मिला।

वैवस्वत मनु हमारे आदि-पुरुष हैं। महाप्रलय के बाद प्रजा-सृष्टि के प्रयोजन से यज्ञकुण्ड में हविष्य डालकर उन्होंन 'इड़ा' (इला) नामक एक कन्या को उत्पन्न किया। बाद में मनु की पुत्री इड़ा का विवाह सोम के पुत्र बुध से हुआ। प्रसिद्ध सम्राट् पुरूरवा इन्हीं बुध और इला के पुत्र थे। इस प्रकार सृष्टि का क्रम फिर से चल पड़ा।

मत्स्य पुराण (24/11) में पुरूरवा को 'सप्तद्वीपपति' कहा गया है, जबकि वायुपुराण में उसको अठारह द्वीपों का भोक्ता बताया गया है।

अष्टादशसमुद्रस्य द्वीपानश्नन् पुरूरवाः। (वायुपुराण, 2/15)

पुरूरवा का मूलस्थान असुर प्रदेश में था। परन्तु माता इला की कृपा से उसे प्रतिष्ठान का राज्य मिला था।

एवं प्रभावो राजासीदैलस्तु द्विजसत्तमाः।
देशे पुण्यतमे चैव कहर्षिभिरलङ्कृते।। 49।।
राज्यं स कारयामास प्रयागे पृथिवीपतिः।
उत्तरे यामुने तीरे प्रतिष्ठाने महायशाः।। 50।।

(वायुपुराण, अध्याय 91)

महाभारत के उद्योगपर्व में प्रतिष्ठानपुर के शासक ययाति का उल्लेख है। लिंग पुराण में ययाति को पुरूरवा का वंशज और नहुष का उत्तराधिकारी बताया गया है। पुराणों में प्रतिष्ठानपुर के माहात्म्य का विशद वर्णन किया गया है। (मत्स्य पुराण, 377/26) कुछ साक्ष्यों (मत्स्य पुराण, 277/24) से ऐसा प्रतीत होता है कि प्रयाग का ही दूसरा नाम प्रतिष्ठान था।

पुरूरवा मन्त्रद्रष्टा भी थे और राजर्षि भी। उनको ब्रह्मवादी, तेजस्वी, सत्यवाक्, अप्रतिमरूप और दानशील कहा गया है। उन्होंने कई यज्ञ किये थे। महाकवि कालिदास ने अपनी प्रसिद्ध नाट्य-रचना 'विक्रमोर्वशीयम्' में पुरूरवा और देवलोक की अप्सरा उर्वशी के प्रणय-सम्बन्धों का वर्णन किया है। 'विक्रमोर्वशीयम्' के अनुसार पुरूरवा के रथ का नाम सोमदत्त था। रथ के नाम से प्रतीत होता है कि यह उसे अपने पितामह सोम से प्राप्त हुआ था। यह रथ हरिण-केतन था। अर्थात् उसके रथ पर हरिण के चित्रवाला ध्वज लहराता रहता था। पुरूरवा के प्रासाद (भवन) का नाम मणिहर्म्य था।

पुरूरवा के समय में हिरण्यपुर-वासी दानवराज केशी देवताओं पर अत्याचार करने लगा। देवताओं की सहायता करते हुए पुरूरवा ने केशी को पराजित कर दिया। देवताओं के राजा इन्द्र इस बात से बहुत प्रसन्न हुए और उन्होंने पुरूरवा को अपना मित्र बना लिया। इतना ही नहीं उन्होंने देवलोक की अप्सरा उर्वशी को भी पुरूरवा के हवाले कर दिया।[1] शुरू में उर्वशी पुरूरवा के प्रति बहुत आसक्त थी। उन दोनों ने मत्स्य पुराण के अनुसार 55 वर्ष, वायुपुराण के अनुसार 64 वर्ष और हरिवंश पुराण के अनुसार 59 वर्षों तक सहवास किया।

तथा सह रममाणः शष्ठिवर्षसहस्राण्यनुदिनप्रवर्द्धमानप्रमोदोऽनयत।।

(विष्णु पुराण, 4/6)

पं. भगवद्दत्त के अनुसार "परन्तु हम ने केवल इतना बताना है कि विष्णु (पुराण) के साठ सहस्र का अर्थ केवल 'लगभग साठ' वर्ष अर्थात् 56-64 वर्ष ही है। अतः प्रतीत होता है कि अत्यन्त प्राचीन काल की वर्ष-गणनाओं में जहाँ वर्ष संख्या के साथ सहस्र शब्द जोड़ा गया है, वहाँ इस का अर्थ 'लगभग' है। यास्कीय निघण्टु में सहस्र और शत आदि शब्द बहु के पर्याय हैं।"[2]

वायुपुराण के अनुसार वह पुरूरवा के छह पुत्रों की माता बनी, परन्तु मत्स्य पुराण के अनुसार वह उसके आठ पुत्रों की माता थी। आयु उनका ज्येष्ठ पुत्र था। कुछ काल बाद ही पुरूरवा और उर्वशी में मतभेद हो गया।[3]

वायुपुराण के अनुसार नैमिषारण्य में कुछ ब्रह्मवादी ऋषिगण यज्ञ कर रहे थे। संयोगवश उसी समय सम्राट् पुरूरवा वहाँ से गुजरे। वहाँ ऋषियों का यज्ञवाट हिरण्यमय था। उसको देखकर पुरूरवा अपने लोभ का संवरण न कर सका। उसने ऋषियों का धन लेना चाहा। इस बात से क्षुब्ध होकर ऋषियों ने उसपर कुशवज्रों से प्रहार किया, जिससे पुरूरवा की मृत्यु हो गयी।[4] पुरूरवा की मृत्यु के बाद ऋषियों ने प्रतिष्ठान के उनके ज्येष्ठ पुत्र आयु का राज्याभिषेक किया। आयु के बाद नहुष और नहुष के बाद ययाति राजा बने थे। ज्ञातव्य है कि नहुष, ययाति, दुष्यन्त और भरत जैसे प्रतापी राजाओं ने प्रतिष्ठानपुर से ही शासन किया था।

'अँधेर नगरी चौपट राजा'

इस लोकोक्ति का सम्बन्ध झूँसी से ही है। यहाँ के बारे में एक किंवदन्ति प्रचलित है कि पुराने जमाने में यहाँ एक 'हरवेंग' राजा था। उसके राज्य में भारी अंधेर था। आलम यह था कि वहाँ 'टका सेर भाजी और टका सेर खाजा' बिकता था। एक बार गुरु गोरखनाथ तथा उनके गुरु मत्स्येद्रनाथ ने रुष्ट होकर वहाँ के राजा को शाप दे दिया। कहते हैं कि उनके शाप के प्रभाव से वह नगरी उलट गयी। जबकि मुसलमानों की परम्परा में कहा गया है कि 1349 ई. में सैयद अली मुर्तजा नामक एक फकीर की बद्दुआ से झूँसी में भूचाल आ गया और वहाँ का किला उलट गया। ये किवदन्तियाँ दरअसल प्रतीक कथाएँ हैं, जिनके माध्यम से यह बताने का प्रयास किया गया है कि अराजकता के कारण झूँसी के पुरातन राज का वैभव नष्ट हो गया और उसके भव्य भवन ऊँचे-ऊँचे टीलों में तब्दील हो गये। किला धरती के भीतर कहीं दब गया और मिट्टी, जिसे किले की नींव में होना चाहिए था, वह किले के ऊपर बैठ गयी। किले के उलट जाने का आशय सम्भवतः यही है।

1730 ई. में झूँसी से एक ताम्रपत्र अभिलेख मिला था जो वर्तमान में बंगाल एशियाटिक सोसायटी के पुस्तकालय में संरक्षित है। इसमें देवनागरी अक्षरों तथा

संस्कृत भाषा में 16 पंक्तियाँ है। इस ताम्रपत्रालेख की प्रथम पंक्ति निम्नलिखित है-

'ऊँ स्वस्ति श्रीप्रयागसमीप गंगातटावसे परमभट्टारक महाराजाधिराज परमेश्वर श्रीविजयपाल देवा पा।'

इस ताम्रपत्र अभिलेख का सारांश यह है कि "विजयपाल देव के पौत्र, राज्यपाल देव के पुत्र, त्रिलोचन पाल ने जो गंगा किनारे प्रयाग के निकट रहते थे, दक्षिणायन संक्रान्ति के दिन गंगा-स्नान करने के बाद शिव का पूजन करके एक गाँव प्रतिष्ठान के ब्राह्मणों को दान दिया, जो विविध गोत्र और विविध परिवार से सम्बन्ध रखते थे। अभिलेख में श्रावण बदी 4 संवत् 1074 विक्रमी अंकित है। इससे ज्ञात होता है कि यह अभिलेख 26 जून 1027 ई. को उत्कीर्ण कराया गया था।

मुसलमानों के समय में यहाँ शेख तकी नामक एक फकीर रहते थे। उनकी कब्र गंगा के किनारे स्थित है, जहाँ सालाना मेला लगता है। मुगल बादशाह फर्रुखसियर (1713-1719 ई.) उनकी मजार के दर्शन करने के लिए एक बार झूँसी आया था। अल्मोड़ा के जोशी ब्राह्मण, रीवाँ के बेनवंशीय क्षत्रिय और प्रतापगढ़ के सोमवंशीय क्षत्रिय झूँसी को अपनी जन्मभूमि बताते हैं।

'विक्रमोर्वशीय' : पुरूरवा और उर्वशी की प्रेमकथा

वेदों में देवलोक की अनुपम सुन्दरी उर्वशी और प्रतिष्ठान के राजा पुरूरवा की प्रणयगाथा का वर्णन किया गया है। दिव्य सुन्दरी उर्वशी ने पुरूरवा के प्रेमबन्धन में बँधकर धरती पर रहना स्वीकार तो किया, लेकिन उसने तीन शर्तें भी रखीं। पहली शर्त यह थी कि वह सदा घृत का ही आहार करेगी, दूसरी शर्त यह थी कि उसके दो प्यारे मेष हमेशा उसकी शैय्या के पास बँधे रहेंगे ताकि कोई उन्हें चुरा न ले; और तीसरी शर्त यह थी कि यदि कभी उसने पुरूरवा को नग्न देख लिया तो वह उसी क्षण देवलोक लौट जायेगी। पुरूरवा ने इन तीनों शर्तों को मान लिया और वे दोनों आनन्दपूर्वक रहने लगे।

उर्वशी देवलोक की शोभा थी। उसकी अनुपस्थिति में गन्धर्वों को देवलोक बहुत सूना-सा लग रहा था। उधर पुरूरवा उन शर्तों के प्रति शुरू से ही सजग थे। इसलिए गन्धर्वों ने छल के द्वारा उन शर्तों को भंग करने की एक चाल चली। एक दिन रात के समय उन्होंने उर्वशी के एक मेष को चुरा लिया। चुराकर ले जाते समय मेष अपनी स्वामिनी को पुकारने लगा। उस पुकार को सुनकर उर्वशी ने पुरूरवा से उस मेष को बचाने को कहा। शर्त भंग होने की आशंका के कारण पुरूरवा नग्न अवस्था में ही मेष के चोरों के पीछे दौड़ पड़े। संयोगवश उसी समय गन्धर्वों ने आकाश में बिजली चमका दी। बिजली की चमक में उर्वशी ने पुरूरवा

को नग्न अवस्था में ही देख लिया। शर्त भंग हो चुकी थी। इसलिए वह राजा को छोड़कर वहाँ से चली गयी।

उसके बाद उर्वशी के वियोग में विक्षिप्त होकर पुरूरवा इधर-उधर भटकने लगे। अन्ततः कुरुक्षेत्र के एक जलाशय में कुछ हंसिनियों को तैरते देखा; और उन्हीं में हंसिनी का रूप धारण करके तैरती उर्वशी को उन्होंने पहचान लिया। उन्होंने उर्वशी से लौट चलने का आग्रह किया, लेकिन वह तैयार नहीं हुई। बहरहाल, गन्धर्वों को पुरूरवा पर दया आ गयी। उन्होंने पुरूरवा को अग्नि-विद्या का उपदेश दिया; और फिर एक अनुष्ठान कराया जिससे उर्वशी और पुरूरवा को पुनर्मिलन हुआ।

वैदिक युग से प्रचलित इस आख्यान में कुछ फेरबदल करके गुप्तकाल में प्रसिद्ध संस्कृत नाटककार कालिदास ने 'विक्रमोर्वशीय' नामक संस्कृत नाटक की रचना की। इस नाटक में कुल पाँच अंक हैं। यह आश्चर्यजनक है कि महाकवि कालिदास ने पुरूरवा और उर्वशी के प्रेम-सम्बन्धी गाथा-काव्य को 'विक्रमोर्वशीय' नाम दिया है। ऐसा प्रतीत होता है कि पुरूरवा के आख्यान के माध्यम से वे अपने समकालीन सम्राट् चन्द्रगुप्त द्वितीय विक्रमादित्य का आख्यान बताना चाह रहे हैं। ज्ञातव्य है कि गुप्तकाल में प्रयाग गुप्त साम्राज्य के अन्तर्गत ही आता था। विष्णुपुराण (4/24/63) में प्रयाग को गुप्तवंशीय राजाओं के अधीन बताया गया है- 'अनुगंगा प्रयागं गयायाश्च मागधाः गुप्ताश्च भोक्ष्यन्ति'।

आर्यों के प्राचीन इतिहास पर इस नाटक से यथेष्ठ प्रकाश पड़ता है। पुरूरवा और उर्वशी के पुत्र आयु से ही चन्द्रवंशी शाखा आगे चलती है।

कालिदास कृत 'विक्रमोर्वशीय' का कथासार (अंक 1)

उर्वशी नामक अप्सरा अपनी सखियों के साथ कुबेर के भवन से लौट रही थी। तभी केशी नामक दैत्य ने उर्वशी और उसकी सखी चित्रलेखा को पकड़ लिया और उनको बलपूर्वक अपने साथ ले जाने लगा। उर्वशी की सखियाँ सहायता के लिए पुकारने लगीं। संयोगवश उसी समय प्रतिष्ठान देश के राजा पुरूरवा सूर्य देव की उपासना करके लौट रहे थे। पुकार सुनकर वे अप्सराओं के पास पहुँचे। अप्सराएँ जानती थीं कि पुरूरवा चन्द्रवंश के प्रतापी राजा हैं और जब कभी युद्ध होता है तब इन्द्र इनकी सहायता लेते हैं।

उन्होंने राजा पुरूरवा को उर्वशी के हरण की बात बतायी। राजा तत्काल उसी दिशा में निकल पड़े और शीघ्र ही राक्षसों से युद्ध करके उर्वशी को मुक्त करा लिया। फिर वे उर्वशी को लेकर अप्सराओं के पास लौट आये। उर्वशी भय से बेहोश हो गयी थी। होश आने पर चित्रलेखा ने उसको बताया कि वह राजा पुरूरवा की कृपा से मुक्त हुई है। उर्वशी ने अपने रक्षक राजा को कृतज्ञ भाव और प्रेम-पूर्ण

दृष्टि से देखा। पुरूरवा को देखकर उसका मन पुलकित हो उठा। पुरूरवा भी उर्वशी के अपरिमित सौन्दर्य को देकर रोमांचित हो गये।

उर्वशी को फिर से अपने बीच पाकर अप्सराएँ बहुत प्रसन्न हुई और उन्होंने राजा के प्रति आभार व्यक्त किये। इसी समय गन्धर्वराज चित्ररथ वहाँ आ पहुँचे। पुरूरवा और चित्ररथ पुराने मित्र थे। चित्ररथ ने उनसे कहा, अब आप उर्वशी को लेकर हमारे साथ देवराज इन्द्र के पास चलिए। लेकिन राजा बोले- ''इस समय मैं क्षमा चाहता हूँ। आप ही इन्हें देवराज के पास पहुँचा आइये।

चलते समय चित्रलेखा ने कहा कि ''उर्वशी कहती है कि महाराज की कीर्ति को मैं अपनी सखी बनाकर इन्द्रलोक ले जाना चाहती हूँ।'' जवाब में राजा ने कहा कि, ''जाइये, परन्तु फिर दर्शन अवश्य दीजिएगा।'' उर्वशी जाने को तो जा रही थी, पर उसका मन उसे पीछे खींच रहा था। राजा का मन भी उधर ही लगा हुआ था। लेकिन वे रथ पर चढ़कर अपनी राजधानी की ओर निकल गये।

(अंक 2)

महाराज राजधानी तो लौट आये; पर उनका मन किसी काम में नहीं लगता था। उनकी रानी काशी-नरेश की कन्या थी। उन्होंने इस उदासी को देखकर अपनी दासी से कहा कि वह राजा के मित्र विदूषक माणवक से इस उदासी का कारण पता करे। दासी निपुणिका का जैसा नाम था, वैसा ही उसका काम भी था। विदूषक के पेट में राजा के गुप्त प्रेम की बातें पचीं नहीं; और निपुणिका ने शीघ्र ही महाराज की उदासी का कारण जान लिया।

राजकाज से छुट्टी पाकर महाराज विश्राम के लिए जा रहे थे। विदूषक परिहास आदि साधनों द्वारा उनका मन बहलाने की कोशिश कर रहा था। परन्तु सब व्यर्थ हुआ। प्रमद वन में भी उनका मन नहीं लगा। उस समय वसन्त ॠतु थी। आम के पेड़ों में कोंपलें फूट आयी थीं। कुरबक और अशोक के फूल बिखरे पड़े थे; लेकिन उर्वशी की सुन्दरता ने उनके मन और हृदय पर कुछ ऐसा जादू कर दिया कि उनकी आँखों को पुष्प के भार से झुकी लताएँ और सुन्दर-सुकोमल पौधे भी अच्छे नहीं लगते थे। उन्होंने विदूषक से कहा ''कोई ऐसा उपाय सोचो जिससे मेरा मनोरथ पूरा हो सके।''

विदूषक ऐसा उपाय सोचने का नाटक कर ही रहा था कि शुभ शकुन होने लगे। अचानक चित्रलेखा के साथ उर्वशी ने वहाँ प्रवेश किया। उन्होंने माया के वस्त्र ओढ़ रखे थे, इसलिए उन्हें तो कोई देख नहीं सकता था, लेकिन वे सबको देख सकती थी। चित्रलेखा बोली, ''सखी! लगता है ये भी तुम्हारे आने की प्रतीक्षा कर रहे हैं।'' उर्वशी को उस समय राजा पहले से भी अधिक सुन्दर लगे। तभी विदूषक बोला, ''या

तो आप सो जाइये, ताकि आप सपने में उर्वशी से मिल सकें; या फिर उसका चित्र बनाइए और उसको एकटक निहारते रहिए।''

इन बातों को सुनकर उर्वशी को विश्वास हो गया कि महाराज उसी की चाह में दुखी हैं; इसलिए उसने भोजपत्र पर एक प्रेमपत्र लिखकर उनके सामने फेंक दिया। महाराज उस पत्र को पढ़कर प्रसन्न हो गये। वह पत्र कहीं पसीने से भीग न जाये, इसलिए उन्होंने उसे विदूषक को दे दिया। उर्वशी सामने आने में झिझक रही थी, इसलिए उसने चित्रलेखा को भेजा। पर जब महाराज के मुँह से उसने अपने प्रति प्रेमभरी बातें सुनीं तो वह भी प्रकट हो गयी। उर्वशी को देखकर महाराज की प्रसन्नता का कोई ठिकाना न था। लेकिन अभी वे दो बातें भी नहीं कर पाये थे कि उन्होंने एक देवदूत का स्वर सुना। ''चित्रलेखा! उर्वशी को शीघ्र ले आओ। भरत मुनि ने तुम लोगों को आठों रसों से पूर्ण जिस नाटक की शिक्षा दे रखी है, देवराज इन्द्र और लोकपाल उसका अभिनय देखना चाहते हैं।''

चित्रलेखा ने उर्वशी से कहा, ''तुमने देवदूत की बातें सुन ली हैं न? इसलिए अब महाराज से विदा लो।'' लेकिन जाने के नाम से उर्वशी इतना दुखी हुई कि वह कुछ बोल न सकी। चित्रलेखा ने महाराज से कहा कि ''उर्वशी पराधीन है, इसलिए यहाँ से जाने के लिए आपकी आज्ञा चाहती है।'' महाराज ने कहा कि ''भला मैं आपके स्वामी की आज्ञा का कैसे विरोध कर सकता हूँ, लेकिन मुझे भूलिएगा नहीं।''

तभी महाराज ने उर्वशी को जो पत्र विदूषक को रखने को दिया था वह कहीं उड़ गया है। महारानी अपनी दासियों के साथ उधर ही आ रही थीं। आते समय उन्हें उर्वशी का वही पत्र उड़ता हुआ मिल गया। उस पत्र को पढ़ने के बाद सब बातें उनकी समझ में आ गयी। उस पत्र को लेकर जब वह महाराज के पास पहुँची। महाराज कह रहे थे कि मैं तो सब प्रकार से लुट गया। यह सुनकर महारानी आगे बढ़ीं और बोलीं ''आर्यपुत्र! घबराइये नहीं। यह रहा वह भोजपत्र!''

महारानी के अचानक आने और उनके हाथ में उस प्रेमपत्र को देखकर महाराज सकपका गये। अपने को सँभालते हुए उन्होंने कहा कि ''मुझे तो किसी और ही वस्तु की तलाश थी।'' परन्तु महारानी कुछ सुनने को तैयार न हुई और तमतमाती हुई लौट चलीं। उनको इस प्रकार नाराज होता देखकर महाराज उनको मनाने के लिए दौड़े।

(अंक 3)

देवसभा में भरत मुनि ने लक्ष्मी-स्वयंवर नामक जो नाटक खेला था, उसके गीत स्वयं देवी सरस्वती ने रचे थे। उस नाटक में उर्वशी ने बोलने में एक बड़ी

भूल कर दी। जिस समय वारुणी बनी हुई मेनका ने, लक्ष्मी बनी हुई उर्वशी से पूछा, ''सखी! यहाँ पर तीनों लोक के एक-से-एक सुन्दर पुरुष, लोकपाल और स्वयं भगवान् विष्णु आये हुए हैं, इनमें से तुम्हें कौन सबसे अधिक अच्छा लगता है?'' उस समय उसे कहना चाहिए था 'पुरुषोत्तम'; परन्तु उसके मुँह से निकल गया 'पुरूरवा'। इस पर भरत मुनि ने उसे शाप दिया, ''तूने मेरे सिखाये पाठ के अनुसार काम नहीं किया है इसलिए तुझे यह दण्ड दिया जाता है कि तू स्वर्ग में नहीं रहने पायेगी।''

नाटक के समाप्त होने पर उर्वशी लज्जा से सिर नीचे किये खड़ी थी, तभी सबके मन की बात जानने वाले इन्द्र उसके पास गये और बोले, ''जिसे तुम प्रेम करती हो, वह राजर्षि रणक्षेण में सदा मेरा सहायक है। कुछ उसके मनोनुकूल कार्य भी करना चाहिए। इसलिए जब तक वह तुम्हारी सन्तान का मुँह न देख ले, तब तक तुम उसके साथ रह सकती हो।''

इधर प्रतिष्ठान की महारानी ने मान छोड़कर एक व्रत करना शुरू किया और उसे सफल करने के लिए महाराज को बुला भेजा। कंचुकी यह सन्देश लेकर जब महाराज के पास पहुँचा तो सन्ध्या हो चली थी। कंचुकी ने कहा, ''देव, देवी ने निवेदन किया है कि चन्द्रमा मणिहर्म्य-भवन से अच्छी तरह दिखायी देगा। इसलिए महाराज के साथ वहीं से चन्द्रमा और रोहिणी का मिलन देखने की उनकी इच्छा है। यह सुनकर महाराज पुरूरवा विदूषक के साथ मणिहर्म्य-भवन की ओर चल पड़े। उस समय चन्द्रमा का उदय हो रहा था। उसे प्रणाम करके वे वहीं बैठ गये और विदूषक से उर्वशी के बारे में बातें करने लगे। संयोगवश उसी समय माया के वस्त्र ओढ़े उर्वशी भी चित्रलेखा के साथ उसी भवन की छत पर उतरी और उनकी बातें सुनने लगी। लेकिन जब वह प्रकट होने का विचार कर ही रही थी, तभी महारानी के आने की सूचना मिली।

वहाँ आते ही महारानी ने कहा, ''मैं आपको साथ लेकर एक विशेष व्रत करना चाहती हूँ, इसलिए आप मेरे लिये कुछ देर यहीं बैठने का कष्ट करें।'' उसने गन्ध-फूल आदि से पहले चन्द्रमा की और फिर महाराज की पूजा की। उसके बाद बोली, ''आज मै रोहिणी और चन्द्रमा को साक्षी मान करके आपको प्रसन्न कर रही हूँ। आज से आप जिस किसी स्त्री की इच्छा करेंगे और जो भी स्त्री आपकी पत्नी बनना चाहेगी, उसके साथ मैं सदा प्रेम करुँगी।''

यह सुनकर उर्वशी को बहुत प्रसन्नता हुई। महाराज बोले मुझे किसी दूसरे को दे दो या अपना बनाकर रखो; परन्तु कृपया मुझे अपने से दूर मत समझो। महारानी ने कहा कि ''दूर हो या न हो, पर मैंने जो निश्चयपूर्वक व्रत किया था

वह पूरा हो चुका है।" यह कहकर वह चलने लगी। महाराज ने उन्हें रोकना चाहा; पर व्रत के कारण वह रुकी नहीं।

बहरहाल, उनके जाने के बाद महाराज फिर उर्वशी की याद में डूब गये। उन दोनों के मिलन की बाधा महारानी की कृपा से दूर हो चुकी थी। उर्वशी ने, इस अवसर का लाभ उठाया और प्रकट हो गयी। उसने चुपचाप पीछे से आकर महाराज की आँखें मींच लीं। महाराज ने उसको तुरन्त पहचान लिया और अपने ही बगल में बैठा लिया। तब उर्वशी ने अपनी सखी से कहा कि, "देवी ने महाराज को मुझे दे दिया है, इसलिए मैं इनकी विवाहिता स्त्री के समान ही इनके पास बैठी हूँ। तुम मुझे दुराचारिणी न समझ लेना।"

चित्रलेखा ने भी महाराज से अपनी सखी की अच्छे ढंग से देखभाल करने का अनुरोध किया और फिर स्वर्ग लौट गयी। महाराज का मनोरथ पूरा हुआ। खुशी-खुशी वह भी विदूषक और उर्वशी के साथ वहाँ से अपने महल की ओर चल पड़े।

(अंक 4)

उर्वशी के आने के बाद महाराज पुरूरवा ने राजकाज मन्त्रियों को सौंप दिया और स्वयं उर्वशी के साथ गन्धमादन पर्वत पर लगे गये। वहाँ वे वर्षों तक आनन्दपूर्वक रहे। एक दिन उर्वशी मन्दाकिनी के तट पर बालू के पहाड़ बनाकर खेल रही थी। अचानक उसने देखा कि महाराज एक विद्याधर की सुन्दरी बेटी की ओर एकटक निहार रहे हैं। बस इसी बात पर वह रूठ गयी। महाराज के बार-बार मनाने पर भी वह नहीं मानी और उन्हें छोड़कर चली गयी। वहाँ से वह कुमार वन में आयी। इस वन में स्त्रियों के आने की अनुमति नहीं थी। ब्रह्मचर्य का व्रत लेकर भगवान् कार्तिकेय यहाँ निवास कर रहे थे। उन्होंने यह नियम बना दिया था कि जो भी स्त्री यहाँ आयेगी वह लता बन जायेगी। इसलिए जैसे ही उर्वशी ने उस वन में प्रवेश किया, वह लता बन गयी।

इधर महाराज उसके वियोग में पागलों की भाँति इधर-उधर भटकने लगे। कभी उनको लगता कि कोई राक्षस उर्वशी को उठा ले गया है। कभी लगता कि कहीं क्रोध में आकर वह कहीं छिप तो नहीं गयी या कहीं स्वर्ग तो नहीं लौट गयी।

कभी कोयल के आगे कहते, "हे मीठा बोलनेवाली कोयल! यदि तुमने उर्वशी को देखा हो तो बता दो। तुम तो रुठी हुई स्त्रियों का मान दूर करने वाली हो। मुझे तो एक भी बात ऐसी याद नहीं आती कि जिस पर वह रूठी हो! अरे, स्त्रियाँ तो वैसे ही अपने पतियों पर शासन जमाया करती है।" लेकिन कोयल अपने ही काम में लगी रहती। दूसरे का दुख लोग कम ही समझते हैं।

वे कभी हंसिनी से कहते कि तुम तो वैसे ही चलते हो, जैसे उर्वशी चलती है। तुमने उसकी चाल कहाँ-से चुरायी। फिर वह चकवे के पास जा पहुँचते। उन्हें लगता जैसे चकवा उनसे पूछ रहा है, "तुम कौन हो?" वह कहते- "क्या तुम मुझे नहीं जानते? सूर्य मेरे नाना और चन्द्रमा मेरे दादा है। उर्वशी और धरती ने अपने-आप मुझे अपना स्वामी बनाया है। मैं वही पुरूरवा हूँ।" लेकिन चकवा भी चुप रहता। फिर उन्हें हाथी दिखायी दे जाता। उसके जाकर पूछते "हे मतवाले हाथी! तुम दूर तक देख सकते हो। क्या तुमने सदा जवान रहनेवाली उर्वशी को देखा है। तुम मेरे समान बलवान हो। मैं राजाओं का स्वामी हूँ और तुम गजों के स्वामी हो। तुम दिन-रात अपना दान यानी मद बहाया करते हो, मेरे यहाँ भी दिन-रात दान दिया जाता है। वे पर्वत, नदी और हिरन के पास भी गये। परन्तु सभी ने अपना मुँह फेर लिया। कहते हैं कि जब खराब दिन आते हैं तो सभी उपेक्षा करने लगते हैं।

इसी प्रकार पागलों की तरह भटकते हुए जब वह वहाँ से मुड़े तो उन्हें एक पत्थर की दरार में लाल मणि-सा कुछ दिखायी दिया। सोचने लगे कि न तो यह शेर द्वारा मारे हुए हाथी का मांस हो सकता है और न आग की चिनगारी। मांस इतना चमकता नहीं है और चूँकि अभी वर्षा हो चुकी है इसलिए आग के रहने का कोई प्रश्न ही नहीं उठता। फिर तो निश्चय ही यह लाल मणि है।

उन्होंने आगे बढ़कर मणि को निकाल लिया। लेकिन ध्यान आया कि जब उर्वशी ही नहीं है तो इस मणि का क्या होगा! मन में यह विचार आते ही उन्होंने उसको वहीं गिरा दिया। उसी समय नेपथ्य से एक आवाज़ सुनायी दी "वत्स! इसे ले लो, यह पार्वती के चरणों की लाली से बनी है। जो इसे अपने पास रखता है उसे यह शीघ्र ही प्रियजनों से मिला देती है।"

पुरूरवा ने तुरन्त ही उस मणि को उठा लिया। तभी उनकी दृष्टि बिना फूलों वाली एक लता पर पड़ी। वह उन्हें उर्वशी के समान प्रतीत हुई और जैसे ही उन्होंने उसे छुआ, उर्वशी सचमुच वहाँ आ गयी। परन्तु उनकी आँखें बन्द थीं। उन्होंने जब आँखे खोलीं और उर्वशी को वहाँ देखा तो वह मूर्च्छित होकर गिर पड़े। उर्वशी भी रोने लगी। मूर्च्छा दूर होने के बाद उन्हें कार्तिकेय के शाप के कारण उर्वशी के लता बन जाने का रहस्य पता लगा।

उर्वशी उनसे क्षमा माँगने लगी, "मुझे क्षमा कर दीजिए, क्योंकि मैंने ही क्रोध करके आपको इतना कष्ट पहुँचाया।" महाराज बोले, "कल्याणी! तुम्हें देखते ही मेरा मन प्रसन्न हो गया है। फिर उन्होंने उसे वह मणि दिखायी, जिसके कारण उसका शाप दूर हो गया था। उर्वशी ने उस मणि को सिर पर धारण किया तो उसके प्रकाश में उसका मुख सूर्य की लालिमा से चमकते हुए कमल के समान सुहावना

लगने लगा। इसी समय उर्वशी ने याद दिलाया कि ''आप बहुत दिनों से प्रतिष्ठान पुरी से बाहर है। आपकी प्रजा इसके लिए मुझे कोस रही होगी। इसलिए आइये अब लौट चलें।'' यह सुनकर महाराज लौट पड़े।

(अंक 5)

प्रतिष्ठान लौटने पर नागरिकों ने उनका खूब स्वागत किया और वह प्रसन्न होकर राज करने लगे। सन्तान को छोड़कर उन्हें अब और किसी बात की कमी नहीं थी। इन्हीं दिनों एक दिन एक सेवक महारानी के माथे की मणि ताड़ की पिटारी में रखे ला रहा था कि इतने में एक गिद्ध झपटा और उसे मांस का टुकड़ा समझकर उठाकर उड़ गया। यह समाचार पाकर महाराज आसन छोड़कर दौड़ पड़े। पक्षी अभी दिखायी दे रहा था। उन्होंने अपना धनुष-बाण लाने की आज्ञा दी।

लेकिन जब तक धनुष आया तब तक वह पक्षी बाण की पहुँच से बाहर निकल चुका था। ऐसा लगने लगा था मानो रात के समय घने बादलों के दल के साथ मंगल तारा चमक रहा हो। यह देखकर महाराज ने नगर में यह घोषणा की कि जब यह चोर पक्षी संध्या को अपने घोंसले में पहुँचे तो इसकी खोज की जाये।

यह वही मणि थी, जिसके कारण उर्वशी और महाराज का मिलन हुआ था। इसलिए वह महाराज को बहुत प्रिय थी उसका विशेष आदर करते थे। उसी समय कंचुकी ने आकर उनसे कहा कि ''आपके क्रोध ने बाण बनकर उस पक्षी को मार डाला और इस मणि के साथ वह धरती पर गिर पड़ा।''

महाराज ने उस मणि को आग में शुद्ध करके पेटी में रखने की आज्ञा दी और यह जानने के लिए कि बाण किसका है उस पर अंकित नाम पढ़ने लगे। पढ़कर वह सोच में पड़ गये। उस पर लिखा हुआ था-यह बाण पुरूरवा और उर्वशी के धनुर्धारी पुत्र का है। उसका नाम आयु है और वह शत्रुओं के प्राण खींचनेवाला है।

विदूषक यह सुनकर बड़ा प्रसन्न हुआ। उसने महाराज को बधाई दी पर वह कुछ समझ ही नहीं पा रहे थे कि यह पुत्र कैसे पैदा हुआ! शायद उर्वशी ने दैवी-शक्ति से इस बात को छिपा रखा हो। पर उसने पुत्र को क्यों छिपाया क्यों?

वह इसी उधेड़बुन में थे कि महर्षि च्यवन के आश्रम से एक कुमार को लिये एक तपस्विनी के आने की सूचना मिली। महाराज ने उन्हें वहीं बुला भेजा। कुमार को देखते ही उनकी आँखें भर आयीं। उन्होंने तापसी को प्रणाम किया। तापसी ने कुमार से कहा, ''बेटा, अपने पिताजी को प्रणाम करो।''

तापसी बोली, ''महाराज। इसके पैदा होते ही उर्वशी इसे मेरे पास छोड़ आयी थी। क्षत्रिय-कुमार के जितने संस्कार होते हैं वे सब महर्षि च्यवन ने करा दिये हैं।

विद्या अध्ययन के बाद धनुष चलाना भी सिखा दिया गया है; लेकिन आज तब यह फूल और समिधा लाने के लिए ऋषिकुमारों के साथ जा रहा था तो इसने आश्रम के नियमों के विरुद्ध काम किया।''

विदूषक ने घबराकर पूछा, ''क्या कर डाला?'' तापसी बोली, ''एक गिद्ध मांस का टुकड़ा लिये हुए पेड़ पर बैठा था। उस पर इसने बाण चला दिया। जब महर्षि च्यवन ने यह सुना तो उन्होंने उर्वशी की यह धरोहर उसे सौंप आने की आज्ञा दी। इसीलिए मै उर्वशी से मिलने आयी हूँ।''

महाराज ने तुरन्त उर्वशी को बुला भेजा और पुत्र को लगे से लगाकर प्यार करने लगे। उर्वशी सब कुछ समझ गयी। पिता के कहने पर जब पुत्र ने माता को प्रणाम किया तो उसने पुत्र को छाती से चिपका लिया। तापसी ने उसे सौंपते हुए कहा, ''ठीक से पढ़-लिखकर अब यह कुमार कवच धारण करने योग्य हो गया है, इसलिए तुम्हारे स्वामी के सामने ही तुम्हारी धरोहर तुम्हें सौंप रही हूँ।

जाते समय कुमार भी साथ जाने का हठ करने लगा। समझाने-बुझाने पर उसने तापसी से कहा कि, ''आप बड़े पंखोंवाले मेरे उस मणिकण्ठक नाम के मोर को भेज दीजिएगा। वह मेरी गोद में सोकर मेरे हाथों से अपना सिर खुजलाये जाने का आनन्द लिया करता था।''

तापसी हँस पड़ी और ऐसा ही करने का वचन देकर चली गयी। महाराज पुत्र को पाकर बहुत प्रसन्न हुए, लेकिन उर्वशी रोने लगी। यह देखकर महाराज घबरा गये और रोने का कारण पूछने लगे। उर्वशी बोली, आपसे प्रेम करने पर भरत मुनि ने मुझे शाप दिया था। उस शाप से मैं बहुत घबरा गयी थी तब देवराज इन्द्र ने मुझे आज्ञा दी थी कि जब राजर्षि पुरूरवा तुमसे उत्पन्न पुत्र का मुँह देख लें तब तुम मेरे पास लौट आना। इसीलिए आपसे बिछोह होने के डर से मैं इस कुमार को पैदा होते ही महर्षि च्यवन के आश्रम में पढ़ाने-लिखाने के बहाने छोड़ आयी थी। आज उन्होंने इसे पिता की सेवा करने के योग्य समझकर लौटा दिया है। बस आज तक ही मैं आपके साथ रह सकती थी।''

यह सुनकर महाराज मूर्छित हो गये। जागने के बाद उन्होंने अपने पुत्र को राज्य सौंपकर तपोवन में जाकर रहने की इच्छा व्यक्त की। अचानक नारद मुनि ने वहाँ प्रवेश किया। उन्होंने कहा कि मैं देवराज इन्द्र का सन्देश लेकर आया हूँ। जब उन्होंने देखा कि आप वन जाने की तैयारी कर रहे हैं तो उन्होंने कहलाया है कि ''देवासुर-संग्राम होनेवाला है। आप युद्ध-विद्या में प्रवीण होने के साथ ही देवताओं के सहायक हैं, इसलिए आप शस्त्र न छोड़े। अब उर्वशी जीवन-भर आपके साथ रहेगी।''

देवराज इन्द्र का यह सन्देश सुनकर उर्वशी और पुरूरवा दोनों बहुत प्रसन्न हुए। इन्द्र ने कुमार आयु के युवराज बनने के उत्सव के लिए भी सामग्री भेजी थी। उसी से रम्भा ने आयु का अभिषेक किया। नादर मुनि ने उनसे पूछा, "हे राजन्! इन्द्र आपकी और कौन-सी इच्छा पूरी करें?" तब राजा बोले कि मैं चाहता हूँ कि जो लक्ष्मी और सरस्वती सदा एक-दूसरे से रूठी रहती है जिनका मिलकर रहना बड़ा कठिन है, वे दोनों, सज्जनों के कल्याण के लिए सदा एक साथ रहने लगें। सब फलें-फूलें, सबके मनोरथ पूरे हों और हर तरफ सुख-ही-सुख फैल जाये।

वैदिक हिन्दूधर्म के दो उन्नायकों का मिलन-स्थान : प्रतिष्ठान

आठवीं शताब्दी ई. में कुमारिल भट्ट और आदि शंकराचार्य वैदिक हिन्दू धर्म के उद्धारक सिद्ध हुए। कुमारिल ने एक बौद्ध आचार्य के पास रहकर बौद्ध धर्म के सिद्धान्तों को समझा और फिर तर्कपूर्ण ढंग से वैदिक धर्म की श्रेष्ठता का प्रतिपादन किया। परन्तु बाद में वे यह नहीं भूल पा रहे थे कि उन्होंने अपने गुरु श्रीनिकेत को धोखा देकर बौद्ध धर्म की शिक्षा ग्रहण की थी। उनके मन में यह मलाल था कि उन्होंने अपने गुरु के प्रति द्रोह किया है। इस अपराधबोध ने उनके मन को उद्विग्न कर रखा था। तत्कालीन परम्परा में गुरुद्रोह के लिए निर्धारित दण्ड था तुषानल (भूसी की आग) में जलकर मर जाना। कुमारिल ने इसी परम्परा के अनुरूप प्रायश्चित्त करने का निश्चय किया। यह निश्चय करके वे प्रयाग पहुँचे। प्रतिष्ठान में त्रिवेणी संगम के पास उन्होंने विधिवत तुषाराग्नि में प्रवेश किया। भूसी की आग की दाहक लपटों के बीच वे निर्विकार भाव से अविचल होकर बैठ गये।

संयोगवश जिस दौर में कुमारिल उत्तरी भारत में वैदिक धर्म की पुनर्स्थापना के लिए प्रयत्नशील थे, तभी आदि शंकराचार्य दक्षिणी भारत में वही अलख जगा रहे थे। कुमारिल के तुषाराग्नि-प्रवेश के दिन संयोगवश वे प्रयाग में ही थे। वे कुमारिल से मिलने के लिए आकुल थे। परन्तु जब तक वे संगम तट पर पहुँचते, कुमारिल करीषाग्नि (उपले की मद्धिम आँच वाली चिता) में प्रवेश कर चुके थे। शंकराचार्य ने अपना परिचय देते हुए कहा कि आचार्य मैं तो आपसे शास्त्रार्थ करने की अभिलाषा लेकर आपके पास आया था। शंकर ने उनको वहीं खड़े-खड़े अपने स्वरचित भाष्य आदि भी दिखाये।

तब कुमारिल ने कहा कि "अब तो मैं आपसे शास्त्रार्थ करने की स्थिति में नहीं हूँ क्योंकि अब जीवन के चन्द क्षण ही मेरे पास रह गये हैं। वैसे भी, मैं अपना कार्य पूर्ण कर चुका हूँ। परन्तु आपका उद्देश्य भी वैदिक परम्परा की रक्षा से जुड़ा है।

इसलिए वह अत्यन्त पवित्र है। मैं चाहूँगा कि अब आप अपने उद्देश्य की पूर्ति के लिए मेरे प्रधान शिष्य मण्डन मिश्र से जाकर मिलिए।'' आचार्य ने यह भी कहा कि ''आपने वेदों के उद्धार का निश्चय किया है, इसलिए आप प्रशंसा के पात्र हैं और मेरे प्रिय भी। मैं आपको देखकर आश्वस्त हूँ, इसलिए चाहता हूँ कि जब तक मेरा शरीर भस्म न हो जाये, तब तक आप मेरे सामने ही खड़े रहिए। मैं आपको देखते-देखते ही प्राण त्यागना चाहता हूँ।'' अचानक कुमारिल निस्पन्द हो गये और उनका शरीर जलकर भस्म हो गया। कहना न होगा कि कुमारिल ने आजीवन वैदिक धर्म के पुनर्स्थापना के लिए उद्यम किया और प्रतिष्ठान की पुण्य भूमि पर अन्ततः उसी की रक्षा के लिए उन्होंने अपने प्राण त्याग दिये।

शंकराचार्य हतप्रभ रह गये। उनको अपार दुख हुआ। परन्तु उन्होंने विचार किया कि कर्मकाण्ड के कारण ही कुमारिल भट्ट को प्राण त्यागने पड़े। अतः बौद्ध मत के विरोध के साथ ही उन्होंने वैदिक कर्मकाण्डों का भी खण्डन करने का निश्चय किया; और तभी से वे ज्ञानकाण्ड का मण्डन करने लगे।

सन्दर्भ

1. मत्स्य पुराण, 24/22-25
2. पं. भगवद्दत्त, भारतवर्ष का इतिहास, पृ. 52
3. वाल्मीकि रामायण, अरण्यकाण्ड, 48/18
4. वायुपुराण, 2/14-23

अध्याय–3

प्रयाग : परिचय और माहात्म्य

प्रयाग का परिचय

'प्रयाग' शब्द की व्युत्पत्ति यज् धातु से मानी गयी है। महाभारत के वनपर्व के अनुसार इस तीर्थ का नाम प्रयाग इसलिए पड़ा क्योंकि यहाँ स्वयं ब्रह्मा ने प्रकृष्ट[1] यज्ञ सम्पन्न किया था।

यत्रायजत् भूतात्मा पूर्वमेव पितामहः।
प्रयागमिति विख्यातं तस्माद् भरतसत्तम्।।

(महाभारत; वनपर्व, 87/18-19)

ब्रह्मा ने सर्वप्रथम यहाँ यजन किया था, उन्होंने सबसे पहले यहीं आहुति दी थी, इसलिए यह स्थान प्रयाग कहलाया। प्रयाग के तीन सम्भावित अर्थ हैं- (1) जहाँ बहुधा यज्ञ प्रयोजित होते हों, (2) जहाँ यज्ञ-कर्म प्रारम्भ हुआ हो और (3) जो स्थान याज्ञिक अनुष्ठानों की दृष्टि से प्रथम (श्रेष्ठ) हो। इस दृष्टि से प्रयाग को 'यज्ञ-पुरुष का मस्तक' कहा जा सकता है।

मत्स्य पुराण के अनुसार प्रयाग अन्य तीर्थों की तुलना में अधिक प्रभावशाली है।

प्रभावात्सर्वतीर्थेभ्यः प्रभवत्यधिकं विभो। (मत्स्यपुराण, 110/11)

ब्रह्मपुराण में प्रधान एवं प्रकृष्ट यज्ञ-भूमि के रूप में प्रयाग को महिमान्वित किया गया है। उसमें कहा गया है कि प्र ष्टता के कारण यह प्रयाग है और प्रधानता के कारण यह 'राज' शब्द से युक्त है।

प्रकृष्टत्वात्प्रयागोसौ प्रधान्याद् राजशब्दवान्। (ब्रह्मपुराण)

प्रजापति ब्रह्मा की पुण्यस्थली के रूप में प्रयाग तीनों लोकों में प्रसिद्ध है। पुराणों के अनुसार प्रजापति ब्रह्मा ने यज्ञीय आहुति के लिए तीन वेदियाँ बनायी थीं- कुरुक्षेत्र, प्रयाग और गया। प्रयाग इन तीनों में से मध्यम वेदी है, जबकि कुरुक्षेत्र उत्तर-वेदी और गया पूर्वी-वेदी है। मत्स्यपुराण (110/4) और अग्निपुराण (111/12) के अनुसार प्रयाग में तीन अग्निकुण्ड भी हैं, जिनके मध्य से होकर गंगा बहती है। दरअसल, गंगा-यमुना की धारा ने पूरे प्रयाग क्षेत्र को तीन भागों में बाँट दिया है। ये तीनों भाग

अग्निस्वरूप- यज्ञवेदी माने जाते हैं। इनमें गंगा-यमुना के मध्य का भाग गार्हपत्याग्नि, गंगापार का भाग (अलर्कपुर- अरैल) दक्षिणाग्नि माना जाता है। इन भागों में पवित्र होकर एक-एक रात्रि निवास करने से इन अग्नियों की उपासना का फल मिलता है। तीन यज्ञवेदियों के साथ ही वहाँ प्रयाग, प्रतिष्ठान (झूँसी) और अलर्कपुर (अरैल) नामक तीन कूप भी हैं।

पुराणों में प्रयागमण्डल, प्रयाग और वेणी (या त्रिवेणी) की विविध प्रकार की व्याख्याएँ की गयी हैं। पुराणों में प्रयाग को भास्कर क्षेत्र भी कहा गया है। मत्स्य और पद्म पुराण के अनुसार प्रयागमण्डल पाँच योज्न की परिधि में फैला हुआ है; और उसमें प्रवेश करके एक-एक पग धरने पर अ श्वमेध यज्ञ करने के समान पुण्य-फल प्राप्त होता है।

पंचयोजन विस्तीर्ण प्रयागस्य तु मण्डलम्।
प्रविष्टस्यैव तद् भूयावश्वमेधः पदे-पदे ।।40।।

(पद्म पुराण, शताध्यायी, अध्याय 32)

पद्मपुराण (1/43-27) के अनुसार 'वेणी' क्षेत्र प्रयाग की सीमा में 20 धनुष तक की दूरी में फैला हुआ है। प्रयाग का विस्तार बीस कोस तक माना गया है तथा अग्निपुराण और कूर्मपुराण में उसे पृथ्वी की जघन (जंघा) भी बताया गया है। 'जघन्य पापों से मुक्ति देने वाली पुण्यभूमि की मानो यह एक काव्यात्मक कल्पना है।'[2] पुराणों और महाभारत के वनपर्व में गंगा और यमुना के मध्य की भूमि को पृथ्वी का जघन या कटिभाग कहने का अभिप्राय यह है कि प्रयाग पृथ्वी का मध्यवर्ती भाग भी है और सबसे समृद्ध भाग भी।

यद्यपि प्रयाग में प्रत्यक्षतः गंगा और यमुना नदी की धाराओं का ही मिलन होता है, तथापि माना जाता है कि यह त्रिवेणी संगम है। आस्थावान हिन्दुओं की मान्यता के अनुसार यह गंगा, यमुना और अन्तःसलिला सरस्वती का परम पावन संगम-स्थल है। त्रिवेणी प्रकट-रूप में भारतवर्ष की तीन पावन नदियों का पवित्र संगम है; जबकि प्रतीक-रूप में यह भक्ति, धर्म और कर्म की अन्तर्धारा का सम्मिलन-बिन्दु है। दूरवर्ती सरस्वती विलुप्त होने के बाद प्रयाग में प्रकट मान ली गयी।

गंगा, यमुना और सरस्वती के संगमस्थल प्रयाग को मत्स्य पुराण, स्कन्द पुराण और पद्म पुराण में 'तीर्थराज' (अर्थात् तीर्थों का राजा) कहा गया है। मत्स्यपुराण (109/95), स्कन्दपुराण (काशीखण्ड, 7/45) और पद्म पुराण (6/23/27-35) में प्रयाग विषयक प्रत्येक श्लोक के अन्त में 'स तीर्थराजो जयति प्रयागः' की पुनरुक्ति हुई है। 'शताध्यायी' के अनुसार जिस प्रकार राजा की कई पटरानियाँ होती थी उसी प्रकार सप्तपुरियाँ तीर्थराज प्रयागराज की सात पटरानियाँ है- अयोध्या, मथुरा, मायावती, काशी, कांची, उज्जयिनी और द्वारका। उनमें से काशी को प्रयाग की प्रधान

पटरानी कहा गया है। कहते हैं कि एक बार देवताओं ने सप्तद्वीपों, सप्तकुल-पर्वतों, सप्तपुरियों, समस्त तीर्थों और सभी नदियों को एक पलड़े पर रखा और दूसरे पर प्रयाग को रखा, फिर भी प्रयागराज का पलड़ा ही भारी रहा। तभी से प्रयाग को तीर्थराज मान लिया गया।

भारत के सांस्कृतिक भूगोल में गोमुख से इलाहाबाद तक जहाँ कहीं भी कोई नदी गंगा से मिली है, उस स्थान को प्रयाग कहा गया है। जैसे विष्णुप्रयाग, नन्दप्रयाग, देवप्रयाग, कर्णप्रयाग और रुद्रप्रयाग। परन्तु उस स्थान पर जहाँ गंगा, यमुना और सरस्वती नामक तीन नदियों का संगम हुआ है, उसको प्रयागराज कहा गया है। हिमालय-क्षेत्र में स्थित विष्णुप्रयाग, नन्दप्रयाग, देवप्रयाग, कर्णप्रयाग, रुद्रप्रयाग को पंच-प्रयाग कहा गया है। पंचप्रयाग वर्तमान में उत्तराखण्ड में है। ये सभी हमारे तीर्थ हैं, पर प्रयाग तीर्थराज हैं। अनेक सम्राटों एवं राजाओं द्वारा प्रयाग की पावन भूमि पर असंख्य अश्वमेध-यज्ञ किये गये, इसका विवरण पुराणों में मिलता है, अतएव प्रयाग की पुण्य-भूमि, पुण्य-क्षेत्र के रूप में विख्यात हो गयी। प्रयाग को वैसे ही प्रयागराज की पदवी मिली जैसे तीर्थ-समुदाय के बीच उसे तीर्थराज का पद प्राप्त हुआ।

प्रयाग की महिमा

स्वाभाविक रूप से तीर्थराज प्रयाग की महिमा अपरम्पार है। मत्स्यपुराण के अनुसार महाराज युधिष्ठिर द्वारा तीर्थराज प्रयाग की महिमा के बारे में पूछे जाने पर मार्कण्डेय ऋषि ने कहा कि ''प्रयाग में साठ हजार धनुर्धर वीर गंगा की रक्षा करते हैं, जबकि सात घोड़ों वाले रथ पर सवार सूर्यदेव सदैव यमुना की रक्षा करते हैं। श्रीहरि देवताओं को साथ लेकर सम्पूर्ण प्रयागमण्डल की रक्षा करते हैं। महेश्वर हाथ में त्रिशूल लेकर सदा वटवृक्ष की रक्षा में तत्पर रहते हैं। समस्त देवगण इस सर्वपापहारी मंगलमय तीर्थभूमि की रक्षा में सदा तत्पर रहते हैं। इसलिए इस लोक में अधर्म से गिरा हुआ मनुष्य प्रयाग क्षेत्र में प्रवेश नहीं कर सकता। यदि किसी का थोड़ा भी पाप बचा रहा तो वह प्रयाग के स्मरण-मात्र से नष्ट हो जायेगा, क्योंकि प्रयाग तीर्थ के दर्शन, नाम-संकीर्तन अथवा वहाँ की मिट्टी के स्पर्श-मात्र से मनुष्य पाप-मुक्त हो जाता है।''

षष्टिर्धनुःसहस्त्राणि यानि रक्षन्ति जाह्नवीम्।
यमुनां रक्षन्ति सदा सविता सप्तवाहनः।।
प्रयागं तु विशेषेण सदा रक्षति वासवः।
मण्डमं रक्षति हरिर्दैवतैः सह संगतः।।
तं वटं रक्षति सदा शूलपाणिर्महेश्वरः।
स्थानं रक्षन्ति वै देवाः सर्वपापहरं शुभम्।।

अधर्मेणावृतो लोको नैव गच्छति तत्पदम्।
अल्पमल्पतरं पापं यदा तस्य नराधिप।
प्रयागं स्मरमाणस्य सर्वमायाति संक्षयम्।।
दर्शनात् तस्य तीर्थस्य नामसंकीर्तनादपि।
मृत्तिकालम्भनाद् वापि नरः पापात् प्रमुच्यते।। (मत्स्यपुराण)

मार्कण्डेय ऋषि ने महाराज युधिष्ठिर को यह भी बताया कि "प्रयाग क्षेत्र में पाँच कुण्ड हैं, उन्हीं के मध्य में गंगा बहती है। अतः प्रयाग में प्रवेश करने के साथ ही सभी पाप नष्ट हो जाते हैं। महापापी मनुष्य यदि हजारों योजन दूर से भी गंगाजी के नाम का स्मरण करता है, तो उसको परम गति प्राप्त होती है। गंगा जी का नाम लेने से मनुष्य पाप-मुक्त होता है, दर्शन करने से उसे जीवन में मांगलिक अवसर देखने का सौभाग्य मिलता है, जबकि गंगास्नान और गंगाजल के पान से उसकी सात पीढ़ियाँ पावन होती हैं। वहाँ तीनों लोकों में विख्यात सूर्य-पुत्री यमुना नदी के रूप में विद्यमान हैं और भगवान् शंकर वहाँ नित्य निवास करते हैं। अतः हे युधिष्ठिर! यह पुण्यप्रद प्रयाग मनुष्यों के लिए दुर्लभ है। देव, दानव, गन्धर्व, ऋषि, सिद्ध आदि गंगाजल का स्पर्श करके स्वर्गलोक में स्थान पाते हैं।"

पंच कुण्डानि राजेन्द्र येषां मध्ये तु जाह्नवी।
प्रयागस्य प्रवेशे तु पापं नश्यति तत्क्षणात्।।
योजनानां सहस्त्रेषु गंगायाः स्मरणान्तरः।
अपि दुष्कृतकर्मा तु लभते परमां गतिम्।।
कीर्तनान्मुच्यते पापाद् दृष्ट्वा भद्राणि पश्यति।
अवगाह्य च पीत्वा तु पुनात्यासप्तमं कुलम्।।
तपनस्य सुता देवी त्रिषु लोकेषु विश्रुता।
समागता महाभागा यमुना तत्र निम्नगा।
तत्र सन्निहितो नित्यं साक्षाद् देवो महेश्वरः।।
दुष्प्राप्यं मानुषैः पुण्यं प्रयागं तु युधिष्ठिर।
देवदानवगन्धर्वा ऋषयः सिद्धचारणाः।
तदुपस्पृश्य राजेन्द्र स्वर्गलोकमुपसते।। (मत्स्यपुराण)

यद्यपि ऊँ परब्रह्म वाचक है, तथापि पद्म पुराण में गंगा, यमुना और अन्तःसलिला सरस्वती के त्रिवेणी संगम को भी 'ओंकार' कहा गया है। वहाँ त्रिवेणी के रूप में प्रणव ध्वनि की एक अद्भुत परिकल्पना की गयी है-

अकारः शारदा प्रोक्ता प्रद्युम्नस्तत्र जायते।
उकारो यमुना प्रोक्तानिरुद्धस्तज्जलात्मकः ।।13।।

मकारो जाह्नवी गंगा तत्र संकर्षणो हरिः।
एवं त्रिवेणी विख्याता वेदबीजं प्रकीर्तिता ।।14।।
(पद्म पुराण, शताध्यायी, अध्याय 34)

यहाँ 'ओंकार' का अकार सरस्वती का, उकार यमुना का और मकार गंगा का प्रतीक है। इन तीनों का संगम त्रिवेणी के नाम से प्रसिद्ध है। उपर्युक्त तीनों क्रमशः प्रद्युम्न, अनिरुद्ध और संकर्षण को उत्पन्न करने वाली शक्तियाँ हैं। इसीलिए प्रयाग केशव को बहुत प्रिय है। पांचरात्र वैष्णव मत के व्यूह सिद्धान्त के अनुसार वासुदेव से संकर्षण, संकर्षण से प्रद्युम्न, प्रद्युम्न से अनिरुद्ध और अनिरुद्ध से ब्रह्मा उत्पन्न हुए। इस मत के अनुसार वासुदेव परमतत्त्व हैं। संकर्षण प्रकृति अथवा महत् हैं। यहीं से सृष्टि में क्रियात्मक कर्षण प्रारम्भ होता है। ज्ञातव्य है कि पांचरात्र देवमण्डल में वासुदेव कृष्ण के साथ संकर्षण (बलराम) की भी पूजा होती है।

नरसिंह पुराण (65/17) में विष्णु को प्रयाग में योगमूर्ति के रूप में स्थित बताया गया है। मत्स्य पुराण में कहा गया है कि रूद्र द्वारा एक कल्प के बाद प्रलय करने पर भी प्रयाग नष्ट नहीं होता है। प्रलय के समय प्रतिष्ठान के उत्तरी भाग में ब्रह्मा छद्म-रूप में, विष्णु वेणीमाधव के रूप में और शिव वटवृक्ष के रूप में विराजमान रहते हैं। प्रलयकाल में समस्त देव, गन्धर्व, सिद्ध महात्मा और ऋषि गण समस्त पापात्मक शक्तियों से प्रयागमण्डल की रक्षा करते हैं। सम्भवतः इसीलिए मत्स्य पुराण (10/4/18) में श्रद्धालु तीर्थयात्रियों के लिए प्रयाग जाकर संगमतट पर एक मास तक संयमपूर्वक निवास (कल्पवास) करने और देवताओं एवं पितरों का विधिवत पूजन करके अभीष्ट फल प्राप्त करने का विधान किया गया है।

त्रिवेणी-संगम पर कल्पवास

माघ मास में घर-बार छोड़कर संगम-तट पर कुटिया में रहकर भक्तिपूर्ण जीवन जीने को परम्परागत रूप से 'कल्पवास' कहा गया है। प्रतिवर्ष माघ मेले के अवसर पर धर्मनिष्ठ हिन्दू भारी संख्या में प्रयाग आते हैं। श्रद्धालु जन माघ मास में संगम-तट पर घास-फूस की कुटिया बनाकर तपस्वी-जैसा जीवन जीते हैं, सात्विक भोजन करते हैं और भगवत्-भक्ति में रमे रहते हैं। कुछ लोग सौर मास की मकर-संक्रान्ति से कुम्भ की संक्रान्ति तक कल्पवास करते हैं, जबकि कुछ लोग चान्द्रमास के अनुसार पूरे माघ महीने भर कल्पवास करते हैं। प्रयाग दानभूमि है। अतः मासान्त में कल्पवासियों द्वारा सेजियादान की परम्परा है, जिसमें कल्पवासी गण मोक्ष-प्राप्ति की कामना से अपना सब कुछ, अपनी चारपायी से लेकर नमक तक, दान कर देते हैं।

प्रयाग का माघ मेला

भारत में नदियों के संगम में स्नान करने की परम्परा वैदिककाल से चली आ रही है। ऋग्वेद में कहा गया है कि जहाँ कृष्ण (काले) और श्वेत (स्वच्छ) जल वाली दो सरिताओं का संगम है, वहाँ स्नान करने से मनुष्य को स्वर्ग की प्राप्ति होती है। जो लोग वहाँ शरीर-त्याग करते हैं, उनको मोक्ष प्राप्त होता है।

सितासिते सरिते यत्र संगथे तत्राप्लुतासो दिवमुत्पतन्ति।
ये वै तन्वं विसृजन्ति धीरास्ते जनासो अमृतत्त्वं भजन्ते।[3]

सम्भवतः इसी शास्त्रीय निर्देश के आधार पर प्रयाग में माघ मेले का प्रारम्भ हुआ। महाभारत के अनुशासन पर्व में कहा गया है कि जो व्यक्ति माघ मास में कठोर व्रत का आचरण करते हुए संयत भाव से स्नान करता है, उसके सभी पाप दूर हो जाते है और उसे स्वर्ग की प्राप्ति होती है। अग्निपुराण के अनुसार माघ माह में प्रयाग में दिन में तीन बार स्नान करने से सौ हजार गायों के दान के बराबर फल की प्राप्ति होती है।

कूर्मपुराण, नारदीयपुराण और महाभारत के अनुशासन पर्व में माघ मास में संगम-स्नान की महत्ता का वर्णन किया गया है। मत्स्यपुराण के अनुसार जो माघ मास में गंगा-यमुना के जल में स्नान करता है वह अनन्त काल तक जीवन के आवागमन चक्र से मुक्त रहता है। वहाँ यह भी कहा गया है कि जो व्यक्ति प्रयाग के पवित्र स्थल पर रहते हुए एक माह तक अपना यौन शुद्धता बनाये रखता है और पितरों तथा देवताओं को जल का अर्घ्य देता है, वह जहाँ कहीं भी जन्म लेता है वहाँ उसकी सभी इच्छाएँ पूर्ण होती है। नारदीय पुराण के अनुसार माघ मास में जब सूर्य उत्तरायण हों तो संगम में स्नान करने से सैकड़ों पापों से आच्छादित व्यक्ति भी पुनर्जन्म से मुक्ति पा जाता है। इसी में आगे कहा गया है कि केवल भाग्यवान लोग ही माघ मास में संगम स्नान करने प्रयाग पहुँच पाते हैं, और जो पहुँचते हैं उनको संगम में स्नान करने से पुनर्जन्म से मुक्ति मिल जाती है। पद्मपुराण में कहा गया है कि प्रयाग में माघ मास में उपस्थित होने के लिए देवता भी लालायित रहते है। जो व्यक्ति प्रयाग में माघ मास में अपनी पवित्र डुबकी लगाते हैं, उनको भविष्य में कष्ट का अनुभव नहीं होता है। वे विष्णुलोक में विराजते हैं। जो व्यक्ति प्रयाग में एक माह तक भावनाओं का संयम कर निवास करता है वह सभी पापों से मुक्त हो जाता है। वहाँ यह भी कहा गया जो दम्पति प्रसन्नतापूर्वक प्रयाग में नियमित रूप से एक माह स्नान करता है, उसके सभी पाप धुल जाते है। स्कन्दपुराण में कहा गया है कि माघ मास में प्रयाग के पापनाशक जल में स्नान करने से ब्रह्महत्या जैसा पाप भी नष्ट हो जाता है। यहाँ तक कहा गया है कि जो व्यक्ति प्रयाग में माघस्नान करता है, उसके पुण्यफल की कोई गणना ही नहीं है।

प्रयागे तु नरो यस्तु माघस्नानं करोति च।
न तस्य फलसंख्यास्ति शृणु देवर्षिसत्तम।।

प्रयाग में क्षौर-कर्म और मुण्डन

क्षौर-कर्म और मुण्डन को प्रायः समानार्थक समझा जाता है, लेकिन इन दोनों में अन्तर है। क्षौर का अर्थ है सिर के केशों को मुण्डवाना, जबकि मुण्डन का अर्थ है- दाढ़ी-मूँछ सहित सिर के केशों को मुण्डवाना।[4] प्रयाग में सिर के केशों को मुण्डवाने से भी पापों से मुक्ति मिलती है। ऐसी मान्यता है कि मनुष्य के सभी पाप केशों की जड़ का आश्रय लेकर टिके रहते हैं। अतः त्रिवेणी प्रयाग में स्नान करने के पहले मुण्डन अवश्य करा लेना चाहिए। नारदीय धर्मसूत्र में कहा गया है कि गंगा के किनारे, प्रयाग को छोड़कर, अन्यत्र कहीं भी मुण्डन का विधान नहीं है। प्रयागव्यतिरेके तु गङ्गायां मुण्डनं नहि। (नारदीय धर्मसूत्र, 6/52) शास्त्रोक्त परम्परा के अनुसार प्रयाग में वपन (मुण्डन), गया में पिण्डदान, कुरुक्षेत्र में दान और काशी में देहत्याग का विशेष महत्त्व है।

प्रयागे वपनं कुर्याद् गयायां पिण्डपातनम्।
दानं दद्यात् कुरुक्षेत्रे वाराणस्यां तनु त्यजेत्।। (नारदीय धर्मसूत्र)

नारदीय धर्मसूत्र में कहा गया है कि यदि किसी ने प्रयाग में वपन (मुण्डन) करा लिया है तो उसके लिए गया में पिण्डदान, कुरुक्षेत्र में दान और काशी में देहत्याग करना उतना महत्त्वपूर्ण नहीं है।

किं गयापिण्डदानेन काश्यां वा मरणेन किम्।
किं कुरुक्षेत्रदानेन प्रयागे वपनं यदि।। (नारदीय धर्मसूत्र)

काशी, प्रयाग और गया को 'त्रिस्थली' कहा गया है। यह तीनों हिन्दुओं के सबसे पावन तीर्थस्थान हैं। पं. नारायण भट्ट (जन्म 1513 ई.) द्वारा इन तीनों पवित्र स्थानों की तीर्थयात्रा के सम्बन्ध में 1580 ई. में 'त्रिस्थलीसेतु' नामक एक प्रसिद्ध ग्रन्थ की रचना वाराणसी में की गयी थी। इस ग्रन्थ के अनुसार प्रयाग में बच्चों और विधवाओं के क्षौर कर्म का विधान तो है ही, सधवा स्त्रियों के क्षौर कर्म का विधान भी है। 'त्रिस्थलीसेतु' में कहा गया है कि सुहागन स्त्रियों को अपने केशों की सुन्दर वेणी बनाकर पति की अनुमति से वेणी के अग्र-भाग के दो-तीन अंगुल केशों को कटवाना चाहिए। फिर कटी हुई वेणी को अंजलि में लेकर और उसके बराबर सोने या चाँदी की वेणी साथ लेकर जुड़े हाथ से संगम में प्रवाहित कर देना चाहिए; और यह कहना चाहिए कि हमारे समस्त पाप कट जाएँ और हमारे सौभाग्य की निरन्तर वृद्धि हो। ज्ञातव्य है कि सधवा स्त्री के लिए

एकमात्र प्रयाग में ही क्षौर कर्म कराने का शास्त्रीय विधान है। उपनयन-संस्कार विहीन किन्तु चौल-कर्म युक्त बालकों का क्षौर कर्म भी प्रयाग में कराया जाना चाहिये।

प्रयाग-माहात्म्य और 'शताध्यायी'

पद्मपुराण के पाताल-खण्ड में वर्णित प्रयाग-माहात्म्य के सौ अध्याय को ही 'शताध्यायी' कहा जाता है। शास्त्रीय दृष्टि से प्रयाग की अन्तर्वेदी और बहिर्वेदी के विषय में जानकारी प्राप्त करने का यह सबसे प्रामाणिक स्रोत है। इसमें प्रयाग की महिमा का बखान किया गया है। इसमें प्रयाग को तीर्थराज कहे जाने का कारण बताया गया है।

एक बार ब्रह्मा के पुत्रों को प्रयाग के बारे में जानने की प्रबल इच्छा हुई। इसकी समुचित जानकारी पातालवासी शेषनाग को ही थी। अतः वे सभी पातालपुरी गये। उनकी जिज्ञासा को देखते हुए हजार फनों वाले शेषनाग ने उनके समक्ष प्रयाग-माहात्म्य का अद्भुत वर्णन किया। शेषनाग ने ब्रह्मा के पुत्रों को बताया कि नागराज वासुकि ने ही प्रयाग को श्रेष्ठतम तीर्थ घोषित किया है। शेष ने कहा कि मैं तो बस नागराज वासुकि के कथन को ही दुहरा रहा हूँ-

तीर्थं हि द्विविधं प्रोक्तं कामदं मोक्षदं तथा।
कामदं मोक्षदं नैव मोक्षदं कामदं न च ।।24।।
तत्रापि सर्व तीर्थानि तीर्थराज्ञाया बिना।
कामदाने मोक्षदाने समर्थानि भवन्ति न ।।25।।

अर्थात् : तीर्थ दो प्रकार के होते हैं- एक कामना पूरी करने वाले और दूसरे मुक्ति प्रदान करने वाले। परन्तु जिस तीर्थ में सब प्रकार की शक्ति-सामर्थ्य हो, जो सबके मनोरथ पूर्ण कर सके, ऐसा एकमात्र तीर्थ प्रयागराज ही है।

अथोच्यते तीर्थराज प्रयाग सर्वतोधिकः।
तस्य शृण्वन्तु माहात्म्यं मुनयः सनकादयः।।28।।

अर्थात् : धर्म-अर्थ-काम-मोक्ष सारे फल देने में समर्थ केवल प्रयाग ही है।

पद्मपुराण में कहा गया है कि जैसे ग्रहों में सूर्य और ताराओं में चन्द्रमा हैं, वैसे ही तीर्थों में प्रयाग सर्वोत्तम हैं।

ग्रहाणां च यथा सूर्यो नक्षत्राणां यथा शशी।
तीर्थानामुत्तमं तीर्थं प्रयागाख्यमनुत्तमम्।।

तीर्थयात्रा और तीर्थ-स्नान

किसी पुण्य-स्थल की पवित्र उद्देश्य से की जाने वाली यात्रा तीर्थयात्रा है; और सामाजिक स्तर पर अवांछित एवं अकल्याणकारी होने के साथ ही जो मन की शान्ति

में बाधक हो, वह पाप है। पुण्य-स्थल का कार्य पापों का प्रक्षालन या अन्त करना है। स्कन्दपुराण (1/2/13/10) में कहा गया है कि जहाँ प्राचीन काल में सत्पुरुष पुण्यार्जन के लिए रहते थे, उन स्थलों को तीर्थ कहा जाता है। ब्रह्मपुराण में तीर्थों को चार श्रेणियों में विभाजित किया गया है-

1. देव तीर्थ (देवों द्वारा उत्पन्न),
2. आसुर तीर्थ (जो गय, बलि आदि असुरों से सम्बन्धित हैं; जैसे गया),
3. आर्ष तीर्थ (ऋषियों द्वारा स्थापित, जैसे प्रभास, नरनारायण आदि); तथा
4. मानुष तीर्थ (अम्बरीष, मनु, कुरु आदि राजाओं द्वारा निर्मित)।

इनमें से प्रत्येक पूर्ववर्ती तीर्थ-श्रेणी अपने अनुवर्ती से श्रेष्ठ है। देव तीर्थ सर्वोत्तम हैं। ब्रह्मपुराण के अनुसार विन्ध्य के दक्षिण की छह नदियाँ और हिमालय से निकली छह नदियाँ देवतीर्थों में सबसे पवित्र हैं। ये बारह देवतीर्थ निम्नवत् हैं- गोदावरी, नर्मदा, भीमरथी, तुंगभद्रा, वेणिका, तापी, भागीरथी, यमुना, सरस्वती, पयोष्णी, वितस्ता और विशोका। मित्र मिश्र (1610-1640) त 'तीर्थप्रकाश' नामक ग्रन्थ में काशी, पुष्कर और प्रभास को देवतीर्थ बताया गया है।

तीर्थ मनुष्य की सात्विकता और आस्था को सुदृढ़ करते हैं। इसलिए सभी धर्मों में कुछ विशिष्ट स्थलों की पवित्रता पर बल दिया गया है और वहाँ जाने के लिए धार्मिक व्यवस्था बतायी गयी है।[5] भारतवर्ष में प्रायः नदियों, पर्वतों और वनों को दिव्य-स्थल मानते हुए वहाँ की यात्रा को पुण्यप्रद बताया गया है। रवीन्द्रनाथ ठाकुर ने अपनी 'साधना' में लिखा है कि ''भारतवर्ष ने तीर्थयात्रा के स्थलों को वहाँ चुना, जहाँ प्रकृति में कुछ विशिष्ट रमणीयता या सुन्दरता थी, जिससे कि उसका मन संकीर्ण आवश्यकताओं के ऊपर उठ सके और अनन्त में अपनी स्थिति का परिज्ञान कर सके।''[6]

यद्यपि प्राचीन काल से ही भारत कई प्रान्तों में विभक्त रहा है; और धर्म साधना के क्षेत्र में भी यहाँ के लोग नाना प्रकार के सम्प्रदायों के अनुयायी रहे हैं, तथापि तीर्थयात्राओं ने यहाँ की सांस्कृतिक एकता की भावना को सुदृढ़ किया है। तीर्थयात्राएँ लोगों को आपस में जोड़ती हैं। तीर्थयात्री अपनी सीमा के बाहर जाकर असीम जन-समाज का प्रत्यक्ष अनुभव प्राप्त करता है। ''एक अन्तःप्रक्रिया उसे परिचालित करने लगती है और अन्तर्मन्थन आरम्भ हो जाता है। यदि ऐसा अनुभव किसी को नहीं होता तो उसका तीर्थाटन व्यर्थ है। ऋषियों तथा सन्तों ने इस मनोवैज्ञानिक तत्त्व का साक्षात्कार करके तीर्थों की असाधारण महिमा स्थापित की तथा उनके अनेक स्वरूप निर्धारित किये जिनमें स्थिति और गति दोनों को समाहित कर लिया गया है।''[7]

तीर्थ तीन कारणों से पवित्र माने जाते हैं- स्थल की कुछ आश्चर्यजनक विशेषताओं के कारण, या किसी जलीय स्थल की अनोखी रमणीयता के कारण, या किसी तपःपूत ऋषि-मुनि के वहाँ (स्नान करने, तपःसाधना करने आदि के लिए) रहने के कारण।[8] तैत्तिरीय संहिता में कहा गया है कि यजमान को तीर्थ पर स्नान करना चाहिए।

अप्सु स्नाति साक्षादेव दीक्षातपसी अवरुन्धे तीर्थे स्नाति। (तै0 सं. 6/1/1/1-2)

परन्तु कूर्मपुराण में यह कहा गया है कि "जो व्यक्ति अपने कर्तव्यों को छोड़कर तीर्थसेवन करता है, वह तीर्थयात्रा का फल न तो इस लोक में प्राप्त करता है, न उस लोक में।" हमारे धार्मिक ग्रन्थों में इतनी व्यावहारिकता है कि वे स्पष्ट कहते हैं कि केवल तीर्थयात्रा एवं तीर्थस्नान से कुछ नहीं होता, जीवन के चरम लक्ष्य को पाने के लिए हृदय का परिवर्तन और पापकर्म का त्याग आवश्यक है।

रघुनन्दन कृत 'प्रायश्चित्ततत्त्व' में ब्रह्मण्डपुराण से उद्धरण देकर ऐसे 14 कर्मों का उल्लेख किया गया है, जो गंगा के तट पर त्याग दिये जाने चाहिये।[9] गंगा-तट पर त्याज्य कर्म निम्नलिखित हैं-

1. शौच (मल-त्याग, शरीर को रगड़-रगड़ कर स्वच्छ करना या साबुन-तेल लगाना)
2. आचमन [10] (दिन में कई अवसरों पर ऐसा करना अनुचित है।)
3. केश-शृंगार
4. निर्माल्य-धारण (देवपूजन के बाद फूलों का प्रयोग करना)
5. अघमर्षण सूक्त-पाठ
6. देह मलवाना
7. क्रीड़ा-कौतुक
8. दान-ग्रहण
9. सम्भोग-कृत्य
10. अन्य तीर्थ की भक्ति
11. अन्य तीर्थ की प्रशंसा
12. अपने पहने हुए वस्त्रों का दान
13. किसी को मारना-पीटना
14. तीर्थस्थल को तैरकर पार करना

बहरहाल, पर्व-स्नान भारतीय संस्कृति की एक मौलिक विशेषता है। तीर्थों में अनुष्ठान-पूजन के दौरान तीर्थ-पुरोहितों द्वारा यजमानों को संकल्प कराया जाता है। क्षेत्रीय एवं स्थानीय सन्दर्भों के अनुरूप एक मूल संकल्प भारत के प्रायः सभी भागों में हजारों वर्षों से प्रचलित रहा है। "भारतीय मनीषा ने इसे जितने विशाल रूप में

परिकल्पित किया है वह असाधारण और अद्वितीय है। शायद ही किसी देश ने दिक् और काल की ऐसी सूक्ष्म तथा इतनी विशद धारणा को एक साथ सम्बद्ध करके व्यावहारिक रूप में लोकव्यापी मान्यता दी हो। संकल्प का क्षण प्रत्येक व्यक्ति के साथ सर्वांगीण रूप से जुड़कर उसे आत्मीय बना देता है और मन में पवित्रता का संचार करने में समर्थ होता है। देश की विराटता में तथा महाकाल की अनन्त और अकल्पनीय परिधि में क्षण-विशेष को एक बिन्दु के रूप में ग्रहण करके जो स्फुरण असंख्य स्नानार्थियों को होता है वह अनुभूति की आस्तिकता का प्रमाण है। कहीं किसी क्षण कोई व्यक्ति काल-प्रवाह को जल-प्रवाह के रूप में देखकर उसमें निमज्जित होने का संकल्प कर सकता है। इसी आधार पर उसे मन्त्र जैसा रूप दे दिया गया है। यह बात दूसरी है कि अज्ञान और अशिक्षा ने इस प्रक्रिया के वास्तविक अर्थ को ग्रहण करने में कठिनाई उत्पन्न कर दी है और अनास्था के कारण भी उसका महत्त्व तिरोहित हो रहा है। संकल्प करने और कराने वाले की मनोभावना के तात्कालिक स्वार्थ से जुड़ जाने पर अनेक बार स्थिति स्वयं व्यंग्य और विडम्बना बन जाती है। परन्तु ऐसा होते हुए भी आस्थामय जन-प्रवाह विमुख नहीं हुआ है। इस देश की व्यक्ति-चेतना समाज-भावना की विरोधी कभी नहीं रही। वैदिक काल से भारतवर्ष ऐसा अनुभव करता रहा है-

सं गच्छध्वं, संवदध्वं,
सं वो मनांसि जानताम्।

भारतीय समाज को समूह या भीड़ के रूप में वही लोग देख सकते हैं जो इसके अन्तर्प्रवाह से असम्पृक्त रहते हैं। वे संगम-तट पर आकर भी यहाँ की महिमा से अभिभूत होने में संकोच का अनुभव करते हैं। बहुधा विचार-भेद उसका कारण बन जाता है और धर्म-भेद भी बहुतों को विमुख बनाता है। पर वस्तुतः जन-धारा में ऐसी अदम्य शक्ति है कि विरोधी होकर भी कोई इसकी महत्ता की उपेक्षा नहीं कर सकता। जितने भी विदेशी भारतवर्ष में आये हैं, यहाँ की आस्तिकता और धर्म-भावना की उदात्तता को देखकर अवश्य प्रभावित हुए, लेकिन इसके साथ ही उन्होंने प्रचलित अन्धविश्वासों का भी उल्लेख किया है।

यह संकल्प वैष्णवता के सांस्कृतिक अभ्युत्थान और प्रेरणाप्रद मानवीय रूप से जुड़ा हुआ है। इसमें कोई संकीर्णता और निषेध की भावना नहीं है। जाति-वर्ण की सीमा भी इसे नहीं छूती। यह संगम राष्ट्रीयता का संवाहक रहा है और आगे भी रहेगा। अहं राष्ट्री संगमनी वसूनाम्।"[11]

दानभूमि प्रयाग

यमुना नदी प्रयाग में गंगा से मिलती है। यहाँ के संगम का जिह्वाकार भाग ही प्रयाग का मूल तीर्थस्थान है। त्रिवेणी संगम का तट अनादि काल से अत्यन्त पावन

माना जाता रहा है। श्रद्धा-भक्ति वश संगम-तट पर राजा से लेकर रंक तक यथासामर्थ्य दान-पुण्य करते हैं। यह वस्तुतः दानभूमि है। 'विक्रमोर्वशीय' में प्रतिष्ठान नरेश पुरूरवा कहते हैं कि "मेरे यहाँ भी दिन-रात दान दिया जाता है।"[12] सम्राट् हर्षवर्द्धन के प्रयाग दान-महोत्सव की चर्चा ह्वेनत्सांग ने अपने वृत्तान्त में विस्तार से की है।

प्रयाग के उपतीर्थ

पुराणों के अनुसार तीर्थराज प्रयाग के निम्नलिखित उपतीर्थ हैं-

1. कम्बल और अश्वतर : नामक दो नाग हैं। ये यमुना के विस्तृत तट पर स्थित हैं। दूसरे मत के अनुसार इन्हें यमुना के दक्षिणी तट पर बताया गया है।
2. समुद्रकूप : यह गंगा के पूर्वी तट पर प्रतिष्ठान में स्थित है। मत्स्य, पद्म और कूर्म पुराण के अनुसार प्रयाग का ही दूसरा नाम प्रतिष्ठान था।
3. सन्ध्यावट
4. हंसप्रपतन : प्रतिष्ठान के उत्तर और गंगा के पूर्व में स्थित था।
5. कोटितीर्थ
6. भोगवती : यह वासुकि के उत्तर में प्रजापति की यज्ञवेदी है।
7. दशाश्वमेधक
8. उर्वशीपुलिन : मत्स्य, पद्म, अग्नि और कूर्म पुराण के अनुसार यहाँ पर आत्मत्याग करने से विभिन्न फल प्राप्त होते हैं।
9. ऋणप्रमोचन : यह प्रयाग के दक्षिण यमुना के उत्तरी तट पर स्थित है।
10. मानस : यह गंगा के उत्तरी तट पर स्थित है।
11. अग्नितीर्थ : यह यमुना के दक्षिणी तट पर स्थित है।
12. विरज : यह यमुना के उत्तरी तट पर स्थित है।
13. अनरक : यह धर्मराज के पश्चिम में स्थित है।

तीर्थावतार पट्ट के रूप में प्रयाग का दृश्यांकन

मध्य भारत से प्राप्त एक अनुपम शिलापट्ट लन्दन के ब्रिटिश म्यूजियम में संगृहीत है। नीलकंठ पुरुषोत्तम जोशी के अनुसार यह 'तीर्थावतार पट्टों' की परम्परा का आरम्भिक रूप है। इस परम्परा की शुरुआत नौवीं सदी ई. में हुई थी। यह पट्ट चौकोर है, लेकिन इसका ऊपरी हिस्सा गोल आकार का है। यह हल्के पीले रंग के बलुआ पत्थर से बनाया गया है। शिलापट्ट की ऊँचाई लगभग एक मीटर के है। पट्ट के मध्य में दाहिनी ओर मुख किये हुए एक विशाल मत्स्य बना हुआ है जिसकी पीठ पर पाँच मेखलाओंवाला एक चबूतरा है। इस चबूतरे पर एक जटाधारी पुरुष की आवक्ष प्रतिमा है जिसका दाहिना हाथ अभय मुद्रा में है और बायें हाथ में छोटा-सा

घड़ा है। सम्भवतः यह शिव की आवक्ष मूर्ति है। शिव मूर्ति युक्त यह शिवलिंग एक वृक्ष के नीचे स्थापित है। लिंग के ऊपरी भाग के पीछे वृक्ष का तना और उसके ऊपर वृक्ष की फैली हुई शाखा दिखायी देती है। सम्भवतः यह वट वृक्ष है। शिव-युक्त चबूतरे के अलग-बगल एक घट लिए हुए स्त्री खड़ी है। लिंग और वृक्ष के दोनों ओर इन स्त्रियों की अपेक्षा आकार में कुछ बड़े एक-एक पुरुष हैं। बायीं ओर के पुरुष के हाथ में माला तथा दूसरे के पास घड़ा है। बायीं ओर की घटधारिणी के पीछे एक त्रिशूल गड़ा है। लिंग के पीछे वाले वृक्ष पर घुटने मोड़े और हाथ फैलाए एक पुरुष की आकृति बनी है। ठीक इसी के नीचे और त्रिशूल के ठीक ऊपर नीचे मुख किये लटकती हुई एक दूसरी पुरुष आकृति बनी है। सम्भवतः यह ऊपर वाले पुरुष से थोड़ा पहले कूदा है, इसलिए वह नीचे गड़े हुए त्रिशूल से टकरा रहा है। लगता है ये दोनों व्यक्ति पेड़ पर से त्रिशूल के ऊपर कूदकर आत्महत्या कर रहे हैं। मत्स्य, वृक्ष के नीचेवाला शिवलिंग, उसके पुजारी तथा आत्महत्या का यह अंकन वस्तुतः एक कथासूत्र में बँधे हुए हैं।

यह शिलापट्ट आठ खण्डों में विभक्त है। इनमें कुल तिरपन आकृतियाँ बनी हैं। शीर्ष भाग के कोने पर लक्ष्मी और ब्रह्मा के साथ शेषशायी विष्णु दिखायी देते हैं। इसी पंक्ति में दाहिनी ओर ज्वाला मण्डित सिर वाले ललितासन में बैठे अग्नि हैं। इसके बाद एक खण्डित पुरुष आकृति है। दूसरे खण्ड का आरम्भ नमस्कार मुद्रा में बैठे दो उपासकों से होता है। इनके बाद गोद में शिशु लिये बैठी मातृदेवी तथा ठिगने

(प्रयाग शिलापट्ट का निचला भाग)

पैरोंवाला कुम्भोदर यक्ष दिखायी पड़ता है जिसका दाहिना हाथ ऊपर की ओर उठा है। इसी खण्ड में वायुदेव हैं, जिनके दोनों हाथों में वस्त्र लहरा रहे हैं। वायु के बगल में ललितासन में बैठा कोई देवपुरुष है, जिसका दाहिना हाथ अभय मुद्रा में है।

तीसरे खण्ड में प्रथम आकृति एक तपस्वी की है जो अपने घुटनों और कमर को योगपट्‌ट से कसे हुए है। उसके बाद पिछले पैरों पर बैठा हुआ वराह है। इस खण्ड की अन्तिम दो आकृतियों के रूप में अभय मुद्रा में बैठा एक पुरुष तथा उकडू बैठा हुआ कमलाधारी सूर्य बने हुए हैं।

चौथे और पाँचवें खण्ड का अधिकांश क्षेत्र मत्स्य द्वारा ढँका हुआ है पर शेष भाग में आकृतियाँ है। चतुर्थ खण्ड में बायीं ओर पाँच ऋषियों की आकृतियाँ है। प्रथम ऋषि अपने बायीं ओर मुँह करके मोढ़े पर बैठा है और उसका दाहिना पैर भूमि पर टिका है। उसके बाद वाले दो ऋषि दर्शकों को देखते हुए पैरों के बल बैठे है और उसने घुटने योगपट्‌ट से बँधे हुए हैं। ये ऋषि दाहिना हाथ अभय मुद्रा में उठाये हैं। उनके बायें हाथ में कमण्डलु है। इस खण्ड के अन्त में मत्स्य के मुख के पास उसी प्रकार बैठे हुए तुन्दिल कुबेर दिखायी देते हैं। उनके केश सँवरे हुए हैं और कानों में कुण्डल है।

पाँचवें खण्ड का आरम्भ अंशतः छिपे गरुड़ से होता है। गरुड़ के पंख खुले है, बाल खड़े है और पैर फैले है। इस खण्ड की अन्तिम दो आकृतियाँ ललितासन में बैठे दो पुरुषों की है, जो मत्स्य के मुख से ठीक नीचे हैं। छठे खण्ड में आठ नागों की पंक्ति है। ये नाग एक पैर लटकाकर बैठे है और प्रत्येक के पाँच फण हैं। इस खण्ड की अन्तिम दो आकृतियाँ पुरुषों की है जो पंचम खण्ड की अन्तिम दो आकृतियों जैसी है।

सातवें खण्ड में सात खड़े पुरुष हैं, जिनके उठे हुए हाथों में घड़े हैं और दाहिने हाथ जाँघों पर टिके हैं। इनके बाद दोनों हाथों में घट लिये चार पुरुष बैठे हैं। सबसे निचले खण्ड में आठ नागों की दूसरी पंक्ति है। इनके दाहिने हाथ अभय मुद्रा में है और बाएँ में कमण्डलु है पर यहाँ प्रत्येक के मस्तक पर तीन फण हैं। इस खण्ड की अन्तिम दो वस्तुएँ अत्यन्त रहस्यमय हैं। ये पृथ्वी पर स्थापित दो घड़े हैं जिनमें से एक के गले में साँप लिपटा है और दूसरा सादा है।

नीलकंठ पुरुषोत्तम जोशी ने पहचान की दृष्टि से उक्त आकृतियों को 8 वर्गों में बाँटा है-

वर्ग 1. शेषशायी विष्णु, अग्नि, वायु, सूर्य और कुबेर।

वर्ग 2. ललितासन में बैठे पुरुष जो विविध आभूषण पहने हुए है और जिनके केश सँवरे हुए हैं। अभय मुद्रा में उठा दाहिना हाथ इनके देवत्व का प्रतीक है। इन पुरुषों की कुल संख्या 6 है दूसरे तथा तीसरे खण्ड में

(प्रयाग शिलापट्ट पर महामत्स्य का अंकन)

एक-एक तथा पाँचवे एवं छठे खण्ड में दो-दो। आयुधों के अभाव में इन पुरुषों की ठीक पहचान नहीं हो पाती है।

वर्ग 3. अंकगत शिशु के साथ मातृदेवी।

वर्ग 4. यज्ञ वराह

वर्ग 5. पंख फैलाए उड़ता हुआ गरुड़

वर्ग 6. तपस्वी जन। इन्हें दो उपवर्गों में बाँटा जा सकता है। प्रथम उपवर्ग में खण्ड 3 और 4 का आरम्भ करने वाले दो-दो ऋषियों को शामिल करना होगा जो अभय मुद्रा में तो हैं, पर उनके बैठने की पद्धति में अन्तर है। दूसरे उपवर्ग में वे चार ऋषि, जो अभय मुद्रा में है और मत्स्य के पीठ पर सामने मुँह किये दिखायी पड़ते हैं।

वर्ग 7. पुरुष रूप में नाग। ये भी दो प्रकार के है। प्रथम उपवर्ग 5 फण वाले नागों का है। ये आठ स्पष्टतः दूसरे उपवर्ग के नागों से श्रेष्ठ होंगे, जिसके केवल 3 ही फण हैं। सबसे निचले खण्ड में इन आठ नागों की उपस्थिति उनके निवास स्थान पाताल की ओर संकेत करती है। इन पुरुषाकृति नागों के अतिरिक्त सरीसृप के रूप में भी दो सर्प हैं- एक तो भगवान् विष्णु का शेष और दूसरे दो में से एक घड़े के गले से लिपटा एक फणवाला छोटा साँप।

वर्ग 8. खण्ड 6 में दृष्टिगोचर होने वाले घटधारी पुरुष। यहाँ भी दो उपवर्ग हैं। पहला समूह सात पुरुषों का है जो खड़े है और एक ही हाथ में घट लिए हुए हैं, दूसरा समूह चार पुरुषों का है जो बैठे हैं और दोनों हाथों में घड़े को थामे हैं।

शिलापट्ट पर अंकित प्रमुख आकृति महामत्स्य है। मध्य भारत में प्रतिहार-काल के आरम्भ (लगभग 8वीं शती) से ही विष्णु मूर्ति की पृष्ठशिला पर दशावतारों के अंकन में मत्स्यावतार के रूप में केवल मछली का अंकन किया जाता है। इस मछली की पीठ पर बहुधा चार पुरुष या केवल चार मानव मस्तक बने होते, जो चार वेदों के प्रतीक हैं। भगवान् विष्णु ने मत्स्यावतार लेकर शंखासुर को परास्त करने के बाद वेदों को मुक्त किया था।

प्रतिहार कला में मत्स्यावतार को अंकित करने की एक अन्य पद्धति भी प्रचलित थी। यहाँ मत्स्य की पीठ पर दो उपासकों के बीच में शिवलिंग दिखलाया जाता था। कुछ स्थानों पर यह शिवलिंग किसी वृक्ष के नीचे स्थापित दिखाते हैं, जबकि कुछ कलाकारों ने मत्स्य और वृक्ष के साथ लिंग के स्थान पर शिव की आवक्ष प्रतिमा ही बना दी। लन्दन के ब्रिटिश म्यूजियम में संगृहीत शिलापट्ट में प्रतिहार कालीन इन सभी प्रकारों को एकत्र कर दिया गया है। वैसे यहाँ शिव की आवक्ष मूर्ति लिंग से बड़ी है तथा अगल-बगल दो पुरुष अनुचर और दो घटधारिणी स्त्रियाँ भी बनी है। साथ ही महामत्स्य की पीठ पर चार वेदों को ऋषि रूप में अंकित किया गया है।

इस प्रकार इस शिलापट्ट पर अंकित मछली को विष्णु के प्रथम अवतार (मत्स्यावतार) के रूप में पहचाना जा सकता है। परन्तु इस शिलापट्ट का शिल्पकार मत्स्यावतार के अतिरिक्त कुछ और कहना चाहता है। वृक्ष के ऊपरी सिरे से त्रिशूल पर कूदकर की जाने वाली आत्महत्या के दृश्य शिल्पकार की उसी भावना का द्योतक है।

शिलापट्ट पर अंकित दैवीय स्वरूपों से इतना तो स्पष्ट ही है कि यह जीवन से निराश होकर की जाने वाली आत्महत्या नहीं है। इसके मूल में कोई धार्मिक भाव अन्तर्निहित है। आत्मघात का यह दृश्य बरबस प्रयाग में संगमतट पर स्थित वटवृक्ष के पास घटित होने वाली पुरातन परम्परा की याद दिलाता है। प्रचलित धार्मिक परम्परा के अनुसार वहाँ सायास प्राण त्यागना मोक्षप्रद माना गया है।

पुराणों में प्रयाग में की जाने वाली धार्मिक आत्महत्या का भी उल्लेख है। कूर्म पुराण (1/38/3-12) में अनन्य पुण्यदायी चार प्रकार की आत्महत्या का उल्लेख किया गया है-[13]

1. सूखे उपलों की धीमी जलने वाली आग में अपने को जला कर। इस प्रकार के आत्मघात को 'तुषाग्नि सेवन' या 'करीषाग्नि-दहन' कहा गया है।

(वटवृक्ष से नीचे कूदकर आत्मोत्सर्ग करने सम्बन्धी दृश्य)

2. गंगा-यमुना के संगम पर जल-समाधि लेकर।
3. गंगा की धारा में सिर नीचे करके जल पीते हुए पड़े रहकर मर जाना।
4. अपने शरीर से मांस-पिण्डों को काट-काट कर पक्षियों को खिलाकर।

मृत्यु का आलिंगन करने के लिए प्रयाग में वट वृक्षवाला क्षेत्र बहुत पवित्र माना जाता था। वटवृक्ष से कूदकर (अर्थात् 'भृगुपतन' के द्वारा) भी आत्महत्या की जाती थी। चीनी धर्मयात्री ह्वेनत्सांग द्वारा इस पद्धति का उल्लेख किया गया ह। लन्दन के ब्रिटिश म्यूजियम में संगृहीत शिलापट्ट में इसी का अंकन है। वृक्ष से गिरने के बाद मस्तक का नीचे त्रिशूल की नोकों से टकराना कलाकार की अपनी सूझ है, जिससे गिरने वाले की मृत्यु निश्चित है। उल्लेखनीय है कि प्रयाग में वटवृक्ष के संरक्षक महेश्वर को 'शूलपाणि' (अर्थात् त्रिशूल धारण करनेवाले) कहा गया है। इससे भी स्पष्ट है कि इस शिलापट्ट पर अंकित दृश्य प्रयाग से ही सम्बन्धित है।

मत्स्य और पद्म पुराण के अनुसार प्रयाग में महादेव का प्रिय स्थान था। पद्मपुराण के अनुसार प्रलयकाल में जब धरती जलप्लावित हो जाती है तब शिव वटवृक्ष के मूल में निवास करते है। प्रयाग में शिव को वट का संरक्षक माना गया है। यह मान्यता भी प्रचलित है कि वाट-मूल में मृत्यु होने पर जीवन स्वर्ग से भी ऊपर रुद्रलोक जा पहुँचता है। इन बातों से भगवान् शिव का वट वृक्ष से सम्बन्ध स्पष्ट हो जाता है।

मत्स्यावतार विष्णु का प्रयाग से सम्बन्ध खोजना कुछ हद तक जटिल है। परन्तु स्कन्द पुराण के वैष्णव खण्ड के कुछ अध्याय, जिनकी पद्म पुराण में पुनरावृत्ति की गयी है, इसमें सहायक हैं। उनमें वर्णित कथा के अनुसार विष्णु

(नीचे गड़े त्रिशूल पर वटवृक्ष से कूदकर आत्मोत्सर्ग करने सम्बन्धी दृश्य)

क्षीरसागर में शेष पर शयन कर रहे थे। उसी दौरान सागर के पुत्र शंख ने देवताओं पर विजय पाने के लिए सत्यलोक की ओर प्रस्थान किया और देव काल के मूल स्रोत वेदों को ही चुराने का प्रयास किया। शंख से बचने के उद्देश्य से चारों वेद समुद्र को सुरक्षित जानकर उसमें छिप गये। शंख उनका निरन्तर पीछा करता रहा। इसी बीच देवताओं ने भगवान् विष्णु को जगाकर उनसे सहायता माँगी। विष्णु ने देवगण को आश्वस्त करते हुए कहा कि वेदों को अभी समुद्र में ही छिपे रहने दो। उचित समय पर मैं मत्स्य का रूप धारण करके शंखासुर का करूँगा और तब जाकर वेदों का उद्धार होगा।

कुछ समय बाद विन्ध्य पर्वत पर विष्णु ने ऋषि कश्यप के यहाँ मत्स्य (मछली) के रूप में प्रकट होकर शंखासुर का संहार किया और उसके कवच अर्थात् शंख को हाथ में लेकर बदरीवन पहुँचे। वहाँ ऋषियों को बुलाकर उन्होंने निर्देश दिया कि समुद्र से ऋषिगण वेदों का परिशोधन और संग्रह करें और उनके पास ले आएँ।

तब तक वे स्वयं प्रयाग पहुँचेंगे। तदनुसार ऋषियों ने वेदों को प्राप्त किया। इस खोज के क्रम में जिस ऋषि को वेद का जो भाग मिला, वह उसी के नाम से विख्यात हुआ अर्थात् वह ऋषि उसका 'द्रष्टा' हुआ। वेदों का इस प्रकार संग्रह एवं परिशोधन करने के बाद यज्ञ को साथ में लेकर ऋषिगण प्रयाग पहुँचे। यज्ञ और वेदों के मिलने से ब्रह्मा बहुत प्रसन्न हुए और उन्होंने अश्वमेध नामक यज्ञ की व्यवस्था की। जिस स्थान पर वह 'प्रकृष्ट याग' सम्पन्न हुआ, वह 'प्रयाग', 'प्रजापति क्षेत्र' या ब्रह्मक्षेत्र के नाम से प्रसिद्ध हुआ। भगवान् विष्णु ने सभी देवताओं को अपने साथ वहीं रहने के आदेश दिया जहाँ भविष्य में दो पवित्र नदियों गंगा और यमुना का संगम होनेवाला था।

नीलकंठ पुरुषोत्तम जोशी के अनुसार इस पौराणिक आख्यान से सन्दर्भित शिलापट्ट के दृश्यांकन को समझने में सहायता मिलती है। सबसे पहले तो मत्स्यावतार विष्णु और प्रयाग की तर्कपूर्ण संगति बैठ जाती है। दूसरे इस पट्ट पर गंगा-यमुना का अंकन नहीं होने का कारण भी स्पष्ट हो जाता है। ब्रह्मा के यज्ञ की मत्स्यावतार वाली घटना सूर्यवंशी राजा भगीरथ द्वारा गंगा को पृथ्वी पर लाने के पूर्व की है। तीसरे इस घटना के सन्दर्भ में प्रयाग में ही मत्स्यावतार विष्णु के साथ देव, ऋषि, नाग आदि की उपस्थिति का समुचित उत्तर भी मिल जाता है, जिनमें से कुछ को शिलापट्ट पर प्रमुखता से प्रदर्शित किया गया है।

शिलापट्ट के आरम्भ में शेषशायी का अंकन मत्स्यावतार के पूर्व स्थिति की ओर संकेत करने के साथ ही पुराणों में वर्णित उन तथ्यों की ओर भी संकेत करता है कि विष्णु 'प्रजापति क्षेत्र' के संरक्षक देवता हैं। वे जलप्रलय के समय प्रयाग में ही रहते हैं और वहाँ वेणिमाधव के रूप में पूजे जाते हैं।

शिलापट्ट पर अंकित अग्नि, वायु, सूर्य और कुबेर आठ लोकपालों में गिने जाते है। शेष लोकपाल है सोम, इन्द्र, वरुण और यम। देव समूह में लोकपालों को अंकित करना प्रतिहार कला की एक परम्परा रही है। परन्तु प्रयाग सम्बन्धी पौराणिक सन्दर्भ वहाँ किसी देवी की उपस्थिति का संकेत नहीं देते है। यद्यपि पुराणों में 'उर्वशी-पुलिन-तीर्थ' नामक स्थान का उल्लेख अवश्य है पर उससे वहाँ पूजी जानेवाली किसी देवी पर कोई प्रकाश नहीं पड़ता है। नीलकंठ पुरुषोत्तम जोशी कहते हैं कि आज भी प्रयाग के परिसर में किसी देवी से सम्बन्धित कोई प्राचीन एवं महत्त्वपूर्ण स्थान नहीं दिखलायी पड़ता। अपवाद रूप में एक 'आलोपी देवी' है, पर यहाँ भी कोई देवी प्रतिमा नहीं है, अपितु प्रतीक रूप में चबूतरे के ऊपर एक पालना लटकता हुआ दिखलायी पड़ता है। बहरहाल, पालने का मातृका सम्प्रदाय से निकट का सम्बन्ध है। इस दृष्टि से इस शिलापट्ट पर एक मातृका का अंकन प्रयाग क्षेत्र में इस सम्प्रदाय के सम्बन्ध का सूचक है।

मत्स्य, अग्नि और पद्म पुराण के अनुसार प्रयाग में 'यज्ञ' मूर्तिमान होकर उपस्थित रहा। मूर्तिशास्त्र में वराह को 'यज्ञ-वराह' या यज्ञ का स्वरूप कहा गया है, अतः मूर्तिमान यज्ञ के अंकन के लिए यज्ञ-वराह का प्रतीक रूप से प्रयोग बहुत सार्थक है।

पाँचवें खण्ड में दिखायी पड़ने वाले पंख फैलाये गरुड़ तथा खण्ड 8 के दो कुम्भ परस्पर सम्बन्धित प्रतीत होते हैं, जिनमें एक घड़े के गले से नाग लिपटा है। पौराणिक परम्परा के अनुसार अपनी माता विनता को अपनी सौतेली माता कद्रू के दासत्व के मुक्त कराने के लिए गरुड़ ने बलपूर्वक इन्द्र से अमृत-कुम्भ प्राप्त किया था। शर्त के अनुसार गरुड़ ने वह अमृत-कुम्भ नागों को सौंपकर अपनी माता विनता को स्वतन्त्र तो करा दिया। परन्तु इसी बीच इन्द्र ने अमृत-कुम्भ के स्थान पर विष-कुम्भ को रखकर मूल कुम्भ चुरा लिया। बेचारे नाग इन्द्र की इस चाल से अनजान रहे। नाग-गण अमृत समझ कर विष को ही चाटते रहे। ब्रिटिश म्यूजियम में संगृहीत शिलापट्ट पर सम्भवतः इसी घटना को उकेरने का प्रयास किया गया है। सबसे निचले खण्ड में अर्थात् पाताल लोक में नागों को अमृत कुम्भ सौंपकर गरुड़ पाँचवें खण्ड में उड़ते हुए दिखाये गये हैं। इन्द्र ने अमृत कुम्भ का स्थान परिवर्तन कर वहाँ विष-कुम्भ की स्थापना कर दी है। विष-कुम्भ से ही लिपटा नाग दरअसल सम्पूर्ण नाग जाति का प्रातिनिधि है, जो बगल में रखे अमृत कुम्भ से अनजान है।

प्रयाग का कुम्भ से निकट सम्बन्ध है और वह अमृत-कुम्भ से भी जुड़ा हुआ है। मूल रूप में प्रयाग और कुम्भ का जोड़ ग्रहों की एक विशिष्ट स्थिति के परिप्रेक्ष्य में है। प्रयाग में पूर्ण कुम्भ का आयोजन प्रति बारहवें वर्ष होता है, जब सूर्य और चन्द्र मकर राशि में होते है और गुरु मेष पर। गुरु एक राशि को एक वर्ष में लाँघता है। अतः स्वभाविक रूप से यह योग बारह वर्ष बाद आता है। इसके अतिरिक्त छह वर्ष पर 'अर्द्ध कुम्भ' का आयोजन होता है। शेष स्थानों पर कुम्भ का आयोजन विभिन्न प्रकार की ग्रह स्थिति में होता रहता है।

जिस प्रकार ज्योतिष वाले इस कुम्भ योग को प्रयाग से सम्बन्धित करने के लिए जयन्त वाली कथा गढ़ी गयी, उसी प्रकार अन्य परम्परा में कुम्भयोग का जोड़ गरुड़ द्वारा अमृत-कुम्भ आहरण वाली प्रसिद्ध कथा से बैठाया गया होगा। विचाराधीन शिलापट्ट को गढ़ने वाले कलाकार ने ऐसा लगता है कि उसी का अनुसरण करते हुए प्रयाग और महाकुम्भ का संकेत करने के लिए 5वें खण्ड में उड़ता हुआ गरुड़ और निचले खण्ड में नाग पंक्ति के अन्त में दो कुम्भों को दिखलाया हो। खण्ड तीन और चार के आरम्भ में दिखलायी पड़ने वाले तपस्वियों का अपना एक वर्ग है। वेदों का संग्रह और परिवर्द्धन करने और यज्ञ के साथ

मत्स्यावतार विष्णु के पास प्रयाग में लाने का उत्तरदायित्व सौंपा गया था। प्रयाग में सम्पादित यज्ञ के भी ये अनिवार्य सदस्य रहे होंगे। तपस्वियों के दूसरे वर्ग में मत्स्य की पीठ पर विराजमान चार ऋषिगण है, जो वस्तुतः मूर्तिमान वेद है जिनका मत्स्य के कारण उद्धार हुआ था।

छठे खण्ड के आठ पुरुषरूप धारी नाग पाँच फणों वाले है, पर आठवें खण्ड के उसी प्रकार के उतने ही नाग तीन फणों वाले हैं। इनके अतिरिक्त शेषषायी विष्णु का शेष और दो में से एक घड़े के गले में लिपटा सर्प अपने मूल रूप में है। दोनों वर्गों की संख्या आठ है। महाभारत का खिल पर्व 'हरिवंश' अष्ट नागों का उल्लेख करता है। ये आठ नाग हैं- वासुकि, कार्कोटक, तक्षक, धनन्जय, एलापत्र, कालिय, महापद्म और शेष। इन नागों में से केवल वासुकि का आज भी प्रयाग से सम्बन्ध है। डॉ. वासुदेवशरण अग्रवाल ने अष्टकुलिक नागों के नामों की दो सूचियाँ दी हैं-

सूची 1. तक्षक, महापद्म, शंख, कुलिक, कम्बल, अश्वतर, धृतराष्ट्र और वलाहक।

सूची 2. शेष, वासुकि, कम्बल, कर्कोटक, पद्म, महापद्म, शंख और कुलिक।

इस प्रकार अष्ट नागों का तो परिचय मिल जाता है पर दोनों वर्गों के मूर्ति-शास्त्रीय विशिष्ट लक्षणों के विषय में हम नहीं जानते हैं। वैसे, कुछ पुराणों के अनुसार कम्बल और अश्वतर नामक नागों का भी प्रयाग में निवास था।

शिलापट्ट के सातवें खण्ड में दो प्रकार के घटधारी पुरुष हैं- सात खड़े और चार बैठे। मध्य भारत की मध्यकालीन कला में समुद्रों को अक्सर हाथों में कुम्भ लिए पुरुषों के रूप में अंकित किया जाता है। इन्हें मन्दिरों में गर्भगृह के द्वार पर देखा जा सकता है। इनकी संख्या प्रायः चार होती है। स्कन्दपुराण के अनुसार इनके नाम हैं- क्षीर समुद्र, क्षार समुद्र, दधि समुद्र और इक्षु समुद्र, जिनका सम्बन्ध क्रमशः शाकद्वीप, जम्बूद्वीप, कुशद्वीप और शाल्मलिद्वीप से है। पुराणों की अन्य सूचियों में तीन और जोड़े गये हैं- सर्पि समुद्र, सुरा समुद्र और जल समुद्र। इस प्रकार उनकी संख्या सात हो गयी। शिलापट्ट में दोनों हाथों में घट लेकर बैठे हुए चार पुरुष सम्भवतः चार महासमुद्र हैं। खड़े घटधारी सात पुरुष सम्भवतः सात द्वीप हैं, जिनमें पौराणिक परम्परा के अनुसार पृथ्वी विभक्त है। ये द्वीप हैं- प्लथ, पुश्कर, शाल्मली, कुश, क्रौंच, शाक और जम्बू। पौराणिक मान्यताओं के अनुसार प्रयाग में सातों द्वीपों और सातों समुद्रों का निवास था। गौरतलब है कि चार समुद्र तो मिलते हैं, पर सात द्वीपों का कलात्मक अंकन अन्यत्र नहीं मिला है।

साहित्यिक साक्ष्यों के आधार पर कहा जा सकता है कि लन्दन के ब्रिटिश म्यूजियम में संगृहीत यह शिलापट्ट मत्स्यावतार का प्रमुखता से अंकन करते हुए

तीर्थराज प्रयाग का कलात्मक रूप में अंकन करता है। अतः इन शिलापट्टों को 'प्रयाग शिलापट्ट' कहना उचित होगा।[14]

प्रयाग शक्तिपीठ

श्रीमद्देवी भागवत पुराण के अनुसार दक्ष प्रजापति ने अपनी राजधानी कनखल में एक महायज्ञ का आयोजन किया। उसने तमाम लोगों को यज्ञ में आने का आमन्त्रण दिया किन्तु अपने दामाद महादेव शिव को आमन्त्रण ही नहीं दिया। सती के आग्रह करने पर शिव अनाहूत वहाँ उपस्थित हो गये। परन्तु दक्ष ने महादेव शिव के प्रति उपेक्षा का भाव प्रदर्शित करते हुए उनको समुचित आसन तक नहीं दिया। अपने पिता द्वारा अपने पति के अपमान से व्यथित होकर सती ने उसी यज्ञकुण्ड में कूदकर आत्मदाह कर लिया। भगवान् शिव ने कनखल के यज्ञकुण्ड में अग्निदग्ध सती के शव को अपने कन्धे पर उठा लिया और शोकाकुल होकर विभिन्न स्थानों पर विचरण करने लगे। शिव को सती के मोह से विरक्त करने के लिए भगवान् विष्णु ने अपने चक्र सुदर्शन से सती के अंगों को काटना शुरू किया। स्वाभाविक रूप से भगवती सती के अंग और वस्त्राभूषण कट-कट कर विभिन्न स्थानों पर गिरे। उल्लेखनीय है कि जहाँ-जहाँ सती के अंग या आभूषण कटकर गिरे वह सभी स्थान शक्तिपीठों के रूप में प्रतिष्ठित हुए। इन पवित्र शाक्त-तीर्थों में जाकर भगवान् शिव भी विभिन्न रूपों में वास करने लगे। राजा जनमेजय द्वारा शक्तिपीठों के सम्बन्ध में पूछे गये प्रश्न के उत्तर के रूप में महामुनि वेद व्यास ने यह कथा उन्हें विस्तार से सुनाई थी। यद्यपि श्रीमद्देवी भागवत पुराण में शक्तिपीठों की कुल संख्या 108 बतायी गयी है, तथापि प्रसिद्ध शक्तिपीठ 51 ही हैं।

कृष्णदेव द्वारा रचित 'तन्त्र चूड़ामणि' नामक प्रसिद्ध ग्रन्थ में 51 शक्तिपीठों का वर्णन किया गया है। उनमें से एक शक्तिपीठ प्रयाग में स्थित है। प्रयाग शक्तिपीठ का वर्णन श्रीमद्देवी भागवत पुराण में भी है और 'तन्त्र चूड़ामणि' में भी। प्रयाग में देवी सती के हाथ की उँगलियाँ गिरी थीं। प्रयाग के अलोपीबाग में इसी स्थान पर अलोपी देवी का मन्दिर है। प्रयाग में स्थित इस शक्तिपीठ में 'भैरवी' (देवी भगवती) 'ललिता' रूप में निवास करती हैं, जबकि भैरव (शिव) 'भव' रूप में निवास करते हैं। इस ग्रन्थ में कहा गया है कि इन शक्तिपीठों में अधिदेवता भैरव को छोड़कर यदि किसी अन्य देवता की पूजा-अर्चना की जाये, तो भैरव-गण उसकी पूजा-अर्चना का हरण कर लेते हैं, इसलिए उस पूजा का लाभ साधक को नहीं मिलता है। 'तन्त्र चूड़ामणि' में वर्णित 51 शक्तिपीठों का विवरण निम्नवत् है-

क्र.	स्थान	वर्तमान स्थिति	अंग	शक्ति	भैरव
1	हिंगुला	कराची (पाकिस्तान)	ब्रह्मरन्ध्र [15]	कोट्टवीशा	भीमचोचन
2	शर्करार	?	तीन चक्षु	महिषमर्दिनी	क्रोधीश
3	सुगन्धा	बारीसाल (बांग्लादेश)	नासिका	सुनन्दा	त्रयम्बक
4	कश्मीर	जम्मू कश्मीर	कण्ठदेश	महामाया	त्रिसन्ध्यैश्रव
5	ज्वालामुखी	कांगड़ा (हिमाचल प्रदेश)	महाजिह्वा	सिद्धिदा	उन्मत्त
6	जलन्धर	जालन्धर (पंजाब)	स्तन	त्रिपुरमालिनी	भीषण
7	वैद्यनाथ	देवघर (झारखण्ड)	हृदय	जयदुर्गा	वैद्यनाथ
8	नेपाल	काठमांठू (नेपाल)	अरुसन्धि (घुटना)	महामाया	कपाली
9	मानस	तिब्बत	दाहिना हाथ	दाक्षायणी	अमर
10	विरजाक्षेत्र	उड़ीसा	नाभिदेश	विमला	जगन्नाथ
11	गण्डकी	मुक्तिनाथ (नेपाल)	गण्डस्थल (कनपटी)	गण्डकी	चक्रपाणि
12	बहुला	पश्चिम बंगाल	बायीं भुजा (बाँह)	बहुला देवी	भीरूक
13	उज्जयिनी	उज्जैन (म. प्र.)	कूर्पर (कुहनी/घुटना)	मंगल चण्डिका	कपिलाम्बर
14	त्रिपुरा	कोणपर्वत (त्रिपुरा)	दाहिना पैर	त्रिपुर-सुन्दरी	त्रिपुरेश
15	चहल	चटगाँव (बांग्लादेश)	दाहिनी भुजा	भवानी	चन्द्रशेखर
16	त्रिस्तोला	जलपाईगुड़ी (प. बं.)	बाँया पैर	भ्रामरी	भैरवेश्वर
17	कामगिरि	कामाख्या (असम)	योनि	कामाख्या	उमानन्द
18	प्रयाग	इलाहाबाद (उ. प्र.)	हाथ की उँगलियाँ	ललिता	भव
19	जयन्ति	शिलांग (मेघालय)	बायीं जंघा	जयन्ति	क्रमदीश्वर
20	युगाधा	वर्द्धमान (प. बंगाल)	दाहिना अँगूठा	भूतधात्री	क्षीर खण्ड
21	कालीपीठ	कोलकाता (प. बं.)	दाहिने पैर की उँगलियाँ	कालिका	नकुलीश
22	किरीट	हावड़ा (प. बंगाल)	किरीट (मुकुट)	विमला	संवर्त्त
23	काशी	वाराणसी (उ. प्र.)	कर्ण कुण्डल	विषालाक्षी	कालभैरव
24	कन्याकुमारी	तमिलनाडु	पृष्ठ (पीठ)	सर्वाणि	निमिष
25	कुरुक्षेत्र	हरियाणा	गुल्फ [16]	सावित्री	स्नायु
26	मणिबन्ध	पुष्कर (राजस्थान)	दोनों मणिबन्ध (कलाइयाँ)	गायत्री	सर्वानन्द
27	श्रीशैल	आन्ध्र प्रदेश	गला	महालक्ष्मी	शम्बरानन्द
28	कांची	कांचीपुरम (तमिलनाडु)	अस्थि	देवगर्भा	रुरु [17]
29	कालमाधव	?	नितम्ब (श्रोणि/कूल्हा)	काली	असितांग
30	शोणदेश	अमरकण्टक (म. प्र.)	नितम्ब	नर्मदा	भद्रसेन
31	रामगिरि	सतना (म. प्र.)	स्तन	शिवानी	चण्डभैरव
32	वृन्दावन	मथुरा (उ. प्र.)	केश (बालों की लट)	उमा	भूतेश
33	शुचि	शुचिन्द्र (तमिलनाडु)	ऊपरी दाँत	नारायणी	संहार
34	पंचसागर	?	निचले दाँत	वाराही	महारुद्र
35	करतोयातट	बोगरा (बांग्लादेश)	तल्प (ताटंक : कर्णाभूषण)	अपर्णा	वामनभैरव

36	श्रीपर्वत	लेह लद्दाख	दाहिनी एड़ी	श्री सुन्दरी	सुन्दरानन्द
37	विभाष	मिदनापुर (पं. बंगाल)	बायीं एड़ी	कपालिनी	सवनिन्द
38	प्रभास	गिरनार पर्वत (गुजरात)	उदर	चन्द्रभागा	वक्रतुण्ड
39	भैरव पर्वत	उज्जैन (म. प्र.)	ओष्ठ (होंठ)	अवन्ती	लम्बकर्ण
40	जनस्थान	पंचवटी नासिक	चिबुक (ठुड्डी)	भ्रामरी	वि ताक्ष
41	सर्वशैल	?	बायाँ गाल	राकिनी	वत्सनाभ
42	गोदावरीतट	राजमहेन्द्री (आंध्र प्रदेश)	दायाँ गाल	विश्वेशी	दण्डपाणि
43	रत्नावली	?	दायाँ कन्धा	कुमारी	शिव
44	मिथिला	बिहार	बायाँ कन्धा	उमा	महोदर
45	नलहाटी	वीरभूम (प. बंगाल)	गले की नली	कालिका देवी	योगेश
46	कर्णाट	कर्नाटक	कर्ण (कान)	जयदुर्गा	अभीरू
47	वक्रेश्वर	वीरभूम (प. बंगाल)	मनः (मणिरत्न/मणिबन्ध)	महिषमर्दिनी	वक्रनाथ
48	यशोर	बांग्लादेश	दोनों हथेलियाँ	यशोरेश्वरी	चण्ड
49	अट्टहास	वीरभूम (प. बंगाल)	अधर (निचला होंठ)	फुल्लरा	विश्वेश
50	नन्दिपुर	वीरभूम (पं. बंगाल)	कण्ठहार	नन्दिनी	नन्दिकेश्वर
51	लंका	श्रीलंका	नूपुर	इन्द्राणी	राक्षसेश्वर

कहते हैं कि मनुष्य यदि इन पवित्र तीर्थस्थानों में रहकर पुरश्चरण करे, मुख्य रूप से मायाबीज का जप करे तो उसके सभी मन्त्र सिद्ध होते हैं।[18]

सरस्वती : एक अदृश्य नदी

ऋग्वेद के अनुसार नदियों में श्रेष्ठ सरस्वती नदी हिमालय में उत्पन्न हुई; पहाड़ों की बाधाओं को काट कर मैदान में उतरी और सागर में विसर्जित हो गयी।

एकाचेतत् सरस्वती नदीनां शुचिर्यती गिरिभ्य आ समुद्रात्। (ऋग्वेद 7/95/2)

ऋग्वेद के छठे मण्डल के 61वें सूक्त में कहा गया है कि सरस्वती ने हविदाता वर्द्धयश्व को दिवोदास नामक पुत्र प्रदान किया। उसने अदानशील पणियों का शोधन किया। सरस्वती पहाड़ों को अपनी लहरों से तोड़ती है। इयं शुष्मेभिर्बिसखा इवारुजत् सानु गिरीणां तविषेभिरुर्मिभिः। (ऋग्वेद 6/62/2) हम उसी सरस्वती की सेवा करते हैं। हे सरस्वती! तुमने देव-निन्दकों और त्वष्टा के पुत्र का वध किया और मनुष्यों को भूमि देकर जल की वर्षा भी की। अन्नवती सरस्वती रक्षा करने वाली हैं, वे हमें भली-भाँति तृप्त करें।

नदियों में श्रेष्ठ यह नदी यशवती और गुणवती है। इसका माहात्म्य सर्वोपरि है-

प्र या महिम्ना महिनासु चेकितो द्युम्नेभिरन्या अपसामपस्तमा।
रथ इव बृहती विभ्वने तोपस्तुत्या चिकितुषा सरस्वती।। (ऋग्वेद 6/61/13)

वह अपनी महिमा से बहने वाली सब नदियों को बोध देने वाले सारथी के समान गमन करती है।

प्र क्षोदसा धायसा सस्त्र एषा सरस्वती धरूणमायसी पूः।

प्रवावधाना रथ्येव याति विश्वा अपो महिना सिन्धुरन्याः।। (ऋग्वेद 7/95/1)

सरस्वती सात नदियों वाले 'सप्तसिन्धु' प्रदेश की सबसे बड़ी नदी थी। सप्तसिन्धु प्रदेश में सात नदियाँ थीं- पूर्व में सरस्वती, मध्य में शुतुद्रि (सतलुज), विपाशा (ब्यास), परुष्णी या ऐरावती (रावी) चन्द्रभागा या असिकनी (चिनाब) तथा वितस्ता (झेलम), और पश्चिम में सिन्धु। सरस्वती की दो सहायक नदियाँ थीं- दृषद्वती (चौतंग) और आपया।

ऋग्वेद (7/96/1) में सरस्वती को नदियों में 'असुर्या' अर्थात् दैवीय उत्पत्ति वाली कहा गया है। उसको नदियों एवं देवियों में श्रेष्ठ भी कहा गया है- अम्बितमे नदीतमे देवितमे सरस्वति। (ऋ0 1/3/11-12) पुराणों में सरस्वती को एक प्लक्ष वृक्ष (वट या गूलर का वृक्ष) से निकली हुई माना गया है। उसको कुरुक्षेत्र से गुजरती हुई कहा गया है और हजारों पहाड़ियों को तोड़ती-फोड़ती हुई द्वैत वन में प्रवेश करती हुई दिखाया गया है।

सैषा शैलसहस्त्राणि विदार्य च महानदी।

प्रविष्टा पुण्यतोयैषा वनं द्वैतमिति श्रुतम्।। (वामनपुराण 32/1-4)

ऋग्वेद की "उक्तियों से यह प्रकट होता है कि उन दिनों ऋग्वेद के काल में सरस्वती एक विशाल जल-पूर्ण नदी थी, वह यमुना और शुतुद्रि के बीच से बहती थी और फिर ब्राह्मण ग्रन्थों के काल में रेतीले स्थलों में अन्तर्हित हो गयी। बहुधा आज उसे सरसुती नाम से पुकारते हैं जो भटनेर के पास मरुभूमि में समा जाती है।[19]

सरस्वती के अन्तर्हित हो जाने वाले स्थल से लेकर प्लक्ष-प्रास्रवण (सरस्वती के उद्‌गम-स्थल) की दूरी इतनी थी जिसे घोड़े पर बैठकर 40 दिनों में तय किया जाता था। 'ऐतरेय ब्राह्मण' (8/1) में वर्णित एक गाथा के अनुसार "ऋषियों ने सरस्वती के तट पर एक सत्र किया। उनके बीच में कवष नाम का एक दासी-पुत्र भी बैठा था। उसको वहाँ से निकाल कर मरुभूमि में प्यास से तड़पकर मरने के लिए छोड़ दिया गया। परन्तु कवष ने ऋग्वेद के सूक्तपाठ के रूप में जल या 'अपां नपात्'[20] की स्तुति गायी, जिसको सुनकर सरस्वती वहाँ दौड़ती हुई आ गयीं; और जिस स्थन पर कवष खड़ा था, उसको घेर लिया। आगे चलकर वह स्थान 'परिसरक' कहलाया।" इससे प्रकट होता है कि ऐतरेय ब्राह्मण के काल में तथा उससे बहुत पहले ही सरस्वती सूख गयी थी।[21]

यह ज्ञातव्य है कि वनपर्व (अध्याय 83) में कुरुक्षेत्र में अवस्थित सरस्वती के कतिपय तीर्थों का उल्लेख करते हुए सरक नामक प्रसिद्ध तीर्थ की चर्चा की गयी है, जो तीन करोड़ तीर्थों की पवित्रता को अपने में समाहित करता था (श्लोक संख्या 75-76)। यह सरक, लगता है, सरस्वती का परिसरक तीर्थ ही है।[22]

सरस्वती और दृषद्वती का मैदान 'ब्रह्मावर्त' कहलाता था। कुरुक्षेत्र इसी अंचल में स्थित था, जहाँ महाभारत का प्रसिद्ध युद्ध हुआ था। सरस्वती के मैदान में बसे लोगों में पाँच जातियाँ प्रमुख थीं- 'पंचजाता वर्द्धयन्ति'। इन जातियों में एक थी पुरुवंशी जन- 'अधिक्षयन्ति पुरुवः'।

इलावर्तवर्ष से आकर 'सप्तसैन्धव' प्रदेश में बसे लोगों का राष्ट्र या समाज जनतान्त्रिक प्रणाली से संचालित होता था। ऋग्वेद में शस्त्रागारों एवं दुर्गों का उल्लेख है। इससे लगता है कि वैदिक जनों की अपनी सैन्य-व्यवस्था थी। सप्तसैन्धव में नयी आबाद धरती के जल संसाधन पर नियन्त्रण रखने और नये-नये नगर एवं गाँव बसाने के प्रयासों के दौरान ऋग्वैदिक जनों का मूल निवासी स्थानीय किसानों एवं वनवासियों से संघर्ष हुआ होगा। पर्वतपार से आये ये लोग अपने से भिन्न भाषा बोलने और भिन्न जीवनशैली एवं रीतिरिवाज वाले आदिवासियों को घृणा से दस्यु, राक्षस, दास, पणि आदि कहते थे और अपने को आर्य अथवा भद्रपुरुष।

ऋग्वेद में आर्य नेता दिवोदास और आदिवासी प्रधान शम्बर के मध्य हुए युद्धों का वर्णन है। आर्य सरस्वती के मैदान में रहते थे, जबकि शम्बर के गढ़ पर्वतीय अंचल में थे। आदिवासियों को परास्त कर और उनसे वैवाहिक सम्बन्ध स्थापित कर आर्यों ने विशाल भूभाग पर अपना राज्य फैला दिया। उसके बाद वे आपस में भी लड़ने लगे। दिवोदास की छठी पीढ़ी में सुदास नामक एक राजा हुआ। वह पुरुवंशी राजा था। अपना वर्चस्व स्थापित करने के लिए उसने दस राजाओं से युद्ध किया था। सुदास के वंशज सरस्वती के पूर्वी अंचल तथा दृशद्वती आपया के मैदानों में रहते थे। वे यज्ञ करते थे। महत्त्वपूर्ण बात यह है कि इसी अंचल में हड़प्पा कालीन कालीबंगा नगर में यज्ञकुण्ड और योनि सहित लिंग की आकृतियाँ मिली हैं। लगता है कालीबंगा उनकी राजधानी थी।

महाभारत में देश का भूगोल, उसकी नदियों, वन-प्रान्तरों, उसके राज्यों और उसके लोगों का वर्णन है। सरस्वती अंचल के पश्चिमी तथा उत्तरी भागों में पुरुवंश का आधिपत्य था, पूर्वी भाग में कुरु राज राज करते थे, और दक्षिण-पश्चिम भाग में यदुवंशी यादवों का नियन्त्रण था।

अपने वनवास के दौरान पाण्डव सरस्वती के नदीय मैदान के वनों में रहते थे। एक बार शस्त्रायुधों का प्रशिक्षण लेने के लिए अर्जुन ने हिमालय की यात्रा की। वहीं उन्हें शिव से गाण्डीव धनुष प्राप्त हुआ था। अपनी यात्रा का वर्णन करते हुए अर्जुन

एक ऐसी नदी का उल्लेख करते हैं जिसमें भँवरों से आलोड़ित स्वच्छ निर्मल नीले जल की धारा बहती थी। (महाभारत, वनपर्व) लगता है कि अर्जुन ने वेगवती सरस्वती के किनारे ही यात्रा की थी।

शिवालिक श्रेणियों की तलहटी में सरस्वती के दो किनारों पर वसिष्ठ एवं विश्वामित्र ऋषियों के आश्रम थे। एक बार भयंकर बाढ़ में वसिष्ठ का आश्रम बह गया था। (महाभारत, शल्यपर्व)। सरस्वती के मध्यवर्ती अंचल में घने जंगल थे। उनमें एक था द्वैत और दूसरा काम्यक वन। ये वन कई प्रकार के जीव-जन्तुओं के आश्रयस्थल थे। द्वैत वन में ताड़ (ताल) के अतिरिक्त साल, मधुका, नीपा, कदम्ब, सज्जा, अर्जुन एवं कर्णिकर के वृक्ष थे। वन में मोर, दत्युह, चकोर, वर्हिन, कोकिल आदि पक्षी विचरण करते थे। (महाभारत, वनपर्व)। द्वैत और काम्यक वनों में ऋषियों के आश्रम थे। नयनाभिराम काम्यक वन में ही उर्वशी और पुरूरवा की पहली भेंट हुई थी। सरस्वती अंचल के पश्चिमी भाग में पुरुवंशियों का राज्य था। यहाँ के आश्रमों में दधीचि, परशुराम और व्यास-जैसे महर्षि रहते थे। काम्यक वन में धौम्य ऋषि का आश्रम था, जहाँ दूर-दूर से ज्ञानार्थी आया करते थे।

जब कुरुक्षेत्र में महाभारत युद्ध हो रहा था तब बलराम तीर्थाटन कर रहे थे। उन्होंने अपनी यात्रा वहाँ से आरम्भ की जहाँ सरस्वती समुद्र में विलीन हो जाती है। बलराम ने देखा कि उदपन (आज के उदसर) के निकट सरस्वती लुप्त हो गयी। वाहिका में भरी नम रेत-मिट्टी पर उगी वनस्पति के आधार पर उन्होंने सरस्वती के पथ का पता लगाया। आगे विनशन (आधुनिक अनूपगढ़ के पास) में सरस्वती पुनः अदृश्य हो गयी। उससे आगे वह पुनः प्रकट हो गयी। नागधन्वा स्थान में बलराम ने नागों के झुण्ड देखे। ऐसा लगता है कि नदी के ठहरे पानी से बनी झील के क्षेत्र में नागों की बस्ती थी। महाभारतकाल के अन्तिम समय में सरस्वती बँध-बँध कर ताल तलैयों में बदलने लगी थी।[23]

सन्दर्भ

1. प्रकृष्ट का शाब्दिक अर्थ है उत्कृष्ट, मुख्य या प्रधान
2. जगदीश गुप्त, कुम्भ दर्शन
3. पं. नारायण भट्ट त 'त्रिस्थलीसेतु' (पृ. 3) के अनुसार यह आश्वलायन शाखा का पूरक श्रुति-वचन है; जबकि वाचस्पति (1450-1480 ई.) त 'तीर्थचिन्तामणि' (पृ. 47) में इसको ऋग्वेद का मन्त्र बताया गया है। इसको बहुधा ऋग्वेद, खिलसूक्त, 10/75 बताकर उद्धृत किया गया है, किन्तु पं. श्रीराम शर्मा आचार्य द्वारा सम्पादित ऋग्वेद में यह मन्त्र उपलब्ध नहीं है।
4. डॉ. पाण्डुरंग वामन काणे, धर्मशास्त्र का इतिहास तृतीय भाग, पृ. 1315
5. धर्मशास्त्र-सम्बन्धी ग्रन्थों में सबसे विस्तार से तीर्थों का ही वर्णन किया गया है।

महाभारत एवं पुराणों में कम से कम 40000 श्लोक तीर्थों, उपतीर्थों और उनसे सम्बन्धित किंवदन्तियों के विषय में ही रचे गये हैं। महाभारत के वनपर्व और शल्यपर्व में ही तीर्थयात्रा-सम्बन्धी लगभग 3900 श्लोक हैं। ब्रह्मपुराण में तीर्थयात्रा-सम्बन्धी 6700 श्लोक हैं। (डॉ. पाण्डुरंग वामन काणे, धर्मशास्त्र का इतिहास तृतीय भाग, पृ. 1328)

6. डॉ. पाण्डुरंग वामन काणे, धर्मशास्त्र का इतिहास तृतीय भाग, पृ. 1299
7. जगदीश गुप्त, कुम्भ दर्शन
8. डॉ. पाण्डुरंग वामन काणे, धर्मशास्त्र का इतिहास तृतीय भाग, पृ. 1301
9. वही, पृ. 1317
10. पूजा, यज्ञ आदि आरम्भ करने के पूर्व शुद्धि के लिए मन्त्र पढ़ते हुए जल पीने को 'आचमन' कहा जाता है।
11. जगदीश गुप्त, कुम्भ दर्शन
12. कालिदास, विक्रमोर्वशीय, अंक 4
13. डॉ. पाण्डुरंग वामन काणे, धर्मशास्त्र का इतिहास तृतीय भाग, पृ. 1332-1333
14. विस्तृत अध्ययन के लिए प्रागधारा अंक 1, वर्ष 1990-91 में नीलकण्ठ पुरुषोत्तम जोशी का लेख : 'तीर्थावतार पट्ट के रूप में प्रयाग का अंकन' देखें।
15. मस्तक के भीतर के मध्यवर्ती भाग में स्थित गुप्त छिद्र को योग-परम्परा में ब्रह्मरन्ध्र या ब्रह्माण्ड-द्वार कहा जाता है।
16. एड़ी के ऊपर और पिण्डली के नीचे की गाँठ को 'गुल्फ' कहा जाता है।
17. कालिदास कृत 'रघुवंश' में एक प्रकार के हिरण के लिए 'रुरुः' शब्द का प्रयोग किया गया है।
18. उक्त 51 शक्तिपीठों में से शर्करार, कालमाधव, पंचसागर, सर्वशैल, और रत्नावली की पहचान अभी तक नहीं हो पायी है।
19. डॉ. पाण्डुरंग वामन काणे, धर्मशास्त्र का इतिहास तृतीय भाग, पृ. 1303
20. ऋग्वेद (10/30) के इस मन्त्र को 'अपोनप्त्रीय' कहा जाता है। 'प्र देवत्रा ब्रह्मणे'।
21. डॉ. पाण्डुरंग वामन काणे, धर्मशास्त्र का इतिहास तृतीय भाग, पृ. 1304
22. वही, पृ. 1304 पर अंकित पादटिप्पणी
23. खड्ग सिंह वल्दिया, एक थी नदी सरस्वती, पृ. 88-95

अध्याय–4

महर्षि भरद्वाज और उनका आश्रम

महर्षि भरद्वाज

ऋग्वेदीय मन्त्रों की रचना जिन ऋषि-कुलों द्वारा की गयी, उनमें सात बहुत प्रसिद्ध हैं। भरद्वाज उन्हीं में से एक थे। वे ऋग्वेद के छठे मण्डल के ऋषि के रूप में प्रसिद्ध हैं। आश्वलायन गृह्यसूत्र और शांखायन गृह्यसूत्र में भरद्वाज को बृहस्पति का पौत्र कहा गया है। 'पंचविंश ब्राह्मण' में इनको वैदिक राजा दिवोदास का पुरोहित बताया गया है। 'काठक संहिता' से भी इनका राजा दिवोदास के साथ सम्बन्ध ज्ञात होता है। वहाँ इनको प्रतर्दन को राज्य देनेवाला बताया गया है। एक मन्त्रद्रष्टा ऋषि के रूप में भरद्वाज का उल्लेख कई संहिताओं और ब्राह्मण-ग्रन्थों में हुआ है। रामायण और महाभारत में भारद्वाज गोत्रज ऋषि का उल्लेख महाज्ञानी और चिन्तक के रूप में हुआ है।

रामकथा सम्बन्धी ग्रन्थों के अनुसार त्रेता युग में श्रीराम अयोध्या से वनगमन के क्रम में शृंगवेरपुर में गंगा नदी को पार करके प्रयाग पहुँचे थे। वाल्मीकि रामायण के अनुसार वहाँ पहुँचकर श्रीराम ने लक्ष्मण से कहा था कि "देखो, प्रयाग के पास यज्ञ का धुँआ अग्निदेव के ध्वज के रूप में ऊपर उठ रहा है। इससे प्रतीत हो रहा है कि भरद्वाज मुनि का आश्रम यही है।"

प्रयागमभितः पश्य सौमित्रे धूममुत्तमम्।
अग्नेर्भगवतः केतुं मन्ये सन्निहितो मुनिः।।
(वाल्मीकि रामायण, अयोध्याकाण्ड, 54/5)

श्रीराम ने कहा कि "निश्चय ही हम लोग गंगा-यमुना के संगम के पास आ पहँचे हैं, क्योंकि दो नदियों की जल-धाराओं के टकराने से उत्पन्न होनेवाला स्वर अब सुनायी दे रहा है।

नूनं प्राप्ताः स्म सम्भेदं गङ्गायमुनयोर्वयम्।
तथाहि श्रूयते शब्दो वारिणोर्वारिघर्षजः।।6।।

वन में उत्पन्न होने वाले फल, कन्दमूल और लकड़ियों से जीविका चलाने वाले लोगों द्वारा काटी गयी लकड़ियाँ भी उन दोनों भाइयों ने रास्ते में देखीं। फिर उन्हें आश्रम के पास के विविध प्रकार के वृक्ष भी दिखायी पड़े। श्रीराम, लक्ष्मण और सीता लगभग सूर्यास्त के समय भरद्वाज मुनि के आश्रम पहुँचे।

धन्विनौ ता सुखं गत्वा लम्बमाने दिवाकरे।
गङ्गायमुनयोः सन्धै प्रापतुर्निलयं मुने।।8।।

श्रीराम के धनुर्धर-वेश को देखकर आश्रम के शान्तिप्रिय पशु-पक्षी डर-से गये थे। जो भी हो, महामुनि की कुटिया तक पहुँचने वाले संक्षिप्त मार्ग से वे तीनों दो घड़ी में ही भरद्वाज जी की पर्णशालाा के निकट पहुँच गये।

रामस्त्वाश्रममासाद्य त्रासयन् मृगपक्षिणः।
गत्वा मुहूर्त्तमध्वानं भरद्वाजमुपागमत्।।9।।

आश्रम में पहुँचकर वे तीनों कुछ ही दूरी पर खड़े हो गये। महामुनि के शिष्यों को बताया कि वे लोग महामुनि के दर्शन करने की अभिलाषा रखते हैं। शिष्यों के माध्यम से श्रीराम के आगमन की सूचना मिलने पर उन्होंने उन तीनों को बुला भेजा। महामुनि भरद्वाज त्रिकालदर्शी थे। अपने तप-बल से प्राप्त दिव्य-दृष्टि से वह तीनों कालों की सभी बातें अनायास जान लेते थे। पर्णशाला में प्रवेश करके उन तीनों ने उस दिव्यात्मा के दर्शन किये। महामुनि सन्ध्या-पूजन और अग्निहोत्र करके अपने आसन पर विराजमान थे। उनके तमाम शिष्य उनको घेर कर बैठे हुए थे। श्रीराम, सीता और लक्ष्मण ने सश्रद्धा हाथ जोड़कर मुनि के चरणों में प्रणाम किया। फिर श्रीराम ने अपना और अपने कुल का परिचय देकर वन आगमन का कारण भी स्पष्ट किया। श्रीराम की बातें सुनकर भरद्वाज मुनि ने पहले उनका उचित सत्कार करते हुए एक गाय और अर्घ्य-जल अर्पित किया, समुचित आसन दिया; और फिर उन्हें कई प्रकार के अन्न, रस और वन में मिलने वाले फल और कन्द-मूल आदि भी दिये।

भ्राता और भार्या सहित श्रीराम का समुचित स्वागत करने और उचित आसन देने के बाद भरद्वाज मुनि ने कहा कि ''मैं दीर्घकाल से तुम्हारे आगमन की प्रतीक्षा कर रहा हूँ।'' प्रकारान्तर से उन्होंने यह कहा कि आज उनका मनोरथ पूर्ण हुआ है। मुनि ने सुन रखा था कि श्रीराम को अकारण ही वनवास दे दिया गया है। अतः उन्होंने श्रीराम से कहा कि ''गंगा और यमुना नामक दो महानदियों के संगम पर स्थित प्रयाग नामक यह स्थान बहुत ही पवित्र और एकान्त है। यहाँ की प्राकृतिक छटा भी अत्यन्त मनोरम है। अतः तुम लोग सुखपूर्वक यहीं निवास करो।''

अवकाशो विविक्तोऽयं महानद्योः समागमे।
पुण्यश्च रमणीयश्च वसत्विह भवान् सुखम्।।22।।

यह सुनकर श्रीराम ने महामुनि से सविनय कहा कि "मेरा नगर (अयोध्या) और मेरा जनपद (कोसल) प्रयाग के बहुत निकट है। यदि मैं यहाँ रहा तो वहाँ के लोगों के लिए मुझसे मिलना बहुत सुगम होगा। स्वाभाविक रूप से अयोध्या और कोसल के लोग प्रायः मुझसे मिलने आश्रम पर आते रहेंगे। इस कारण मेरा प्रयाग स्थित इस आश्रम में रहना उचित नहीं होगा।"

भगवन्नित आसन्नः पौरजानपदोजनः।
सुदर्शमिह मां प्रेक्ष्य मन्येऽहमिममाश्रमम्।24।।
आगमिष्यति वैदेहीं मां चापि प्रेक्षको जनः।
अनेन कारणेनाहमिह वासं न रोचये।।25।।

(वाल्मीकि रामायण, अयोध्याकाण्ड, 54/25)

तब भरद्वाज मुनि ने श्रीराम को चित्रकूट में निवास करने का सुझाव दिया। प्रयाग में श्रीराम महामुनि के पास बैठकर ज्ञान-विज्ञान की बातें करते रहे। बातें करते-करते रात हो गयी। दिनभर की यात्रा करने के कारण वे तीनों बहुत थके हुए थे। इसलिए भरद्वाज मुनि के मनोहर आश्रम में उन तीनों ने सुखपूर्वक रात बितायी। भारद्वाज-आश्रम में एक रात्रि विश्राम करने के बाद अगले दिन प्रातःकाल महर्षि भरद्वाज से अनुमति लेकर वे लोग प्रयाग से चित्रकूट के लिए प्रस्थान कर गये। उन तीनों को प्रस्थान करते देखकर महर्षि भरद्वाज ने उसी प्रकार स्वस्तिवाचन किया जैसे पिता अपने औरस पुत्रों को यात्रा करते देखकर उनको मंगलकारी आशीष देता है।

आगे का मार्ग बताते हुए भरद्वाज मुनि ने श्रीराम से कहा कि "गंगा और यमुना के संगम पर पहुँचकर महानदी यमुना के निकट उस स्थान पर जाना, जहाँ गंगा पश्चिममुखी होकर उससे मिली है। उसके बाद गंगा की जलधारा के वेग से अपने प्रवाह के विपरीत दिशा में मुड़ी हुई यमुना के पास पहुँचकर पार उतरने के लिए उपयुक्त घाट मिलेगा। लागों के पदचिह्नों से उस घाट की पहचान कर लेना; और वहीं से यमुना नदी को पार कर लेना। आगे जाने पर एक बहुत बड़ा बरगद का वृक्ष मिलेगा, जिसके पत्ते एकदम हरे होंगे। वह वटवृक्ष चारों ओर से दूसरी प्रजातियों के बहुसंख्य वृक्षों से घिरा होगा। उस वृक्ष का नाम श्यामवट है। उसकी छाया के नीचे कई सिद्ध-महात्मा निवास करते हैं। वहाँ पहुँचकर सीता को हाथ जोड़कर उस वृक्ष रूपी देवता से आशीर्वाद लेना चाहिए। यात्री वहाँ कुछ समय तक निवास भी करते हैं; और कुछ दर्शन करके आगे चले जाते हैं।"

ततो न्यग्रोधमासाद्य महान्तं हरितच्छदम्।
परीतं बहुभिर्वृक्षैः श्यामं सिद्धोपसेवितम्।।

(वाल्मीकि रामायण, अयोध्याकाण्ड, 55/6)

भरद्वाज मुनि ने आगे कहा कि "श्यामवट से एक कोस दूर नीलवन मिलेगा, जहाँ सल्लकी (चीड़) और बेर के पेड़ों की बहुलता है। यमुना के तट पर बाँसों के झुरमुट होंगे। उसी जगह से चित्रकूट के लिए रास्ता जाता है।" भरद्वाज मुनि ने इतना समझाकर श्रीराम को प्रयाग से विदा किया था।

भरद्वाज आश्रम

महर्षि भरद्वाज एक महान् गुरु थे। रामायणकाल में प्रयाग स्थित उनका यह आश्रम वस्तुतः एक महान् शिक्षा केन्द्र था। वहाँ सभी प्रकार की शिक्षा दी जाती थी। उनके आश्रम में रहकर अनेकानेक छात्र शिक्षा ग्रहण करते थे। सैन्य-शिक्षा के लिए इस विद्या केन्द्र की विशेष ख्याति थी। भरद्वाज आश्रम में एक बहुत बड़ा उपवन था।

भरद्वाज आश्रम, प्रयागराज

जलाशय भी थे। अनेक उटज थे, जहाँ वृक्षों की भरमार थी। आश्रम में कई भवन थे। नील वैदुर्यमणि की भाँति हरी-हरी घासों से आश्रम की समतल भूमि आच्छादित थी। यह आश्रम 40 मील तक फैला हुआ था। हाथियों और घोड़ों के रहने के लिए चार-चार कमरों की शालाएँ बनी हुई थीं। इससे प्रतीत होता है कि इस आश्रम में सैन्य-शिक्षा को महत्त्व दिया जाता था। द्रोण महामुनि भरद्वाज के पुत्र थे। द्रोण ने सर्वप्रथम प्रयाग के भरद्वाज आश्रम में अपने पिता महामुनि भरद्वाज से ही शिक्षा प्राप्त की थी। परन्तु भरद्वाज के निधन के बाद वह आश्रम ह्रासोन्मुख हो गया, तब उन्होंने अग्निवेश्य से धनुर्विद्या की शिक्षा ग्रहण की। बाद में महेन्द्र पर्वत पर स्थित परशुराम के आश्रम (गन्जम, उड़ीसा) जाकर द्रोण ने वेद-वेदान्त और अन्य शस्त्र-विद्याएँ सीखीं।

महर्षि भरद्वाज महाज्ञानी थे। 'यन्त्रसर्वस्व' और 'अंशबोधिनी' उनकी महत्त्वपूर्ण रचनाएँ हैं। यन्त्रसर्वस्व में 8 अध्याय, 100 अधिकरण और 500 सूत्र हैं। जैनमुनि बोधानन्द ने 'यन्त्रसर्वस्व' पर लिखे अपने भाष्य में ग्रन्थ और ग्रन्थकार का परिचय देते हुए लिखा है कि महर्षि भरद्वाज ने वेद रूपी सागर का मन्थन करके यन्त्रसर्वस्व रूपी नवनीत प्राप्त किया; और अभीष्ट फल प्रदान करनेवाले, विभिन्न प्रकार के विमानों की रचना के क्रम का परिचय देनेवाला यह ग्रन्थ संसार को प्रदान किया।

निर्मथ्य तद्वेदाम्बुधिं भारद्वाजो महामुनिः।
नवनीतं समुद्धृत्य यन्त्रसर्वस्व रूपकम।।
प्रायच्छत् सर्वलोकानामीप्सितार्थ फलप्रदम।
नानाविमान वैचित्र्य रचना क्रमबोधकम्।।

विमानों के उद्भव और विकास के सन्दर्भ में यह एक प्रामाणिक ग्रन्थ है। इस ग्रन्थ में विमान विषयक कई रहस्यों का उद्घाटन किया गया है। यहाँ उल्लेखनीय है कि "प्रथम शताब्दी ई. के महाकवि अश्वघोष ने 'सौन्दरनन्द' में नन्द के वेश्म या गृह का वर्णन करते हुए उसे 'विमान' कहा है और लिखा है कि उसकी रचना देवविमान के तुल्य थी।"[1] परन्तु ऋग्वेद में अन्तरिक्ष-यानों और अन्तरिक्ष-वासियों का उल्लेख है। नक्षत्रलोक-वासी देवता किस प्रकार पृथ्वीलोक में आते थे, इसका संकेत ऋग्वेद में उपलब्ध है। उसमें त्रिलोक (पृथ्वी, स्वर्ग और अन्तरिक्ष) में चलनेवाले आकाशचारी रथों का वर्णन किया गया है। उसके एक मन्त्र में कहा गया है कि अश्विनी कुमारों का त्रिचक्र रथ, अश्व एवं प्रग्रह के बिना अन्तरिक्ष में परिभ्रमण करता है।

वाल्मीकि रामायण के बालकाण्ड में वर्णित कथा के अनुसार एक बार महर्षि वाल्मीकि अपने शिष्य भरद्वाज के साथ तमसा नदी के तट पर पहुँचे। वहाँ अपने शिष्य को एक स्वच्छ स्थान पर कलश रखने की आज्ञा देकर, हाथ में वल्कल वस्त्र

पकड़कर वे टहल रहे थे। पास ही क्रौंच पक्षियों का एक जोड़ा विहार कर रहा था। अचानक एक निषाद के बाण से बिंधकर नर-क्रौंच की मृत्यु हो गयी। स्वाभाविक रूप से मादा-क्रौंच विलाप करने लगी। उस करुण दृश्य को देखकर वाल्मीकि ने अनुष्टुप छन्द में एक श्लोक की रचना की-

मा निषाद प्रतिष्ठाम त्वमगमशास्वतीसमा
यत्क्रौंच मिथुनादेकमवधीत काममोहितम्।।

इसके शीघ्र बाद ब्रह्माजी ने महर्षि वाल्मीकि के आश्रम में पधारकर उन्हें इसी छन्द में भगवान् श्रीराम का चरित-गान करने की प्रेरणा दी।

अग्निवेश्याश्रम

अग्निवेश्य मुनि का यह आश्रम प्रयाग में स्थित था। वे महामुनि अगस्त्य के प्रधान शिष्य थे। महाभारत के आदिपर्व के अनुसार भरद्वाज के पुत्र द्रोण के साथ ही पंचालराज द्रुपद भी अग्निवेश्य मुनि के शिष्य थे। महाभारतकाल में भरद्वाज आश्रम ह्रासोन्मुख हो गया होगा। अतः अग्निवेश्य को सांग्रामिक शिक्षा और अन्य विद्या ग्रहण करने के लिए विन्ध्य के उस पार अगस्त्य के आश्रम में जाना पड़ा होगा। अध्ययन करके दक्षिण से लौटने के बाद इन्होंने प्रयाग में भरद्वाज-आश्रम के स्थान पर अपने आश्रम की स्थापना की। परन्तु यह आश्रम उतना प्रसिद्ध नहीं हुआ, क्योंकि स्वयं भरद्वाज-पुत्र द्रोण को सैन्य-शिक्षा में दक्षता प्राप्त करने के लिए महर्षि परशुराम के पास जाना पड़ा था।[2]

सन्दर्भ :

1. वासुदेवशरण अग्रवाल, हर्षचरित : एक सांस्कृतिक अध्ययन, पृ. 210
2. पं. रामदीन पाण्डेय, प्राचीन भारत में सांग्रामिकता, पृ. 38

अध्याय–5

को कहि सकइ प्रयाग प्रभाऊ

रामचरितमानस में प्रयाग तीर्थ की महिमा

पिता की आज्ञा का आदर करते हुए श्रीराम अयोध्या से वन-गमन के लिए निकलते हैं। शृंगवेरपुर के घाट से गंगा नदी को पार करके लक्ष्मण और सीता सहित वे प्रयाग पहुँचते हैं। प्रयाग में त्रिवेणी संगम है और संगम के समीप एक दिव्य आश्रम है, जिसमें महामुनि भरद्वाज अपने शिष्यों-सहित निवास करते हैं।

भरद्वाज मुनि बसहिं प्रयागा। तिन्हहिं राम पद अति अनुरागा।।
तापस सम दम दया निधाना। परमारथ पथ परम सुजाना।।1।। (बालकाण्ड)

अर्थात- भरद्वाज मुनि प्रयाग में रहते थे। वे महर्षि वाल्मीकि के शिष्य थे। वे श्रीराम के परम भक्त थे और स्वाभाविक रूप से प्रभु राम के चरणों में उनका बहुत अनुराग था। वे तपस्वी, शम, दम और दया के निधान होने के साथ ही परमार्थ मार्ग में निपुण थे। उन्होंने वेदों के सारभूत ओंकार तत्त्व को प्राप्त किया था। इसलिए यहाँ उनको तापस कहा गया है। शम से अन्तःकरण के नियमन, दम से इन्द्रियों के दमन, दया से परमधर्म के प्रति आस्था और 'परमारथ पथ परम सुजाना' के माध्यम से उनके अपरिमित ज्ञान की बात कही गयी है। इस प्रकार कर्म, ज्ञान और उपासना के क्षेत्र में महामुनि भरद्वाज की निपुणता का एक समग्र परिचय दिया गया है।

मकर-स्नान

यद्यपि तुलसीदास के जीवनकाल (1511-1623 ई.) में कई बार कुम्भ आया होगा परन्तु यह आश्चर्यजनक है कि उन्होंने अपनी रचनाओं में इसका कहीं कोई स्पष्ट उल्लेख नहीं किया है। माघ माह में होने वाले मकर-स्नान का अवश्य ही उन्होंने वर्णन किया है। आस्थावान लोग बहुधा उसी को कुम्भ की प्रेरणा मान लेते हैं। माघ माह में प्रयाग में त्रिवेणी-संगम पर स्नान करना असंख्य पवित्र स्थानों एवं सरिताओं में स्नान के बराबर फलदायक होता है। रामचरितामनस में वर्णित है कि माघ मास में जब सूर्य मकर राशि में प्रवेश करते हैं, तब सब लोग तीर्थराज प्रयाग आकर त्रिवेणी-स्नान करते हैं।

माघ मकर गत रवि जब होई। तीरथ पतिहि आव सब कोई।।
देव दनुज किन्नर नर श्रेनी। सादर मज्जहिं सकल त्रिवेनी।।2।। (बालकाण्ड)

अर्थात- माघ के महीने में जब सूर्य मकर राशि में आते हैं, तब सब कोई तीर्थराज प्रयाग आते हैं। प्रयाग आकर देव, दैत्य, किन्नर और मनुष्य गण श्रद्धा और भक्ति के साथ त्रिवेणी-संगम में स्नान करते हैं। प्रयागराज प्राजापत्य तीर्थ हैं और ब्रह्मनक्षत्र अभिजित पर मकर में ही सूर्य आते हैं। अतः मकर में प्रयागराज का माहात्म्य सर्वाधिक होता है। कहते हैं कि जो भीड़ प्रयागराज में दिखायी पड़ती है, वह वास्तविक भीड़ की चौथाई मात्र हैं क्योंकि देव-दनुज-किन्नरों की भीड़ तो मनुष्यों के लिए अदृश्य है।[1]

पूजहिं माधव पद जल जाता। परसि अषयवटु हरखहि गाता।।
भरद्वाज आश्रम अति पावन। परम रम्य मुनिवर मन भावन।।3।। (बालकाण्ड)

अर्थात- माधव के चरण कमलों की पूजा करते हैं; और अक्षयवट का स्पर्श करके पुलकित होते हैं। भरद्वाज मुनि का आश्रम अत्यन्त पवित्र, रमणीक और मनभावन है। यहाँ सन्तकवि तुलसीदास वस्तुतः कल्पवास की विधि बता रहे हैं। संगम-स्नान के बाद वेणीमाधव का पूजन किया जाता है और दुर्लभ अक्षयवट का स्पर्श करके एक अलौकिक आनन्द की अनुभूति होती है। इस स्थान के अतिपावन और मनभावन होने के कारण ही यहाँ भरद्वाज मुनि ने अपना आश्रम बनाया था। भरद्वाज बहुत ही सिद्ध महात्मा थे। वे एक प्रकार से 'जंगम तीर्थराज' ही थे। स्वाभाविक रूप से उनका आश्रम अन्य मुनियों के लिए मनभावन था। यही कारण है कि भरद्वाज आश्रम में सब जगह के मुनिगण एकत्र हुआ करते थे।

तहाँ होइ मुनि रिषय समाजा। जाहिं जे मज्जन तीरथ राजा।।
मज्जहिं प्रात समेत उछाहा। कहहिं परस्पर हरिगुन गाहा।।4।।

अर्थात- जो ऋषि-मुनि स्नान करने प्रयाग आते थे, वे सब संगम-तट पर स्थित भरद्वाज आश्रम में ही ठहरते थे। कल्पवास की परम्परा के अनुरूप माघ के प्रचण्ड जाड़े में भी प्रातः काल पूरे उत्साह के साथ संगम-स्नान करते थे। दिन के शेष समय में वे सब मुनिगण भजन आदि के माध्यम से भगवान् के गुणों का बखान करते थे।

ब्रह्म निरूपन धर्म विधि, वरनहि तत्त्वविभाग।
कहहिं भगति भगवन्त कै, संजुतग्यान विराग।। 44।। (बालकाण्ड)

अर्थात- वे मुनिगण ब्रह्मनिरूपण करते थे। धर्म की विधि और तत्त्व का विभाग वर्णन करते थे; और ज्ञान एवं वैराग्य से युक्त ईश्वर-भक्ति कहते-सुनते थे। भरद्वाज मुनि के आश्रम में ठहरे सन्त-महात्माओं के भक्तिमय आचरण के कारण ऐसा लगता था मानों स्थावर तीर्थराज में जंगम तीर्थराज उपस्थित हो गया हो।

एहिं प्रकार भरि माघ नहाहीं। पुनि सब निज निज आश्रम जाहीं।।

प्रति संवत अति होई अनन्दा। मकर मज्जि गंवनहिं मुनिवृन्दा।।1।।

इस प्रकार वे सभी मुनिगण माघभर स्नान करते रहे; और एक माह का कल्पवास पूरा करने के बाद अपने-अपने आश्रमों की ओर लौट गये। हर साल इस प्रकार का आनन्द होता था। मुनिवृन्द आते थे और मकर-स्नान के बाद वापस चले जाते थे।

एक बार भरि मकर नहाए। सब मुनीस आश्रमन्ह सिधाए।।

जागबलिक मुनि परम विवेकी। भरद्वाज राखे पद टेकी।।2।।

एक बार मकर भर स्नान करके शेष मुनिगण तो अपने-अपने आश्रमों को लौट गये, परन्तु भरद्वाज जी ने परम विवेकी याज्ञवल्क्य मुनि के चरण पकड़कर उनको वहीं रोक लिया। तत्पश्चात भरद्वाज मुनि ने याज्ञवल्क्य मुनि से रामकथा सुनाने का आग्रह किया। इस प्रकार याज्ञवल्क्य मुनि ने भरद्वाज आश्रम में रामकथा सुनायी।

रामचरितमानस में एक साथ तीन स्तरों पर रामकथा कही गयी है। भगवान् शंकर पार्वती जी को रामकथा सुना रहे हैं। कागभुशुण्डी जी गरुड़ को रामकथा सुना रहे हैं; और प्रयाग में महामुनि याज्ञवल्क्य भरद्वाज सहित अन्यान्य मुनिजन को रामकथा सुना रहे हैं। उपर्युक्त चौपाई सं. 2 की व्याख्या करते हुए पं. विजयानन्द त्रिपाठी ने लिखा है- ''माघ भी बीत गया और मकर भी बीत गया। भाव यह है कि भरद्वाज-याज्ञवल्क्य संवाद फाल्गुन मास कुम्भ के सूर्य में हुआ।''[2]

तीर्थराज का प्रबल प्रभाव

प्रयाग से चित्रकूट जाने के क्रम में गंगा पार करने के बाद वहाँ से चित्रकूट के लिए सीधा रास्ता है। लेकिन श्रीराम प्रयागराज को बायाँ देना नहीं चाहते थे। इसलिए वे पूर्व की ओर मुड़ गये। रास्ते में साँझ घिर आयी, इसलिए एक वृक्ष के नीचे ठहर गये। लक्ष्मण और निषादराज गुह ने भोजन और शयन का समुचित प्रबन्ध किया।

प्रात प्रातकृत करि रघुराई। तीरथराजु दीख प्रभु जाई।।1।।

अर्थात- सबेरे नित्य त्य करके श्रीराम ने तीर्थराज के दर्शन किये।

सचिव सत्य श्रद्धा प्रिय नारी। माधव सरिस मीतु हितकारी।।

चारि पदारथ भरा भँडारू। पुन्य प्रदेस देस अति चारू।।2।।

अर्थात- प्रयाग तीर्थों के राजा है। राजा हैं, इसलिए उनके राजसी ठाट भी हैं। भारतीय परम्परा में राजा के छह अंग माने गये हैं- मन्त्री, मित्र, राज्य, कोष, दुर्ग और

सेना। प्रयागराज का मन्त्री सत्य है। श्रद्धा उनकी राजमहिषी (रानी) है। वेणी माधव उनके मित्र और सहायक हैं। गंगा और यमुना की अन्तर्वेदी (दोनों नदियों के मध्य का भाग) का पुण्य-प्रदेश उनका राज्य है। अर्थ, धर्म काम एवं मोक्ष रूपी चार पदार्थों से उनका कोष भरा हुआ है।

छेत्रु अगमु गढ़ु गाढ़ सुहावा। सपनेहुँ नहिं प्रतिपच्छिन्ह पावा।।
सेन सकल तीरथ बर बीरा। कलुष अनीक दलन रन धीरा।।3।।

अर्थात- प्रयाग क्षेत्र ही दुर्गम दृढ़ दुर्ग है, जिसको शत्रुदल स्वप्न में भी प्राप्त नहीं कर सकता। संसार में जितने भी तीर्थ हैं, वे सब प्रयागराज के सैनिक के रूप में हैं; और वे सब पापों का नाश करने में जुटे हैं।

संगम सिंघासनु सुठि सोहा। छत्रु अछयबटु मुनि मनु मोहा।।
चँवर जमुन अरु गंग तरंगा। देखि होहिं दुख दारिद भंगा।।4।।

गंगा-यमुना का संगम ही प्रयागराज का श्रेष्ठ सिंहासन है। मुनियों के मन को मोहने में सक्षम अक्षयवट ही उनका छत्र है। गंगा-यमुना की लहरें उनके चँवर की तरह हैं। इन्हें देखकर ही दुख ओर दरिद्रता का अन्त हो जाता है।

सेवहिं सुकृतो साधु सुचि, पावहिं सब मन काम।
बन्दी बेद पुरान गन, कहहिं बिमल गुन ग्राम।। 105।। (अयोध्याकाण्ड)

अर्थात- पुण्यात्मा साधु लोग उनकी सेवा करते हैं; और मनोवांछित फल पाते हैं। वेद-पुराण बन्दी-गण की भाँति उनकी कीर्ति का गान करते हैं।

को कहि सकइ प्रयाग प्रभाऊ। कलुष पुंज कुंजर मृगराऊ।।
अस तीरथपति देखि सुहावा। सुख सागर रघुबर सुखु पावा।।1।।

सन्तकवि तुलसीदास प्रयागराज के राज-समाज का वर्णन करने के बाद कहते हैं कि स्वयं प्रयागराज की महिमा का बखान कौन कर सकता है! तीर्थों का वह राजा संगम रूपी सिंहासन पर मृगराज (सिंह) की भाँति विराजमान है। इसलिए पाप-समूह रूपी हाथी वहाँ आने की हिम्मत ही नहीं करता है। ऐसे सुशोभन तीर्थराज को देखकर सुखसागर श्रीराम को भी सुखद अनुभूति हुई।

कहि सिय लखनहिं सखहिं सुनाई। श्रीमुख तीरथराज बड़ाई।।
करि प्रनामु देखत बन बागा। कहत महातम अति अनुरागा।।2।।

अर्थात- वेद-पुराण प्रयागराज की महिमा गा चुके हैं। लेकिन आज श्रीराम अपने श्रीमुख से सीता, लक्ष्मण और सखा निषादराज को प्रेमपूर्वक प्रयागराज की महिमा समझा रहे हैं।

एहि बिधि आइ बिलोकी बेनी। सुमिरत सकल सुमंगल देनी।।
मुदित नहाइ कीन्हि सिव सेवा। पूजि जथाबिधि तीरथ देवा।।3।।

इस प्रकार श्रीराम ने त्रिवेणी का दर्शन किया। प्रयागराज का स्मरण तक मंगलकारी है और उनके दर्शन को कहना ही क्या!

प्रयाग में भरत

तुलसीदास के रामचरितमानस में तीर्थराज प्रयाग का प्रसंग बार-बार आता है। ननिहाल से लौटने के बाद जक भरत को श्रीराम को वन से वापस बुलाने के उद्देश्य से भरत चित्रकूट जाने के क्रम में प्रयाग पहुँचते हैं-

भरत तीसरे पहर कँह, कीन्ह प्रबेसु प्रयाग।
कहत राम सिय राम सिय, उमगि उमगि अनुराग।।203।। (अयोध्याकाण्ड)

अर्थात- तीनों माताओं सहित अन्य सभी लोग तो पहले ही चुके थे, भरत पैदल चलते हुए तीसरे प्रहर प्रयाग पहुँचे। उल्लेखनीय है कि भरत के मन में चित्रकूट शीघ्र पहुँचने की इच्छा तो थी, लेकिन अपनी धार्मिक प्रवृत्ति के कारण तीर्थ को बायाँ नहीं देना चाहते थे, इसलिए पहले प्रयागराज पहुँचे। सब लोग यह जानते थे कि श्रीराम जहाँ तक पैदल गये हैं, वहाँ तक भरत भी पैदल ही जाएँगे।

खबर लीन्ह सब लोग नहाये। कीन्ह प्रनामु त्रिबेनिहिं आये।।
सबिधि सितासित नीर नहाने। दिये दान महिसुर सनमाने।।

अर्थात- प्रयाग पहुँचकर भरत जी ने पता कर लिया कि सब लोग स्नान कर चुके हैं। फिर उन्होंने त्रिवेणी संगम के पास जाकर उनको सश्रद्धा प्रणाम करके श्वेत और श्याम जल में विधिपूर्वक स्नान किया। तत्पश्चात ब्राह्मणों को दान दिया और उनका सम्मान किया।

देखत स्यामल धवल हिलोरे। पुलक सरीर भरत कर जोरे।।
सकल काम प्रद तीरथ राऊ। बेद बिदित जग प्रगट प्रभाऊ।।

गंगा का जल श्वेत रंग का है और यमुना का श्याम रंग का। भरत जी उन लहरों को देखकर भरत जी का मन पुलकित हो उठा और फिर श्रद्धावनत होकर उन्होंने अपने हाथ जोड़ लिये। करबद्ध होकर उन्होंने कहा कि- हे तीर्थराज! आप सबकी कामनाओं को पूर्ण करने में सक्षम हैं। आपका प्रभाव वेदों में वर्णित है और उसे सारा संसार जानता है।

मागउँ भीख त्यागि निज धरमू। आरत काह न करइ कुकरमू।।
अस जिय जानि सुजान सुदानी। सफल करहिं जग जाचक बानी।।

भिक्षा माँगना क्षत्रिय-धर्म के प्रतिकूल है। लेकिन दुखी मनुष्य विधि-निषेधों का ध्यान नहीं रख पाता है। भरत कहते हैं कि हे तीर्थराज आप प्रसिद्ध दानी हैं और मैं बहुत दीन हूँ। इसलिए अपने क्षत्रिय-धर्म को त्यागकर आपसे याचना कर रहा हूँ। आप कृपा करके मेरी याचनामय वाणी को सफल कीजिए।

अरथ न धरम न काम रुचि, गति न चहौं निरबान।
जनम जनम रति राम पद, यह बरदानु न आन।।204।। (अयोध्याकाण्ड)

अर्थात्- भरत जी कहते हैं कि मुझे चारों पुरुषार्थों में से किसी की भी कामना नहीं है। अर्थ, धर्म और काम की ही नहीं, मुझे मोक्ष (निर्वाण) और सद्गति की भी कामना नहीं है। हे तीर्थराज! आप मुझे केवल यह वरदान दें कि जन्म-जन्मान्तर तक श्रीराम के चरणों के प्रति मेरी भक्ति अविचलित भाव से बनी रहे। इसके अतिरिक्त मुझे किसी अन्य की कोई अभिलाषा नहीं है।

कनकहिं बान चढ़इ जिमि दाहें। तिमि प्रियतम पद नेम निबाहें।।
भरत बचन सुनि माँझ त्रिबेनी। भइ मृदु बानि सुमंगल देनी।।

अर्थात्- भरत जी के वचन को सुनकर त्रिवेणी के मध्य (संगमरूपी सिंहासन) से आवाज आयी। स्वयं त्रिवेणी बोल उठीं।

तात भरत तुम्ह सब बिधि साधू। राम चरण अनुराग अगाधू।।
बादि गलानि करहुँ मन माँही। तुम्ह सम रामहि कोउ प्रिय नाँही।।

अर्थात्- तुम सब प्रकार से सज्जन हो और श्रीराम के चरणों के प्रति तुम्हारी भक्ति अपार है।

तनु पुलकेउ हिय हरषु सुनि, बेनि बचन अनुकूल।
भरत धन्य कहि धन्य सुर, हरषित बरषहिं फूल।।205।। (अयोध्याकाण्ड)

त्रिवेणी के मुख से अनुकूल वचन सुनकर भरत जी बहुत प्रसन्न हुए। देवताओं ने भरत जी को धन्य कहकर उनपर फूल बरसाये।

प्रमुदित तीरथराज निवासी। बैखानस बटु गृही उदासी।।
कहहिं परसपर मिलि दस पाँचा। भरत सनेह सीलु सुचि साँचा।।

अर्थात्- प्रयागवासी वानप्रस्थ ब्रह्मचारी (वैखानस), गृहस्थ और संन्यासी (उदासीन आदि सम्प्रदायों के) सभी प्रसन्न हुए। सबने यही कहा कि भरत जी का प्रेम और शील बहुत सच्चा है।

लंका-विजय के बाद प्रयाग में संगम-स्नान

लंकापति रावण का अन्त करके और वनवास की अवधि पूर्ण कर श्रीराम सीता और लक्ष्मण सहित पुष्पक विमान से अयोध्या की ओर रवाना होते हैं। विमान अयोध्या पहुँचने को है। अचानक विमान से उन्हें प्रयाग की पुण्यभूमि के दर्शन होते हैं।

तीरथ पति पुनि देखु प्रयागा, निरखत जनम कोटि अघ भागा।।
देखु परम पावनि पुनि बेनी, हरनि सोक हरि लोक निसेनी।4।।

सीताजी को दिखाते हुए श्रीराम कहते हैं कि- फिर तीर्थराज प्रयाग को देखो जिनके दर्शन मात्र से करोड़ जन्म के पाप दूर हो जाते हैं। फिर परम पावन त्रिवेणी संगम के दर्शन करो, जो दुख-शोक का हरण करनवाली और विष्णुलोक तक पहुँचाने वाली सीढ़ी (निसेनी) है।

पुष्पक विमान इतनी ऊँचाई पर है कि त्रिवेणी संगम पहुँचने के पहले ही अयोध्या पुरी भी दिखायी देने लगती है।

पुनि प्रभु आइ त्रिवेणी हरषित मज्जनु कीन्हि।
कपिन्ह सहित बिप्रन्ह कहुँ दान बिबिध बिधि दीन्हि।।120।। (लंकाकाण्ड)

अर्थात- फिर प्रसन्न भाव से श्रीराम ने त्रिवेणी में स्नान किया; और स्नान के बाद ब्राह्मणों एवं बन्दरों को यथायोग्य दान दिये।

उल्लेखनीय है कि श्रीराम की प्रयागराज के प्रति गहरी श्रद्धा है। तभी तो वनगमन के समय चित्रकूट का सीधा मार्ग छोड़कर प्रयागराज गये। लौटते समय आकाश मार्ग से आ रहे हैं। अयोध्या शीघ्र पहुँचना आवश्यक है। फिर भी वे संगम-तट पर उतरे। भारतीय परम्परा में तीर्थ-स्नान के बाद दान का विधान है। अतः यहाँ श्रीराम ने संगम-स्नान के बाद दान-पुण्य भी किया। वनगमन के समय भी उन्होंने संगम-स्नान तो किया था, लेकिन उस समय दान की चर्चा रामचरितमानस में नहीं की गयी है। लेकिन अब वे लंका-विजय करके आ रहे हैं। समुद्र द्वारा उपहार में दिये गये रत्न आदि उनके पास हैं। अतः स्वाभाविक रूप से वे दान-भूमि प्रयाग में उसका दान करते हैं।

टिप्पणी

1. पं. विजयानन्द त्रिपाठी, श्रीरामचरितमानस विजया टीका (खण्ड 1), पृ. 170
2. वही, रामचरितमानस विजया टीका, खण्ड 1, पृ. 171

अध्याय–6

अक्षयवट

भारतीय परम्परा में वृक्ष का महत्त्व

भारत में प्राचीनकाल से प्रकृति के विविध रूपों की पूजा होती रही है। हमारी परम्परा में विविध वृक्षों में विभिन्न देवी-देवताओं को प्रतिष्ठा देकर भारतीय जीवन-दर्शन को एक व्यापक आयाम दिया गया है। हिन्दू मान्यताओं के अनुसार वृक्षों में देवी-देवताओं का वास है। स्वभावतः आस्थावान हिन्दू पूरी श्रद्धा और भक्ति के साथ विभिन्न वृक्षों की पूजा करते हैं। पीपल को भगवान् श्रीकृष्ण का स्वरूप माना गया है- 'अश्वत्थः सर्ववृक्षानाम्' (श्रीमद् भगवद्गीता 10/26)। पाकड़ ब्रह्मा का स्वरूप है, आम कामदेव का स्वरूप है; और वट (बरगद) महादेव शिव का स्वरूप है। सन्तकवि तुलसीदास कहते हैं- 'प्राकृतहूँ बटबूट बसत पुरारि हे।' (कवितावली, 7/140) या फिर वे रामचरितमानस में कहते हैं-

त्रिविध समीर सुसीतलि छाया। शिव विश्राम विटप श्रुति गाया।।

(बालकाण्ड, 105/3)

श्रीमद्देवीभागवत पुराण के अनुसार जम्बूद्वीप के मध्य में इलावृतवर्ष है; और इलावृतवर्ष पर सुमेरु पर्वत है। सुमेरु पर्वत के पास ही कुमुद नामक पर्वत है, जिसके ऊपर शतबल नामक सुप्रसिद्ध वटवृक्ष है जिसकी शाखाओं से नीचे लटकते हुए कई नद धरती पर आये हैं।

जो भी हो, महाकवि तुलसीदास भारतवर्ष के सुदूर उत्तर में सुमेरु पर्वत पर स्थित काग भुसुण्डि के आश्रम का वर्णन करते हुए उपर्युक्त चार वृक्षों के सांस्कृतिक महत्त्व का प्रतिपादन करते हैं। रामचरितमानस में कहा गया है कि वहाँ चार शिखर हैं; और उन चारों शिखरों पर वट, पीपल, पाकड़ और आम के एक-एक दिव्य वृक्ष हैं-

तिन्ह पर एक एक बिटप बिसाला। बट पीपर पाकरी रसाला।।

(उत्तरकाण्ड, 55/5)

काग भुसुण्डि जी की भक्तिपूर्ण जीवनचर्या का वर्णन करते हुए तुलसीदास आगे कहते हैं कि वे पीपल के वृक्ष के नीचे ध्यान करते थे, पाकड़ के वृक्ष के नीचे जप-यज्ञ

करते थे, आम के वृक्ष के नीचे मानस-पूजन करते थे; और वट (बरगद) के वृक्ष के नीचे भगवान् श्रीराम के दिव्य चरित सम्बन्धी कथा-प्रसंगों का गान करते थे।

पीपर तरु तर ध्यान सो धरई। जाप जग्य पाकरि तर करई।।
आँव छाँह कर मानस पूजा। तजि हरि भजनु काजु नहिं दूजा।।

(उत्तरकाण्ड, 56/3)

बर तर कह हरि कथा प्रसंगा। आवहिं सुनहिं अनेक बिहंगा।।

(उत्तरकाण्ड, 56/4)

उल्लेखनीय है कि सतयुग में चित्तवृत्ति प्रधान रहती है। चित्त ही वासुदेव का स्थल है; और वृक्षों में पीपल (अश्वत्थ) ही वासुदेव का स्वरूप है। इस प्रकार पीपल सतयुग का द्योतक है। त्रेतायुग में बुद्धि की प्रधानता होती है। बुद्धि के देवता ब्रह्मा हैं; और वृक्षों में पाकड़ ब्रह्मा का स्वरूप है। इस प्रकार पाकड़ त्रेतायुग का द्योतक है। ब्रह्मा कर्मकाण्डों के अधिष्ठाता हैं, इसलिए ब्रह्मा के स्वरूप पाकड़ वृक्ष के नीचे जप-यज्ञ किया जाता है। रामचरितमानस में यह भी कहा गया है कि-

ध्यान प्रथम जुग मख बिधि दूजे। द्वापर परितोषत प्रभु पूजे।।
कलि केवल मल मूल मलीना। पाप पयोनिधि जनमन मीना।।
कलियुग केवल हरिगुन गाहा। गावत नर पावत भव थाहा।।

द्वापर में पूजन की प्रवृत्ति की प्रधानता है। पूजा शरीर और इन्द्रिय से होती है। शरीर और मन के देवता कामदेव हैं। वृक्षों में आम कामदेव का प्रतीक है। इस प्रकार आम द्वापर का प्रतीक है। कामदेव मन और इन्द्रिय के अधिष्ठाता हैं, इसलिए आम के वृक्ष के नीचे पूजा या मानस-पूजा की जाती है।

प्रसंगवश यह भी उल्लेखनीय है कि सागर-मन्थन से जो चौदह दिव्य रत्न निकले थे, उनमें से एक कल्पवृक्ष भी था। इसी कल्पवृक्ष को पारिजात भी कहा गया है। इस दिव्य वृक्ष को इन्द्रलोक (स्वर्गलोक) के नन्दनकानन में लगाया गया था। (ततोऽवत पारिजातः सुरलोकविभूषणम्।) इस कल्पवृक्ष के समक्ष जो भी कामना की जाती थी, वह पूर्ण हो जाती थी। सन्तशिरोमणि तुलसीदास कहते हैं कि भगवान् देवतरु (कल्पवृक्ष) के समान स्वभाव वाले हैं। वे न तो किसी के सम्मुख हैं और न ही किसी के विमुख। जो साधक भगवान् रूपी कल्पवृक्ष को पहचानकर उनके पास जाता है, वह कृतार्थ हो जाता है। उस भगवान् रूपी कल्पवृक्ष की छाया ही मनुष्य की सारी चिन्ताओं का नाश करने में समर्थ है। राजा से लेकर रंक तक और बुरे से लेकर भले तक इस संसार में सभी जन उससे माँगते ही मनचाही वस्तुएँ प्राप्त कर लेते हैं-

देउ देवतरु सरिस सुभाउ। सनमुख बिमुख न काहुहि काऊ।।

(रामचरितमानस, अयोध्याकाण्ड, 266/8)

जाइ निकट पहिचानि तरु छाँह समनि सब सोच।
मागत अभिमत पाव जग राउ रंकु भल पोच।।

रामचरितमानस, अयोध्याकाण्ड, 267)

जलप्रलय की कथा और 'कामायनी'

'शतपथ ब्राह्मण' के प्रथम काण्ड के आठवें अध्याय में जलप्लावन सम्बन्धी विवरणों का संकलन करके कविवर जयशंकर प्रसाद ने 'कामायनी' (1936 ई.) नामक हिन्दी महाकाव्य के कथानक का निर्माण किया है। उपनिषदों और पुराणों में मनु और श्रद्धा का जो रूपक दिया गया है, प्रसाद जी ने मनु, इड़ा और श्रद्धा के रूपक के साथ उसकी भी संगति बैठाने का प्रयास किया है।

मानव के अग्रजन्मा देव चिन्तारहित, चिरकिशोर और विलासी प्रवृत्ति के थे। प्रकृति ने इस बात से विक्षुब्ध होकर अपना प्रतिशोध लिया। भयंकर जलप्लावन के फलस्वरूप देवसृष्टि का विनाश हो गया। एकमात्र मनु जीवित रहे। देवसृष्टि के विनाश के बाद जिस मानव जाति का उद्भव और विकास हुआ, उसके मूल में चिन्ता विद्यमान थी। इसके कारण ही मानव-जाति जरा और मृत्यु का अनुभव करने को बाध्य हुई। मनु मन के समान ही अस्थिर हैं। चिन्ता के अतिरिक्त मनु के मन में दैवी और आसुरी वृत्तियों का संघर्ष भी चल रहा था। इसके कारण उनमें एक ओर आशा, श्रद्धा, लज्जा और इड़ा का आविर्भाव हुआ, तो दूसरी ओर कामवासना, ईर्ष्या और संघर्ष की भावना भी जगी। इन विरोधी प्रवृत्तियों के द्वन्द्व से मनु के मन में निर्वेद का भाव जगा और श्रद्धा के मार्गदर्शन में उन्हें अन्ततः आनन्द की प्राप्ति हुई। इस प्रकार यह चिन्ता से आनन्द तक मानव के मनोवैज्ञानिक विकास की एक यात्रा है। यह मानव के आखेटक जीवन से आरम्भ होकर श्रद्धा के प्रभाव से पशुपालन एवं कृषक-जीवन, फिर इड़ा के प्रभाव से भौतिक विकास और अन्ततः आध्यात्मिक शान्ति की प्राप्ति तक की यात्रा भी है। इस दृष्टि से 'कामायनी' जलप्लावन के फलस्वरूप देवसृष्टि के पतन और तत्पश्चात मानव-जाति के उद्भव एवं विकास की कहानी है।[1]

जलप्रलय और अक्षयवट

सारी प्राचीन जातियों के साहित्य में जल-प्रलय की कथा कही गयी है। सुमेरी, बाबुली, असूरी, खत्ती, ग्रीक, लातीनी, भारतीय, चीनी और उन सारी सभ्यताओं में, जिनका साहित्य सुमेरी-बाबुली लिपि और साहित्य से प्रभावित है, जल-प्रलय की कहानी दुहरायी गयी है। 'दोहरायी गयी' कहने का मतलब यह है कि मूल कहानी उन विविध साहित्यों की अपनी नहीं है, अन्यत्र से ली गयी है। और वह 'अन्यत्र' दज़ला-फ़रात नदियों के फारसी खाड़ी से लगे मुहाने पर बसे सुमेर के नगरों के आदिम इतिहास से सम्बद्ध है। जल-प्रलय की वह सर्वनाशी घटना उसी सुमेर में, जिसकी

पृष्ठभूमि से बाबुल और असुर, निमरूद और निनेवे उठे, घटी थी। इसी मूल से भारतीय आदि साहित्यों में जल-प्रलय की कहानी ली गयी।[2]

परन्तु प्रायः यही माना जाता है कि यह कथा प्राचीन काल में पंचतन्त्र की कहानियों और भारतीय अंक-पद्धति सम्बन्धी ज्ञान की भाँति भारत से अरब पहुँची और वहाँ की परम्परा में आत्मस्थ कर ली गयी। इब्राहीम के प्रति आस्थावान धर्मावलम्बियों (ईसाइयों, मुसलमानों और यहूदियों) के एक पूर्वज और पैगम्बर को 'नूह' कहा गया है। इनको जलप्रलय के समय सच्चे हृदय वाले प्राणियों का तारनहार माना जाता है। जब चारों ओर जल ही जल होता है, तब नूह अपनी कश्ती में बिठाकर नेकदिल इंसानों को बचाने के लिए वहाँ उपस्थित हो जाते हैं।

भारतीय पुराणों में बार-बार होने वाली सृष्टि का उल्लेख किया गया है। उसमें एक मछली की कहानी भी कही गयी है जो ऋषि के सम्पर्क में आकर बढ़ती ही चली गयी थी और घड़े से गड्ढे में, गड्ढे से तलैया में और अपने लगातार बढ़ते आकार के कारण अन्ततः समुद्र में डाल दी गयी। जल-प्रलय के समय वही मछली मनु की नौका को सुरक्षित स्थान पर ले जाती है।

भारतीय साहित्य में इसका सबसे प्राचीन उल्लेख शतपथ ब्राह्मण में हुआ है, जिस ग्रन्थ का निर्माण-काल भारतीय और यूरोपीय वैज्ञानिक विद्वान ईसा से प्रायः आठ सौ साल पहले मानते हैं। यदि हम और भी उदार दृष्टि से 'शतपथ ब्राह्मण' का काल-निर्णय करना चाहें तो वह दसवीं सदी ई. पू. से पहले किसी दशा में न पहुँच पायेगा। 'शतपथ ब्राह्मण' में जो जल-प्रलय की कहानी दी हुई है उसके अन्त में एक मजे का संकेत है। मनु ने जब जीवों के जोड़ों की रक्षा जल की बाढ़ के समय उन्हें अपनी नौका में डालकर कर ली तब उन्होंने भगवान् की इस रक्षारूपी महती कृपा के लिए यज्ञ द्वारा उनके प्रति आभार प्रकट करना चाहा। पर अपने देश में उस यज्ञ के सही जानकार न होने से उन्हें किलाल और आकुली नाम के दो असुर पुरोहित बुलाने पड़े थे- किलाताकुली असुर ब्राह्मण इति आहूतः। पुरोहितों से भरे इस देश में असुर देश के ब्राह्मणों को बुलाने की आवश्यकता क्यों पड़ी, इस टेढ़ी खीर को समझने के लिए उस पौराणिक प्रसंग की ओर संकेत करना पड़ेगा जिसमें शकों-द्वारा पहली बार यहाँ मूर्ति के रूप में सूर्य-पूजा का आरम्भ किये जाने पर मग यानी ईरानी पुरोहितों को बुलाना पड़ा, मात्र जो सूर्य-पूजा का पौरोहित्य जानते थे और आज भी भारत में शाकद्वीपी ब्राह्मणों के नाम से जाने जाते हैं। 'शतपथ ब्राह्मण' में असुर-ब्राह्मणों का उल्लेख इसी प्रकार के दूसरे रहस्य का उद्घाटन करता है।[3]

जलप्रलय में सब कुछ नष्ट हो जाता है। शेष रहते हैं केवल मनु, जो नये सिरे से सृष्टि का पुनर्निमाण करते हैं। जलप्रलय के समय जब चारों ओर केवल जल ही जल था, उस समय भी उनकी छोटी-सी नौका जिस आधार से बँधी थी, वह और कुछ नहीं वट का वृक्ष ही था-

बँधी महावट से नौका थी।

(जयशंकर प्रसाद, कामायनी, चिन्ता सर्ग)

कहना न होगा कि जलप्रलयकाल में सब कुछ का नाश हो जाने के बाद भी एक वटवृक्ष नष्ट नहीं हुआ था, क्योंकि वह अक्षयवट था। ऐसा अलौकिक वृक्ष जिसका कभी क्षय या नाश नहीं होता। वह महावट सनातन, शाश्वत, अक्षय और अनश्वर है। इतना अद्‌भुत और विलक्षण ईश्वर के अतिरिक्त और कौन होगा! योऽवशिष्येत सोऽस्म्यहम् (श्रीमद् भागवत पुराण, 2/8/32) पौराणिक मान्यताओं के अनुसार जलप्रलय के समय भगवान् विष्णु अपने 'नारायण' नाम को चरितार्थ करते हुए वटवृक्ष के रूप में विद्यमान रहे। मनुस्मृति में नारायण की व्युत्पत्ति इस प्रकार दी गयी है- आपो नारा इति प्रोक्ता आपौ वै नरसूनवः, ता यद्‌स्वायनं पूर्व तेन नारायणः स्मृतः।

प्रयाग का अक्षयवट

प्रयागराज में त्रिवेणी संगम के पास किले के भीतर अक्षयवट स्थित है। आस्थावान हिन्दू इसको सनातन विश्ववृक्ष मानते हैं। वाल्मीकीय रामायण में अक्षयवट के स्थान पर श्यामवट का उल्लेख किया गया है। पद्मपुराण में अक्षयवट को ही श्यामवट कहा गया है। असंख्य तीर्थयात्री इसकी पूजा करने के लिए आते हैं। लोक मान्यताओं के अनुसार काशी और गया में भी अक्षयवट हैं। उनकी भी पूजा और परिक्रमा की जाती है। अक्षयवट को जैन-मतावलम्बी भी पवित्र मानते हैं। जैन-परम्परा के अनुसार आदिनाथ ऋषभदेव ने अक्षयवट के नीचे तप किया था। 'शताध्यायी' के नवें अध्याय में कहा गया है कि अक्षयवट के समीप स्वयं शिव ताण्डव नृत्य द्वारा वेणीमाधव (भगवान् विष्णु) को रिझाते हैं। ब्रह्मा की यज्ञ सिद्धि के बाद जब वेणीमाधव शिव के पास जाते हैं तो देखते हैं कि शिव स्वयं माधव के नाम का जप कर रहे हैं। इस प्रकार 'हरिहर' की अद्‌भुत एकता त्रिवेणी संगम पर ही सम्भव हुई। पद्मपुराण में कहा गया है कि यदि कोई व्यक्ति प्रयाग के अक्षयवट के दर्शन करता है, तो उस पवित्र वृक्ष के दर्शन-मात्र से ब्रह्महत्या जैसा पाप भी नष्ट हो जाता है।

यत्र वटस्याक्षयस्य दर्शनं कुरुते नरः।
तेन दर्शनमात्रेण ब्रह्महत्या विनष्यति।।

पद्मपुराण में यह भी कहा गया है कि यह अक्षयवट आदिवट कहलाता है और यह कल्पान्त में भी देखा जाता है। इसके पत्ते पर भगवान् विष्णु शयन करते हैं, अतः यह वट अव्यय समझा जाता है।

आदिवटः समाख्यातः कल्पान्तेऽपि च दृष्यते।
शेते विष्णुर्यस्य पत्रे अतोऽयमव्ययः स्मृतः।।

भगवान् विष्णु यहाँ माधव नाम से सुखपूर्वक नित्य विराजते हैं। उनका दर्शन करने से मनुष्य महापापों से मुक्त हो जाता है।

माधवाख्यस्तत्र देवः सुखं तिष्ठति नित्यशः।
तस्य वै दर्शनं कार्यं महापापैः प्रमुच्यते।।

जो कोई भी यहाँ प्राण त्यागता है, वह चतुर्भज होकर अनन्तकाल तक वैकुण्ठ में निवास करता है।

गोघ्नो वापि च चाण्डालो दुष्टो वा दुष्टचेतनः।
बालघाती तथाविद्वान् म्रियते तत्र वै यदा।।
स वै चतुर्भुजो भूत्वा वैकुण्ठे वसते चिरम्।

अग्निपुराण (111/13) में कहा गया है कि जिस व्यक्ति की मृत्यु वट के मूल में या संगम में होती है उसको विष्णुलोक में स्थान प्राप्त होता है। जबकि कूर्मपुराण (1/37/8-9) में कहा गया है कि जिसकी मृत्यु वटमूल में होती है वह सभी लोकों का अतिक्रमण करके रुद्रलोक में स्थान पाता है।

मगध के परवर्ती-गुप्त वंशीय राजा आदित्यसेन के अपसड़ अभिलेख की पंक्ति संख्या 7 में अंकित श्लोक में कहा गया है कि उसके वंश के एक पूर्ववर्ती राजा कुमारगुप्त प्रयाग गये और वहाँ पुष्प चढ़ाकर पूजन करने के बाद गोबर के उपलों (भूसी) से जलायी गयी अग्नि (करीषाग्नि) में निमग्न हो गये।

शौर्य-सत्यव्रतधरो यः प्रयाग-गतो धने
अम्भसीव करीषाग्नौ मग्नः स पुष्प-पूजितः ।।9।।

प्रसिद्ध पुराविद् जे0 एफ0 फ्लीट का मत है कि इस श्लोक से यह संकेत मिलता है कि कुमारगुप्त का दाह-संस्कार प्रयाग में सम्पन्न हुआ; किन्तु इससे यह स्पष्ट नहीं होता है कि उसने आत्मदाह कर लिया था। फ्लीट का यह मत विवादास्पद है। प्राचीन काल में प्रयाग में धार्मिक भावना से प्रेरित होकर मोक्षप्राप्ति की कामना से आत्म बलिदान के लिए- अग्नि, विष, जल तथा उपवास के चार साधनों का उल्लेख है। सम्भव है, इसी धार्मिक दृष्टिकोण को ध्यान में रखकर कुमारगुप्त ने अग्नि में प्रवेश करके आत्मदाह किया हो। मत्स्यपुराण (107/9-10) के अनुसार "वह व्यक्ति, जो रोगग्रस्त न होने पर भी, शरीर का ह्रास न होने पर भी और पाँचों इन्द्रियों को वश में रखने पर भी करीषाग्नि (गोबर के उपलों की अग्नि) में जलकर मर जाता है, वह स्वर्ग में उतने ही वर्षों तक रहता है जितने उसके शरीर में छिद्र होते हैं।"[4] कुमारिल भट्ट ने भी अपने गुरु के साथ किये गये द्रोह के प्रायश्चित स्वरूप प्रतिष्ठान के संगम तट पर करीषाग्नि (या कर्षाग्नि) में प्रवेश करके आत्मदाह किया था। पुरातनकाल में गुरु के साथ किये गये विश्वासघात के लिए करीषाग्नि में आत्मदाह करके ही प्रायश्चित करने की (कु)प्रथा प्रचलित थी। कल्हण कृत 'राजतरंगिणी' (6/14) में ऐसे राजकर्मचारियों का उल्लेख है, जो अन्न-जल का त्याग करके आत्महत्या (प्रायोपवेश) करनेवाले लोगों का निरीक्षण करते थे।

यद्यपि मनुस्मृति (5/89) और याज्ञवल्क्यस्मृति (3/154) में आत्महत्या को

अनुचित बताया गया है और आत्मघाती की अन्त्येष्टि का निषेध किया गया है; तथापि प्राचीन विश्वास के अनुसार आर्त (दुखी) लोग असह्य दुःख से त्राण पाने के लिए और मोक्षार्थी गण मोक्ष की कामना से भृगुपतन, काशी-करवट, करीषाग्नि-दहन और समुद्र में आत्मविलय- इन चार प्रकारों से जीवन का अन्त कर डालते थे। भृगुपतन या भृगुपाद नामक स्थान हिमालय में केदारनाथ के समीप है जहाँ मोक्षार्थी पर्वत से नीचे कूदकर शरीरान्त कर लेते थे।[5] हर्षचरित के पंचम उच्छवास में उल्लेख है कि कुछ ने भृगुपतन स्थान में अपने आप को नीचे गिराकर आत्माहुति दे दी- केचिदात्मानं भृगुषुबन्धुः। हिन्दू परम्परा में अमृत को स्वर्ग का सर्वोत्तम पदार्थ माना गया है। हमारी परम्परा में स्वर्ग की कामना को इतना उत्कट बना दिया गया कि अमरत्व के लिए लोग मृत्यु का भी वरण करने लगे।[6]

जन्म-मरण के चक्र से मुक्ति पाने के लिए जल समाधि का एक ऐतिहासिक उदाहरण चन्देल राजा धंग का है, जिन्होंने प्रयाग के त्रिवेणी संगम में जल-समाधि ले लिया था। पुनर्जन्म से मुक्ति हेतु एक अन्य उदाहरण कलचुरि शासक गांगेयदेव का है जिन्होंने प्रयाग में अक्षयवट के नीचे अपनी रानियों के साथ प्राण त्याग किया था।

प्रसिद्ध पुरातत्त्ववेत्ता अलेक्जेण्डर कनिंघम प्रयाग के सन्दर्भ में लिखते हैं कि चीनी धर्मयात्री ह्वेनत्सांग के अनुसार The city was situated at the confluence of the two rivers, and to the west of a large sandy plane. In the midst of the city there was a Brahmanical temple, to which the presentation of a single piece of money procured as much merit as that of one thousand pieces elsewhere. Before the principal room of the temple there was a large tree with wide-spreading branches, which was said to be the abode of a man-eating demon. The tree was surrounded with human bones, the remains of pilgrims who had sacrificed there lives before the temple, a practice which had been observed from time immemorial.[7]

अर्थात- प्रयाग नगर दो नदियों के संगम पर और एक बड़े रेतीले मैदान के पश्चिम में स्थित था। नगर के मध्य में एक हिन्दू मन्दिर था, जिसके सन्दर्भ में यह माना जाता था कि वहाँ चढ़ाया गया एक सिक्का अन्यत्र चढ़ाये गये हजार सिक्कों के बराबर फलदायी था। मन्दिर के मुख्य कक्ष के पहले विस्तृत शाखाओंवाला एक विशाल वृक्ष था, जिसे एक नरभक्षी दैत्य का निवास माना जाता था। वह वृक्ष मानव अस्थियों से घिरा हुआ था। ये वस्तुतः उन तीर्थयात्रियों के अस्थि अवशेष थे, जिन्होंने पुरातनकाल से प्रचलित प्रथा के अनुरूप उस स्थान पर आत्मबलि दे दी थी।

कनिंघम आगे लिखते हैं- I think there can be little doubt that the famous tree here described by the pilgrim is the well-known 'Akshay Bat', or ॽundecaying Banian treeॽ, which is still an object of worship at Allahabad. This tree is now situated underground, at on side of a pillared court, which would appear to have been open formerly, and which is, I believe, the remains of the temple described by Hwen Thsang. The temple is situated inside the fort of Allahabad, to the east of the Ellenborough Barracks, and due north from the stone Pillar of Ashoka and Samudra Gupta. Here, then, must have been the site of the city in the seventh century, and this agrees with the sunken position of the tree, for originally both tree and temple must have been on the natural ground level; but from the constant accumplation of rubbish, there have been gradually earthed up, until the whole of the lower portion of the temple has disappeared underground. The upper portion has long ago been removed, and the only access to the 'Akshay Bat' now available is by a flight of steps which leads down to a square pillared courtyard. This court was apparently once been open to the sky; but it is now completely closed overhead, to secure darkness and mystery for the holy fig-tree.[8]

अर्थात- धर्मयात्री (ह्वेनत्सांग) द्वारा वर्णित वृक्ष निस्सन्देह प्रसिद्ध अक्षय-वट यानी 'नष्ट नहीं होनेवाला बरगद का पेड़' ही है, जिसकी अब भी इलाहाबाद में (अब प्रयागराज) पूजा की जाती है। यह वृक्ष अब भूमिगत है, जो कि खम्भों वाले प्रांगण (या इमारत) के एक ओर है। मुझे विश्वास है कि यह ह्वेनत्सांग द्वारा वर्णित हिन्दू मन्दिर के भग्नावशेष हैं। यह मन्दिर इलाहाबाद के किले के अन्दर ऐलेनबरो बैरक के पूरब और अशोक एवं समुद्रगुप्त के पाषाण स्तम्भ के उत्तर में स्थित है। फिर यहाँ सातवीं शताब्दी के (प्राचीन) नगर की साइट (स्थल) होनी चाहिए; और मन्दिर एवं वृक्ष मूलतः जमीन के स्तर पर होना चाहिए था, लेकिन धूल-गर्द के लगातार जमते जाने के कारण धीरे-धीरे मन्दिर का निचला हिस्सा भूमिगत होकर गायब हो गया। ऊपरी भाग को बहुत पहले ही हटा दिया गया है; और अब अक्षयवट तक पहुँचने का एकमात्र रास्ता सीढ़ियों से है, जो खम्भों वाले प्रांगण तक जाता है। यह प्रांगण कभी मुक्ताकाश (ऊपर से खुला हुआ) था, लेकिन पवित्र वटवृक्ष की रहस्यात्मकता को सुरक्षित रखने के अन्धकार भी अपेक्षित है; उसी के दृष्टिगत प्रांगण को ऊपर से बन्द कर दिया गया है।

उल्लेखनीय है कि प्रयागराज में संगम तट पर स्थित अकबर का किला वर्तमान में भारतीय सेना के नियन्त्रण में है। किले की अलंघ्य दीवारों के भीतर स्थित होने के कारण वहाँ स्थित मूल अक्षयवट के दर्शन कर पाना जनसामान्य के लिए अब तक सम्भव नहीं था। 22 अगस्त, 2018 को रक्षामन्त्री निर्मला सीतारण ने अपने प्रयागराज आगमन के बाद आम लोगों के लिए अक्षयवट-दर्शन की भूमिका तैयार कर दी थी। उसी समय सेना ने जनसामान्य के दर्शनार्थ रास्ते का निर्माण आरम्भ कर दिया था। पुल तैयार हो गया है। पातालपुरी से ही अक्षयवट के दर्शन के लिए श्रद्धालु अन्दर जायेंगे और बड़े हनुमान जी के मन्दिर के पीछे से निकलेंगे। श्रद्धालु जन वर्षों से यह चाहते थे कि मूल अक्षयवट जनसामान्य के दर्शनार्थ सुलभ हो। परन्तु सुरक्षात्मक कारणों से लोगों को किले के अन्दर प्रवेश करने की अनुमति अब तक नहीं दी गयी थी।

बहरहाल, रक्षामन्त्री के प्रयागराज आगमन के दौरान ही यह निर्णय प्रायः हो गया था कि 2019 में प्रयागराज में आयोजित अर्द्धकुम्भ के अवसर पर श्रद्धालुओं के दर्शनार्थ मूल अक्षयवट तक पहुँचने का एक सुरक्षित मार्ग निकाल लिया जायेगा। परन्तु सेना की गोपनीयता को भंग किये बिना वहाँ स्थित मूल अक्षयवट तक श्रद्धालुओं के लिए प्रवेश और निकास का मार्ग सुलभ कराना सेना के लिए एक चुनौती थी। इस उद्देश्य से किला के पीछे की दीवार को तोड़कर रास्ते का निर्माण शुरू कर दिया था। बड़े हनुमान जी के मन्दिर और किले के बीच खाई के ऊपर पुल का निर्माण किया गया। उस पुल के बनने के बाद ही दिसम्बर, 2018 में प्रधानमन्त्री श्री नरेन्द्र मोदी ने मूल अक्षयवट के दर्शन किए और फिर उसे जनसामान्य के दर्शन के लिए खोलने की औपचारिक घोषणा की। इस निर्णय से श्रद्धालुओं की एक चिर प्रतीक्षित अभिलाषा पूर्ण हुई।

अडिग आस्था का प्रतीक है अक्षयवट

लीला-तत्त्व श्रीमद्भागवत का सार है और उसे दर्शन और व्यवहार दोनों का बल मिला है। भक्ति के प्रायः सभी सम्प्रदायों ने लीला-तत्त्व के साथ लय-प्रलय को आनन्दात्मक माना है तथा उसे विराट रूप में देखकर सृष्टिव्यापी कल्पना की है जो किसी काल में समाप्त नहीं होती और न अपनी महिमा खोती है। प्रयाग का वट-वृक्ष इसी अडिग आस्था का प्रतीक है। प्रलय के बाद भी उसके पत्ते पर लीलामय कृष्ण का दर्शन बाल-रूप में होता है ऐसी भावना लोक-ग्राह्य है तथा कवि-प्रेरक भी।

करारविन्देनपदारविन्दं मुखारविन्दे विनिवेशयन्तम्।
वटस्यपत्रस्यपुटे शयानं बालमुकुन्दं शिरसा स्मरामि।।

किसी भी अन्य कुम्भ-स्थल में आस्था का ऐसा विशाल, और प्रेरणादायी विराट वृक्ष, दिखायी नहीं देता और न गंगा-यमुना जैसी प्रत्यक्ष तथा सरस्वती रूपी परोक्ष नदी की कल्पना की गयी है। त्रिवेणी मृत और अमृत दोनों तत्त्वों के समीकरण से उत्पन्न ऐसी धारणा है जो मृत्यु पर मानसिक रूप से विजय प्राप्त करके जीवन में व्याप्त अमृत-तत्त्वों को सर्वसुलभ बनाने का संकल्प करती है।[9]

सन्दर्भ

1. काशी ना.प्र.स. हिन्दी विश्वकोश, खण्ड-2, पृ. 459
2. भगवतशरण उपाध्याय, पुरातत्त्व का रोमांस, पृ. 65
3. वही, पृ. 65-66
4. डॉ. पाण्डुरंग वामन काणे, धर्मशास्त्र का इतिहास, भाग 3, पृ. 1332
5. वासुदेवशरण अग्रवाल, हर्षचरित : एक सांस्कृतिक अध्ययन, पृ. 105
6. जगदीश गुप्त, कुम्भ दर्शन
7. The Ancient Geography of India, Page no. 327
8. वही, पृ. 327-328
9. जगदीश गुप्त, कुम्भ दर्शन

अध्याय–7

इलाहाबाद के प्राचीन एवं पुरातात्त्विक स्थल

यदि प्रागैतिहासिक काल की बात की जाये तो प्रयागराज और मिर्जापुर के बीच में स्थित बेलन घाटी में पुरापाषाण काल के पुरावशेष प्राप्त हुए हैं। बेलन घाटी में विन्ध्य पर्वत के उत्तरी पृष्ठों पर लगातार तीन अवस्थाएँ-पुरा पाषाण, मध्यपाषाण और नवपाषाण काल एक के बाद एक पायी गयी है। भारत में नवपाषाण युग का आरम्भ छठी सहस्त्राब्दी ई.पू. के आसपास हुआ था। प्रयागराज जिले के नवपाषाण स्थलों की विशेषता यह है कि यहाँ उस काल में भी चावल का उत्पादन होता था। प्रसंगवश यह भी उल्लेखनीय है कि भारतवर्ष में द्वितीय चरण का नगरीकरण गंगाघाटी के मैदानों में ही हुआ था और उत्तर-वैदिक ब्राह्मण ग्रन्थों की रचना गंगा घाटी के उत्तरी मैदानों में हुई थी।

प्रयागराज के करछना के पास स्थित गढवा से चन्द्रगुप्त एवं स्कन्दगुप्त के एक-एक और कुमारगुप्त के दो अभिलेख प्राप्त हुए है, जिससे गुप्तकाल में प्रयाग के महत्त्व का पता चलता है। मौर्य काल में कौशाम्बी और प्रयाग महत्त्वपूर्ण नगरों में सम्मिलित हैं। चीनी यात्री ह्वेनत्सांग के विवरण के अनुसार उस काल में पाटलिपुत्र और वैशाली जैसे प्राचीन नगर पतनावस्था में थे। जबकि दोआब क्षेत्र में कन्नौज और प्रयाग का यथेष्ठ महत्त्व था। ह्वेनत्सांग के विवरणों से यह पता चलता है कि तत्कालीन प्रयाग हिन्दुओं के साथ ही बौद्धों के लिए भी बहुत महत्त्वपूर्ण था।

श्रृंगवेरपुर की पुरातात्त्विक धरोहर

इतिहास के अन्धकारमय अध्यायों को उद्घाटित करने में पुरातात्त्विक उत्खनन का विशेष योगदान होता है। श्रृंगवेरपुर अपने गर्भ में पुरातत्त्व की धरोहर सँजोये किसी पुराविद् की प्रतीक्षा कर रहा था। इसी बीच भारतीय पुरातत्त्व सर्वेक्षण विभाग के पहले महानिदेशक अलक्जेण्डर कनिंघम ने श्रृंगवेरपुर की खोज शुरू की थी। यह स्थल प्रयागराज शहर से 36 किमी. पश्चिमोत्तर गंगा के दाहिने किनारे पर स्थित है। शिमला उच्च अध्ययन संस्थान और भारतीय पुरातत्त्व सर्वेक्षण विभाग द्वारा बी. बी. लाल और के. एन. दीक्षित के निर्देशन में 1977 से 1982 ई. तक श्रृंगवेरपुर में

पुरातात्त्विक उत्खनन हुआ था। प्रो. बृजबासी लाल भारतीय पुरातत्त्व सर्वेक्षण के महानिदेशक और भारतीय उच्च शोध शिक्षा संस्थान, शिमला के निदेशक रहे हैं। उनके निर्देशन में लगभग 50 पुराविदों की टीम द्वारा 'रामायण कालीन स्थल सर्वेक्षण एवं उत्खनन कार्य की राष्ट्रीय योजना' के अन्तर्गत उत्खनन किया गया।

यहाँ का प्राचीन टीला लगभग 5-6 मील में फैला हुआ है। टीले की ऊँचाई लगभग 16 मीटर है, जिसमें 10 मीटर की गहराई तक 1200 ई.पू. के पुरावशेष प्रकाश में आये हैं। यहाँ बुद्ध, मौर्य, कुषाण, गुप्त तथा राजपूत काल के पुरावशेष मिले हैं। यहाँ कुल सात स्थानों पर क्षैतिज उत्खन्न हुआ है जिनके फलस्वरूप कई काल-स्तर प्रकाश में आये हैं। उत्खनन के फलस्वरूप जो पुरावशेष और पुरातात्त्विक निधियाँ मिली हैं, उनको सात कालों में विभाजित किया गया है।

प्रथम काल 1050 इ.पू. से 1000 ई.पू. के स्तर पर रखा जा सकता है। प्रमुख पुरा सामग्री में गेरुए रंग के मृद्भाण्ड हैं जो महाभारतकालीन स्थल हस्तिनापुर के उत्खनन में प्राप्त हो चुकी है। मृद्भाण्डों में जार और प्याले प्रमुख है। शृंगवेरपुर के उत्खनन के पूर्व पुराविदों की यह धारणा थी कि गेरुए रंग के मृदभाण्डों का विस्तार उत्तर प्रदेश के इटावा जिले तक है। वैसे शृंगवेरपुर में गेरुए रंग के जो मृदभाण्ड प्राप्त हुए हैं, जो घटिया किस्म के हैं।

शृंगवेरपुर के द्वितीय काल को 950 ई.पू. से 700 ई.पू. के स्तर पर रखा जा सकता है। इस स्तर से काले एवं लाल मृद्भाण्ड प्राप्त हुए हैं। हड्डी के बाण, मिट्टी तथा स्वर्ण के मनके भी प्रकाश में आये हैं। इस काल की तिथि कार्बन-पद्धति से 840-820 ई.पू. तक निर्धारित हुई है। इस काल से किसी भी किलेबन्दी के प्रमाण नहीं मिले हैं।

शृंगवेरपुर का तृतीय काल 700 ई.पू. से 250 ई.पू. के परिधि में रखा जाता है। इस काल का मुख्य मृद्भाण्ड एन.बी.पी. है जिसे रगड़ने से धातु-जैसी खनक सुनायी पड़ती है। ये मृद्भाण्ड बहुरंगीय है। इस स्तर के अन्य मृद्भाण्ड चित्रित भूरे रंग के है जो महाभारत से सम्बन्धित स्थलों से पहले प्रकाश में आ चुके हैं। इस काल के अंतिम भाग मे पकी ईटों के मकानों के अवशेष प्रकाश में आये हैं। अन्तिम भाग में तीन ताम्र-निर्मित कमण्डल प्राप्त हुए हैं, जिनका प्रयोग प्राचीन ऋषि-मुनि धार्मिक कार्यों में किया करते थे। इस स्तर से मिट्टी की एक मौर्यकालीन स्त्री-प्रतिमा प्राप्त हुई है। स्वर्ण के मनके, वृषभ प्रकार की ताम्र-मुद्राएँ, आहत ताम्र एवं रजत मुद्राएँ तथा लोहे के औजारों के टुकड़े भी उपलब्ध हुए हैं। इस काल का अवसान किसी अग्नि-काण्ड के कारण हुआ। इस उत्खनन के पूर्व एन0बी0पी0 पॉटरी के प्रारम्भ का काल 600 ई.पू. माना जाता था। प्रोफेसर लाल ने इसकी तिथि 700 ई.पू. निर्धारित की है।

यहाँ का चतुर्थ काल 250 ई.पू. से 200 ई. के मध्य रखा जा सकता है। जमाव में 2.75 मीटर मोटा स्तर प्राप्त हुआ है। इस स्तर के शुंग एवं कुषाणकालीन अवशेष मिले हैं। पकी ईटों के भवन, फर्श, जल प्रणाली के लिए रिमवेल, वृषभ प्रकार के सिक्के तथा अयोध्या के राजाओं के सिक्के प्राप्त हुए हैं। एक मिट्टी की सील प्राप्त हुई है जिस पर ब्राह्मी लिपि में कनिष्क अंकित है। कुषाण शासक विमकडफिसेस के सिक्के भी मिले हैं। प्रो. गोवर्द्धन राय शर्मा ने शृंगवेरपुर के उत्खनन में शुंगकालीन जले स्तर का प्रमाण खोजा है। प्रोफेसर शर्मा के मतानुसार हिन्द-यवन शासक मिनेण्डर ने 150 ई.पू. में शृंगवेरपुर को जलाकर नष्ट कर दिया था। फतेहपुर जिले मे रेह नामक स्थल से हिन्द-यवन शासक मिनेण्डर का एक अभिलेख प्राप्त हुआ है जिसके आधार पर यह कहा जा सकता है कि पुष्यमित्र शुंग के समय मिनेण्डर ने गंगा घाटी में आकर आक्रमण किया था।

इस काल के अन्तिम भाग में पकी ईंटों से बने तालाब के प्रमाण मिले हैं। इसकी तिथि प्रथम शताब्दी ई.पू. से प्रथम शताब्दी ई. के बीच निर्धारित की गयी है। भारत में हुए उत्खननों में अब तक प्राप्त तालाबों से यह सबसे पुराना और महत्त्वपूर्ण है। इस तालाब में गंगा की बाढ़ का जल एक नाले द्वारा लाकर भरा जाता था। पहले जल एक सात मीटर चौड़े कुएँ में गिराया जाता था। जल में मिली मिट्टी कुएँ के तल में बैठ जाती थी और स्वच्छ जल तालाब में प्रवेश करता था। जल को तालाब में प्रवेश कराने के पूर्व ईंटों की एक गोलाकार नाली में प्रवेश कराया जाता था तथा छना हुआ जल ही तालाब मे एकत्र किया जाता था। तालाब के उत्खनन से एक स्त्री (हारीति) की पकी मिट्टी की प्रतिमा प्राप्त हुई है जो अपने हाथों में एक शिशु को लिए हुए है। तालाब के चारों तरफ सीढ़ियाँ बनी हैं। इस तालाब का उपयोग प्राचीन नगर में पेय-जल तथा धार्मिक अनुष्ठान के लिए किया जाता रहा होगा।

पंचम काल 300 ई. से 600 ई. के मध्य रखा जाता है। इस स्तर से गुप्तकालीन भवनों के अवशेष तथा मृण्मय मूर्तियाँ उपलब्ध हुई हैं। गुप्तकालीन अवशेषों में एक शिलापट्ट प्राप्त हुआ है जिस पर राम-लक्ष्मण का चित्र अंकित है।

अकबर के समय में सिंगरौर एक परगने का केन्द्र था। यहाँ गंगा के किनारे ईंटों से बना एक किला भी था, जिसके चिह्न वहाँ की खुदाई में पाये गये हैं। जनरल कनिंघम को इस स्थान से लगभग सवा सौ पुराने सिक्के प्राप्त हुए थे। सिंगरौर की पुरानी आबादी के चिह्न गंगा के किनारे-किनारे लगभग तीन मील तक पाये जाते हैं, जिसकी पश्चिमी सीमा 'भरभण्डीकुण्ड' और पूर्वी सीमा 'सीताकुण्ड' के नाम से प्रसिद्ध है।

भीटा की पुरातात्त्विक धरोहर

मध्य गंगा घाटी का एक प्राचीन पुरातात्त्विक स्थल है- भीटा। यह प्रयागराज से लगभग उन्नीस कि.मी. दक्षिण इरादतगंज रेलवे स्टेशन के निकट यमुना नदी के दायीं ओर स्थित है। यहाँ तीन बड़े-बड़े टीले मिले हैं। इस स्थल के नजदीक देवरिया, विकर, सारीपुर और मानकुँवर गाँव हैं, जो पुरातात्त्विक एवं ऐतिहासिक दृष्टि से महत्त्वपूर्ण है। प्राचीन जैन ग्रन्थों में इस स्थल को 'विथा व्यपटन' (विथा पत्तन) कहा गया है। यही 'विथा' आगे चलकर भीटा के नाम से जाने जाना लगा है। बौद्ध साहित्य में इस नगर को 'सहजातीय' और 'विच्छि' कहा गया है। इस स्थल से सहजातीय एवं विच्छि नामांकित मोहरें भी मिली हैं।

1857 की क्रान्ति के बाद ईस्ट इण्डियन रेलवे की पटरियाँ बिछाने के दौरान जमीन के भीतर पुराने भवनों के भग्नावशेष मिलने पर वहाँ के ठेकेदारों ने रेलवे के अफसरों को इसकी सूचना दी। इसके बाद पुरातत्त्व अनुसन्धान विभाग के अधिकारियों का ध्यान इस स्थान की ओर आकृष्ट हुआ। सबसे पहले अलेक्जेण्डर कनिंघम ने इस स्थान का निरीक्षण करने के बाद टीले का उत्खनन कराया। फलतः एक प्राचीन नगर तथा गढ़ के खण्डहर, पुरानी वस्तुएँ और कुछ अभिलेख मिले।

पुराने नगर के चिह्न उत्तर में 'सुजानदेव के मन्दिर' से लेकर दक्षिण में लगभग डेढ़ मील तक फैले हुए हैं। मन्दिर इस समय यमुना के बीच में है। पहले वह नगर की उत्तरी सीमा पर यमुना के किनारे स्थित था। नदी के कटान के कारण मन्दिर बस्ती से अलग होकर यमुना के बीच में आ गया है। इसकी ऊँचाई करीब 60 फुट

भीटा के भग्नावशेष

है। पहले यह सुजानदेव का मन्दिर था। मुगल बादशाह शाहजहाँ के राज्यकाल में शाइस्ता खाँ इलाहाबाद का सूबेदार था। शाइस्ता खाँ ने 1654 में पुराने मन्दिर को ध्वस्त करके उस जगह एक अठमहल बैठक बनवायी और फारसी के पाँच पद्यों में अपना नाम और उसके निर्माण का वर्ष हिजरी संवत् 1055 (1655 ई.) अंकित कराया। सुजानदेव मन्दिर के सामने दक्षिण की ओर यमुना के किनारे देवरिया गाँव है। उससे दक्षिण कोई आधे मील तक एक बड़े ताल के पश्चिम किनारे-किनारे कुछ भूमि डीह के नाम से फैल हुई है। इसी से मिला हुआ पुराने गढ़ का चिह्न मिलता है।

1872 ई. में भीटा से थोड़ी दूर पूर्व पंचपहाड़ नामक डीह से गौतम बुद्ध की एक मूर्ति पर खुदा हुआ गुप्त-संवत 189 (509 ई.) का एक अभिलेख मिला था। इस मूर्ति में बुद्ध ध्यानस्थ होकर एक चौकी पर बैठे हैं और बीच में एक धर्मचक्र बना हुआ है।

मानकुँवर के पूर्व की पहाड़ी में कुछ गुफाएँ बनी हुई हैं। उनमें एक बड़ी गुफा को 'सीता की रसोई' कहते हैं। इसके द्वार पर तीन पंक्तियों का एक लेख अंकित है। बीकर से उत्तर-पूर्व पहाड़ी पर 'चंडिका माई' का एक मन्दिर है। उस मन्दिर से थोड़ा आगे भगवान् विष्णु की भिन्न-भिन्न अवतारों की मूर्तियाँ बनी हुई है। बीकर के निकट सारीपुर में पाषाण-स्तम्भ के एक टुकड़े पर तेरह पंक्तियों का एक लेख मिला था, जिसमें 'कुमारगुप्त महेन्द्र' का नाम अंकित था।

1910 ई. में सर जान मार्शल ने भीटा के दूसरे टीले का उत्खनन कराया जिससे प्राप्त पुरावशेषों से यहाँ के ऐतिहासिक महत्त्व का बोध हुआ। आग में पकी मिट्टी की छह, पत्थर की एक और हाथी दाँत की छह, कुल तेरह मुहरें मिली थीं। इनमें से कुछ पर लेख हैं और कुछ पर चिह्न अंकित हैं। सैकड़ों मुहरों के छापे भी मिले हैं। ये लेख तीसरी-चौथी शताब्दी ई.पू. से लेकर नौवीं-दसवीं शताब्दी ई. तक के हैं। ये लेख देवताओं, राजाओं तथा मन्त्रियों से सम्बन्धित हैं। एक पर इस स्थान का नाम 'विच्छिग्राम' लिखा हुआ मिला है। इन लेखों में गोमित्र गौतमी पुत्र विशमेघ तथा 'वसिष्ठ पुत्र भीमसेन जैसे नाम आये हैं।

खुदाई में 120 सिक्के निकले जो अयोध्या, कलिंग तथा कौशाम्बी नरेशों के है। अयोध्यावाले सिक्के में एक पर ब्राह्मी लिपि में 'आयुमित्र' तथा कौशाम्बी के सिक्के पर 'बहसति मित्र' लिखा हुआ। इनमें से कई सिक्कों पर जंगले के भीतर वृक्ष बने हुए है, जो बौद्धधर्म का विशेष चिह्न है। सिकन्दर लोदी और इब्राहिम लोदी के कुछ सिक्के भी यहाँ मिले हैं। शुंग, आन्ध्र, कुशान तथा गुप्त कालीन मिट्टी की मूर्तियों के अलावा कुछ गहने तथा पत्थर, तांबा, पीतल, लोहा, हाथीदाँत, हड्डी और मिट्टी के बर्तन और कई प्रकार के शस्त्र भी खुदाई में मिले हैं।

प्रयाग क्षेत्र का प्राचीन स्थल : अरैल

त्रिवेणी संगम-क्षेत्र के सामने यमुना के दक्षिणी तट पर अरैल नामक एक प्राचीन स्थल है। परम्परा के अनुसार इसका पुराना नाम अलर्कपुरी था। इसे काशी के राजा पौराणिक राजा अलर्क ने बसाया था। वह एक सत्यव्रती राजा था। कहते हैं कि उसने सत्य की रक्षा के लिए ब्राह्मणों को अपनी आँखें दान कर दी थीं। एक दूसरी अनुश्रुति के अनुसार अरैल नामक इस स्थान को महाराज मनु की पुत्री इला के नाम पर बसाया गया था। इला के पुत्र पुरूरवा प्रतिष्ठानपुर (झूँसी) के राजा हुए; और उनके बाद ही चन्द्रवंशीय राजाओं की परम्परा शुरू हुई। पुराणों के अनुसार कालान्तर में इन्हीं चन्द्रवंशियों ने मथुरा आदि स्थानों पर जाकर अपना राज्य स्थापित किया था।

'मत्स्यपुराण' के कहा गया है कि प्रयाग में 'कम्बल' और 'अश्वतर' दो तट हैं। (अध्याय 108) वहाँ भोगवती पुरी है; और वह प्रजापति की वेदी की रेखा है।

यक्षी की पा ाण प्रतिमा (10वीं शताब्दी ई.)
जमसोत (जिला प्रयागराज)
(राज्य संग्रहालय, प्रयागराज में संरक्षित)

'कूर्मपुराण' में इन दोनों तटों को यमुना के दक्षिण में स्थित बताया गया है। (अध्याय 37) इससे स्पष्ट है कि अरैल को ही भोगवती पुरी कहा गया है।

'तारीख आईन-ए-अवध' के अनुसार जलालुद्दीन खिलजी के समय (1277-1315 ई.) में अरैल में राजा रामदेव के पुत्र रायसेन का शासन था। मुसलमानों के साथ हुए एक संघर्ष में उनकी मृत्यु हो गयी। उस समय उसकी रानी गर्भवती थी। वह जान बचाकर प्रतापगढ़ चली गयी। प्रतापगढ़ के सोमवंशीय क्षत्रिय उन्हीं के वंशज बताये जाते हैं।

मुगल बादशाह जलालुद्दीन अकबर ने इस स्थान का नाम 'जलालाबाद' रखकर इसी नाम से एक परगना स्थापित किया था, लेकिन यह नाम प्रचलित नहीं हुआ। अब अरैल का पुराना वैभव नष्ट हो चुका है। वैसे उस स्थान पर बेनीमाधव, आदिमाधव और सोमेश्वर महादेव के मन्दिर बने हुए हैं। अरैल में वल्लभ सम्प्रदाय का एक पुराना मठ भी है। महाप्रभु चैतन्य जब प्रयाग आये थे तब वे इसी मठ में ठहरे थे।

जमसोत का शिव-मन्दिर

तमस की सहायक लपरी नदी के उत्तरी तट पर प्रयागराज जिले की मेजा तहसील के कोरांव में आधुनिक जमसोत ग्राम में एक भव्य शिव-मन्दिर स्थित था। पूर्व-मध्यकाल, विशेषकर कलचुरी राजाओं के काल में इस क्षेत्र का विशेष महत्त्व था। पश्चिमी तथा दक्षिणी भारत से वाराणसी तथा पाटलिपुत्र की ओर जाने का प्रमुख मार्ग यहीं से होकर गुजरता था। विन्ध्य से वाराणसी तक के सम्पूर्ण क्षेत्र में ग्यारहवीं शताब्दी के प्रथम चरण से ही गुर्जर प्रतिहार राजाओं के पतन के बाद चन्देल शासकों का प्रभुत्व शुरू होता है। महान् चन्देल शासक धंग ने वाराणसी तक के प्रतिहार साम्राज्य को जीत लिया था। प्रयाग भी सम्भवतः उसके साम्राज्य के अन्तर्गत ही था क्योंकि एक अभिलेख में यह उल्लिखित है कि 100 वर्ष की अवस्था में उसने त्रिवेणी संगम में जल समाधि लेकर अपने जीवन का अन्त कर दिया था।

धंग के बाद उसका पुत्र गण्ड (1008-1017) और गण्ड के बाद उसके पुत्र विद्याधर ने (1017-1029 ई.) शासन किया। विद्याधर के बाद चन्देलों की सत्ता का सूर्यास्त हो गया और गांगेयदेव कलचुरि का उदय हुआ, जिसने वाराणसी तक अपने साम्राज्य का विस्तार किया था। 1037-38 ई. के पियावान अभिलेख से ज्ञात होता है कि गांगेयदेय प्रयाग में ही 22 जनवरी, 1041 ई. तक निवास करता रहा, जहाँ उसने अक्षयवट के नीचे अपना शरीर त्यागा। गांगेयदेव का पुत्र कर्ण 1041 में सिंहासनारूढ हुआ तथा उसने 1073 ई. तक शासन किया। वह अपने

समय का सबसे प्रभावशाली शासक था। उसने वाराणसी को अपनी दूसरी राजधानी बनाया था। अपने पूर्ववर्ती शासकों की तरह यह भी महान् निर्माता था। वाराणसी में उसने एक मेरु प्रकार के मन्दिर का निर्माण करवाया था जो कर्णमेरु के नाम से प्रसिद्ध हुआ। प्रयाग में उसने एक घाट का निर्माण करवाया था, जिसको कर्णतीर्थ कहा जाता है। उसने कर्णावती नदी के किनारे विद्वान ब्राह्मणों के निवास के लिए कर्णावती नामक आवास-स्थल का भी निर्माण करवाया था। कर्णावती नदी की पहचान के सम्बन्ध में विद्वानों में मतभेद है। लेकिन गौरतलब है कि कर्णावती नामक एक नदी मेजा से तीन किलोमीटर पूर्व में बहती है। यह स्थल जमसोत के निकट ही है।

कुछ दशक पहले तक जमसोत के भव्य मन्दिर के सम्बन्ध में वहाँ से लायी गयी सुर-सुन्दरियों और कुछ देव प्रतिमाओं के अतिरिक्त कुछ भी ज्ञात नहीं था। ये प्रतिमाएँ प्रयागराज राष्ट्रीय संग्रहालय के केन्द्रीय कक्ष में प्रदर्शित थीं। ये प्रतिमाएँ बहुत ही ध्यानाकर्षक हैं।

1964-65 ई. तक मन्दिर का ऊपरी भाग विद्यमान था। यद्यपि उसमें कोई प्रतिमा नहीं थी, तथापि निकट ही खण्डित मूर्तियों, अलंकृत स्तम्भों आदि के टुकड़े पड़े हुए थे। 1981-82 ई. तक आते-आते यह मन्दिर पत्थरों का ढेर मात्र रह गया था। जो भी हो, मन्दिर का निर्माण एक जगती पर किया गया था। जगती का निर्माण मिट्टी डालकर किया गया था। मन्दिर पश्चिम-पूर्व दिशा में था; और उसका मुख्य द्वार पूर्वोन्मुख था। मन्दिर के सभी ओर 50 से0मी0 की ऊँचाई पर बारह देव कोष्ठक थे जिनमें सुन्दर देव प्रतिमाएँ सुशोभित थीं। गर्भगृह की बाहरी दिवारों पर भी सभी ओर देव-कोष्ठक थे। गर्भगृह की वर्तमान दक्षिणवर्ती दीवार पर एक ऐसे ही देवकोष्ठक के प्रमाण मिले हैं।

मन्दिर का निर्माण कमल के आकार के एक विशाल तालाब के पूर्वी तट पर हुआ था। इस तालाब का कम से कम पूर्वी किनारा पक्का था क्योंकि आज भी उस किनारे पर गोलाई से बत्तीस सीढ़ियाँ स्पष्ट दिखती हैं। गर्भगृह की पीठ के अतिरिक्त कुछ भी शेष नहीं है। अतः यह नहीं जाना जा सका कि यह मन्दिर किस देवता या देवी को समर्पित था।

जमसोत के मन्दिर की अधिकांश प्रतिमाएँ हिन्दू धर्म से सम्बन्धित त्रिदेवों की ही है। वहाँ से कई लघु देव-देवियों, सुर-सुन्दरियों आदि की प्रतिमाएँ भी प्राप्त हुई हैं, किन्तु प्रतिमाओं में शिव एवं शिव से सम्बन्धित देवों का बाहुल्य है। प्रयागराज संग्रहालय में भैरव की एक विशाल प्रतिमा संरक्षित है, जिसे जमसोत से लाया गया था। जमसोत मन्दिर के प्रमुख देवता शिव ही थे तथा मन्दिर के गर्भगृह में शिवलिंग ही स्थापित रहा होगा।

गर्भगृह के ऊपर से जिन शिलापट्टों को उठाया गया था उनमें से एक के ऊपर विकसित कमल का प्रतीक उत्कीर्ण था। इससे ऐसा लगता है कि गर्भगृह की छत पर विकसित कमल प्रतीक युक्त वितान रहा होगा। जमसोत के प्राप्त प्रतिमाओं तथा कलचुरि-कालीन प्रतिमाओं की अत्यधिक समानता में यह स्पष्ट है कि उसका निर्माण कलचुरि राजाओं के राजत्वकाल में ही हुआ होगा।

छतनाग

समुद्रकूप से कुछ दूर दक्षिण छतनाग नामक एक गाँव है। उसी के निकट गंगा के तट पर एक पक्का भवन बना हुआ है, जिसको 1885 ई. के आसपास अवध के एक ब्रह्मचारी मथुरानाथ ने एकान्त-सेवन के लिए बनवाया था। उनकी मृत्यु के पश्चात मिर्जापुर के रईस पं. गुरुचरण उपाध्याय वानप्रस्थ आश्रम ग्रहण करके वहीं रहने लगे। 1900 ई. के आसपास वहीं उन्होंने एक संस्कृत पाठशाला की स्थापना की।

भट्टग्राम (गढ़वा)

गढ़वा पुरास्थल प्रयागराज जिले की करछना तहसील में स्थित है। इसका पुराना नाम 'भट्टग्राम' है, जो गुप्तकाल में एक प्रसिद्ध नगर था। अब वह 'भट्टगढ़' या 'बरगढ़' के नाम से केवल एक छोटे-से गाँव के रूप में शेष रह गया है।

मन्दिर के भग्नावशेष, गढ़वा पुरास्थल (प्रयागराज)

गढ़वा में छोटी-छोटी पहाड़ियों की गोद में एक बड़ी झील है, जिसको गढ़वाताल कहा जाता है। उसके बीच में एक पंचकोण दुर्ग बना हुआ है, जो अपने आसपास की भूमि से लगभग बारह सीढ़ी की ऊँचाई पर स्थित है। यह पंचकोण दुर्ग पश्चिम की ओर 300 फुट उत्तर और दक्षिण 250-250 फुट लम्बा हैं। पूर्व की दोनों दीवारें 270-270 फुट की है। चारों कोनों पर चार बुर्ज बने हुए हैं। इसका मुख्य द्वार दक्षिण की ओर है।

इस दुर्ग को बारा के बघेल राजा विक्रमादित्य ने 1750 ई. में बनवाया था। इसके बीचों बीच एक चौकोर मकान है, जिसका द्वार पूर्व की ओर है। उत्तर और पश्चिम के कोने पर एक मन्दिर है, जिसमें विष्णु के दस अवतारों की मूर्तियाँ रखी हुई हैं। ये मूर्तियाँ इसी मन्दिर से पश्चिम की ओर खुदाई करने से मिली थी। इनमें से एक संयुक्त मूर्ति ब्रह्मा, विष्णु और शिव की है, जो नौ फुट लम्बी और चार फुट चौड़ी है। इसके नीचे कुटिल-लिपि में लिखा है कि इसको ज्वालादित्य नामक एक योगी ने स्थापित किया था। इस लेख तिथिहीन है, परन्तु उसके अक्षर दसवीं शताब्दी के प्रतीत होते हैं।

पहले यह स्थान जंगलों से घिरा हुआ था। सबसे पहले 1872 ई. में काशी-निवासी राजा शिवप्रसाद 'सितारे हिन्द' और फिर अलेक्जेण्डर कनिंघम ने वहाँ जाकर छानबीन की। तत्क्रम में पत्थर के खम्भों पर गुप्त-काल के अनेक पुराने अभिलेख मिले। पहला अभिलेख 1872 ई. में राजा शिवप्रसाद को मिला था। इसमें गुप्त संवत् 98 (418 ई.) अंकित है। इससे ज्ञात होता है कि यह चन्द्रगुप्त द्वितीय के पुत्र कुमारगुप्त के समय का है। इसमें दस दीनारों के दान का उल्लेख है। दूसरा अभिलेख 1873 ई. में कनिंघम को मिला था। इसमें गुप्त-संवत् 86 (406 ई.) लिखा हुआ है। इससे ज्ञात होता है कि यह चन्द्रगुप्त द्वितीय के समय का है। इसमें उत्कीर्ण संस्कृत श्लोकों की कई पंक्तियाँ खंडित हो गयी हैं। परन्तु जो बची हुई हैं उनसे ब्राह्मणों को दस दीनार (स्वर्ण मुद्रा) के दान देने का उल्लेख है। इस अभिलेख में मगध की राजधानी 'पाटलिपुत्र' का भी नाम भी उल्लिखित है। तीसरा लेख कुमारगुप्त के समय का है, जिसमें बारह दीनारों के दान की चर्चा है। चौथा लेख 1875 ई. में एक कुएँ से कनिंघम को मिला था। इसमें कुल 22 पंक्तियाँ थी, जिनका अधिकतर भाग नष्ट हो गया है। यह लेख भी कुमारगुप्त के समय का प्रतीत होता है, जिसमें सदाव्रत के लिए कुछ दीनार और यमुना के दक्षिणी तट पर कुछ भूमि के दान का वर्णन है। पाँचवाँ लेख 1877 ई. में कनिंघम को मिला था। इस खंडित अभिलेख में लिखा है कि गुप्त-संवत् 148 (468 ई.) के माघ महीने की 21वीं तिथि को अनन्त स्वामी (विष्णु) के गन्ध और धूप इत्यादि के लिए बारह (दीनार) दान में दिये गये।

इस दान का सम्बन्ध किसी और गाँव की भूमि से भी था, जो उसी देवता को 'चित्रकूट-स्वामी' के नाम से दिया गया था। इन सब अभिलेखों के अन्त में लिखा है कि 'जो इस दान में हस्तक्षेप करेगा वह पंच महापातक का भागी होगा।' ये सभी अभिलेख कोलकाता और लखनऊ के संग्रहालयों में संरक्षित हैं।

झूँसी के टीले

कुमारिल भट्ट ने गुरुद्रोह के प्रायश्चित स्वरूप प्रतिष्ठानपुरी (झूँसी) में ही तुषाग्नि में अग्नि-समाधि लिया था। झूँसी शब्द तुषानल का ही देशज रूप प्रतीत होता है। डॉ. जगदीश गुप्त का अनुमान है कि झूँसी किसी बड़े ध्वंस या श्मसानघाट का द्योतक भी हो सकता है। उसमें भारी उलट-पुलट हुआ, ऐसा लोक-विश्वास अभी तक पाया जाता है।[1]

झूँसी के टीले का उत्खनन एवं अन्वेषण इलाहाबाद विश्वविद्यालय के प्राचीन इतिहास विभाग द्वारा समय-समय पर करवाया गया। उसके परिणामस्वरूप यहाँ से मिट्टी के बर्तन एवं मूर्तियाँ, सिक्के, मुहरें, ताम्र एवं हाथी दाँत की वस्तुएँ आदि प्राप्त हुई। झूँसी का पहला उत्खनन मार्च-अप्रैल 1995 ई. हुआ, जिससे पाँच सांस्कृतिक काल-खण्डों की जानकारी प्राप्त हुई। झूँसी के उत्खनन के फलस्वरूप ताम्रपाषाण एवं लौहयुगीन संस्कृतियों के नये आयाम उद्घाटित हुए हैं। विभिन्न काल के भवन, मृण्वस्तुएँ, मुहरें, सिक्के, मनके, चूड़ियाँ, हाथीदाँत के उपकरण, ताम्र तथा लौह उपकरण आदि प्रमुख रूप से प्राप्त हुए हैं। झूँसी मध्य गंगाघाटी के प्रमुख आद्य-ऐतिहासिक स्थलों में से एक है। इसके कुषाणकालीन स्तर से पता चलता है कि यहाँ सघन बस्ती थी।

चोपनी माण्डो नामक पुरास्थल प्रयागराज जिले की मेजा तहसील में बूढ़ी बेलन नदी के बायें तट पर स्थित है। इस स्थल के उत्खनन का श्रेय प्रो0 वी0डी0 मिश्रा एवं प्रो0 गोवर्द्धन राय शर्मा को जाता है।

सन्दर्भ :

1. जगदीश गुप्त, कुम्भ-दर्शन

अध्याय–8

समुद्रगुप्त की प्रयाग प्रशस्ति

चौथी सदी ई. में समुद्रगुप्त नामक एक प्रतापी राजा हुआ। इस गुप्त-वंशीय सम्राट् की दिग्विजय का विस्तृत वर्णन एक-स्तम्भलेख में किया गया है। यह पाषाण-स्तम्भ प्रयागराज में गंगा-यमुना के संगम पर स्थित मुगलकालीन किले के भीतर स्थित है। इस स्तम्भ का निर्माण सम्राट् अशोक ने कराया था और उस पर एक लेख अंकित कराकर उसको कौशाम्बी में स्थापित कराया था। मध्यकाल में सम्भवतः अकबर या जहाँगीर ने इस स्तम्भ को कौशाम्बी से प्रयाग में लाकर उसे यमुना-तट पर खड़ा करवा दिया था। इस स्तम्भ पर अशोक और जहाँगीर के लेखों के बीच वाले भाग में समुद्रगुप्त के सम्बन्ध में एक प्रशस्तिपरक लेख उत्कीर्ण है। हरिषेण द्वारा रचित समुद्रगुप्त की प्रयाग-प्रशस्ति संस्कृत भाषा के गद्य-पद्य मिश्रित चम्पू काव्य का एक उत्कृष्ट नमूना है। प्रयाग-प्रशस्ति में कुल 33 पंक्तियाँ अंकित हैं।

इस अभिलेख को सबसे पहले 1834 ई. में कप्तान ए0 ट्रायर द्वारा बंगाल एशियाटिक सोसायटी की पत्रिका में प्रकाशित कराया गया था। बाद में डब्लू0 एच0 मिल, जेम्स प्रिंसेप, भाऊ दाजी आदि ने अपने पाठ प्रस्तुत किये थे। अन्ततः जे0 एफ0 फ्लीट ने इसको सुव्यवस्थित ढंग से सम्पादित करके अपने गुप्तकालीन अभिलेख संग्रह- 'कार्पस इन्सकृप्शनम् इंडिकेरम्', खण्ड 3 में प्रकाशित किया।

यह अभिलेख संस्कृत गद्य और पद्य का एक उत्कृष्ट उदाहरण तो है ही, इसमें वर्णित तथ्यों का ऐतिहासिक महत्त्व भी है। इससे समुद्रगुप्त के व्यक्तित्त्व और उसके दिग्विजय के सम्बन्ध में जानकारी प्राप्त होती है। यह अभिलेख तत्कालीन भारत के भूगोल और राजनैतिक इतिहास के सन्दर्भ में महत्त्वपूर्ण जानकारी उपलब्ध कराता है।

यह अभिलेख तिथि-रहित है। अपने दिगविजय के पश्चात समुद्रगुप्त द्वारा कराये गये अश्वमेध यज्ञ का उल्लेख प्रयाग-प्रशस्ति में नहीं है। जबकि समुद्रगुप्त के अश्वमेध प्रकार के सिक्कों से उसके द्वारा अश्वमेध कराया जाना सिद्ध है। अश्वमेध यज्ञ का उल्लेख नहीं होने से स्पष्ट है कि प्रयाग-प्रशस्ति का अभिलेखाकंन

समुद्रगुप्त के जीवनकाल में ही हुआ होगा; और यह भी कहा जा सकता है कि प्रयाग-प्रशस्ति के अभिलेखाकंन के बाद ही समुद्रगुप्त द्वारा अश्वमेध यज्ञ किया गया होगा।

स्तम्भलेख के प्रथम दो श्लोक नष्टप्राय हैं। उनके जो शब्द बचे हुए हैं, उनसे यह प्रतीत होता है कि समुद्रगुप्त ने अपनी पिता के जीवनकाल में कई महत्त्वपूर्ण युद्ध किये थे और एक प्रकार वह भावी जीवन में आने वाले महान् उत्तरदायित्व के निर्वहन की पूरी तैयारी कर चुका था। परन्तु समुद्रगुप्त के भाइयों ने उसके विरुद्ध विद्रोह करके ज्येष्ठ भ्राता काच को सिंहासन पर बैठा दिया गया। काच का नाम उसकी मुद्राओं से ज्ञात होता है, जिसके अग्रभाग पर 'काचो गामवजित्य कर्मभिरुत्तमैर्दिवंजयति' और पृष्ठभाग पर 'सर्वराजोच्छेत्ता' लिखा हुआ है। प्रशस्ति के पाँचवे और छठे श्लोक यद्यपि खण्डित हो चुके हैं, तथापि उसमें कहा गया है कि उसके अमानवीय चरित को देखकर कुछ लोग आकृष्ट होते थे और कुछ उसके प्रताप से सन्तप्त होकर उसके शरणागत हो जाते थे।

काच की मुद्राओं पर 'सर्वराजोच्छेत्ता' शब्द लिखा हुआ है। समुद्रगुप्त को छोड़कर अन्य किसी गुप्त सम्राट् ने अपने लिए इस विरुद को धारण नहीं किया, अतः कभी यह भी अनुमान लगाया जाता है कि समुद्रगुप्त का ही आरम्भिक नाम काच था।

अभिलेख में वर्णित समुद्रगुप्त की दिग्विजय को चार वर्गों में बाँटा जा सकता है-

पहली श्रेणी में दक्षिणापथ के 12 राज्य हैं- कोसल का महेन्द्र, महाकान्तार का व्याघ्रराज, केरल का भण्टराज, पिष्टपुर का महेन्द्र, कौट्टूर का स्वामिदत्त, एरण्डपल्ल का दमन, कांची का विष्णुगोप, अवमुक्त का नीलराज, वेंगी का हस्तिवर्मा, पालक्क का उग्रसेन, देवराष्ट्र का कुबेर और कुस्थलपुर का धनंजय। ये सभी शासक समुद्रगुप्त द्वारा पराजित किये गये और फिर अनुग्रहपूर्वक मुक्त कर दिये गये।

दूसरी श्रेणी में आर्यावर्त्त के 9 शासक हैं- रुद्रदेव, मतिल, नागदत्त, चन्द्रवर्मा, गणपतिनाग, नागसेन, अच्युत, नन्दी तथा बलवर्मा। इन सब के राज्यों को समुद्रगुप्त ने गुप्त सामाज्य में मिला लिया।

तीसरी श्रेणी में 5 प्रत्यन्त राज्य हैं- समतट, डवाक, कामरूप नेपाल और कर्तृपुर। इनके अतिरिक्त इसी श्रेणी में 9 गणराज्य भी हैं- यौधेय मद्रक, आभीर, प्रार्जुन, सनकानीक, काक और खरपरिक। उन्होंने कर देकर, आज्ञा का पालन करके और सम्मान का प्रदर्शन करके सम्राट् को सन्तुष्ट किया। आटविक (जंगली) राज्य भी इसी श्रेणी के अन्तर्गत आते हैं।

चौथी श्रेणी में स्वतन्त्र या अर्द्धस्वतन्त्र राज्य सम्मिलित हैं। इन राज्यों में सिंहल और अन्य द्वीपों के अतिरिक्त दैवपुत्र-शाहि-शाहानुशाहि, शक, मरुण्ड आदि हैं। इन

राज्यों ने आत्मनिवेदन, कन्योपायन, दान और गरुत्मदङ्क स्वविषय-भुक्ति शासन की याचना द्वारा सम्राट् की अधीनता स्वीकार की।

अभिलेख में समुद्रगुप्त की चारित्रिक विशेषताओं का सजीव चित्रण किया गया है। दिग्विजय के विवरण से स्पष्ट है कि वह एक पराक्रमी और रणकुशल राजा था। उसने अपनी विजयों के माध्यम से देश को एकसूत्र में बाँध दिया (बाहु-वीर्य्य-प्रसर-धरणि-बन्धस्य)। साम्राज्य को एकीकृत करने के उद्देश्य से उसने आर्यावर्त्त के कई राज्यों का उन्मूलन कर दिया गया। उसने यथावश्यकता शान्ति और

अशोक का कोसम-प्रयाग पाषाण-स्तम्भ, किला परिसर, प्रयागराज
(इसी अशोक-स्तम्भ पर सम्राट समुद्रगुप्त की प्रयाग-प्रसस्ति अंकित है)

भाईचारे की नीति भी अपनायी। इस क्रम में कूटनीतिक कुशलता का परिचय देते हुए उसने कई पराजित राजाओं के राज्य लौटा भी दिये (अनेकभ्रष्टराज्योत्सन्नराजवंश-प्रतिष्ठापन)।

उसने एक विशाल सामाज्य का निर्माण किया। कुल मिलाकर वह एक उदार शासक था। वह सहृदय था और आदर प्रकट करने मात्र से प्रसन्न हो जाता था। हरिषेण ने उसको ज्ञानी और विदग्धमति कहा है। वह काव्य और संगीत में दक्ष था। समुद्रगुप्त ने कई काव्यों की रचना की थी, इसलिए उसको 'कविराज' कहा गया है। उसका संगीत ज्ञान बृहस्पति, तुम्बरू तथा नारद के समान था। उसकी वीणा प्रकार वाली मुद्राओं से उसके संगीत-प्रेम की पुष्टि होती है। इस प्रशस्ति के अनुसार वह एक बहुमुखी प्रतिभावाला शासक था।

प्रशस्ति में गुप्त साम्राज्य के चार महत्त्वपूर्ण अधिकरणों का उल्लेख हैं। ये है- खाद्यटपाकिक, सान्धिविग्रहिक, कुमारामात्य और महादण्डनायक। प्रशस्ति का रचयिता हरिषेण इन चारों पदों पर नियुक्त था। उसका पिता ध्रुवभूति भी महादण्डनायक था। ऐसा लगता है कि उच्च पदों पर नियुक्तियाँ वंशानुगत होती थी। इसकी पुष्टि चन्द्रगुप्त द्वितीय के उदयगिरि गुहाभिलेख से होती है, जिसमें शाब को 'अन्वय-प्राप्त सचिव' कहा गया है।

प्रयाग-प्रशस्ति मूलपाठ

प्राप्ति का स्थान : प्रयाग   तिथि : अंकित नहीं है।   रचयिता : हरिषेण
लेख की भाषा : संस्कृत   (गद्य-पद्य मिश्रित)
लिपि : उत्तरी ब्राह्मी (गुप्तकालीन ब्राह्मी)
विषय : समुद्रगुप्त की वंशावली और उसके व्यक्तित्त्व एवं दिग्विजय का सविस्तार वर्णन।

1. (यः) कुल्यैः (?) -------- स्वै-------- तस--------
2. (यस्य) ---------------------------------- (।।)**1**
3. पुं(?)व ----------- त्र ---------
4. (स्फा)रद्वं (?) -------- क्षः स्फुटोद्धंसित ----- प्रवितत (।।) **2**
5. यस्य प्रज्ञानुयङ्गोचित-सुख-मनसः शास्त्र-त(त्व)तर्थ--भर्त्तुः--स्तब्धो--(ह)नि---नोच्छृ --(।)
6. (स) त्काव्य-श्री-विरौधान्बुध-गुणित-गुणाज्ञाहतानेव कृत्वा (वि)द्वल्लोके(S) वि(नाशि) स्फुट-बहु-कविता कीर्ति राज्यं भुनक्ति (।।) **3**
7. (आ)र्य्यो हीत्युपगुह्य भाव-पिशुनैरुत्कर्ण्णितै रोमभिः सभ्येषूच्छ्वसितेषु तुल्य-कुलज-म्लानाननोद्वीक्षितः (।)

8. (स्ने)ह-व्याकुलितेन बाष्प-गुरुणा तत्त्वेक्षिणा चक्षुषा यः पित्राभिहितो नि(रीक्ष्य) निखि(लां) (पाह्येव) (मुर्व्वी) मिति (।।) **4**

9. (दृ)ष्ट्वा कर्म्माण्यनेकान्यमनुज-सदृशान्यद्भुतोद्भिन्न-हर्षाभ(ा) वैरास्वादय (न्तः) --- (के) चित् (।)

10. वीर्य्योत्तप्ताश्च केचिच्छरणमुपगता यस्य वृत्ते(S)प्रणामे(S)प्य(र्तिग्रस्तेषु) - (।।) **5**

11. संग्रामेषु स्व-भुज-विजिता नित्यमुच्चापकाराः श्वः श्वो मान-प्र ------(।)

12. तोषोत्तुङ्गैः स्फुट-बहु-रस-स्नेह-फुल्लैर्म्मनोभिः पश्चात्तापं व -- मस्य (द्विषन्तः) (।।) **6**

13. उद्वेलोदित-बाहु-वीर्य्य-रभसादेकेन येन क्षणादुन्मूल्याच्युत-नागसेन- ग (णपत्यादीननृपानूसंगरे।)

14. दण्डैर्ग्राहयतैव कोतकुलजं[1] पुष्पाह्वये क्रीडता सूर्य्ये नित्य--तट--(।।) **7**

15. धर्म्म-प्राचीर-बन्धः शशि-कर शुचयः कीर्त्तयः सप्रताना वैदुष्यं तत्त्व-भेदि प्रशम--कु(ल)य--मु (सु) -णार्त्थम् (।)

16. अद्धयेयः सूक्त-मार्ग्गः कवि-मति-विभवोत्सारणं चापि काव्यं को नु स्याद्यो(S)स्य न स्याद् गुणमति विदुषां ध्यान-पात्रं य एकः (।।) **8**

17. तस्य विविध समर शतावरण-दक्षस्य स्वभुजबल-पराक्क्रमैकबन्धोः पराक्क्रमाङ्कस्य[2] परशु-शर शङ्कु-शक्ति-प्रासासि-तोमर-

18. भिन्दिपाल-न(ा)च-वैतस्तिकाद्यनेक[3]-प्रहरण-विरूढ़ाकुल-व्रण-शताङ्क-शोभा-समुदयोप चित- कान्ततर-वर्ष्मणः

19. कौसलक-महेन्द्र[4] माह(ा)कान्तारक-व्याघ्रराज[5]-कौरालक मण्टराज[6]-पैष्टपुरक महेन्द्रगिरि[7]- कौट्टूरक[8]-स्वामिदत्तै-रण्डपल्लक[9]-दमन कांचेयक विष्णु-गोपा[10]वमुक्तक-

20. नीलराज[11]-वैङ्गेयकहस्तिवर्म्म-पालक्कोग्रसेन-दैवराष्ट्रककुबेर-[12] कौस्थलपुरक-धनंजय-प्रभृति सर्व्वदक्षिणापथ-[13]राज-ग्रहण-मोक्षानुग्रह-जनित- प्रतापोन्मिश्र-माहाभागस्य

21. रुद्रदेव[14]-मतिल[15]-नागदत्त[16]-चन्द्रवर्म्म[17]-गणपतिनाग-[18]नागसेना[19] च्युत-नन्दि बलवर्म्माद्यने[20]- कार्य्यावर्तराज-प्रसभोद्धरणोद्धृत-प्रभाव-महतः परिचारिकीकृत-सर्व्वाटविक-राजस्य[21]

22. समतट[22] - डवाक[23] - कामरूप[24] - नेपाल[25] - कर्त्तृपुरादि[26] -प्रत्यन्त - नृपति-भिर्म्मालवा[27] र्जुनायन[28]-यौधेय[29] माद्र[30]-काभीर[31]-प्रार्जुन[32]-सनकानीक[33]-काक[34]-खरपरिकादिभिश्च[35]- सर्व्वकरदानाज्ञाकरण- प्रणामागमन-

23. परितोषित-प्रचण्ड शासनस्य अनेक भ्रष्टराज्योत्सन्न-राजवंश-प्रतिष्ठापनोद्भूत-निखिल-भु(व)न (विवरण)-शान्त-यशसः देवपुत्रषाहि-षाहानुषाहि-[36] शक[37]मुरुण्डैः[38] सैंहलकादिभिश्च[39]

24. सर्व्व-द्वीप-वासिभिरात्म निवेदन-कन्योपायन-दान-गरुत्मदङ्क[40] स्व-विषय-भुक्तिशासन-(या) चनाद्युपाय-सेवा-कृत-बाहु-वीर्य्य-प्रसर-धरणि-बन्धस्य- पृथिव्याम-प्रतिरथस्य[41]

25. सुचरित-शतालङ्कृतानेक-गुण-गणोत्सिक्तिभिश्चरण-तल-प्रमृष्टान्य-नरपति-ःकीर्त्तेः साध्वसाधूदय-प्रलय-हेतु-पुरुषस्याचिन्त्यस्य भक्त्यावनति-मात्रग्राह्य मृदुहृदयस्वानुकम्पावतो(ऽ)नेक- गो-शतसहस्र -प्रदायिनः

26. कृपण-दीनानाथातुर-जनोद्धरण-मन्त्रदीक्षाद्युपगत-मनसः समिद्धस्य विग्रहवतो लोकानुग्रहस्य धनदं- वरुणेन्द्रान्तक[42]-समस्य स्व-भुज-बल-विजितानेक-नरपति-विभव-प्रत्यर्प्पणा नित्य व्यापृता युक्त पुरुषस्य

27. निशित-विदग्धमति-गान्धर्व्वललितैर्व्रीडित-त्रिदशपतिगुरु[43]- तुम्बरु[44] नारदादे[45] र्व्विद्वज्जनोपजीव्यानेक[46] -काव्य-क्रियाभिः प्रतिष्ठित-कविराज[47]शब्दस्य सुचिर स्तोतव्यानेकाद्‌भुतोदार-चरितस्य

28. लोकसमय-क्रियानुविधान-मात्र-मानुषस्य-लोक-धाम्नो देवस्य महाराज[48]-श्रीगुप्त[49]-प्रपौत्रस्य महाराज-श्री घटोत्कच-पौत्रस्य महाराजाधिराज-श्रीचन्द्रगुप्त-पुत्रस्य

29. लिच्छवि-दौहित्रस्य[50] महादेव्यां[51] कुमारदेव्यामुत्पन्नस्य महाराजाधिराज[52]-श्री समुद्रगुप्तस्य- सर्व्व-पृथिवि-विजय-जनितोदय-व्याप्त-निखिलावनितलां कीर्तिमितस्त्रिदश-पति

30. भवन-गमनावाप्त-ललित-सुख विचरणमाचक्षाण इव भुवो बाहुरयमुच्छ्रितः स्तम्भः। यस्य- प्रदान-भुजविक्रम-प्रशम-शास्त्रवाक्योदयै-रूपर्य्युपरि- संचयोच्छ्रितंमनेक-मार्ग्ग यशः।

31. पुनाति-भुवनत्रयं पशुपतेर्ज्जटान्तर्गुहा-निरोध-परिमोक्ष-शीघ्रमिव पाण्डु गाङ्गं पयः।[53] एतच्च काव्यमेषामेव[54] भट्टारक पादानां दासस्य समीप-परिसर्प्पणानुग्रहोन्मीलित-मतेः

32. खाद्यटपाकिकस्य[55]महादण्डनायक[56] ध्रवभूति-पुत्रस्य सान्धिविग्रहिक-[57] कुमारामात्य[58] महादण्डनायक हरिषेणस्य सर्व्व भूत-हित-सुखायास्तु

33. अनुष्ठितं च परमभट्टारक[59] पादानुध्यातेन-[60] महादण्डनायक तिलभट्टकेन।।

टिप्पणी : (क) पंक्ति संख्या 32 और 33 के बीच में बहुत अधिक अन्तराल है। सम्भवतः पंक्ति सं. 33 प्रशस्ति से भिन्न होने के कारण अलग उत्कीर्ण की गयी है।)

(ख) उल्लेखनीय है कि इस स्तम्भलेख का कुछ भाग क्षतिग्रस्त हो जाने के कारण इस पर अंकित श्लोकों के बीच-बीच में कुछ शब्द अपठनीय हैं। अतः श्लोक के वाक्यों को पूरा करने के लिए अपठनीय भाग में अनुमान के आधार पर कुछ शब्द या अक्षर या मात्रा अंकित की गयी है; और उन्हीं को कोष्टकों में लिखा गया है।

प्रयाग-प्रशस्ति हिन्दी भावानुवाद

1. ---(जिसने) अपने सकुल्यों द्वारा ---------

2. (जिसका)

3./4. (जिसने) (धनुष का) टंकार --- बलपूर्वक तोड़ दिया और तितर-बितर कर दिया--- व्यग्र कर दिया -----

5. जिसका मन प्रज्ञावानों का अनुषंगी बनने का अभ्यस्त था; -- जो शास्त्रों के तत्त्वार्थ के पोषक थे, -- स्तब्ध---

6. जो विद्वज्जनों के सामूहिक गुणों की आज्ञा (की शक्ति) से सत्काव्य के विरोधों को अभिभूत कर (अब भी) कविता से उद्भूत अक्षय कीर्ति साम्राज्य का भोग करता है।

7. जो सभासदों के हर्ष से उच्छवसित होने और सकुल्यों द्वारा (ईर्ष्या के कारण) म्लान मुखों से देखे जाते हुए, पिता द्वारा (यह योग्य है) ऐसा कहकर रोमांचित होते हुए (और इस प्रकार अपनी) भावनाओं के व्यक्त करते हुए गले लगाकर

8. स्नेह से चंचल, आर्द्र, तत्त्वदर्शी आँखों से देखकर, "सम्पूर्ण पृथ्वी का पोषण करो," यह कहा गया।

9. जिसके अनेक मानवेतर कार्यों को देखकर कुछ लोग अत्यन्त हर्ष व्यक्त कर स्नेहपूर्वक आस्वादन करते हैं (और) कुछ

10. जिसके शौर्य से सन्तप्त होकर आदरपूर्वक शरण में आये

11. (जिसने) अत्यधिक अपकार करनेवाले, युद्ध में उसकी भुजा से सर्वदा विजित होकर --- कल और कल --- अभिमान

12. तुष्टि से उठे, बहु हर्ष एवं स्नेह से युक्त मनों से---पश्चाताप---- वसन्त।।

13. जिसने सभी मर्यादाओं का अतिक्रमण करने के उद्देश्य से उठी अपनी भुजा की शक्ति से बिना सहायता प्राप्त किये अच्युत और नागसेन का उन्मूलन कर-

14. जिसने कोटदुल में उत्पन्न हुए को अपनी सेनाओं द्वारा पकड़वा कर (तथा) पुष्प नाम से अभिहित (नगर में) क्रीड़ा करते हुए

15. जब कि सूर्य---तटों---! (जिसके बारे में यह कहा जाता था) धर्मरूपी प्राचीर का बन्ध; चन्द्रमा की किरणों के समान शुभ्रकीर्ति (तथा) दूर-दूर तक फैलती हुई तत्त्वभेदिनी विद्वता----स्थिरता------

16. अध्ययन योग्य सूक्ति-मार्ग तथा कवि के मति वैभव को मुक्त निगर्मन प्रदान करनेवाला काव्य-ऐसा कौन सा गुण है जो उसमें, जो गुण और बुद्धि को पहचानने में सक्षम लोगों के ध्यान का एकमात्र पात्र-नहीं है।

17. जो विविध प्रकार के सैकड़ों युद्धों में उतरने में दक्ष था; उसका एकमात्र सहायक उसकी अपनी भुजा की शक्ति थी; जो पराक्रम के लिए विख्यात था, जिसका सुन्दरतम शरीर परशु, शर, शंकु, शक्ति, प्रास, असि, तोमर

18. भिन्दिपाल, नाराच, वैतस्तिक आदि अनेक शस्त्रास्त्रों के प्रहारों से उत्पन्न सैकड़ों अव्यवस्थित घावों की शोभा से युक्त था,

19. जिसका माहाभाग्य कोसल के महेन्द्र महाकान्तार के व्याघ्रराज, केरल के मण्टराज, पिष्टपुर के महेन्द्रगिरि, कोट्टूर के स्वामिदत्त, एरण्डपल्ल के दमन, कांची के विष्णुगोप, अवमुक्त के

20. नीलराज, वेंगी के हस्तिवर्मा पलक्क के उग्रसेन, देवराष्ट्र के कुबेर, कुस्थलपुर के धनंजय तथा दक्षिणापथ के अन्य सभी राजाओं को अधिकृत करने और तदन्तर उन्हें मुक्त करने की कृपा से उत्पन्न प्रताप से संयुक्त था।

21. जो रुद्रदेव, मतिल, नागदत्त, चन्द्रवर्मा, गणपतिनाग, नागसेन, अच्युत, नन्दी, बलवर्मा तथा आर्यावर्त्त के अनेक राजाओं के प्रचण्ड उन्मूलन से बढ़े हुए प्रभाव से सुशोभित था; जिसने समस्त अटवी के राजाओं को (अपना) परिचारक बनाया।

22. समतट, डवाक, कामरूप नेपाल, कर्तृपुर आदि प्रत्यन्त शासकों तथा मालव, आर्जुनायन, यौधेय, माद्रक, आभीर, प्रार्जुन, सनकानीक, काक, खरपरिक आदि अन्य (गणों) द्वारा भी सभी प्रकार के करों के देने तथा (उसकी) आज्ञापालन करने, सम्मान प्रदर्शनार्थ आगमन

23. द्वारा जिसका प्रचण्ड शासन परितोषित हुआ था; अनेक पतित तथा प्रभुसत्ताच्युत राजवंशो की पुनःस्थापना से उत्पन्न, समस्त विश्व में व्याप्त शान्त यशवाले, देवपुत्र-शाहि-शाहानुशाहि, शक, मुरूण्ड तथा सिंहल आदि

24. सभी द्वीपों के निवासियों द्वारा आत्मनिवेदन, कन्याओं का उपहार, दान तथा गरुड़ चिह्नयुक्त अपने विषय एवं भुक्ति के शासन की अभ्यर्थना से सम्पन्न, बाहुबल के विस्तार से पृथ्वी का बन्धन करनेवाले, समस्त पृथ्वी पर शत्रुरहित,

25. सैकड़ों सुन्दर कर्मों से अलंकृत विविध गुण समूहों के उपरिप्रवाह से अन्य शासकों की कीर्ति मिटाने वाले, साधु एवं असाधु के लिए (क्रमशः) उद्भव और विनाश के कारण, अचिन्त्यपुरूष, भक्तिपूर्वक सम्मानप्रदर्शन मात्र से ग्राह्य मृदु हृदय वाले, अनुकम्पावान, सैकड़ों-हजारों गायें प्रदान करने वाले

26. विपन्न, दीन, अनाथ एवं आतुर लोगों के उद्धार रूप यज्ञ की दीक्षा प्राप्त मनवाले, लोक अनुकम्पा के जाज्वल्यमान विग्रहरूप, धनद, वरुण, इन्द्र, यम सदृश अपने बाहुबल से विजित अनेक राजाओं की सम्पत्ति लौटाने में सदैव नियुक्त राजकर्मचारियों वाले,

27. तीक्ष्ण एवं परिष्कृत बुद्धि, गायन-दक्षता तथा संगीत-प्रवणता से देवों के अधीश्वर (इन्द्र) के गुरु (बृहस्पति) तथा तुम्बरू एवं नारदादि को लज्जित करने वाले, विद्वानों की जीविका के साधन होने योग्य विविध काव्य रचनाओं द्वारा 'कविराज' की उपाधि को प्रतिष्ठित करने वाले, दीर्घकाल तक स्तुत्य अनेक अद्भुत तथा उदार कर्मवाले,

28. केवल मानवोचित क्रियाओं के सम्पादन से मनुष्य (अन्यथा) भूलोकवासी देवता, महाराज श्रीगुप्त के प्रपौत्र, महाराज श्रीघटोत्कच के पौत्र, महाराजधिराज श्री चन्द्रगुप्त के पुत्र,

29. लिच्छवि दौहित्र, महादेवी कुमारदेवी से उत्पन्न, महाराजाधिराज श्री समुद्रगुप्त के समस्त पृथ्वी की विजय से उत्पन्न उदय के साथ सम्पूर्ण पृथ्वी तल को व्याप्त करने वाली, यहाँ (भूलोक) से देवताओं के अधीश्वर (इन्द्र) के

30. भवन जाकर प्राप्त सुन्दर सुख विचरण वाली कीर्ति की घोषणा करता हुआ, पृथ्वी की भुजा के समान यह स्तम्भ उन्नत है जिसका

31. दान भुज-विक्रम स्थिरता एवं शास्त्र-विधान के अभ्युदय से निरन्तर संचित होता हुआ, अनेक मार्गी यश मानों त्रैलोक्य को शिव की जटारूपी गुहा में निरोधित और पुनः मुक्त हुई गंगा (नदी) के पीतवर्ण जल की भाँति हो।

32. यह काव्य इन्हीं भट्टारक के चरण सेवक, निरन्तर समीप रहने की विशेष कृपा से उन्मीलित हुई बुद्धिवाले खाद्यटपाकिक, महादण्डनायक ध्रवभूति के पुत्र, सान्धिविग्रहिक, कुमारामात्य, महादण्डनायक हरिषेण ने रचा। यह समस्त प्राणियों के हित तथा सुख के लिए हो।

33. परम भट्टारक के चरणों का ध्यान करने वाले महादण्डनायक तिलकभट्ट द्वारा यह अनुष्ठित किया गया।

टिप्पणियाँ :

प्रशस्ति का चौथा श्लोक चन्द्रगुप्त के राजदरबार का एक अविस्मरणीय दृश्य उपस्थित करता है। इसमें कहा गया है कि चन्द्रगुप्त ने अपने पुत्र से कहा --"तुम योग्य हो, पृथ्वी पर राज्य करो।" यह सुन कर सभ्य जन हर्षित हुए किन्तु तुल्य-कुलज ईर्ष्या से जल उठे। सामान्यतः यह स्वीकार कर लिया गया है कि उक्त श्लोक में चन्द्रगुप्त प्रथम द्वारा समुद्रगुप्त के युवराज मनोनीत किये जाने का उल्लेख है।

1. कोत-कुलज : कोत कुल के साथ पुष्पपुर का उल्लेख है। लेकिन अभिलेख खंडित होने के कारण अभिप्राय स्पष्ट नहीं हो पाता है। कुछ विद्वानों का अनुमान है कि सैन्य अभियान की सफलता के बाद समुद्रगुप्त ने मगध की राजधानी

पाटलिपुत्र (पुष्पपुर) में प्रवेश करने का निर्णय लिया था। उन दिनों पाटलिपुत्र पर सम्भवतः कोत वंश के लोगों का शासन था, जिनको हराकर समुद्रगुप्त ने राजधानी पाटलिपुत्र पर अधिकार कर लिया था। डॉ. राधाकुमुद मुकर्जी के अनुसार कोत कुल का राज्य कोसल में और डॉ. हेमचन्द्र रायचौधरी के मतानुसार गंगा के ऊपरी भाग में था। ह्वेनत्सांग के यात्रा वृतान्त में कान्यकुब्ज की पुरानी राजधानी कुसुमपुर बतायी गयी है, जो गंगाघाटी के ऊपरी भाग में दक्षिण पंजाब में स्थित थी। उल्लेखनीय है कि कोत नाम वाले बहुसंख्यक तांबे के सिक्के कौशाम्बी तथा कई अन्य क्षेत्रों से मिले है। इससे यह प्रतीत होता है कि समुद्रगुप्त के समय कौशाम्बी क्षेत्र पर कोत वंश का अधिकार था।

2. पराक्क्रमाङ्कस्य : जिस प्रकार चन्द्रगुप्त का विरुद् 'विक्रम' था उसी प्रकार उसके पिता समुद्रगुप्त की उपाधि 'पराक्रम' था। उसके सिक्कों के ध्वज प्रकार में 'पराक्रम' अश्वमेध प्रकार में 'अश्वमेध पराक्रम' और व्याघ्रनिहन्ता प्रकार में 'व्याघ्र-पराक्रम' विरुद अंकित है।

3. वैतस्तिकाघनेक : ये विभिन्न प्रकार के अस्त्र-शस्त्र हैं, जिनका प्रयोग भारतीय युद्धों में होता था।

4. कोसलक महेन्द्र : यह दक्षिण कोसल है जिसमें मध्यप्रदेश के बिलासपुर, रायपुर तथा दुर्ग और उड़ीसा का सम्भलपुर जिला सम्मिलित था। तीवरदेव के आठवीं शती के राजिम ताम्रलेख से ज्ञात होता है कि दक्षिण कोसल की राजधानी श्रीपुर थी। यह नगर उस समय प्रसिद्ध था। दक्षिण कोसल से प्राप्त कुछ मुद्राओं पर महेन्द्रादित्य लेख मिलता है। मुद्राओं के महेन्द्रादित्य और प्रस्तुत महेन्द्र को एक बताते हुए उसे छत्तीसगढ़ के नल राजवंश का एक शासक माना गया है। कुछ वर्ष पूर्व मल्हार उत्खनन में एक मृण्मुद्रा प्राप्त हुई है जिस पर गुप्तकालीन ब्राह्मी लिपि में महेन्द्र का नाम पढ़ा गया है। सम्भवतः यह मुद्रा उसी शासक की है।

5. महाकान्तारक व्याघ्रराज : व्याघ्रराज का आशय उच्चकल्प राजवंश के जयनाथ के पिता व्याघ्र से किया गया है। जयनाथ चन्द्रगुप्त द्वितीय का समकालीन था। अतः व्याघ्र समुद्रगुप्त का समकालीन हुआ। महाकान्तार को गंजाम और जिगापट्टम को झारखण्ड क्षेत्र माना गया है। यह नाम कोसल के बाद आया है अतः यह कोसल का समीपवर्ती प्रदेश प्रतीत होता है। डॉ. रमेशचन्द्र मजूमदार इसे उड़ीसा स्थित जयपुर का वन्यप्रदेश मानते है।

6. कौरालक मण्टराज : वन्य प्रदेशों को विजित करने के बाद वह पूर्वी समुद्र की ओर बढ़ा और उसने कोरल की राजधानी पर आक्रमण कर दिया। डॉ. भण्डारकर ने कोरल की पहचान महानदी तट स्थित सोनपुर जिले के ययाति नगर से की है।

कोरल महाकान्तार से अधिक दूर न रहा होगा। अतः सोनपुर जिले के ययातिनगर से की गयी उसकी पहचान ही ठीक प्रतीत होती है।

7. पिष्टपुरक महेन्द्रगिरि : समुद्रगुप्त के आक्रमण का दूसरा लक्ष्य पिष्टपुर का राज्य था। चालुक्य नरेश पुलकेशी द्वितीय ने भी पिष्टपुर के दुर्ग पर अधिकार किया था। यह गोदावरी जिले का पीठापुरम है।

8. कौट्टूर : डॉ. जे. एफ. फ्लीट के अनुसार यह दक्षिण भारत का कोई पर्वतीय प्रदेश है।

9. एरण्डपल्ल : डॉ. जे. एफ. फ्लीट के अनुसार यह खान देश में स्थित एरण्डोल था। यहाँ का शासक दमन था।

10. कांचेयक विष्णुगोपा : कांचेयक तमिलनाडु का कांजीवरम है। विष्णुगोप की पहचान पल्लववंश के राजा विष्णुगोप वर्मन प्रथम से की गयी है।

11. नीलराज : डॉ. राधाकुमुद मुकर्जी के अनुसार यह कांजी और वेंगी के आस-पास का कोई छोटा राज्य रहा होगा।

12. देवराष्ट्रक कुबेर : देवराष्ट्र की पहचान विशाखापत्तनम जिले में स्थित ऐलामांची से की जा सकती है।

13. दक्षिणापथ : प्राचीन काल में दक्षिणी भारत को इसी नाम से जाना जाता था। राजशेखर ने नर्मदा नदी को आर्यवर्त और दक्षिणापथ की विभाजक रेखा कहा है।

14. रूद्रदेव : डॉ. परमेश्वरी लाल गुप्त का अनुमान है कि यह रुद्रदेव कौशाम्बी से प्राप्त सिक्कों से ज्ञात रुद्र होगा, जिसका समय चौथी शती ई. माना गया है। आर्यावर्त्त के राजाओं में इसी का नाम सबसे पहले आया है।

15. मतिल : इसकी पहचान बुलन्दशहर से प्राप्त मिट्टी की मोहर पर अंकित मतिल से की जा सकती है।

16. नागदत्त : नागसेन और गणपतिनाग की ही तरह यह कोई नागवंशी राज्य रहा होगा। डॉ. काशीप्रसाद जायसवाल का मत है कि वह लाहौर से प्राप्त मुद्राओं पर उत्कीर्ण महेश्वर नामक नागराज का पिता था। डॉ. दिनेशचन्द्र सरकार उसे बंगाल का शासक और गुप्तवंश के दत्त नामान्त उपरिकों का पूर्वज मानते है।

17. चन्द्रवर्मन : प्रायः चन्द्रवर्मन की पहचान बाँकुड़ा के समीप सुसुनियाँ पर्वत अभिलेख में उल्लिखित सिंहवर्मन के पुत्र पुष्करण नरेश चन्द्रवर्मन से की जाती है। यह पुष्करण सुसुनियाँ पर्वत से 25 मील की दूरी पर स्थित आधुनिक पोखरण या पोकर्ण है। चन्द्रवर्मन सिंह वर्मन का पुत्र था, जिसका द्वितीय मन्दसौर अभिलेख में उल्लेख हुआ है।

18. गणपतिनाग : डॉ. भण्डारकर का मत है कि वह नागवंशी शासक है जिसके सिक्के नरवर और बेसनगर से प्राप्त हुए है। चूँकि नागसेन भी एक नाग शासक था, जिसकी राजधानी पद्मावती (आधुनिक पवाया) थी, इसीलिए गणपति को नागों की विदिशा शाखा का शासक मानना अधिक उपयुक्त होगा। डॉ. ए. एस. अल्तेकर का मत है कि गणपतिनाग के सिक्के विदिशा की अपेक्षा मथुरा में अधिक संख्या में मिलते है। अतः वह मथुरा का शासक प्रतीत होता है।

19. नागसेन : इस राज्य की पहचान प्रस्तुत अभिलेख के नागवंशी शासक नागसेन से की गयी है।

20. बलवर्मन : यह शासक हर्ष के समकालीन भास्करवर्मन का पूर्वज था। डॉ. मुखर्जी का मत है कि वर्मन शब्द के आधार पर उसे असम का शासक नहीं माना जा सकता क्योंकि अभिलेख में असम का उल्लेख आर्यावर्त्त से भिन्न एक स्वतन्त्र इकाई के रूप में हुआ है।

21. आटविक राज्य : का सामान्य अर्थ वनवासी होता है। फ्लीट का कथन है कि परिव्राजक महाराज संक्षोभ के खोह ताम्रपत्र में कहा गया है कि उसके पूर्वज अठारह आटविक राज्यों सहित डाभाल के पैतृक-राज्य पर शासन करते थे। परिव्राजकों का शासन विन्ध्यक्षेत्र पर था। वासुदेवशरण अग्रवाल के अनुसार प्राचीन भूगोल में विन्ध्याटवी उस घने जंगल को कहा जाता था जो विन्ध्य पर्वत के उत्तर चम्बल और बेतवा के बीच में पड़ता है। महाभारत के वनपर्व में इसे घोर अटवी, दारुण अटवी, महारण्य और महाघोर वन कहा गया है। यहीं के राजा आटविक कहलाते थे और इसी प्रदेश को आटवीराज्य कहा जाता था। मानियर विलियम्स के अनुसार मथुरा से नर्मदा नदी तक की भूमि को आटविक कहते थे।

22. समतट : वृहत्संहिता के अनुसार यह राज्य भारत के पूर्वी भाग में स्थित था। ह्वेनत्सांग ने इसे ताम्रलिप्ति से पूर्व समुद्रतटवर्ती भाग बताया है। गंगा और ब्रह्मपुत्र नदियों के डेल्टा में स्थित बांग्लादेश का जैसोर जिला इसका मध्यवर्ती भाग था। इसी राजधानी कर्मान्त थी जिसकी पहचान एन0के0 भट्टशाली ने बांगलादेश स्थित कोमिल्ला जिला के आधुनिक कामता नामक स्थान से की है।

23. डवाक : फ्लीट ने इसको आधुनिक ढाका (बांग्लादेश) माना है। स्मिथ के अनुसार यह बोगरा, दिनाजपुर और राजशाही जिलों का प्रदेश है। भण्डारकर इसे चटगांव और त्रिपुरा का पर्वतीय प्रदेश मानते है। भट्टशाली इसे असम के नौगांव जिले में अवस्थित डवाक मानते हैं।

24. कामरूप : यह असम का गौहाटी जिला है। इसके केंद्रीय भाग को आज भी कामरूप कहा जाता है।

25. नेपाल : नेपाल का प्रथम उल्लेख कौटिल्य के अर्थशास्त्र में हुआ है। इस ग्रन्थ में यहाँ के बने हुए उत्तम कोटि के ऊनी कम्बल (नेपालकम) का वर्णन आता है। कोसी और गण्डक नदियों के बेसिन का मध्य भाग प्राचीनकाल में नेपाल कहलाता था। आजकल इसे नेपाल की घाटी कहते है। समुद्रगुप्त के समय यहाँ लिच्छिवियों का शासन था।

26. कर्तृपुर : में सम्भवतः कर्तारपुर (जालन्धर जिले में स्थित), कूमायूँ का कतूरिया या कत्यूर, गढ़वाल और रोहिलखण्ड सम्मिलित थे।

27. मालव : मालवों ने सिकन्दर के आक्रमण का प्रतिरोध किया था। कालान्तर में उनका स्थानान्तरण पूर्वी राजस्थान की ओर हुआ और वे टोंक के निकट कर्कोटनगर के आसपास के क्षेत्र में बस गये। यहीं उनका संघर्ष नहपान के जामाता उषवदात के साथ हुआ जिसमें उनकी पराजय हुई, किन्तु शीघ्र ही उन्होंने अपनी खोयी शक्ति अर्जित कर ली। समुद्रगुप्त के समय मालवों की वास्तविक स्थिति ज्ञात नहीं की जा सकी है। समुद्रगुप्त के उत्तराधिकारियों के समय में उनका सम्बन्ध मन्दसौर क्षेत्र से था, जहाँ मालव संवत् 493 का उनका एक अभिलेख भी प्राप्त हुआ है।

28. आर्जुनायन : का सबसे पुराना उल्लेख पाणिनि के अष्टाध्यायी में हुआ है। बृहत्संहिता में आर्जुनायनों को उत्तरी भारत का निवासी बताया गया है। उनके सिक्के मथुरा क्षेत्र से प्राप्त हुए है। स्मिथ के अनुसार ये सिक्के आगरा तथा मथुरा के पश्चिमी क्षेत्र के माने जा सकते है जो आधुनिक भरतपुर और अलवर का क्षेत्र है।

29. यौधेय : पाणिनी ने यौधेयों का उल्लेख आयुघजीवी संघ के रूप में किया है। डॉ. रायचौधरी का कथन है कि यौधेय कदाचित महाभारत में उल्लिखित युधिष्ठिर के पुत्र का नाम था। रुद्रदामन के गिरनार अभिलेख में यौधेयों की पराजय का उल्लेख किया गया है। विजयगढ़ अभिलेख में इस जाति के निवास-स्थान का अस्पष्ट उल्लेख मिलता है। राजस्थान के भरतपुर क्षेत्र के बयाना के दक्षिण-पश्चिम में विजयगढ़ का पहाड़ी दुर्ग स्थित है। किन्तु यौधेयों का राज्य इससे अधिक क्षेत्र में विस्तृत था और उसमें सतलज के दोनों तटों की भूमि और बहावलपुर का प्रदेश सम्मिलित था।

30. मद्रक : मद्रदेश का प्राचीन उल्लेख उपनिषदों में मिलता है। तत्पश्चात 'अष्टाध्यायी' और 'महाभारत' में उनका नाम आया है। रावी और चिनाव नदियों का मध्यक्षेत्र उनका निवास स्थान था और शाकल (आधुनिक स्यालकोट) उनकी राजधानी थी।

31. आभीर : महाभारत में उनका उल्लेख है। वहाँ उनका निवास स्थान सरस्वती तथा विनशन नदियों के निकट यानी पश्चिमी राजस्थान के समीपवर्ती क्षेत्र में बताया गया है। पेरिप्लस और टाल्मी के भूगोल में उनका निवास स्थान अबीरिया कहा गया है। आभीर जाति के व्यक्ति पश्चिमी क्षत्रपों के यहाँ सेनापति पद पर नियुक्त किये

जाते थे। कालान्तर में कुछ आभीर मध्यभारत में बस गये। झाँसी तथा विदिशा का मध्यवर्ती भूभाग अहिरवार का नामकरण उनके ही नाम पर हुआ था।

32. प्रार्जुन : कौटिल्य ने प्रार्जुनों का उल्लेख किया है। विन्सेण्ट स्मिथ के अनुसार उनका निवास स्थान मध्यप्रदेश के नरसिंहपुर जिले में था। परन्तु वे सम्भवतः पंजाब के रहनेवाले थे।

33. सनकानीक : गुप्त संवत् 82 के उदयगिरि गुहा अभिलेख के अतिरिक्त इनका उल्लेख अन्यत्र नहीं मिलता। इस अभिलेख में सनकानीकों के एक राजा का उल्लेख है। उदयगिरि विदिशा से केवल 3 किलोमीटर दूर है। अतः सम्भव है कि चन्द्रगुप्त द्वितीय के समय सनकानीक विदिशा में रहते रहे होंगे। ये पहले पंजाब क्षेत्र में थे। समुद्रगुप्त के अभियान के बाद सम्भवतः कुछ सनकानीक पूर्वी मालवा में आ गये।

34. काक : पहले इनका निवास स्थान बिठूर के पास काकपुर बताया जाता था। चन्द्रगुप्त द्वितीय के सांची अभिलेख में काकनादबोट नामक स्थान का उल्लेख है। विन्सेण्ट स्मिथ काकनादबोट की पहचान सांची से करते हुए उसे काकों का निवास स्थान बताते हैं। डॉ. काशीप्रसाद जायसवाल काकों का निवासस्थान काकपुर में मानते हैं, जो विदिशा से 30 किलोमीटर उत्तर में स्थित है। वैसे काक लोगों का मूल स्थान आभीरों तथा सनकानीकों के आसपास उत्तर-पश्चिम में ही रहा होगा।

35. खरपरिक : भण्डारकर उन्हें मध्य प्रदेश के दमोह जिला के बटिहागढ़ अभिलेख में वर्णित खर्पर मानते हैं। परन्तु ये भी उक्त जनों के साथ मूलतः उत्तर-पश्चिम के रहे होंगे।

36. देवपुत्र-शाहि-शाहानुशाहि : इन उपाधियों का प्रयोग सर्वप्रथम कुषाण सम्राटों ने किया। मथुरा से प्राप्त आठवें वर्ष में उत्कीर्ण अभिलेख में कनिष्ठ प्रथम को 'शाही' उपाधि से अभिहित किया गया है। शाहानुशाहि उपाधि की व्युत्पत्ति फारसी शाहानुशाहि शब्द से हुई। स्मिथ का कथन है कि परवर्ती कुषाण नरेश जिस पर समुद्रगुप्त की दृष्टि थी, सम्भवतः ग्रमवेत था जिसने अपने सासानी प्रभु शापुर (द्वितीय) की भारतीय हाथियों के एक दल से सहायता की थी। डॉ. रायचौधरी का मत है कि देवपुत्र-शाहि-शाहानुशाहि निश्चय ही उत्तर-पश्चिम के कुषाण राजवंश से सम्बद्ध थे तथा 'देवपुत्र' की परम्परा में थे।

37. शक : चतुर्थ शती ई. के शक निस्सन्देह पश्चिमी भारत के शक थे जिनकी राजधानी उज्जैन में थी। वे चष्टन तथा रुद्रदमन के वंशज थे। समुद्रगुप्त के समय मे शक शासक रुद्रसिंह द्वितीय था जिसके उत्तराधिकारी रुद्रसिंह की हत्या चन्द्रगुप्त द्वितीय ने कर दी थी। साँची अभिलेख से नन्दिपुत्र महादण्डनायक श्रीधरवर्मन के

अधीन एक शक राज्य का अस्तित्त्व सिद्ध होता है। उसकी उपाधि से ज्ञात होता है कि वह सामन्त पदाधिकारी था। डॉ. भण्डारकर का मत है कि समुद्रगुप्त का समकालीन शक नरेश श्रीधरवर्मन या उसका उत्तराधिकारी रहा होगा।

38. मुरूण्ड : 'मुरुण्ड' शक शब्द है जिसका अर्थ 'स्वामी' होता है। स्वामी उपाधि का प्रयोग सुराष्ट्र और उज्जैन के शक क्षत्रप अपने लिये करते थे। प्रो0 सिल्वां लेवी के अनुसार वे शक अथवा कुषाण थे।

39. सिंहल : अभिलेख का यह विवरण कि सिंहल तथा अन्य निकटवर्ती द्वीपवासियों ने समुद्रगुप्त को उपहार प्रदान किये थे, साहित्यिक साक्ष्य द्वारा प्रमाणित होता है। लंका का राजा मेघवर्ण समुद्रगुप्त का समकालीन था। चीनी लेखक वांग-ह्वेन-से के अनुसार मेघवर्ण ने बहुत से उपहार तथा दूत भेजकर समुद्रगुप्त से बोधगया में पवित्र वृक्ष के पास एक विशाल विहार बनवाने की अनुमति माँगी थी।

40. गरुत्मदाङ्क : फ्लीट के अनुसार यहाँ 'अंक' का अभिप्राय प्रतीक है, जबकि डॉ. काशी प्रसाद जायसवाल के अनुसार यहाँ अंक का तात्पर्य मुद्राओं पर बने चिह्नों से है। अपने कथन के समर्थन में वे नेपाली राजा मान और गुण के मानांक और गुणांक सिक्कों का उल्लेख करते हैं। किन्तु उक्त मत ठीक नहीं प्रतीत होता। डॉ. आर0एन0 दाण्डेकर का विचार है कि इन गदहर शकों को समुद्रगुप्त ने अपने सिक्कों पर गुप्त-मुद्रा अंकित करने का अधिकार प्रदान किया था। डॉ. परमेश्वरीलाल गुप्त का मत है कि गदहर सिक्कों पर अंकित समुद्र नाम किसी गदहर नरेश का ही प्रतीत हेता है। अतः प्रयाग-प्रशस्ति में गरुत्मदांक का आशय गरुड़ अंकित मुद्रा अथवा गरुड़ध्वज प्रतीत होता है।

कृष्ण गरुड़ध्वज कहलाते थे। भारतीय परम्परा में शैव मतानुयायी वृषभध्वज का और शाक्त मतानुयायी सिंहध्वज का प्रयोग करते थे। जबकि वैष्णव मत के अनुयायी गरुड़ध्वज का प्रयोग करते थे। उनकी ध्वजाओं पर पक्षिराज गरुड़ का चित्र अंकित रहने के कारण उनको गरुड़ध्वज कहा जाता था। गुप्तवंशीय सम्राट् वैष्णव धर्म के पक्षधर होने के कारण गरुड़ध्वज का प्रयोग करते थे।

41. अप्रतिरथ : अप्रतिरथ विरुद का प्रयोग समुद्रगुप्त की कुछ मुद्राओं में किया गया है। उसकी धनुर्धारी प्रकार की स्वर्णमुद्रा पर 'अप्रतिरथो विजित्य क्षिति' (पृथ्वी की विजय करनेवाला अपराजित राजा) उत्कीर्ण है। प्रयाग-प्रशस्ति में 'पृथिव्यामप्रतिरथस्य' का प्रयोग इसी अर्थ में हुआ है।

42. धनव-वरुणेन्द्रान्तकसम : 'धनव' कुबेर, सम्पत्ति के देवता तथा उत्तर दिशा के स्वामी 'वरूण' समुद्र के भारतीय देवता तथा पश्चिम दिशा के स्वामी 'इन्द्र' देवताओं तथा पूर्व दिशा के स्वामी और 'अन्तक' यम् मृत्यु के देवता तथा दक्षिण दिशा के स्वामी है। डॉ. रायचौधरी का कथन है कि समुद्रगुप्त की तुलना उपर्युक्त देवताओं

से करने का अर्थ यह है कि उसने न केवल दिशाओं में अपनी विजय पताका ही फहराई, वरन कुबेर के समान उसके पास अथाह धन था तथा समुद्र पर एवं उनके प्रतापी राजाओं पर उसका प्रभुत्व था।

43. त्रिदशपतिगुरु : ये देवराज इन्द्र के गुरु कश्यप हैं।

44. तुम्बरु : स्वर्ग के गायक थे।

45. नारद : को वीणा का आविष्कारक माना जाता है। समुद्रगुप्त की संगीतकला की दक्षता उसके वीणा प्रकार के सिक्कों से झलकती है, जिनपर वह वीणावादन करते हुए दिखाया गया है।

46. विद्वज्जनोपजीव्य : फ्लीट ने इसका अनुवाद 'विद्वानों की जीविका के साधन होने योग्य' किया है। किन्तु 'जीविका के साधन' के रूप में उपजीव्य की कोई संगति नहीं है। राजशेखर कृत 'काव्यमीमांसा' के अनुसार वे राजे जो अपनी विद्वत्सभा के अध्यक्ष होते और स्वयं भी राजकवियों को नवीन विचार देने वाली काव्य-रचना करने की क्षमता रखते थे, 'उपजीव्य' कहे जाते थे।

47. कविराज : राजशेखर के अनुसार 'कविराज' का पद 'महाकवि' से श्रेष्ठ होता है। वह कहता है कि जो भिन्न-भिन्न भाषाओं में, भिन्न-भिन्न प्रबन्ध रचनाओं में और भिन्न रसों में स्वतन्त्रतापूर्वक निर्बाध रचना करने में समर्थ है, वह कविराज कहा जाता है। ऐसे कविराज संसार में कम ही होते है।

48. महाराज : महाराज का अर्थ है बड़ा राजा। कुषाण शासक कनिष्क, हुविष्क और वासुदेव के लिए इस उपाधि का प्रयोग हुआ है। ये तीनों ही प्रभुतासम्पन्न शासक थे। अनेक हिन्द-यूनानी तथा शकों की अभिलेखों में 'राजाधिराज' और मुद्राओं पर 'राजाधिराज' के साथ राजराज (राजाओं का राजा) उपाधियों का प्रयोग किया गया है। प्रारम्भिक गुप्त तथा परवर्ती गुप्त युगों में महाराज सामान्यतः एक विशिष्ट उपाधि के रूप में प्रयुक्त होता था। उसका व्यवहार केवल सामन्तों के लिए होता था, प्रभुवासम्पन्न शासकों के लिए नहीं। कभी-कभी महासान्त, महासेनापति, महाप्रतिहार, महादण्डनायक आदि अधिकारी भी महाराज की उपाधि धारण करते थे।

49. श्रीगुप्त : कनिंघम का कथन है कि गुप्त स्वतः कोई नाम नहीं हो सकता। 'श्री' भाग्य की देवी है। कुमारगुप्त की भाँति श्रीगुप्त भी एक सुन्दर व्यक्तिवाचक संज्ञा हो सकती है। विन्सेण्ट स्मिथ का मत है कि गुप्त वंश के संस्थापक का नाम श्रीगुप्त था। उन्होंने श्री को नाम का अंश स्वीकार किया। वे कहते है कि व्यक्तिवाचक संज्ञा के रूप में 'गुप्त' नाम का कोई अर्थ नहीं है। श्रीगुप्त (श्री द्वारा रक्षित) एक पूर्ण नाम है। किन्तु गुप्त अभिलेखों में उपलब्ध वंशावलियों में श्री प्रत्येक नाम के पहले लगा हुआ है। अतः पूरा नाम श्रीगुप्त होना चाहिए। डॉ. ब्यूलर का मत है कि इस वंश के संस्थापक का नाम 'गुप्त' था।

50. लिच्छविदौहित्र : समुद्रगुप्त स्वयं को लिच्छविदौहित्र (लिच्छवियों का नाती) कहता है। ऐसा लगता है कि अपने मातृकुल पर उसे गर्व था।

51. महादेवी : फ्लीट का मत है कि महादेवी प्रभुतासम्पन्न शासकों की पत्नियों के लिए प्रयुक्त होने वाली एक उपाधि थी।

52. महाराजाधिराज : का शाब्दिक अर्थ है 'महाराजाओं का अधीश्वर'। यह सर्वोपरि प्रभुसत्ता सूचक उपाधियों में से एक है।

53. पाण्डुगांगपय : यहाँ गंगावतरण का उल्लेख है।

54. एषाम् : फ्लीट का मत है कि यह थोड़ा सन्देहास्पद है कि यह उपाधि यहाँ पर समुद्रगुप्त के लिए प्रयुक्त हुई है या उसके उत्तराधिकारियों के लिए। इसका प्रयोग वर्तमान काल के अर्थ में हुआ है। अतः यह चन्द्रगुप्त द्वितीय का निर्देश करती है।

55. खाद्यटपाकिक : फ्लीट का मत है कि यह निश्चित रूप से नहीं कहा जा सकता कि यह गण का नाम है अथवा कुल का या कोई राजकीय उपाधि है। डॉ. दिनेशचन्द्र सरकार का मत है इसका शुद्ध रूप खाद्यकूट-पाकिक होगा।

56. महादण्डनायक : इसका शाब्दिक अर्थ 'सेनाओं का महानायक' है। यह एक पारिभाषिक सैनिक उपाधि है। डॉ. अल्तेकर का अनुमान है कि यह एक उच्च सैनिक पदाधिकारी था। प्रिन्सेप का कथन है कि महादण्डनायक का अनुवाद "दण्ड से सम्बन्धित राजकीय कर्मचारी (मजिस्ट्रेट) तथा आपराधिक दण्डाधीश होता है। डॉ. परमेश्वरीलाल गुप्त का मत है कि ये लोग सेना और न्यायाधीशों से सर्वथा भिन्न थे और वे पुलिस विभाग से सम्बन्ध रखते थे।

57. सान्धिविग्रहिक : इसका शाब्दिक अर्थ 'शान्ति तथा युद्ध से सम्बन्धित राजकीय अधिकारी' है। इसकी अन्य पर्यायवाची उपाधियाँ सन्धिविग्रहाधिकृत सन्धिविग्रहाधिकरणाधिकृत, सन्धिविग्रहिन आदि हैं। इसके ऊपर महासन्धिविग्रहिक होता था। डॉ. अल्तेकर उसे विदेश मन्त्री मानते है। वह राजा तथा सैन्य विभाग के साथ घनिष्ठ सहयोग से कार्य करता था। उसका मुख्य कर्तव्य सामन्तों और मित्रों के साथ सद्‌भाव बनाये रखना तथा विद्रोहोन्मुख राज्यों का दमन करना रहा होगा।

58. कुमारामात्य : का शाब्दिक अर्थ 'राजकुमार का परामर्शदाता' है। इसके ऊपर महाकुमारामात्य नामक अधिकारी होता था। हरिषेण समुद्रगुप्त का विदेशमन्त्री था। शिखरिस्विामी और पृथ्वीषेण क्रमशः चन्द्रगुप्त द्वितीय तथा कुमारगुप्त प्रथम के मन्त्री थे। इस सबको कुमारामात्य कहा गया है। ये सभी सीधे सम्राटों के नीचे सेवा करने वाले मन्त्री थे। महाबलाधिकृत या महादण्डनायक का पद कुमारामात्य से श्रेष्ठ था, क्योंकि कुमारामात्य पृथ्वीषेण को कुछ प्रशंसनीय सेवा के बाद यह पद दिया गया था। डॉ. अल्तेकर के मतानुसार कुमारामात्य वर्तमान भारतीय

प्रशासनिक सेवा के अधिकारियों के समान थे जो कभी जिलों में काम करते थे, कभी प्रान्तीय या केन्द्रीय सचिवालय में और कभी स्वयं सरकार के सदस्य हो जाते थे।

59. परम-भट्टारक : यह प्रभुतासम्पन्न-सूचक उपाधि है।

60. पादानुध्यात : यह एक रुढ़िगत पारिभाषिक शब्द है जो प्रभुतासम्पन्न शासक तथा उसके सामन्त शासकों, राजकीय कर्मचारियों इत्यादि के बीच सम्बन्ध के प्रसंग में प्रयुक्त होता था। इस शब्द का प्रयोग माता-पिता तथा उसकी सन्तानों के सम्बन्ध के प्रसंग में भी हुआ है, चाहे उनका सम्बन्ध माता-पिता और पुत्र का हो अथवा अग्रज एवं अनुज का। इसका प्रयोग देवताओं की पूजा के प्रसंग में भी हुआ है। प्रस्तुत अभिलेख में पादानुध्यात का अभिप्राय सम्राट् के प्रति निष्ठाभाव व्यक्त करता है।

अध्याय–9

हर्षकालीन प्रयाग

छठी शताब्दी ई. में प्रयाग प्रायः मगध साम्राज्य के अधीन था। परन्तु इसी समय मगध की शक्ति का भी क्षरण हो रहा था। हूण आक्रमणकारियों के हमले लगातार जारी थे। हूणों के आक्रमण के कारण गंगा घाटी के स्थित कई नगरों में भारी उथल-पुथल मची हुई थी। मगध का तत्कालीन शासक नरसिंह गुप्त अकेले हूणों का सामना करने में अपने को समर्थ नहीं मान रहा था। अतः उसने मालवा के एक शासक यशोवर्मन की सहायता ली; और उसकी मदद से 525 ई. के आसपास हूणों

सम्राट् हर्षवर्द्धन की प्रतिमा, प्रयागराज

को निर्णायक रूप से पराजित करने में सफल भी हुआ। लेकिन इस क्रम में यशोवर्मन को मगध की दुर्बलता का आभास हो गया। स्वभाविक रूप से उसने मगध के पश्चिमोत्तर भाग पर अधिकार कर लिया। इसके परिणामस्वरूप प्रयाग मगध-नरेश के नियन्त्रण से निकलकर यशोवर्मन के नियन्त्रण में चला गया।

परन्तु सातवीं सदी ई. के आरम्भ उत्तरी भारत में एक प्रबल शक्ति का उदय हुआ, जिसका नाम था- हर्षवर्द्धन। वह उत्तरी भारत का एक बहुत ही शक्तिशाली राजा था। अपने शुरुआती दिनों के पारिवारिक कष्टों से मुक्त होने के बाद उसने अपना दिग्विजय अभियान शुरू किया। छह वर्षों तक निरन्तर युद्ध करने के बाद उसने भारत के पाँच भागों पर अपना अधिकार स्थापित कर लिया। ये पाँच भाग थे- स्वराष्ट्र (पंजाब), कान्यकुब्ज, गौड़ (बंगाल), मिथिला और उड़ीसा। बाणभट्ट ने इस विजय-तालिका में सिन्ध, हिम प्रदेश (सम्भवतः हिमाचल प्रदेश) और नेपाल को भी शामिल किया है। बहरहाल, हर्षवर्द्धन ने पूर्णवर्मन या उसके किसी उत्तराधिकारी को पदच्युत करके मगध पर अधिकार जमा लिया था। सम्भवतः इसीलिए चीनी प्रलेखों में हर्षवर्द्धन को 'मगधराज' कहा गया है। 'हर्ष ने अपने एक बन्धु माधवगुप्त को मगध के शासन का भार सौंपा था।'[1] इन विजयों के उपरान्त हर्ष सकलोत्तरापथनाथ के रूप में उत्तरी भारत का सार्वभौम सम्राट् बन गया था। कुल मिलाकर, हर्ष के काल में प्रयाग उसके राज्य के अन्तर्गत ही था।

उसी के राज्यकाल में प्रसिद्ध धर्मयात्री ह्वेनत्सांग चीन से भारत आया था। उसने भारत में लगभग 14 वर्ष व्यतीत किये थे; और यहाँ के प्रायः सभी प्रसिद्ध स्थानों की यात्रा करने के बाद एक विस्तृत वृत्तान्त लिखा था। 644 ई. में वह सम्राट् हर्षवर्द्धन के साथ प्रयाग भी आया था। इस स्थान को उसने अपनी चीनी भाषा में 'पो-लो-यीकिया' कहा है। वह लिखता है-

"यह राज्य 500 ली के घेरे में है, परन्तु (प्रयाग) नगर दो नदियों (गंगा और यमुना) के बीच 20 ली[2] के घेरे में है। अन्न की पैदावार जिस प्रकार अधिक होती है, उसी प्रकार यहाँ फलों के वृक्ष भी बहुत अधिक हैं। यहाँ की जलवायु गर्म, किन्तु सहन करने योग्य है। (यानी स्वास्थ्य के अनुकूल है।) यहाँ के लोग नम्र (सभ्य) और सुशील हैं। उन्हें पठन-पाठन और विद्या से विशेष प्रेम तो है, परन्तु निर्मूल और असत्य सिद्धान्तों पर उनका अधिक विश्वास है। नगर में केवल दो संघाराम है, जिनमें थोड़े से हीनयान सम्प्रदाय के अनुयायी है। दूसरी ओर (हिन्दू) देवताओं के कई मन्दिर हैं और उनके अनुयायियों की संख्या भी बहुत है। नगर के दक्षिण-पश्चिम चम्पक की वाटिका में एक बड़ा स्तूप है, जिसको अशोक ने बनवाया था। इसकी दीवारें भूमि से अधिक ऊँची है। यह वह स्थान है जहाँ प्राचीन समय में (ईस्वी सन् से 450 वर्ष पहले) भगवान् बुद्ध ने विधर्मियों को परास्त किया था। इसी के बगल में एक

और स्तूप है, जिसमें उनके पवित्र केश और नख समाधिस्थ है। इस स्थान पर भगवान बैठते और चलते-फिरते थे। इस अंतिम स्तूप के समीप ही एक प्राचीन संघाराम है, जहाँ देव बोधिसत्व ने 'शतशास्त्र वैपुल्यम' नामक ग्रन्थ की रचना की थी; और उसके द्वारा हीनयान-सम्प्रदाय के सिद्धान्तों का खण्डन करके अपने विरोधियों को निरुत्तर किया था। देव बोधिसत्व दक्षिण-भारत से आकर पहले इसी संघाराम में ठहरे थे। उनके आगमन का समाचार पाकर नगर का एक ब्राह्मण जो तर्कशास्त्र में बहुत निपुण था, उनको परास्त करने के उद्‌देश्य से आया, परन्तु शास्त्रार्थ में वह स्वयं परास्त हो गया।''[3] यहाँ ह्वेनत्सांग ने जिन स्तूपों की चर्चा की है, अब उनके चिह्न भी नहीं हैं। नगर के दक्षिण यमुना बहती है। सम्भवतः यमुना की धारा ने उन स्तूपों को धीर-धीरे काट कर बहा दिया होगा।

बौद्ध धर्म सम्बन्धी उपर्युक्त वृत्तान्त लिखने के बाद ह्वेनत्सांग हिन्दुओं की धार्मिक परम्परा के विषय में निम्नवत लिखता है-

''नगर में एक देव-मन्दिर (किले के भीतर स्थित वर्तमान पातालपुरी मन्दिर) है, जो अपनी सजावट और विलक्षण चमत्कारों के लिए विख्यात है। लोगों का कहना है कि इस स्थान पर सब प्रकार के प्राणियों को धर्म का फल प्राप्त होता है। यदि इस मन्दिर में कोई एक पैसा चढ़ाये, तो उसको दूसरे (तीर्थ) स्थानों पर एक सहस्त्र सुवर्ण-मुद्राएँ दान करने से भी अधिक पुण्य-फल प्राप्त होता है। और यदि कोई मनुष्य अपने जीवन को तुच्छ समझकर इस मन्दिर में अपने प्राण त्याग दे, तो वह सदा के लिए स्वर्ग में चला जाता है।

मन्दिर के सभा-मण्डप के सामने (यानी आँगन में) एक विशाल वृक्ष (अक्षयवट) है, जिसकी शाखाएँ और पत्तियाँ बहुत दूर तक फैली हुई है। किसी समय यहाँ एक मांसभक्षी दैत्य रहता था, जो (आत्महत्या करनेवाले) लोगों के शरीर को खाया करता था। इसीलिए इसकी सघन छाया में वृक्ष के दायें और बायें अस्थियों के ढेर लगे हुए हैं। जो मनुष्य इस मन्दिर में आता है, वह इन यात्रियों की हड्डियों के ढेर को देखकर शरीर के अंतिम परिणाम से परिचित हो जाता है; और फिर वह अपने जीवन को धिक्कारते हुए अपने प्राणों का विसर्जन कर देता है। जो लोग यहाँ आत्मघात करना चाहते हैं उनको जिस प्रकार अपने सहधर्मियों से सहायता मिलती है, उसी प्रकार जो लोग पहले आत्मघात करके प्रेत बन चुके होते हैं, वे भी खूब भ्रमित करते हैं। यही कारण है कि यह हत्यारिणी प्रथा पुरातन काल से अब तक चली आ रही है।''[4]

थोड़े दिन हुए यहाँ एक ब्राह्मण रहता था जिसके वंश का नाम 'पुक्र' था। वह व्यक्ति दूरदर्शी, महाविद्वान, ज्ञानी और उच्च कोटि का बुद्धिमान् था। उसने इस मन्दिर में आकर और सब लोगों को सम्बोधन करके कहा, ''हे सज्जनो! आप लोग भटके हुए मार्ग पर हैं; आपके चित्त में जो हठ समाया हैं वह किसी प्रकार निकाले

नहीं निकलता, किस प्रकार आपको समझाया जाये?" यह कह कर वह भी उन लोगों के आत्मघात में इस मतलब से सहायक हो गया कि अन्त में इन लोगों का मिथ्या विश्वास दूर कर दूँगा। थोड़ी देर के बाद वह भी उस वृक्ष पर चढ़ गया और नीचे खड़े हुए अपने मित्रों से कहने लगा, "मैं भी मरना चाहता हूँ। पहले मैंने कहा था कि लोगों का विश्वास गलत और घृणित है परन्तु अब मैं कहता हूँ कि यह उत्तम और शुद्ध है। स्वर्गीय ऋषि वायुमण्डल में बाजे बजाते हुए मुझको बुला रहे हैं, मैं ऐसे पुनीत स्थान से गिर कर अवश्य प्राण त्याग करूँगा।" जब वह गिरने को हुआ और उसके मित्र भी समझा बुझाकर हार गये और उसकी मति को न पलट सके तब उन लोगों ने, जहाँ से वह गिरना चाहता था उस स्थान के ठीक नीचे अपना कपड़ा फैला दिया, और ज्योंही वह नीचे आया उसको कपड़े पर रोक कर बचा लिया। होश में आने पर वह कहने लगा, "मुझ को ख्याल हुआ था कि मैं देवताओं को वायुमण्डल में देख रहा हूँ और वे मुझको बुला रहे हैं, परन्तु अब विदित हुआ कि यह सब इस वृक्ष के प्रेतों का छल था कि जिससे मैं भविष्य में स्वर्गीय आनन्द पाने से बिल्कुल वंचित हुआ जाता था।"[5]

राजधानी के पूर्व, दोनों नदियों के संगम के मध्य में लगभग 10 ली के घेरे की भूमि बहुत सुहावनी और ऊँची है। इस सम्पूर्ण भूमि में बालू ही बालू है। प्राचीन समय से राजा लोग तथा बड़े-बड़े प्रतिष्ठित और धनाढ्य पुरुष, जब उनको दान करने का उत्कंठा होती है, सदा इस स्थान पर आते हैं और अपनी सम्पत्ति को दान कर देते हैं। इसके कारण यह स्थान 'महादानभूमि' के नाम से प्रसिद्ध हो गया है। आज-कल के दिनों में शिलादित्य राजा ने, अपने पूर्वजों के समान, इस स्थान पर आकर अपनी पाँच वर्ष में एकत्र की गयी सम्पत्ति को एक दिन में दान कर दिया। इस महादानभूमि में असंख्य द्रव्य और रत्नों के ढेर लगाकर पहले दिन राजा भगवान् बुद्ध की मूर्ति को बहुत अच्छे ढंग से सजाता है और बहुमूल्य रत्न भेंट करता है। तब स्थानीय संन्यासियों को, दान देता है। इसके बाद वहाँ उपस्थित अनेक दूरदेशीय साधुओं और विद्वानों को दान देता है। इसके उपरान्त स्थानीय अन्य धर्मावलम्बियों की बारी आती है, और सबसे अन्त में विधवाओं, अनाथ बालकों, रोगियों, दरिद्रों और महन्तों को दान दिया जाता है।

इस प्रकार अपने सम्पूर्ण खजाने को खाली करके और भोजन इत्यादि दान करके अपने मुकुट और रत्नों की माला को दान कर देता है। प्रारम्भ से अन्त तक यह सर्वस्व दान करते हुए उसको कुछ भी रंज नहीं होता है। सब कुछ दान हो जाने पर बड़ी प्रसन्नता से वह कहता है, "खूब हुआ, मेरे पास जो कुछ था वह अब ऐसे खजाने में जाकर दाखिल हुआ जहाँ न इसका नाश हो सकता है और न ही अपवित्र कामों में इसका व्यय हो सकता है।" इसके उपरान्त भिन्न-भिन्न देशों के नरेश अपने-अपने

वस्त्र और रत्न राजा को भेट करते हैं जिससे उसका द्रव्यालय फिर से परिपूर्ण होता है।

महादानभूमि के पूर्व की ओर दोनों नदियों के संगम में प्रत्येक दिन सैंकड़ों मनुष्य स्नान और प्राणत्याग करते है। इस देश के लोगों का विश्वास है कि जो कोई स्वर्ग में जन्म लेना चाहे वह केवल एक दाना चावल का खाकर उपवास करे और फिर संगम में डूब मरे तो अवश्य देवकोटि में जन्म पाता है। उन लोगों का कहना है कि इस जल में स्नान करने से महापातक धुल जाते है। इस कारण अनेक प्रान्तों के और बहुत दूर-दूर के देशों के लोग झुण्ड के झुण्ड यहाँ आते है। सात दिन तक निरान्तर उपवास करते हैं और फिर अपने-अपने जीवन को समाप्त कर देते है। यहाँ तक कि बन्दर और पहाड़ी मृग भी नदी के निकट आकर इकट्ठा होते है उनमें से कितने ही स्नान करके चले जाते हैं, और कितने ही उपवास कर प्राणत्याग करते है![6]

एक समय जब शिलादित्य राजा ने यहाँ दान किया था उन दिनों एक बन्दर नदी से कुछ दूर एक वृक्ष के नीचे रहता था। उसने चुपचाप भोजन परित्याग कर दिया था और कुछ दिनों में उपवास के कारण वह मर गया था।

योगाभ्यास करने वाले अन्यधर्मावलम्बी पुरुषों ने नदी के मध्य में एक ऊँचा खम्भा बना रखा है। जब सूर्यास्त होने को होता है तब ये योगी लोग उस खम्भे पर चढ़ जाते हैं तथा एक पैर और एक हाथ से उस खम्भे में चिपट कर विलक्षण रीति से अपना दूसरा हाथ और पैर बाहर फैला देते है। सूर्य की ओर नेत्र तथा मुख करके सूर्यास्त हो जाने तक इसी प्रकार अधर में लटके रहते हैं तथा अंधकार हो जाने पर नीचे उतर आते हैं। कई दर्जन योगी, यहाँ इस प्रकार अभ्यास करने वाले हैं, बहुत से तो वर्षों से यही साधना कर रहे हैं। इनको विश्वास है कि ऐसा करने से जन्म-मरण के बंधन से मुक्त हो जाएँगे।''[7]

इस वर्णन से जान पड़ता है कि यह अवसर कुम्भ अथवा अर्द्ध-कुम्भ का रहा होगा, जिस पर पाँच वर्ष का संचित धन छठे वर्ष दान दे दिया गया होगा। 647 ई. में हर्षवर्द्धन का देहान्त हो गया। उसके बाद कुछ दिनों तक यहाँ का इतिहास लुप्तप्राय है। कुछ दिनों तक (सम्भवतः 632 से 748 ई. तक) प्रयाग गौड़ के पाल नरेशों-'गोपाल' और 'धर्मपाल' के अधीन रहा। सातवीं-आठवीं शताब्दी में कुमारिल भट्ट ने प्रयाग ही में शरीर त्याग किया था और यहीं आदि शंकराचार्य ने उनसे भेंट की थी।

810 ई. से कन्नौज के परिहार राजपूतों का शासन आरम्भ हुआ और वे लम्बे समय तक बने रहे। कड़ा-अभिलेख के अनुसार, प्रतिष्ठानपुर (झूँसी) और कौशाम्बी उनकी उपराजधानियाँ थी। 1090 ई. में चन्द्रदेव गहरवार ने कन्नौज का राज्य हस्तगत कर लिया। तब से मुसलमानों के आने तक यह राज्य उसी के घराने में रहा,

और प्रयाग भी उसी के अन्तर्गत रहा। वर्तमान कौशाम्बी जनपद में स्थित कड़ा में कन्नौज के अन्तिम नरेश जयचन्द्र के किले का चिह्न अब तक गंगा के किनारे मौजूद है। प्रयाग जिले में माण्डा और 'डैया के राजा तथा बड़ोखर और कुलमई के रईस इन्हीं जयचन्द्र के वंशज बताये जाते हैं।

सन्दर्भ

1. वी0 डी0 गंगल, हर्ष, पृ. 20
2. 'ली' वस्तुतः चीनी भाषा में दूरी मापने की एक इकाई है। 5 ली की दूरी 1 मील के बराबर होती है।
3. ह्वेनत्सांग की भारतयात्रा, हिन्दी अनुवादक- ठाकुर प्रसाद शर्मा, पृ. 162
4. वही, पृ. 163
5. वही, पृ. 163-164
6. वही, पृ. 164-165
7. वही, पृ. 165

अध्याय–10

प्रयाग का महापर्व : कुम्भ

जलप्रियता : भारतीयता की मूल पहचान

ऋग्वेद में जल और नदियों का उल्लेख अत्यन्त श्रद्धा के साथ किया गया है और उन्हें दैवीय शक्ति से युक्त होने के कारण 'पूजार्ह' माना गया है। ऋग्वेद के एक मन्त्र में दैवी जल से रक्षा करने का अनुरोध किया गया है- ता आपो देवीरिह मामवन्तु। ऋग्वेद (7/49/1) में जल को 'पुनानाः' अर्थात् पवित्र करनेवाला कहा गया है। वे न केवल मानव को पवित्र करने वाले कहे गये हैं, बल्कि सही मार्ग से हटने के फलस्वरूप संचित दोषों और पापों से मुक्ति प्रदान करने के लिए भी उनका आह्वान किया गया है। तैत्तिरीय संहिता (2/6/8/3) में कहा गया है कि सभी देवता जल में केन्द्रित हैं- आपो वै सर्वा देवताः। अथर्ववेद (1/33/1) में जल को शुद्ध और पवित्र करनेवाला कहा गया है; और सुख देने के लिए उनका आह्वान किया गया है।

हरनि पाप त्रिबिध ताप सुमिरत सुरसरित।
बिलसति महि कल्प-बेलि मुद मनोरथ फरित।।1।।
सोहत ससि धौल धार सुधा सलिल भरित।
बिमलतर तरंग लसत रघुबर के से चरित ।।2।।
तो बिनु जगदम्ब गंग, कलिजुग का करित ?
घोर भव अपारसिन्धु तुलसी किमि तरित।।3।।

(तुलसीदास, विनय-पत्रिका)

यहाँ 'गंगा-स्तुति' के दूसरे पद में कहा गया है कि अमृतोपम जल से भरी तुम्हारी धारा चन्द्रमा के समान धवल दिखायी देती है। उसमें अति स्वच्छ लहरें शुभ्र रामचरित के समान उठ रही हैं। अन्यत्र भी गंगा के जल को अमृतोपम कहा गया है, इसलिए ऐसी मान्यता है कि उसमें स्नान करने से व्यक्ति भवसागर तर जाता है।

जलप्रियता हिन्दू धर्म और संस्कृति की मूलभूत विशेषता है। हिन्दुओं के प्रायः सभी पर्व, उत्सव या अनुष्ठान नदियों, तालाबों या किसी अन्य जलस्रोत के

किनारे ही आयोजित होते रहे हैं। हिन्दू देवी-देवताओं के दर्शन-पूजन के पूर्व स्नान की परम्परा रही है। विभिन्न ग्रह-नक्षत्रों के योग के अनुसार विभिन्न जलस्रोतों में पवित्र स्नान की परम्परा तो विशेष रूप से लक्ष्य की जा सकती है। यही कारण है कि भारतीय स्नान-पर्वों में कुम्भ-स्नान का महत्त्व सर्वोपरि है।

कुम्भ

ज्योतिष के अन्तर्गत बारह राशियों में से ग्यारहवीं राशि को कुम्भ कहा जाता है। धनिष्ठा का उत्तरार्द्ध और शतभिषा तथा पूर्व भाद्रपद के तीन चरण मिलाकर यह राशि बनती है। राशि चक्र के 300 अंश के बाद इसके 30 अंश आते हैं। यह स्थिर राशि और शनि का क्षेत्र कहा गया है। इसका मान 3 दण्ड 58 पल है।[1]

प्राचीनकाल में तोलने के एक मान को भी कुम्भ कहा जाता था। यह दो द्रोण अथवा 64 सेर के बराबर होता था। कहीं-कहीं बीस द्रोण का कुम्भ भी बताया गया है।[2]

वैसे कुम्भ सामान्यतया घट, भाण्ड, घड़ा या कलश का पर्याय माना जाता हैं। भारत के लोक-जीवन में प्रत्येक कार्य में कुम्भ-कलश की स्थापना होती है। प्रसंगवश यह भी उल्लेखनीय है कि महर्षि अगस्त्य को 'कुम्भज' और 'घटयोनि' कहा गया है। इससे कुम्भ का एक अर्थ कृत्रिम गर्भ भी माना जा सकता है। पौराणिक कथाओं में 'कलशोदधि' शब्द का प्रयोग हुआ है जिसमें कलश में ही समुद्र की कल्पना की गयी है। 'मनुस्मृति' में जल से भरे हुए घड़े के लिए 'उद्कुम्भ' शब्द का प्रयोग किया गया है-

उद्कुम्भं सुमनसो गोशकृन्मृत्तिकाकुशान।
आहरेद्यावदर्थानि भैक्षं चाहरहश्चरेत्।। (मनुस्मृति, 2/181)

सन्दर्भित श्लोक में ब्रह्मचारियों को यह निर्देश दिया गया है कि वे आचार्य की आवश्यकता के अनुसार ही पानी का घड़ा, देवपूजन के लिए फूल, गाय का गोबर, मिट्टी और कुश लायें; और साथ ही प्रतिदिन भोजन के लिए भिक्षा माँगकर लायें।

सन्त कबीरदास अपने पदों में मानव-शरीर को बहुधा कुम्भ की उपमा देते हैं। वे कहते हैं-

जल में कुम्भ कुम्भ में जल है बाहर भीतर पानी।
फूटा कुम्भ जल जलहि समाना यह तथ कह्यो ग्यानी।।

यह शरीर मिट्टी का घड़ा है, जिसके बाहर-भीतर पानी है। यह संसार क्षणभंगुर भी है। कबीर कहते हैं कि- 'यह संसार कागद की पुरिया, बूँद परै घुल जाना है।'

बहरहाल, कलश-पूजन सम्बन्धी एक श्लोक में कहा गया है कि कलश के मुख में विष्णु का, कण्ठ में रुद्र का और मूल में ब्रह्मा का निवास है; जबकि उसके मध्य भाग में मातृकाएँ निवास करती हैं। उसकी कोख में (यानी उसके भीतर) तीनों देवों, सातों सागरों, सातों द्वीपों, अंगों सहित चारों वेदों और पूरी पृथ्वी का वास है।

कलशस्य मुखे विष्णुः कण्ठे रुद्रः समाश्रितः।
मूले त्वस्य स्थितो ब्रह्मा मध्ये मातृगणाः स्थिताः।।
कुक्षौ तु सागराः सर्वे सप्तद्वीपा वसुन्धरा।
ऋग्वेदोऽथ यजुर्वेदः सामवेदो ह्यथर्वणः।
अङ्गैश्च सहिताः सर्वे कलशं तु समाश्रिताः।। (कल्कि पुराण)

कुम्भ कालीन प्रार्थना के निम्नांकित मन्त्र में भी सब तीर्थों, सब देवों एवं समस्त भूतों का उल्लेख किया गया है।

देव-दानव संवादे मथ्यमाने महोदधौ।
उत्पन्नोऽसि तदा कुम्भ विधृतो विष्णुना स्वयम्।
त्वत्तोये सर्वतीर्थानि देवाः सर्वे त्वयि स्थिताः।
त्वयि तिष्ठन्ति भूतानि त्वयि प्राणाः प्रतिष्ठिताः।।
शिवः स्वयं त्वमेवासि विष्णुस्त्वं च प्रजापतिः।
आदित्या वसवो रुद्रा विश्वेदेवाः सपैतृकाः।।
त्वयि तिष्ठन्ति सर्वेऽपि यतः कामफलप्रदाः।।

अर्थात- हे कुम्भ! देव-दानव के विवाद रूप में समुद्र के मथे जाने पर तुम्हारी उत्पत्ति हुई, जिसे साक्षात् भगवान् विष्णु ने धारण किया। उस तुम्हारे जल में समस्त तीर्थ, समस्त देवता, समस्त प्राणी, प्राण आदि स्थित रहते हैं। तुम साक्षात् शिव, विष्णु और ब्रह्मा हो। आदित्य, वसु, रुद्र, सपैतृक विश्वेदेव आदि समस्त कार्यों के फल प्रदान करने वाले देवता तुममें सदा स्थित रहते हैं।

उपर्युक्त दोनों श्लोक कुम्भ के स्वरूप के उद्‌घाटन की दृष्टि से बहुत महत्त्वपूर्ण हैं।

कुम्भ की व्युत्पत्ति

'प्रयाग कुम्भ रहस्य' नामक एक पुस्तक में कुम्भ की आठ व्युत्पत्तियाँ दी गयी हैं, जिनमें से कुछ तो शब्द पर आधारित हैं और कुछ पौराणिक परम्पराओं पर आधारित हैं।

1. 'कु' शब्द पृथ्वीवाचक है इससे 'कुज' शब्द बनता है जो मंगल का द्योतक है-

"कुं पृथिवीं भावयन्ति संकेतयन्ति भविष्यत्कल्याणादिकाय महत्याकाशे स्थिताः बृहस्पत्यादयो ग्रहाः संयुज्य हरिद्वार-प्रयागादितत्तत्पुण्यस्थानविशेषानुद्दिश्य यस्मिन् सः कुम्भः।"

यहाँ कुम्भ की जो व्युत्पत्ति दी गयी है उसमें हरिद्वार, प्रयाग आदि के कुम्भों का अर्थ लिया गया है।

2. दूसरी व्युत्पत्ति में "कं जलं उम्भति पूरयति अवर्षणादि दुर्भिक्षेभ्यो दूरयतीति कुम्भः" के आधार पर अवर्षण और दुर्भिक्ष को दूर करने वाले को कुम्भ कहा गया है।

3. तीसरी व्युत्पत्ति में 'कुं' से उसी प्रकार उत्पत्ति की गयी है जैसे 'क' से। इसमें भी 'कुम्भ' को मंगलकारी बताया गया है। पूर्णघट भारतीय जीवन-दृष्टि से अब भी मंगलकारी माना जाता है। इसी आधार पर अर्द्धकुम्भ और पूर्णकुम्भ को महत्त्वपूर्ण माना गया है।

4. चौथी व्युत्पत्ति महात्माओं के संगम से जुड़ी है- "कुः पृथिवी उभ्यतेनुगृह्यते उत्तमोत्तम महात्मसंगमैः तदीय हितोपदेशैः यस्मिन सः कुम्भः।" हितोपदेश ने महात्माओं के संगम को पृथ्वी के लिए अनुग्रहकारी माना है और उसको भी कुम्भ कहा है।

5. पाँचवी व्युत्पत्ति में पाप-प्रक्षालन और पुण्य-वर्द्धन को कुम्भ कहा गया है।

6. छठी व्युत्पत्ति में दीपन या वर्द्धन के भाव को कुम्भ कहा गया है।

7. सातवीं व्युत्पत्ति में कहा गया है कि "कुं पृथिवीं भावयति पोषयति विविध यागादिभिरिति वा कुम्भः।" यहाँ कुम्भ का सम्बन्ध विविध यज्ञ कर्मों से जोड़ते हुए कहा गया है कि जहाँ अनुष्ठानों ओर यज्ञों की परम्परा चले वहीं कुम्भ है।

8. आठवीं व्युत्पत्ति में कहा गया है कि जो विश्व के कल्याण के लिए समस्त दोषों को दूर करे, वही कुम्भ है- 'कुं कुत्सितं उम्भति दूरयति जगद्धितायेति वा कुम्भः।'

डॉ. जगदीश गुप्त के शब्दों में, 'कुम्भ' घट का पर्याय है और घट शरीर का, जिसमें घट-घट व्यापी आत्मा का अमृत-रस व्याप्त रहता है। अतः कुम्भ दर्शन वस्तुतः आत्मदर्शन है। समान उद्देश्य से एकत्र विभिन्न क्षेत्रों एवं विभिन्न भाषाओं का प्रतिनिधित्व करनेवाले स्नानार्थी सांस्कृतिक दृष्टि से एकता के एक सूत्र में हजारों वर्षों से बँधे हुए हैं। यह बन्धन, बन्धन न होकर मुक्ति का साधन है। मुक्ति की धारणा मनुष्य की स्वाभाविक स्वातन्त्र्य-चेतना का ही आध्यात्मिक रूप है। मानवता बहु-स्तरीय और बहु-आयामी है, अतः मनुष्यों का मिलन स्वयं एक अद्भुत अनुभव बन जाता है। मनुष्य के भीतर की तरलता, सद्भाव और

सद्वृत्ति के द्वारा प्रवाह के रूप में प्रकट हो जाती है और नदियों के संगम से भी अधिक प्रेरणाप्रद लगने लगती है। पत्थर से पत्थर का जुड़ना वह बात पैदा नहीं करता जो बूँद से बूँद का जुड़ना। बूँद अपनी सीमाएँ तोड़ कर दूसरी बूँदों में मिलते हुए जलाशय, सरिता और समुद्र बन जाती है। मनुष्य-समाज जब जड़ताग्रस्त हो जाता है तो पत्थरों जैसा कठोर व्यवहार करने लगता है, किन्तु जब वह चेतना से परिचालित होता है तो उसमें तरलता, उदारता और आत्मीयता उत्पन्न हो जाती है। व्यक्ति-चेतना के भीतर समाज की विराट प्रतीति होने लगती है। यात्रा मनुष्य को गतिशील बनाती है पर तीर्थ-यात्रा उसे पवित्रता का संस्कार देती है। अपने कल्याण का मार्ग व्यक्ति स्वयं खोजने लगता है जब समान स्वभाव और समान उद्देश्य के साधक परस्पर मिलते हैं तो एक अपूर्व उत्सव का अनुभव होता है।[3]

अर्द्धकुम्भ, पूर्णकुम्भ और महाकुम्भ

कुम्भ भारतीय संस्कृति का एक पुरातन महापर्व है। यह क्रमशः चार मुख्य तीर्थ-स्थानों पर प्रत्येक बारह वर्ष पर लगनेवाला स्नान-दान का एक विशिष्ट ग्रहयोग है। भारतीय लोकपर्वों की परम्परा में कुम्भ का स्थान सर्वोच्च है। यह हमारी सनातन परम्परा और लोक-आस्था का सबसे विराट पर्व है। भारतीय सांस्कृतिक परम्परा के आकर्षण में बँधे देशी-विदेशी करोड़ों श्रद्धालु पवित्र संगम में आकर आस्था की डुबकियाँ लगाते हैं। कुम्भ में संगम-स्नान के दौरान हर-हर गंगे के महाघोष से पूरा दिग्-दिगन्त निनादित हो उठता है। प्रत्येक मेले के चरम क्षण में माना जाता है कि नदियाँ उसी आद्य अमृत में परिवर्तित हो जाती हैं, जो तीर्थयात्रियों को पवित्रता, मांगलिकता और अनश्वरता की त्रिवेणी में स्नान का अवसर प्रदान करती है।

कुम्भ का पवित्र स्नान-पर्व सूर्य, चन्द्रमा और बृहस्पति की विशेष राशि-चक्रीय स्थितियों पर आधारित होता है। कुम्भ-स्नान का सबसे पावन मुहूर्त वह क्षण होता है, जब ये राशि-चक्रीय स्थितियाँ परिपूर्ण होती हैं। उस मुहूर्त-विशेष में नदी के जल में स्नान करना सर्वाधिक पुण्यदायी माना जाता है। खगोलीय गणनाओं के अनुसार यह मेला मकर संक्रान्ति के दिन प्रारम्भ होता है। मकर संक्रान्ति को होने वाले इस योग को 'कुम्भ स्नान योग' कहते हैं। कुम्भ मेला मकर संक्रान्ति या पौष पूर्णिमा से शुरू होकर माघ पूर्णिमा तक यानी एक महीने की अवधि तक होता है। इसका समापन शिवरात्रि को होता है। वैसे, कुम्भ का काल इतना पवित्र माना जाता है कि चरम-काल के महीने भर पहले और महीने भर बाद की समयावधि में कई विशिष्ट स्नान-दिवस निर्धारित किये जाते हैं। चार मुख्य तीर्थ-स्थानों प्रयाग, नासिक, उज्जैन और हरिद्वार में क्रमशः प्रत्येक छह वर्ष पर अर्द्धकुम्भ,

प्रत्येक बारह वर्ष पर पूर्णकुम्भ और प्रत्येक 144 वर्ष पर महाकुम्भ का ग्रहयोग बनता है।

कुम्भपर्व के द्वादशवर्षीय आयोजन को लेकर कई बार शास्त्रज्ञ पंडितों में मतभेद भी हुए हैं। एक बार यह प्रश्न उठ खड़ा हुआ था कि प्रयाग में कुम्भ 1965 ई. में हो या 1966 ई. में। उस विवाद में हस्तक्षेप करते हुए स्वामी करपात्रीजी महाराज ने कहा था कि "बारहवें वर्ष में कुम्भपर्व होता है, यह प्रमाणिक वचन से सिद्ध है और सदाचार-सम्मत भी है।

देवानां द्वादशाहोभिर्मर्त्यैर्द्वादशवत्सरैः।
जायन्ते कुम्भपर्वाणि तथा द्वादशसंख्यया।।

दूसरी ओर प्रथम पक्ष का कहना है कि प्रति चौरासीवें वर्ष में बृहस्पति का एक राशि आगे बढ़ना गणितसिद्ध है। अतः प्रति सात कुम्भों में 6 कुम्भ 12 वर्ष पर और सातवाँ कुम्भ 11 वर्ष पर आता जाएगा। ... इसी (विक्रम) शताब्दी के भीतर हरिद्वार का कुम्भ संवत् 1901 के बाद संवत् 1912 में ग्यारहवें वर्ष में हुआ है और दूसरा सम्वत् 1984 के बाद सम्वत् 1995 में ग्यारहवें वर्ष हुआ था।...

सन् 1954 के कुम्भपर्व-निर्णय के लिए साधु-पंडितों की सभा में यह निर्णय किया गया कि कुम्भ प्रति बारहवें वर्ष मनाया जाता है, किन्तु गुरु के स्थितिवश 11वें वर्ष में भी मनाया जा सकता है।... इस सम्बन्ध में एक और प्राचीन श्लोक प्राप्त हुआ है-

यदा स्यातां नक्रे दिनकरनिशेषौ खगरवौ,
सुमन्त्री देवानां रविसुतयुतोऽमी खलु यदा।
श्रुतिर्विश्वं माघे शमयति च विश्वाघमखिलं
त्रिवेणी कुम्भोऽस्मिन् ननु नरकपातश्च न भवेत्।।

इसके अनुसार प्रयाग-कुम्भपर्व के पूर्ण योग के लिए अमावश्या, मेष अथवा वृष के गुरु और श्रवण अथवा धनिष्ठा नक्षत्र के पूर्वार्द्धजन्य मकरस्थ चन्द्र-भास्कर का होना अत्यावश्यक है।... अतः कुम्भपर्व सम्वत् 2021 (सन् 1965) में ही मनाना चाहिए। इसी योग में सम्वत् 1926, 1938, 1950, 1962, 1974, 1985, 1997 और सम्वत् 2010 में 11वें वर्ष में कुम्भ पर्व पड़ा था।"[4]

द्वादश वर्षीय स्नानपर्व : कुम्भ

अनादि काल से गंगा-यमुना नदियों के संगम-स्थल प्रयाग में पौष पूर्णिमा से लेकर महाशिवरात्रि तक जनवरी-फरवरी में माघ मेले का आयोजन होता है। लाखों हिन्दू संगम क्षेत्र में कल्पवास करते हैं। इस अवधि के मुख्य स्नान-पर्वों (पौष पूर्णिमा, मकर संक्रान्ति, मौनी अमावस्या, वसन्त पंचमी, माघ पूर्णिमा और

महाशिवरात्रि) पर संगम में स्नान करनेवालों की संख्या अप्रत्याशित रूप से कई गुना बढ़ जाती है, लेकिन सर्वाधिक भीड़ मकर संक्रान्ति और मौनी अमावस्या के दिन होती है। मकर संक्रान्ति को भारतीय कालगणना के अनुसार सूर्य अपना अक्षांश बदलकर उत्तरायण में चन्द्रमा के साथ मकर राशि में प्रवेश करते है और माघ अमावस्या के दिन सूर्य और चन्द्र पृथ्वी से एक ही अंश पर मकर राशि पर रहते है। हर वर्ष यह योग बनता है, लेकिन जब सूर्य और चन्द्रमा के मकर राशि में रहते हुए, बृहस्पति मेश राशि में ही रहें, तो ऐसा योग प्रायः हर बारह वर्शों में बनता है; और इसी आधार पर प्रत्येक बारह वर्ष पर माघ मास में संगम क्षेत्र में दुनिया के सबसे बड़े मेले- कुम्भ पर्व का आयोजन किया जाता है।

लेकिन यह सम्भव नहीं है कि ठीक बारह वर्शों के अन्तराल पर बृहस्पति माघ मास में मेश राशि में ही रहें, क्योंकि बृहस्पति को सूर्य की परिक्रमा पूरी करने में पूरे बारह वर्ष नहीं, बल्कि 11 वर्ष 315 दिन लगते हैं। अतः बृहस्पति मेष राशि में हर बारह वर्ष में नहीं बल्कि 11 वर्ष 315 दिन में पहुँचते है। यही कारण है कि कुम्भ की तिथियों पर अनेक बार विवाद उठे है। पहले भी कहा गया है कि 1965-1966 के कुम्भ के समय विवाद हुआ था। विगत कुम्भ 1954 ई. में हुआ था। 12 वर्ष बाद 1966 ई. में बृहस्पति वृष राशि में थे, लेकिन 1965 ई. में बृहस्पति मेष राशि में थे। यही वजह है कि शंकराचार्यों ने वर्ष 1966 ई. में और साधु-समाज तथा अखाड़ों ने 1965 ई. में कुम्भ मनाया। 1977 में कुम्भ निर्विवाद था, क्योंकि तब बृहस्पति मेष राशि में थे, जबकि 1978 में बृहस्पति मिथुन राशि में जा रहे थे।

1989 का पूर्ण कुम्भ भी निर्विवाद था। ज्योतिश-शास्त्रियों के अनुसार उस कुम्भ मेले में जैसा शुभ नक्षत्र योग बना था, वैसा अवसर 150 वर्शों बाद ही उपस्थित होता है। उस बार कुम्भ पर्व के मेले का प्रारम्भ पौष पूर्णिमा से न होकर मकर संक्रान्ति से हुआ था, जबकि पूर्व के कुम्भों और अर्द्धकुम्भों में पौष पूर्णिमा मकर संक्रान्ति (14 जनवरी) से पहले पड़ी थी। 1966 में पौष पूर्णिमा 7 जनवरी और 1977 में 5 जनवरी को थी, लेकिन 1989 में पौष पूर्णिमा 21 जनवरी थी। अतः उस बार मेले के पहले ही दिन मकर संक्रान्ति के पर्व पर मेला-प्रशासन को अपार भीड़ का सामना करना पड़ा था, क्योंकि अखाड़ों, महामण्डलेश्वरो और शंकराचार्यों का पहला शाही स्नान 14 जनवरी को ही था, जबकि पहले के कुम्भों में मेला-प्रशासन को पौष पूर्णिमा से लेकर मकर संक्रान्ति के बीच तैयारी पूरी करने के लिए सप्ताह-दस दिन का समय मिल जाता था। 'शाही-स्नान' मेला-प्रशासन के लिए बड़ी चुनौती होते हैं, जो मकर संक्रान्ति के अलावा मौनी अमावस्या और बसन्त पंचमी को होते हैं।

कुम्भ पर्व का आयोजन वर्ष		प्रयाग	नासिक	उज्जैन	हरिद्वार
ई. सन्	विक्रम सम्वत्				
1820					कुम्भ
1844	1901				कुम्भ
1855	1912				कुम्भ
1915					कुम्भ
1924		अर्द्धकुम्भ			
1927	1984				कुम्भ
1930		पूर्णकुम्भ			
1938	1995				कुम्भ
1942		पूर्णकुम्भ			
1950					कुम्भ
1954		पूर्णकुम्भ			
1959		अर्द्धकुम्भ			
1965		पूर्णकुम्भ			
1971		अर्द्धकुम्भ			
1977		पूर्णकुम्भ			
1983		अर्द्धकुम्भ			
1989		पूर्णकुम्भ			
1991			कुम्भ		
1992				सिंहस्थ कुम्भ	
1995		अर्द्धकुम्भ			
1998					कुम्भ
2001		पूर्णकुम्भ			
2003			कुम्भ		
2004				सिंहस्थ कुम्भ	अर्द्धकुम्भ
2007		अर्द्धकुम्भ			
2010					कुम्भ
2013		**महाकुम्भ**			
2015			कुम्भ		
2016				सिंहस्थ कुम्भ	अर्द्धकुम्भ
2019		अर्द्धकुम्भ			
2022			कुम्भ		

कुम्भ महापर्व भारतीय संस्कृति में सन्निहित एकता, अखण्डता, समता, समरसता, आस्था और पवित्रता का सर्वोत्तम प्रतिनिधि है। त्रिवेणी संगम के पावन तट पर भारत की भावात्मक एकता मूर्तिमान हो उठती है। कुम्भ के दौरान भारत की सर्वतोभद्र सांस्कृतिक चेतना प्रयाग की पुण्यभूमि पर मुखर हो उठती है। इस दृष्टि से कुम्भ हमारी सांस्कृतिक एकता का जीवन्त प्रतीक है।

यह भारतवर्ष का सबसे बड़ा और विश्व का ऐसा एकमात्र धार्मिक समागम है, जहाँ करोड़ों लोग एकत्र होते हैं। इस अवसर पर विभिन्न देशों और प्रान्तों के, विभिन्न पन्थों और सम्प्रदायों के, विभिन्न जीवन-पद्धतियों को मानने वाले विविध भाषा-भाषी लोग एकसाथ आस्था की डुबकी लगाते हैं। किसी आमन्त्रण-निमन्त्रण या किसी प्रचार-प्रसार के बिना सदियों से कुम्भ के पावन अवसर पर लाखों-करोड़ों लोग अनाहूत प्रयाग आकर अपनी अडिग आस्था का प्रकटीकरण करते हैं।

सागर-मन्थन की कथा की पौराणिक पृष्ठभूमि

कुम्भ का सम्बन्ध बहुधा सागर-मन्थन से उत्पन्न अमृत-घट से जोड़ा गया है। जिसको पीने से पीनेवाले की मृत्यु नहीं होती, उसे 'अमृत' कहते हैं। यह समुद्र से निकला हुआ तथा अमरत्व प्रदान करनेवाला एक विशेष द्रव्य है। महाभारत में अमृत की उत्पत्ति की कथा इस प्रकार बतायी गयी है- एक बार राजा पृथु के भय से पृथ्वी गाय बन गयी। तब देवताओं ने इन्द्र को बछड़ा बनाकर स्वर्ण-पात्र में अमृत रूपी दूध को दूहा। परन्तु दुर्वासा ऋषि के शाप के कारण वह अमृत समुद्र में चला गया। दुर्वासा के शाप के प्रभाव से देवता गण श्रीहीन हो गये थे। खोयी हुई शक्ति और तेजस्विता पाने के लिए देवताओं ने असुरों के साथ मिलकर सागर का मन्थन किया। राष्ट्रकवि रामधारी सिंह दिनकर ने 'अमृत मन्थन' शीर्षक कविता में सागर-मन्थन में रत देवताओं द्वारा अमृत के आवाहन विषयक मनोभाव का एक अद्भुत शब्दचित्र रचा है-

(1)

जय हो, छोड़ो जलधि मूल,
ऊपर आओ अविनाशी,
पन्थ जोहती खड़ी कूल पर
वसुधा दीन, पियासी।
मन्दर थका, थके असुरासुर,
थका रज्जु का नाग,
थका सिन्धु उत्ताल,
शिथिल हो उगल रहा है झाग।

निकल चुकी वारुणी, असुर
पी चुके मोहिनी हाला,
नीलकण्ठ शितिकण्ठ पी चुका
कालकूट का प्याला।
मिले नियति के भाग सभी को,
सबकी पूरी चाह
जन्मो, जन्मो अमृत!
देवता देख रहे हैं राह।

(2)

जन्मो पीड़ित, मथित उदधि
के आकुल अन्तस्थल से,
जन्मो उद्वेलन अशान्ति से,
जन्मो कोलाहल से।
नर्तित गिरि के घूर्णिवेग
वासुकि के कर्षित फण से,
जन्मो, सागर-शिला-नाग के
भीषण संघर्षण से।
जन्मो जैसे जन्म ग्रहण
करती मणि चक्षुश्रवा से,
जन्मो, जैसे किरण जन्म
लेती है सघन कुहा से।
शमित करो विष की प्रचण्डता,
शमित करो यह दाह,
जन्मो, जन्मो अमृत!
देवता देख रहे हैं राह।[5]

सागरमन्थन के क्रम में अन्ततः अमृत से पूर्ण कलश को लेकर धन्वन्तरि प्रकट हो गये। विशिष्ट ग्रहयोग सम्बन्धी स्नानपर्व कुम्भ का सम्बन्ध सागर-मन्थन से प्राप्त इस अमृत-कुम्भ से ही है।

सागर-मन्थन की कथा जैसी लालित्यपूर्ण और अर्थपूर्ण कथा भारतीय साहित्य में दूसरी नहीं है। देवताओं और असुरों की प्रवृत्ति का जितना गहरा परिचय इससे मिलता है उतना किसी और कथा से नहीं। एक प्रकार से जीवन की धारक और मारक दोनों प्रवृत्तियों का इसमें निरूपण मिल जाता है। डॉ. वासुदेवशरण अग्रवाल के मतानुसार समुद्र-मन्थन का यह उपाख्यान आध्यात्मिक पक्ष में मनुष्य की दैवी और आसुरी वृत्तियों के संघर्ष का विवेचन करता है।

सागर-मन्थन से जो रत्न निकले उनकी संख्या चौदह बतायी जाती है। राष्ट्रकवि मैथिलीशरण गुप्त ने उन रत्नों की उत्पत्ति का अनुक्रम इस प्रकार प्रदर्शित किया है-

निकले चौदह रत्न, प्रथम सुरभी कल्याणी।
तब रम्भा छविमती, चन्द्रशीतल सुखकारी।
घातक विष, प्रिय शंख, बाजि, गज, धनु, मणि प्यारी।
इनके पीछे प्रकट हुई श्री शोभा-सीमा।
रूप-भार से दबा, गमन था जिनका धीमा।
तब प्रकटे सित-वसन वैद्य धन्वंन्तरि ज्ञानी।
लिये सुधा का पात्र, जिलाने को मृत प्राणी।
मन्थन का उपकरण जहाँ का तहाँ पठाया।
फिर दोनों ने भाग-प्राप्ति का प्रश्न उठाया।
पर दोनों दल हुए विकल, लख विष की ज्वाला।
उनके हित के लिए उसे शिव ने पी डाला।
श्री ने हरि को वरा, योग्य वर उनको लेखा।
पर दैत्यों की ओर न भूले से ही देखा।

अमृत-कुम्भ किसको मिले यह निश्चय नहीं हो सका। धन्वन्तरि ने उसे देवताओं को दे दिया तो दैत्य क्रुद्ध हो उठे। पुनः देवासुर संग्राम की स्थिति उत्पन्न हो गयी। दोनों ओर खींचा-तानी शुरू हुई। संकट का अनुमान करके भगवान् विष्णु ने एक योजना बनायी जिसमें उन्होंने स्वयं 'मोहिनी' रूप धारण किया। अमृतपान के लिए तत्पर सभी देव-दानव पंक्तिबद्ध होकर बैठ गये। वितरण के लिए अपने को प्रस्तुत करने के पहले मोहनीरूपी विष्णु ने इन्द्र-पुत्र जयन्त को अमृत-कलश धारण करने का भार दिया; और उसकी रक्षा का दायित्व नवग्रहों में से सूर्य, चन्द्र, बृहस्पति और शनि को दिया। कलश को टूटने-फूटने से बचाने का दायित्व सूर्य को सौंपा गया। अमृत को छलकने और बहने से बचाने का दायित्व चन्द्रमा को दिया गया। राक्षसों से अमृत-कुम्भ सुरक्षित रहे इसका भार देव-गुरु बृहस्पति को दिया गया। शनि को घटवाही जयन्त की देखभाल का जिम्मा सौंपा गया था। बहरहाल, इन्हीं चारों ग्रहों से चार स्थानों पर होने वाले कुम्भ-पर्व की कथा जुड़ी है। राक्षसों से कलश की रक्षा करने के लिए ही जयन्त को नासिक, उज्जैन, हरिद्वार और प्रयाग में चतुर्दिक भागकर जाना पड़ा। प्रयाग इन सबसे अधिक महत्त्वपूर्ण सिद्ध हुआ। जहाँ-जहाँ अमृत-कलश छलका वहीं-वहीं अमृत-तत्त्व की कामना करने वाले सुधी तत्त्वज्ञ एकत्र होने लगे और उसी धार्मिक उत्सव ने कालान्तर में मेले का रूप ग्रहण कर लिया। उक्त स्थानों पर कुम्भ सूर्य, चन्द्र और बृहस्पति की सिंह, कुम्भ और मेष राशियों की स्थिति के आधार पर निर्धारित होता है। यह मान्यता हजारों वर्षों से चली

आ रही है। उस समय राहु-केतु विभाजित नहीं थे। मंगल और बुध को कनिष्ठ मानकर अलग ही रखा गया था। दैत्यों के पुरोहित होने के नाते शुक्र को भी अमृत की रक्षा का भार नहीं दिया गया।

जो भी हो, नव-ग्रहों की प्रतीक-कथा ही कुम्भ की कथा बन गयी। शुभ-अशुभ ग्रह अमृत और विष के प्रभाव के द्योतक हो गये। जिन्हें रक्षा का भार दिया गया उनमें भी दोनों प्रकार के ग्रह थे। शनि की दृष्टि कठोर थी। सम्भवतः उसी ने अमृत-कलश को स्थिर नहीं रहने दिया। चन्द्रमा को सुधाकर भी कहा जाता है, मानो वही अमृत-कुम्भ हो। उल्लेखनीय है कि अमावस को ही प्रयाग में कुम्भपर्व का आरम्भ होता है। सोमवती होने से उसका महत्त्व बढ़ जाता है क्योंकि चन्द्रमा स्वयं सोम का पर्याय है। प्रतिपदा या प्रथमा को 'अमृतांश-काल' माना जाता है।

कुम्भ पर्व से जुड़ी तीन कथाएँ

कुम्भ पर्व के आयोजन के सम्बन्ध में तीन कथाएँ प्रचलित हैं-

1. महर्षि दुर्वासा की कथा
2. कद्रू और विनता की कथा
3. समुद्र-मन्थन की कथा

1. पहली कथा देवराज इन्द्र से सम्बन्धित है। एक बार देवराज इन्द्र मधुपान से उन्मत्त और कामाभिभूत होकर रम्भा नामक अप्सरा के साथ एकान्त में विहार कर रहे थे। उसी समय उन्होंने बैकुण्ठधाम से कैलास पर्वत की ओर जाते हुए महर्षि दुर्वासा को देखा। इन्द्र ने उनको सादर प्रणाम किया। दुर्वासा ने आशीर्वाद के साथ ही इन्द्र को पारिजात पुष्पों की एक दिव्य माला भी दी। वह माला उन्हें भगवान् विष्णु से प्राप्त हुई थी। मदोन्मत्त इन्द्र ने उस मोक्षप्रदा माला को शिरोधार्य करने के बदले अपने प्रिय हाथी ऐरावत के मस्तक पर रख दिया; और ऐरावत ने उस दिव्य माला को भूमि पर फेंक कर अपने पैरों से कुचल दिया। आशीर्वाद स्वरूप दी गयी उस दिव्य माला के तिरस्कार से क्षुब्ध होकर दुर्वासा ने इन्द्र सहित समस्त देवताओं को श्रीहीन होने का शाप दे दिया। शाप के कारण होने वाले अनावृष्टि और दुर्भिक्ष के प्रभाव से त्राहि-त्राहि मच गयी।

इस विकट स्थिति से निपटने के लिए समस्त देवगण भगवान् नारायण के पास गये। नारायण के सुझाव पर देवताओं और दानवों ने मिलकर समुद्र-मन्थन किया। समुद्र-मन्थन के परिणामस्वरूप देवी लक्ष्मी प्रकट हुई; और फिर वर्षा भी होने लगी। इसके कारण स्वाभाविक रूप से षि पर निर्भर सम्पूर्ण जगत् का संकट दूर हो गया।[6]

समुद्र-मन्थन के दौरान तेरह अन्य रत्न भी निकले जिनमें सबसे प्रमुख अमृत-कुम्भ था। भगवान् विष्णु की सहायता से देवताओं ने अमृत पर एकाधिकार

करना चाहा। इस बात से क्षुब्ध होकर असुरों ने अमृत-कुम्भ को नागलोक में छिपा दिया। तब भगवान् विष्णु के वाहन पक्षिराज गरुड़ ने उसका उद्धार किया। नागलोक से क्षीरसागर तक पहुँचने से क्रम में गरुड़ ने जिन-जिन स्थानों पर अमृत-कुम्भ को रखा था, वही स्थान कालान्तर में कुम्भ-स्थलों के रूप में प्रसिद्ध हुए। नागलोक से क्षीर सागर तक ले जाने के क्रम में विश्राम के लिए वे लोग बारह स्थानों पर रुके थे। स्वाभाविक रूप से उस अमृत-कलश को बारह स्थानों पर रखा गया था। उनमें से आठ स्थान देवलोक में और चार स्थान मृत्युलोक में बताये जाते हैं। आगे चलकर मृत्युलोक के चार स्थानों- हरिद्वार, उज्जैन, नासिक और प्रयाग में कुम्भ-स्नान की परम्परा प्रचलित हुई।

2. 'महाभारत' के आदिपर्व में वर्णित कथा के अनुसार महर्षि कश्यप की दो पत्नियाँ थीं- विनता और कद्रू। कद्रू दक्ष प्रजापति की पुत्री थी। विनता से वैनतेय गरुड़ उत्पन्न हुए, जबकि कद्रू वासुकि सहित एक सहस्र तेजस्वी नागों की माता बनीं। कश्यप की दोनों पत्नियों का सौतियाडाह चरम पर था। एक बार उन दोनों के बीच सूर्य के श्वेत घोड़े उच्चैःश्रवा की पूँछ के रंग को लेकर वाद-विवाद हो गया। विनता ने उसे श्वेत बताया, जबकि कद्रू ने उसको काले रंग का बताया। शर्त लगी कि जो पराजित होगी, उसको विजेता की दासी बनना पड़ेगा। कद्रू जानती थी कि उच्चैःश्रवा की पूँछ का रंग काला है। इसलिए उसने अपने पुत्रों- एक सहस्र नागों से कहा कि वे सभी काले रंग के बाल जैसा स्वरूप धारण करके उच्चैःश्रवा की पूँछ में चिपक जायें। कुछ को छोड़कर उसके अधिकांश पुत्रों ने उसकी आज्ञा का पालन किया। इसके बाद शीघ्रगामिनी कद्रू अपनी सौतन विनता के साथ समुद्र को लाँघकर तुरन्त ही उच्चैःश्रवा के पास पहुँच गयीं। वहाँ श्वेत वर्ण के वेगवान अश्व की पूँछ के रंग को काला देखकर विनता अवाक् रह गयी।

छल से कद्रू ने उसको हरा दिया। शर्त के अनुसार विनीता को कद्रू की दासी बनना पड़ा। कद्रू की शर्त थी कि जब कोई नागलोक से वासुकि-रक्षित अमृत-कुम्भ लाकर देगा तभी वह विनता को दासता से मुक्त करेगी। अपनी मुक्ति के लिए विनता ने अपने पुत्र को यह दायित्व सौंपा। समस्त देवताओं को परास्त कर और अमृत की रक्षा करनेवाले यन्त्रों को लाँघकर गरुड़ अपनी माता के लिए अमृत लाने में सफल रहे। बहरहाल, गरुड़ उस अमृत-कलश को लेकर भूलोक होते हुए अपने पिता कश्यप मुनि के गन्धमादन पर्वत पर स्थित आश्रम के लिए चल पड़े। उधर वासुकि ने इन्द्र को सूचना दे दी। गरुड़ को रोकने के लिए इन्द्रादि देवताओं ने उनसे चार स्थानों पर युद्ध किया। युद्ध के दौरान अमृत की कुछ बूँदें चार स्थानों पर छलककर नीचे गिर गयी। चारों प्रसिद्ध स्थानों पर कुम्भ का अमृत छलका जिससे कुम्भ-पर्व की धारणा उत्पन्न हुई। देवासुर संग्राम की जगह इस

कथा में गरुड़-नाग संघर्ष प्रमुख हो गया। जयन्त की जगह इन्द्र स्वयं सामने आ गये।

महाभारत में कद्रू-विनता के सौतिया-डाह के क्रम में अमृत-कुम्भ की कथा वर्णित है। अपनी माता की मुक्ति के लिए गरुड़ स्वयं अमृत-कलश को लेकर भागते हैं क्योंकि सर्प उनके पीछे लगे हुए हैं। कुशों पर गिरी अमृत बूँदों को चाटने से सापों की जीभ कट कर दो हो गयी यह बात उसी कथा से जुड़ी है। स्कन्दपुराण में कहा गया है- "कलशोन्यपतत्तत्र कुम्भ-पर्व तदुच्यते।"

३. देवासुर संग्राम के बाद समुद्र-मन्थन हुआ। क्षीर सागर के मन्थन के क्रम में चौदह दैवीय रत्न निकले थे। सभी रत्न मूल्यवान थे, किन्तु अमृत-कलश अमूल्य था। अमृत-कलश को प्राप्त करने के लिए सुरों और असुरों में संघर्ष आरम्भ हो गया। इस संघर्ष में असुर विजयी रहे; और उन्होंने अमृत-कलश पर अधिकार कर लिया। हारकर देवताओं ने देवराज इन्द्र के पुत्र जयन्त को अमृत-कलश लाने भेजा। जयन्त ने कौए का छद्म रूप धारण किया और अमृत-कलश को असुरों से बचाने के लिए चल पड़ा। अन्ततः असुरों को भ्रमित करके जयन्त ने अमृज-कलश को हस्तगत कर लिया और उसको लेकर निकल भागा। तभी असुरों के गुरु शुक्राचार्य की दृष्टि काग-रूपी जयन्त पर पड़ी। उन्होंने असुरों को जैसे ही इस कपट की बात बतायी, उन्होंने जयन्त का पीछा करना शुरू किया। परन्तु वे जयन्त को पकड़ नहीं पाये। बहरहाल, इस छीना-झपटी में अमृत-कलश छलक गया; और उसकी बूँदें चार स्थानों- हरिद्वार, उज्जैन, नासिक और प्रयाग, पर गिरीं। अमृत-कुम्भ को क्षीर-सागर से स्वर्गलोक तक पहुँचने में जयन्त को बारह दिन लगे थे। पौराणिक अनुश्रुतियों के अनुसार देवलोक का एक दिन मृत्युलोक के एक वर्ष के बराबर होता है। इसीलिए प्रत्येक बारह वर्ष पर हरिद्वार, उज्जैन, नासिक और प्रयाग में कुम्भ के पवित्र स्नान की परम्परा प्रारम्भ हुई।

सागर-मन्थन की इस कथा को अपेक्षाकृत अधिक महत्त्व दिया जाता है। इसमें विष्णु मोहिनी रूप धारण करके असुरों को छल से पराजित करते हैं। यहाँ गरुड़ का आख्यान विष्णु से जुड़ गया है और वासुकि के रूप में नागों का सम्बन्ध शिव से जा मिला है।

देवताओं और असुरों ने मिलकर अमृत की प्राप्ति के लिए क्षीर सागर को मथा था। जब धन्वन्तरि हाथ में अमृतकुम्भ लेकर प्रगट हुए तब देवताओं की सलाह से जयन्त उस कुम्भ को झपटकर चुपके से भागने लगा। असुरों को इसकी आहट मिली और उन्होंने जयन्त का पीछा किया। देवताओं द्वारा घट की सुरक्षा के लिए सूर्य, चन्द्र, गुरु और शनि को भी नियुक्त किया गया था। देवासुरों का यह झगड़ा बारह दिनों तक चला, इस अवधि में कुम्भ भी गतिशील था। फलतः उसमें रखा अमृत चार स्थानों

पर छलका। इसी कारण से इन चार स्थानों पर कुम्भ मेलों का आयोजन हुआ करता है।

कुम्भ मेले से सम्बन्धित प्रचार ग्रन्थों में इस कथा को स्कन्दपुराण के अन्तर्गत होना बताया गया है परन्तु उसका कोई सन्दर्भ नहीं दिया गया है। दुर्भाग्यवश स्कन्दपुराण के वर्तमान में उपलब्ध संस्करणों में यह आख्यान उपलब्ध नहीं है।

डॉ. जगदीश गुप्त ने लिखा है कि "कुम्भ-पर्व आत्ममन्थन को समुद्र-मन्थन का रूपक देकर अमृत-कलश की कल्पना लोक-जीवन में साकार करने में सफल रहा है। अविश्वासी भी श्रद्धालुओं तथा स्नानार्थियों से जुड़ी सहस्त्राब्दियों से व्याप्त जन-चेतना की उपेक्षा नहीं कर सकता। धर्म का विरोध करनेवाले अपने परिवार और परिवेश से अपने को तोड़ने का खतरा नहीं उठा सकते। विरोध की भाषा आत्म-चिन्तन की भाषा बन जाती है जो इस देश की संस्कृति का मूल आधार रहा है।"[7] यहाँ कुम्भ-दर्शन प्रकारान्तर से, आत्म-दर्शन का पर्याय बन गया है।

नया सागर-मन्थन

वर्तमान समय में एक नया सागर-मन्थन जारी है। हमारी पौराणिक परम्परा इसकी प्रेरक है। अमृत दरअसल, हमारी अनादि अभीप्सा है। अमृत की सनातन अभिलाषा के चलते ही भारत में कुम्भ मेले होते हैं। नाना पन्थों, विचारों, आस्थाओं और जातियों से सम्बद्ध साधु-सन्त और जनसामान्य वहाँ एकत्र होते हैं। वैचारिक-विविधता वहाँ मूर्तमान हो उठती है। मगर सभी पन्थों की विविधता का इन्द्रधनुष अपने जन्मदाता सूर्य के प्रति एकात्म रहता है। सूर्य यानी प्रकाश। भारत का अर्थ ही प्रकाशरत है। 'भा' अर्थात् प्रकाश; और 'रत' अर्थात् संलग्नता। कहने का आशय यह है कि प्रकाशरत संस्कृति ही भारत है।

भारत का वर्तमान परिदृश्य भी सागर-मन्थन जैसा ही है। यहाँ देवों और दैत्यों का संग्राम जारी है। आज राहु बनकर धोखे से अमृत गटकनेवाले लोग बहुसंख्य हैं। परन्तु वे नहीं जानते कि पात्रता के कारण शिव विष पीकर भी अमर हैं; और राहु अमृत पीकर भी छायाग्रह ही बने हुए हैं। स्वयं विष पीकर दूसरों को अमृत देने का मार्ग प्रशस्त करना ही शिवत्व की परम्परा है। कहना न होगा कि शिवत्व की इस परम्परा से ही देश-दुनिया में समृद्धि और समरसता आयेगी।

कुम्भ का विशिष्ट ग्रहयोग

स्कन्दपुराण में कहा गया है कि गंगाद्वार (हरिद्वार), प्रयाग, धारानगरी (उज्जैन) और गोदावरीतट (नासिक) में अमृत-कुम्भ छलका था, इसलिए वहाँ कुम्भ का योग बनता है।

गङ्गाद्वारे प्रयागे च धारा गोदावरी तटे।
कुम्भाख्येयस्तु योगोऽयं प्रोच्यते शङ्करादिभिः।। (स्कन्दपुराण)

जिन-जिन स्थानों पर अमृत-कुम्भ छलका था, भारतीय परम्परा में वे सभी पुण्यस्थल माने गये हैं। वहाँ विशिष्ट ग्रहयोग काल में स्नान-दान करने को अमृत-पद (मोक्ष) की प्राप्ति का एक श्रेष्ठ साधन माना गया है। अमृत-कुम्भ को असुरों के पास से निकालने और उसको सुरक्षित स्थान तक पहुँचाने में देवगुरु बृहस्पति, सूर्यदेव और चन्द्रदेव ने विशेष सहायता की थी। अतः जब बृहस्पति, सूर्य और चन्द्रमा का ग्रहयोग होता है, तभी कुम्भ के स्नान-महापर्व का आयोजन होता है।

ज्योतिष परम्परा के अनुसार कुम्भ-योग होने पर ही कुम्भ के पवित्र-स्नान का आयोजन होता है। ज्योतिषीय गणना के अनुसार कुम्भ-योग चार प्रकार का होता है-

(1)

पद्मिनीनायके मेषे कुम्भराशिगते गुरौ।
गङ्गाद्वारे भवेद्योगः कुम्भनामा तदोत्तमः।। (स्कन्दपुराण)

अर्थात- बृहस्पति जब कुम्भराशि में होते हैं और सूर्य मेष राशि में प्रवेश करते हैं, तब हरिद्वार में गंगा के तट पर कुम्भ स्नानपर्व का योग बनता है।

(2)

सिंहराशिं गते सूर्ये सिंहराशौ बृहस्पतौ।
गोदावर्यां भवेत्कुम्भो भक्तिमुक्तिप्रदायकः।।

अर्थात- जब बृहस्पति एवं सूर्य सिंह राशि पर स्थित हों तब इस विशिष्ट ग्रहयोग में गोदावरी नदी के तट पर नासिक में कुम्भ स्नानपर्व का ग्रहयोग बनता है।

(3)

मेषराशिं गते सूर्ये सिंहराशौ बृहस्पतौ।
उज्जयिन्यां भवेत् कुम्भः सदा मुक्तिप्रदायकः।।

अर्थात- जब सूर्य मेष राशि पर हो और बृहस्पति सिंह राशि पर हो, तब इस विशिष्ट ग्रहयोग में उज्जैन में क्षिप्रा नदी के तट पर कुम्भ स्नानपर्व का योग बनता है।

(4)

मेषराशि गते जीवे मकरे चन्द्रभास्करौ।
अमावस्या तदा योगः कुम्भाख्यस्तीर्थनायके।। (स्कन्दपुराण)

अर्थात- जब बृहस्पति मेष राशि पर स्थित हो तथा सूर्य एवं चन्द्र मकर राशि पर स्थित हों; और माघ अमावस्या का दिन हो, तब इस विशिष्ट ग्रहयोग में प्रयाग के त्रिवेणी संगम पर कुम्भ स्नानपर्व का ग्रहयोग बनता है।

आस्थावान हिन्दुओं के मध्य यह मान्यता प्रचलित है कि प्रयाग कुम्भयोग के अवसर पर त्रिवेणी संगम में स्नान करने से हजारों अश्वमेध यज्ञों, सैंकड़ों वाजपेय यज्ञों और एक लाख बार पृथ्वी की प्रदक्षिणा करने से भी अधिक पुण्य-फल की प्राप्ति होती है। कुम्भ के पावन अवसर पर तीर्थयात्रियों को दो मुख्य लाभ होते हैं- एक तो संगम-स्नान और दूसरे सन्त-समागम।

कुम्भ-पर्व का ज्योतिष-पक्ष

भारतीय परम्परा में ज्योतिषीय गणनाओं के आधार पर ही पर्वों का निश्चय होता है। इसलिए कुम्भ पर्व का ज्योतिष सम्बन्धी पक्ष बहुत महत्त्वपूर्ण है। आकाश की सही पहचान के लिए पुरातन काल में ही उसको 27 नक्षत्रों तथा 12 राशियों में विभाजित किया गया है। राशियों के क्रम में कुम्भ 11वीं राशि है। उसी के आधार पर कुम्भ-पर्व का नामकरण हुआ है।

कुम्भ राशि पर बृहस्पति के होने से केवल हरिद्वार में कुम्भ का आयोजन होता है। अन्यत्र मेष, सिंह आदि राशियों का विचार किया जाता है और ग्रह भी बदल जाते हैं। विष्णुयोग में गंगाद्वार (हरिद्वार) के कुम्भ का निरूपण स्कन्दपुराण में करते हुए कहा गया है कि मेष में सूर्य और कुम्भ में बृहस्पति हो तो कुम्भ नाम का उत्तम योग वहीं बनता है। इसके आधार पर कुछ विद्वान यह मानते हैं कि कुम्भ की परम्परा हरिद्वार से ही आरम्भ हुई। 'कुम्भ नगर हरिद्वार' के लेखक कमलकान्त बुधकर के अनुसार ''कुम्भ तो वस्तुतः हरिद्वार में ही होता है और सम्भवतः यहीं से यह परम्परा आरम्भ हुई होगी क्योंकि शेष तीन स्थलों पर बृहस्पति कुम्भस्थ होता ही नहीं है। तात्पर्य यह कि कुम्भ विशेषण इस महापर्व के लिए हरिद्वार के साथ जुड़कर ही अधिक सटीक बैठता है।''

पौराणिक अमृत-कुम्भ की कथाएँ कहाँ से आरम्भ हुईं, इसका निश्चय अभी तक नहीं हो पाया है। समुद्र-मन्थन प्रतीकात्मक रूप से मानव-मन के द्वन्द्व का निरूपण करता है। नासिक और उज्जैन दोनों स्थानों पर कुम्भ सिंहस्थ माना जाता है, कुम्भस्थ नहीं। प्रयाग में कुम्भ की परम्परा हरिद्वार से गंगाजल के साथ बहती हुई आयी या अक्षयवट और गंगा-यमुना के संगम पर ब्रह्मा की प्रधान यज्ञवेदी होने के कारण स्वतः उद्भूत हुई, इसका निर्णय कर पाना आसान नहीं है। वैसे इस बात में कोई सन्देह नहीं है कि कुम्भ-स्थलों में तीर्थराज प्रयाग की महिमा सर्वोपरि है। परन्तु कुम्भ सर्वप्रथम प्रयाग से ही आरम्भ हुआ ऐसा निश्चयपूर्वक कह पाना भी सम्भव नहीं है। पुराणों में कुम्भ का उल्लेख और वर्णन तो कई स्थानों पर मिलता है, लेकिन कहीं भी उसके क्रम का उल्लेख नहीं है।

भारतीयों के मन में यह विश्वास अखण्ड रूप में विद्यमान है कि ग्रहों का विशेष योग अभीष्ट फल देगा। इसी से प्रेरित होकर भारतीय लोक परम्परा में तीर्थों,

स्नान-पर्वों, अनुष्ठानों और उत्सवों का आयोजन होता रहा है। प्रयाग का कुम्भ कई कारणों से विशेष महत्त्व रखता है। गंगा-यमुना जैसी नदियाँ पुरातन काल से पूजित रही हैं। सरस्वती का मनोमय आविर्भाव त्रिवेणी की सृष्टि करता है। वहाँ प्रत्यक्ष और परोक्ष का मिलन गंगा-यमुना के मिलन से कम दिखायी नहीं देता।

प्रयाग पुरातन काल से देश का एक प्रमुख सांस्कृतिक केन्द्र रहा है। इस दृष्टि से दूसरा स्थान उज्जैन का है। हरिद्वार और प्रयाग गंगा तट पर बसे हुए हैं। अतः कुम्भ स्नान अन्यत्र भी गंगा स्नान जैसा ही पवित्र माना जाता है।

11 कुम्भों के बाद आनेवाला कुम्भ, महाकुम्भ माना जाता है। बृहस्पति ही 11 वर्ष 11 महीने और 27 दिन में अपना राशि चक्र पूरा करता है। उसी के कारण कुम्भ का निश्चय 11 से 12 वर्ष के भीतर किया जाता है।

कुम्भ पर्व के निश्चय के लिए सूर्य के साथ चन्द्रमा का भी विचार किया जाता है, लेकिन वह उसके साथ सदा रहे यह आवश्यक नहीं होता। चारों स्थानों पर बृहस्पति और सूर्य का विचार प्रधान होता है। प्रयाग में दोनों के साथ चन्द्रमा का योग और संक्रान्ति की स्थिति विशेष मानी जाती है। माघ मास की परम्परा कुम्भ को और गरिमा प्रदान करती है। अर्द्धकुम्भ प्रयाग के अतिरिक्त केवल हरिद्वार में होता है। इससे यह दोनों स्थान अपेक्षाकृत अधिक महत्त्वपूर्ण हो जाते हैं। उज्जैन और नासिक में कुम्भ को सिंहस्थ कहने की परम्परा है। नासिक में सूर्य-बृहस्पति दोनों सिंह राशि में आ जाते हैं। अतः पूरी तरह सिंहस्थ कहलाने का अधिकारी वही है।

सूर्य-चन्द्र आदि नवग्रह निःसन्देह प्रकृति, अन्तरिक्ष, मनुष्य और इसके अन्तर्मन को प्रभावित करते हैं। कुम्भ से सम्बद्ध चारों स्थानों का सम्बन्ध-सूत्र कैसे उत्पन्न हुआ? कुम्भ-परम्परा के सर्जकों को ज्योतिष का ऐसा कौन-सा आधार मिला था, जो अन्यत्र कहीं नहीं मिला; और संस्कृति दूरवर्ती लोगों को कैसे जोड़े रहती है, ये तमाम प्रश्न अभी अनुत्तरित है।

तीर्थ सबको उबारता है। किसी व्यवस्थागत दोष से यदि कभी कोई दुर्घटना हो जाती हैं उन्हें भी सहने का साहस बटोर कर फिर उसी उत्साह से आगे बढ़ने का धैर्य भी ईश्वर की अनुकम्पा से ही सुलभ होता है। धीरता इस देश की पहचान रही है। यह अलग बात है कि धीरता पहले की तुलना में कम होती जा रही है पर अधीरता को आज भी कोई वरेण्य नहीं मानता। कुम्भ की भारी भीड़ सभी के धैर्य की परीक्षा लेती है। भारतीय सन्दर्भ में ज्योतिष मनुष्यों को कितना सक्रिय बना देती है यह कुम्भ आदि पर्वों से पता चलता है। भाषा-भेद, जाति-भेद, वर्ण-भेद, आयु-भेद तथा साधन-भेद से ऊपर उठकर आस्था बलवती बनी रहती है।[8]

दक्षिण भारत में कुम्भ की परम्परा

सामान्यतया यही माना जाता है कि द्वादश-वर्षीय कुम्भ की परम्परा उत्तरी और मध्य भारत तक सीमित है। परन्तु डॉ. जगदीश गुप्त लिखते हैं- ''मैंने पाया कि जैसे उत्तर भारत के प्रसिद्ध तीर्थ काशी-मथुरा, दक्षिण में कांची और मदुरई के रूप में स्थापित हो गये, वैसे ही प्रयागराज का कुम्भ-पर्व भी दक्षिण में कुम्भकोणम के नाम से विख्यात हो गया। आश्चर्य यही है कि उत्तर भारत में अभी तक इसकी कोई जानकारी न तो लोक में प्रचलित है और न पण्डे-पुरोहितों द्वारा विज्ञापित की जाती है।

पुराणों में भी कुम्भ की मान्यता केवल चार स्थलों हरिद्वार, प्रयाग, उज्जैन और नासिक तक सीमित मानी जाती है। दो स्थान विन्ध्य के इधर और दो स्थान विन्ध्य के उधर। महाराष्ट्र से उस ओर जाकर दक्षिण में उसकी कोई सम्भावना नहीं सोची गयी। किन्तु वास्तविकता यह है कि कुम्भ परम्परा का पाँचवाँ स्थान धुर-दक्षिण में स्थित है और सैंकड़ों वर्षों से लोक-प्रसिद्धि भी प्राप्त है। डॉ. नागप्पा तथा डॉ. विश्वनाथ अय्यर ने इसकी सम्पुष्टि की, जब उनसे अभी वृन्दावन में मेरी भेंट हुई थी। कुम्भकोणम निवासी प्राचार्य डॉ. परशुरामन ने इसकी पत्र द्वारा सम्पुष्टि की है। यथा-

''कुम्भकोणम में प्रत्येक वर्ष साधारण मखम् उत्सव मनाया जाता है लेकिन बारह वर्षों में एक बार महामखम उत्सव मनाया जाता है। उस समय पूरे भारतवर्ष से लाखों लोग यहाँ आकर महामखम तालाब में स्नान करते हैं। इसी महामखम् उत्सव को दक्षिण भारत का कुम्भ मेला कहते हैं।''[9]

'कुम्भकोणम' कावेरी नदी के डेल्टा में स्थित है। सातवीं शताब्दी में यह चोल राजवंश की राजधानी थी। यहाँ कई वैष्णव एवं शैव मन्दिर हैं और एक दुर्लभ ब्रह्मा मन्दिर भी है। यह पुरातन काल से ब्राह्मण विद्वानों के लिए एक महत्त्वपूर्ण अध्ययन केन्द्र रहा है। यहाँ कुम्भ की एक जीवन्त-परम्परा चली आ रही है। 'कुम्भकोणम' का संस्कृत नाम 'कुम्भघोणम' है। कहते हैं ब्रह्मा जी ने एक अमृत से भरकर एक कुम्भ रखा था। उस कुम्भ की नासिका (घोण) अर्थात् मुख के समीप एक छिद्र चू कर अमृत बह निकला और उससे वहाँ की पाँच कोस तक की भूमि भीग गयी। इसी से उस स्थान का नाम कुम्भघोण (कुम्भकोण) पड़ गया-

कुम्भस्य घोणतो यस्मिन् सुधापूरं विनिस्सृतम्।
तस्मात् तत्पदं लोके कुम्भघोणं वदन्ति हि।।[10]

यहाँ कुम्भ का मेला लगता है। लाखों यात्री उसमें एकत्र होते हैं। यह दक्षिण भारत का एक प्रमुख तीर्थ है। प्रति बारहवें वर्ष जलाशय के किनारे कुम्भ राशि में ही गंगा-तट जैसा पर्व-स्नान होता है। यहाँ महामघम, नागेश्वर, शर्गपाणि और

कुम्भेश्वर के प्रसिद्ध मन्दिर दर्शनीय माने जाते हैं। ये सभी मन्दिर द्रविड़ शैली में बने हुए हैं। कुम्भकोणम का तीर्थ-क्षेत्र बहुधा प्रयाग-क्षेत्र की स्मृति दिलाता है। कुम्भकोणम में नागेश्वर मन्दिर है तो प्रयाग में भी नागवासुकि मन्दिर है। कुम्भकोणम मूलतः शैव परम्परा से जुड़ा रहा लेकिन बाद में विष्णु मन्दिर भी निर्मित हो गये। गंगा-यमुना-सरस्वती आदि नौ नदियाँ तथा अनेक देवी-देवता यहाँ स्थापित हैं। कुम्भेश्वर में घड़े के आकार की शिव-मूर्ति असाधारण है। यह स्थान चिदम्बरम् के पास है।

'शताध्यायी' में 'कुम्भकोणम' का विशेष महत्त्व के साथ उल्लेख है और पापों के शमन में सर्वप्रथम उसी का नाम लिया गया है। प्रयाग को उस क्रम में सबसे ऊपर स्थान दिया गया है।

अन्य क्षेत्रे कृतंपापं पुण्यक्षेत्रे विनष्यति।
पुण्यक्षेत्रे कृतं पापं कुम्भकोणे विनष्यति।।8।।
कुम्भकोणे कृतं पापं वाराणस्यां विनष्यति।
तत्रापि यत्कृतं पापं प्रयागे तद्विनष्यति।।9।।

(पूर्वार्द्ध, अध्याय 3)

इस सन्दर्भ को देखने से स्पष्ट है कि पुराणकार को दक्षिण भारत का सन्दर्भ ज्ञात था। उसने पाप-शमन की विशेष शक्ति कुम्भकोणम से आरम्भ की है। वाराणसी को उससे ऊपर और प्रयाग स्थित संगमस्थल को सर्वोच्च महिमा दी है। आगे के श्लोकों में प्रयाग से आगे यमुना, फिर सरस्वती तब गंगा और अन्ततः 'संगमतीर्थ नायके' का उद्घोष किया गया है। इस दृष्टि से कुम्भ-स्थलों में पाँचवाँ नाम कुम्भकोणम अवश्य होना चाहिए।

कुम्भ मेला : सांस्कृतिक एकीकरण का माध्यम

कुम्भ मेला सांस्कृतिक एकीकरण का एक धार्मिक माध्यम है जिसके पीछे विश्वास की शक्ति कार्य करती है। विश्वास मस्तिष्क की एक भावात्मक स्थिति है। इस स्थिति में व्यक्ति किसी शक्ति या वस्तु के होने में आस्था रखता है। धार्मिक विश्वास लोगों को दुःख, मृत्यु आदि जीवन के तमाम अबूझ प्रश्नों के उत्तर भी देता है। सच तो यह है कि धर्मप्राण लोग परोक्षतः अपनी इन्हीं समस्याओं के समाधान के लिए कुम्भ जैसे धार्मिक मेलों में सम्मिलित होते हैं। बहरहाल, उनके आगमन का उद्देश्य चाहे जो भी हो, उसका रचनात्मक परिणाम सांस्कृतिक एकीकरण के रूप में सामने आता है।

डॉ. राजेन्द्र प्रसाद के शब्दों में- "प्रत्येक देश और जाति के मेले और त्योहार उसके इतिहास के दर्पण हैं। इसमें उस देश की सामाजिक, धार्मिक एवं सांस्कृतिक परम्परा के दर्शन किये जा सकते हैं।" मेला उस दर्पण के समान होता है जिसमें किसी देश

और जाति की संस्कृति एवं इतिहास का प्रतिबिम्ब देखा जा सकता है। मेला मनुष्य के समाजीकरण का स्थल है। भारत ही नहीं, बल्कि पूरे विश्व में अपने समाज की प्राचीन परम्पराओं और सांस्कृतिक मान्यताओं को सुरक्षित रखने के उद्देश्य से मेले और पर्व का आयोजन किया जाता है। मेले में विभिन्न क्षेत्रों और प्रान्तों के लोग एकत्र होते हैं जिससे समाज के सांस्कृतिक एकीकरण को बढ़ावा मिलता है।

विश्व का सबसे बड़ा मेला

कुम्भ के अवसर पर एक विराट मेला लगता है। श्रद्धालुओं की संख्या की दृष्टि से कुम्भ विश्व का सबसे बड़ा धार्मिक मेला है। प्रबल आस्था और दृढ़ विश्वास के साथ बिना बुलाये असंख्य लोग विभिन्न क्षेत्रों से एक ही स्थान पर एकत्र होते हैं। कुम्भ मेले में लोगों के निरन्तर आवागमन से इस क्षेत्र में व्यापारिक गतिविधियाँ बढ़ जाती है। लोगों की आधारभूत आवश्यकताओं की पूर्ति के लिए कई प्रकार की बाजार-व्यवस्थाएँ बन जाती हैं। वहाँ अस्थाई रूप से आश्रय, भोजन एवं पूजन सामग्री आदि से सम्बन्धित व्यवसायों के अलावा कई प्रकार के मनोरंजन सम्बन्धी व्यवसाय भी खड़े हो जाते हैं। मेले में विभिन्न क्षेत्रों से आये हुए लोगों की सुविधा के दृष्टिगत विभिन्न व्यवसायों से सरोकार रखनेवाले विभिन्न सांस्कृतिक पृष्ठभूमि के लोगों की आवश्यकता होती है। यही आवश्यकता सांस्कृतिक एकीकरण का एक साधन बनती है। एम.एन0 श्रीनिवास ने ठीक ही कहा है कि ''भारत की एकता की अवधारणा मूलरूप से धार्मिक अवधारण है।''

अखाड़ों, व्यक्तिगत तपस्वियों, साधुओं-संन्यासियों, धर्मप्राण सामान्य जनों और दर्शनार्थियों का विशाल समूह कुम्भ मेले को दुनिया का सबसे बड़ा धार्मिक समागम बनाते हैं। कुम्भ मेले संसार के सबसे बड़े मेले होते हैं और उन मेलों में प्रयाग-कुम्भ का अपना विशिष्ट स्थान है। स्वयं देखे बिना उसका अनुमान लगा पाना सम्भव नहीं है। कितने सम्प्रदाय, कितने अखाड़े, कितने मठ-मठाधीश विभिन्न वेशों और मुद्राओं वाले साधु-सन्त और देश-विदेश से आये असंख्य स्नानार्थी एवं दर्शनार्थी पूरे नगर को एक जाग्रत लघु-भारत बना देते हैं। सारे तीर्थों, सारी नदियों और सारे जलाशयों का आशय कुम्भ में सिमट कर उसे महाकुम्भ बना देता है। जलधारा और जनधारा का इतना विशाल संगम किसे अन्तर्स्नान नहीं कराता और मानसिक-मुक्ति नहीं देता! जिसकी जन-भावना इसके साथ नहीं जुड़ी वह वस्तुतः देश के साथ एकात्म नहीं हो सकता।[11]

एक खास बात यह है कि देश-दुनिया के अन्य मेलों की तरह कुम्भ मेले में मीना बाजार, घोड़ा बाजार, हाथी बाजार, चिड़िया बाजार और काठ बाजार नहीं लगते और न संगीत-नृत्य के लिए वारांगनाएँ सुलभ होती हैं। लीलाओं का प्रदर्शन अवश्य

होता है। रामकथा या भागवत-कथा का ललित रूप भी सुनने में आता है। भजन-कीर्तन के जीवन्त वातावरण में स्त्री-पुरुष समान भाव से सहयोग देते हैं। कुम्भ मेले की प्रकृति मूलतः दूसरे मेलों से भिन्न है। देश में धार्मिक मेलों की एक बहुत बड़ी शृंखला है, परन्तु कुम्भ मेला उसका सर्वोच्च शिखर है। आज की व्यापारिक मानसिकता ने उसे प्रभावित अवश्य किया है परन्तु मूल-भावना अभी तक जाग्रत है। ऐसा न होता तो इतने लोग तमाम कठिनाइयों को सहते हुए भी बिना निमन्त्रण एकत्र नहीं हो पाते।[12]

कुम्भ : एक 'अमूर्त सांस्कृतिक धरोहर'

यूनेस्को द्वारा 2017 ई. में भारत के कुम्भ मेले को 'अमूर्त सांस्कृतिक धरोहर' के रूप में मान्यता दी गयी। यह इस विराट आध्यात्मिक महोत्सव की सार्वभौमिक स्वीकार्यता का द्योतक है. योग और नवरोज के बाद कुम्भ मेला विगत दो वर्षों में इस प्रकार की मान्यता प्राप्त करनेवाला तीसरी धरोहर है। यह भारत के लिए प्रसन्नता और अपूर्व गर्व का विषय है। कुम्भ मेले को दुनिया का सबसे बड़ा महोत्सव माना जाता है, जिसमें देश-दुनिया के लाखों लोग पवित्र नदियों के किनारे स्नान के लिए जमा होते हैं। विगत दो साल में भारत के लिए गौरवान्वित होने का यह दूसरा अवसर है। इससे पहले 2016 में योग की मान्यता दी गयी थी। कुम्भ मेले को यह मान्यता यूनेस्को की अमूर्त सांस्कृतिक धरोहर के संरक्षण सम्बन्धी अन्तर सरकारी समिति ने प्रदान की है। कुम्भ मेले को 'मानवता की अमूर्त सांस्कृतिक धरोहर की प्रतिनिधि सूची' में शामिल करने का निर्णय दक्षिण कोरिया के जेजू में 4 से 9 दिसम्बर, 2017 को हुए अपने 12वें सत्र में लिया गया था। कुम्भ मेला को अमूर्त सांस्कृतिक धरोहर के रूप में मान्यता प्रदान करने की अनुशंसा करते हुए विशेषज्ञ समिति ने कहा था कि ''यह पृथ्वी पर तीर्थयात्रियों का सबसे बड़ा शान्तिपूर्ण जमावड़ा है। यह धार्मिक महोत्सव सहिष्णुता और समावेशी प्रकृति को प्रदर्शित करता है और इसमें बिना किसी भेदभाव के लोग हिस्सा लेते हैं।''

कुम्भ की परम्परा की शुरुआत

प्रयाग सहित अन्य तीर्थों में कुम्भ स्नान-पर्व की परम्परा का प्रारम्भ कब हुआ, इस बात का कोई निश्चित प्रमाण उपलब्ध नहीं है। वेदों में कई स्थान पर 'कुम्भ' शब्द का प्रयोग हुआ है। जल-प्रवाह से उसका सम्बन्ध भी है; और एक जगह चार की संख्या भी निर्दिष्ट है पर न तो उसका सम्बन्ध अमृतमन्थन की कथा से जुड़ पाता है और न ही हरिद्वार, प्रयाग, उज्जैन और नासिक के चार कुम्भ-पर्वों से उनकी कोई संगति बन पाती है।

जघान वृत्रं स्वधितिर्वनेव रुरोज पुरो अरदन्न सिन्धून्।
विभेद गिरिं नवमिन्न कुम्भमा गा इन्द्रो अ   णुत स्वयुग्भिः।।

(ऋग्वेद, 10/89/7)

महर्षि दयानन्द सरस्वती द्वारा किया गया हिन्दी भावानुवाद निम्नवत् है- इन्द्र, सूर्य या विद्युत मेघ को मारता है। जिस प्रकार कुठार जंगलों को काटता है उसी प्रकार वह मेघों के नगरों को ध्वस्त करता है और नदियों को जल से परिपूर्ण करता है। वह कच्चे घड़े के समान मेघों का भेदन करता है और अपने सहयोगी मरुतों के साथ वर्षा-जल को अभिमुख करता है।[13]

पं. श्रीराम शर्मा आचार्य द्वारा किया गया हिन्दी भावानुवाद निम्नवत् हैं- "जंगल को जैसे कुल्हाड़ा काट देता है, वैसे ही इन्द्र ने वृत्र को काट डाला और शत्रुओं के नगर को नष्ट कर दिया। उन्होंने अपने घट के समान मेघ को तोड़कर वर्षा के जल से नदियों के लिए मार्ग बनाया। इन्द्र ने अपने सहायक मरुद्गण के सहायक जल को हमारे अभिमुख कराया।"[14]

'प्रयाग कुम्भ रहस्य' में शुक्ल यजुर्वेद का एक मन्त्र उद्धृत किया गया है-

कुम्भो वनेष्ठुर्जनिता शचीभिर्यस्मिन्नग्रे योन्यां गर्भोऽनन्तः।
प्लाशिर्व्यक्तः शतधारऽउत्सो दुहे च कुम्भी स्वधां पितृभ्यः।।

(शुक्ल यजुर्वेद, 19/87)

महर्षि दयानन्द सरस्वती के अनुसार यहाँ कुम्भो और कुम्भी द्वारा स्त्री-पुरुष के संयोग से सन्तानोत्पत्ति का रूपक प्रस्तुत किया गया है।[15] पं. श्रीराम शर्मा आचार्य भी इसका यही अर्थ करते हैं। उनके शब्दों में इस श्लोक का अर्थ निम्नवत् है-"रस साधन कुम्भ ने कर्म के द्वारा स्थूलान्त्र को उत्पन्न किया। जिस कुम्भ के भीतर सोम-रस गर्भ रूप से स्थित है, वह घट जननेन्द्रिय रूप है। सुराधानीपात्र ने स्वधा रूप अन्न का पितरों के निमित्त दोहन किया।"[16]

अथर्ववेद के दो मन्त्रों में भी कुम्भ शब्द प्रयुक्त हुआ है-

पूर्णः कुम्भोऽधि काल आहहितस्तं वै पश्यामो बहुधा नु सन्तः।
स इमा विश्वा भुवनानि प्रत्यङ्कालं तमाहुः परमे व्योमन्।।

(अथर्ववेद, 19/53/3)

इसका अर्थ पं. श्रीराम शर्मा आचार्य ने निम्नवत् किया है- "संसार के कारण-भूत परमेश्वर काल से कुम्भ के समान पूर्णतया व्याप्त हैं। हम साधु पुरुष उस काल को अनेक भेद से देखते हुए उसे व्योम के समान निर्लेप बताते हैं।"[17]

और क्षेमकरणदास त्रिवेदी[18] ने इसका अर्थ इस प्रकार किया है- "समय के प्रयोग से धर्मात्मा लोग अनेक सम्पत्तियों के साथ सद्मति प्राप्त करते हैं। वह महा प्रबल

सब स्थानों में परमात्मा के सामर्थ्य के बीच वर्तमान है, उसकी महिमा को बुद्धिमान जानते हैं।"

जबकि आचार्य श्री गोपालदत्त शास्त्री ने इसको इस रूप में प्रस्तुत किया है-"हे सन्त गण! पूर्ण कुम्भ समय पर (बारह वर्षों के बाद) आया करता है जिसे हम अनेक बार प्रयागादि तीर्थों में देखा करते हैं। कुम्भ उस समय को कहते हैं जो महान् आकाश में ग्रह राशि आदि के योग से होता है।"[19] कहना न होगा कि गोपालदत्त शास्त्री की यह व्याख्या एकदम भ्रामक एवं स्वकल्पित है।

अथर्ववेद का दूसरा मन्त्र भी द्रष्टव्य है-

चतुरः कुम्भांचतुर्धा ददामि क्षीरेण पूर्णा उदकेन दध्ना।
एतास्त्वा धारा उप यन्तु सर्वाः स्वर्गे लोके मधुमत् पिन्वमाना।
उपत्वा तिष्ठन्तु पुष्करिणीः समन्ताः।। (अथर्ववेद, 4/34/7)

अर्थात- "दुग्धादि से पूर्ण चार कलशों को मैं चार दिशाओं में स्थापित करता हूँ। यह दुग्धादि धाराएँ मधुर रस को पुष्ट करती हुई तथा जल से पूर्ण पुष्करिणी नदियाँ तुझे प्राप्त हों।"[20] मोटे तौर पर इसका अर्थ यह है कि परमेश्वर ब्रह्मचर्यादि चारों आश्रमों द्वारा और चारों वेदों द्वारा धर्म-अर्थ आदि चार पदार्थ देता है। इसलिए मनुष्य चारों आश्रम और चारों वेदों के यथावत् सेवन से चारों पदार्थ प्राप्त करके सदा आनन्दित रहे।

कुल मिलाकर, वेदों में कुम्भयोग का कहीं कोई स्पष्ट उल्लेख नहीं मिलता है। हाँ, महाभारत में स्पष्ट नामोल्लेख के बिना कुम्भ स्नान-पर्व का एक अस्पष्ट-सा संकेत है। "सतयुग की बात है। बारह वर्षों में पूर्ण होने वाले एक महान् यज्ञ का अनुष्ठान किया गया था। नैमिषारण्य निवासी बहुत-से ऋषि-मुनि पधारे। उसके समापन पर अनेक अन्य ऋषि तीर्थ में स्नान करने के लिए आये। सरस्वती नदी के दक्षिणी तट पर सभी तीर्थ खचाखच भर गये। अतः सैंकड़ों ऋषियों को वहाँ रहने का स्थान नहीं मिला। उनकी निराशा देखकर नदी अनेक कुंज बनाती हुई पीछे पश्चिम की ओर लौट गयी। सरस्वती ने सोचा कि उन सबके लिए आश्रयस्थल बनाकर वह पुनः पूर्व दिशा की ओर प्रवाहित होने लगेगी।"[21] यहाँ बारह वर्षों में पूर्ण होनेवाले पूर्णकुम्भ का संकेत है, तीर्थस्नान का उल्लेख है; और सरस्वती नदी के उस स्थान से वापस लौटने (यानी लुप्त हो जाने का) संकेत है। इन तीनों कड़ियों को जोड़कर यह कहा जा सकता है कि यह वर्णन, प्रकारान्तर से, प्रयाग के पूर्ण कुम्भ के स्नान-पर्व से ही सम्बन्धित है।

परन्तु पुराणों में कुम्भ स्नान-पर्व का सविस्तार उल्लेख किया गया है। इसलिए इतना तो स्पष्ट ही है कि कुम्भ स्नान-पर्व की परम्परा पुराणों की रचना के पहले से प्रचलित है। गौरतलब है कि पुराणों का संकलन प्रायः गुप्तकाल (320-510 ई.) में

हुआ था। इसके आधार पर यह कहा जा सकता है कि कुम्भ की परम्परा गुप्तकाल के पहले से ही चली आ रही है।

सम्राट् हर्षवर्द्धन का प्रयाग दान-महोत्सव

हर्षवर्द्धन के शासनकाल (606-647 ई.) में चीनी धर्मयात्री ह्वेनत्सांग भारत आया था। उसने अपने यात्रा-विवरण में इस बात का उल्लेख किया है कि प्रयाग में गंगा-यमुना के पवित्र संगम पर प्रत्येक पाँचवें साल दान-महोत्सव मनाया जाता है। ह्वेनत्सांग ने अपने विवरण में कुम्भ शब्द का प्रयोग नहीं किया है, परन्तु निश्चित रूप से यहाँ उसका आशय प्रयाग में प्रत्येक पाँच साल बाद मनाये जानेवाले अर्द्धकुम्भ के आयोजन से ही है। परन्तु भ्रमवश या त्रुटिवश उसने अपने विवरण में 'प्रत्येक पाँच साल बाद' के स्थान पर 'प्रत्येक पाँचवें साल' लिख दिया है। सम्भव है कि चीनी और भारतीय काल-गणना में अन्तर होने के कारण उससे लिखने में यह चूक हो गयी हो।

ह्वेनत्सांग के विवरण के आधार पर यह कहा जा सकता है कि सम्राट् हर्षवर्द्धन प्रत्येक पाँच वर्ष बाद प्रयाग में जिस दान-महोत्सव का आयोजन करते थे, वह कुम्भ या अर्द्धकुम्भ के अवसर पर ही होता रहा होगा। प्रयाग में कुम्भ की ऐतिहासिकता सम्बन्धी यह एक महत्त्वपूर्ण ऐतिहासिक साक्ष्य है। लोक-आस्था की एक दीर्घ परम्परा तो पहले से ही चली आ रही थी, सम्राट् हर्षवर्द्धन ने राजकीय आश्रय प्रदान करके इस परम्परा को सुदृढ़ किया। हर्ष एक दानशील सम्राट् थे। वे हर छठे वर्ष प्रयाग की पावन भूमि पर सर्वस्व दान महोत्सव का आयोजन करते थे। इस दान महोत्सव के दौरान 75 दिनों तक सम्राट् हर्ष अपने कोष में संचित धन, सम्पत्ति, स्वर्ण आदि श्रमणों, ब्राह्मणों और दीन-हीनों को दान कर दिया करते थे। ह्वेनत्सांग ने इस दान को चीनी भाषा में 'वू-चे- ताई-हुइ' कहता है। इस महोत्सव को 'महामोक्ष परिषद' कहा जाता था। कन्नौज के धर्म परिषद के बाद 643 ई. में ह्वेनत्सांग की उपस्थिति में हर्ष के छठे दान उत्सव का आयोजन किया गया था।

भारतीय परम्परा में नदियों के संगम-स्थल को पवित्र माना जाता रहा है। उसमें भी गंगा में किसी नदी के मिलन-बिन्दु को तो पवित्रतम माना गया है। भारत में नदियों के संगम-स्थल तीर्थों के रूप में विकसित हुए हैं। गंगा, यमुना और अन्तःसलिला सरस्वती के संगमतट पर स्थित होने के कारण प्रयाग को तीर्थराज माना गया है। हिन्दू श्रद्धालु अपने तीर्थों पर प्राचीनकाल से दान-पुण्य करते आये हैं। प्रयाग के संगमतट पर दान-दक्षिणा का विशेष महत्त्व रहा है। इसी परम्परा में सम्राट् हर्ष ने अपने दान महोत्सव के लिए त्रिवेणी संगम पर स्थित प्रयाग की पावन भूमि को चुना था।

ह्वेनत्सांग सम्राट् शीलादित्य (हर्ष) द्वारा माघ मास में आयोजित छठे दान महोत्सव का प्रत्यक्ष वर्णन करता है। प्रयाग के संगमतट पर बाँस के डण्डों से घेरकर एक वर्गाकार अहाता तैयार किया गया था। अहाते के भीतर घास-फूस आदि की सहायता से भण्डारगृह के प्रयोजन हेतु कई भवन तैयार किये गये थे। अहाते में स्थित उन भवनों में दान हेतु लाये गये सम्पूर्ण कोष को संग्रहीत किया गया था। कोष में सोना, चाँदी, लालमणि, इन्द्रनील मोती, महानील मोती आदि सम्मिलित थे। उसमें रेशमी और सूती वस्त्र भी रखे गये थे। सोने और चाँदी के सिक्के भी रखे हुए थे। अहाते के बाहर की ओर भोजन की व्यवस्था थी। भण्डारगृह के सामने लगभग 100 बड़े भवन बने हुए थे, जिनमें हजारों श्रद्धालु ठहरते थे। महोत्सव के पहले ही सम्राट् हर्ष राजकीय घोषणा करके समस्त देशों के श्रमणों, ब्राह्मणों, दीन-हीनों और अनाथ-असहायों को दानोत्सव में भाग लेने के लिए आमन्त्रित करता था। 643 ई. में सम्राट् शीलादित्य (हर्ष) 18 देशों के राजाओं और ह्वेनत्सांग के साथ जब प्रयाग पहुँचे, तब तक लगभग पाँच लाख लोग वहाँ एकत्र हो चुके थे।

गंगा के उत्तरी तट पर शीलादित्य (हर्ष) का शिविर था। संगम के पश्चिम की ओर वल्लभी नरेश ध्रुवभट्ट का शिविर था और यमुना के दक्षिण की ओर कामरूप नरेश कुमारराज का शिविर था। दान पाने की कामना से आये हुए याचक लोग महाराज ध्रुवभट्ट के शिविर के पश्चिम की ओर डेरा जमाये हुए थे। प्रातः के समय सम्राट् हर्ष और कुमारराज अपने सैनिकों एवं अनुचरों के साथ जलपोत में बैठकर दानभूमि की ओर अग्रसर हुए। अन्य देशों के राजा भी शोभायात्रा सहित उनके साथ चले। दानोत्सव के पहले ही दानभूमि के भीतर बने घास-फूस के भवन में भगवान् बुद्ध की एक मूर्ति स्थापित की गयी थी। वहाँ पहुँचकर हर्ष ने भगवान् बुद्ध को बहुमूल्य रत्नाभूषण भेंट किये। इसके बाद वाद्ययन्त्रों के संगीत के साथ पुष्प बिखेरे गये। फिर बहुमूल्य वस्तुएँ, वस्त्र और भोजन सामग्री का वितरण किया गया।

दूसरे दिन आदित्य (सूर्य) देव की मूर्ति स्थापित की गयी। इस दिन पहले दिन की तुलना में आधी वस्तुएँ दान में दी गयीं। तीसरे दिन महादेव की मूर्ति स्थापित की गयी। इस दिन दूसरे दिन की भाँति दान किया गया। चौथे दिन बौद्ध धर्म संघ के 10000 बौद्ध विद्वानों और भिक्षुओं को दान दिया गया। प्रत्येक बौद्ध विद्वान को 100 स्वर्ण मुद्राएँ, एक मोती, एक सूती वस्त्र ओर विविध प्रकार की खाद्य सामग्री, फल-फूल आदि वितरित किये गये।

दान का यह क्रम 20 दिनों तक चलता रहा। अगले दस दिनों तक अन्य धर्मावलम्बियों को दान दिया गया। इसके बाद 10 दिनों तक दूर-दूर से आये हुए याचकों को दान दिया गया। इस प्रकार दान का यह क्रम कुल मिलाकर 74 दिनों

तक चला। सम्राट् शीलादित्य (हर्ष) पाँच वर्षों में संचित सम्पत्ति में से हाथी, घोड़े, सेना तथा राजकीय और कानून व्यवस्था के लिए उपयोगी वस्तुओं को छोड़कर सब कुछ दान कर देते थे।

दानोत्सव के अन्तिम दिन शीलादित्य ने अपने शरीर के वस्त्र और आभूषण भी दान कर दिये और फिर अपनी बहन राजश्री से भिक्षा में एक पुराना वस्त्र माँगकर उसको धारण कर लिया। दसों दिशाओं के बुद्धों की अर्चना करके शीलादित्य ने भावविभोर होकर कहा कि इतना धन और कोष एकत्र करके मुझे प्रायः यह भय लगा रहता था कि वह सुरक्षित है कि नहीं। परन्तु उसको दान कर देने के बाद अब मैं विश्वासपूर्वक कह सकता हूँ कि मैंने उस धन का सदुपयोग किया है। मैं यही चाहता हूँ कि आगामी जन्मों में भी इसी प्रकार अपना संचित धन मानव को धर्म भाव से दानस्वरूप अर्पित करता रहूँ। दान वितरण के बाद आमन्त्रित राजा गण सम्राट् के वस्त्राभूषणों और अलंकरणों को दान-गृहीताओं से उचित मूल्य देकर खरीद लेते थे और सम्राट् को उपहारस्वरूप भेंट कर देते थे। यह सब प्रयाग की पुण्य भूमि पर ही होता था। दानशीलता का ऐसा कोई उदाहरण अन्यत्र दुर्लभ है।

बाणभट्ट कृत 'हर्षचरित' में भी हर्ष के महादानों का उल्लेख है। बाणभट्ट कहते हैं कि प्रत्येक पाँचवें वर्ष अपना सर्वस्व दान कर देता था।

जीवितावधिगृहीतसर्वस्वमहादानदीक्षाचीरेणेन हार मुक्ताफलानां किरण निकरेण प्रावृतवक्षः स्थलम्।[22]

शेष नामक एक कण्ठाभरण हर्ष की छाती पर शोभायमान रहता था। (शेषेण हारदण्डेन परिवलितकन्धरं) शेष नामक यह हार तत्कालीन विशिष्ट पुरुषों का एक आभूषण था। बाणभट्ट के अनुसार हर्ष के मुक्ताहार से निःसृत होने वाली किरणें उसके वक्ष पर ऐसे लिपटीं प्रतीत हो रही थी, मानो वह अपना सर्वस्व दान करने वाले सम्राट् का दीक्षा-वस्त्र हो। अतिश्योक्तिपूर्ण शैली में बाणभट्ट लिखते हैं कि हर्ष की दान-सामग्री इतनी अधिक थी कि उनके लिए पर्याप्त याचक नहीं मिल पाते थे।

आदि शंकराचार्य और कुम्भ

कुम्भ को एक महान् स्नान-पर्व और विराट धार्मिक मेले के रूप में प्रसिद्धि दिलाने कर श्रेय प्रायः आदि शंकराचार्य (780-820 ई.) को दिया जाता है। आठवीं शताब्दी ई. में उन्होंने धार्मिक वाद, विवाद और संवाद के लिए ज्ञानी साधुओं-संन्यासियों को नियत समय पर एकत्र करके हिन्दू धर्म को सुदृढ़ बनाने का प्रयास किया था। इस प्रकार की धार्मिक चर्चा-परिचर्चा के लिए कुम्भ पर्व बहुत उपयोगी सिद्ध हुआ। मेले में आनेवाले श्रद्धालुओं को कुम्भ में स्नान-ध्यान और दान-धर्म करने का मौका तो मिलता ही था, शास्त्रज्ञ सन्त-महात्माओं के विचार रूपी अमृत के पान का अवसर

भी मिलता था। शंकराचार्य के दूरदर्शितापूर्ण उपक्रम के कारण इस स्नान-पर्व ने एक महापर्व का रूप धारण कर लिया; और यह मेला भारत की भावात्मक एकता का प्रतीक बन गया। प्रत्येक छह वर्ष बाद अर्द्धकुम्भ के अवसर पर और प्रत्येक बारह वर्ष बाद पूर्णकुम्भ के अवसर पर देश के चार पवित्र तीर्थों पर एक लघु-भारत का एकत्रीकरण आरम्भ हो गया। भारतीय लोकजीवन, हमारे साधु-सन्तों का आध्यात्मिक चिन्तन, समग्र हिन्दू जीवन-दर्शन और हमारी सनातन संस्कृति कुम्भ के महोत्सव में एकाकार हो गयी। कालान्तर में गंगा, यमुना और सरस्वती के त्रिवेणी संगम पर आयोजित होनेवाला यह कुम्भ एक स्नान-पर्व भर नहीं रहा, बल्कि विश्रृंखलित हिन्दू-चेतना का एक सेतुबन्ध बन गया। हिन्दू चेतना के प्रचार और प्रसार में कुम्भ महापर्व का योगदान अतुलनीय है।

आदि शंकराचार्य ने आठवीं सदी ई. में भारत के चार कोनों पर चार मठों की स्थापना करके एक प्रकार से उसके भूगोल का निर्धारण कर दिया- उत्तर में जोशीमठ, दक्षिण में श्रृंगेरी मठ, पूर्व में गोवर्द्धन मठ और पश्चिम में शारदा मठ। ये चारों शंकराचार्य की आध्यात्मिक विजय के कीर्तिस्तम्भ थे। यही उनके आध्यात्मिक साम्राज्य की चार राजधानियाँ भी थीं। सम्भव है कि आदि शंकराचार्य के मन में भारतवर्ष के चार कुम्भ-स्थलों को देखकर चार मठों (या पीठों) की स्थापना का विचार आया हो। वैसे यह भी सच है कि कुम्भ-स्थलों और पीठों में शत-प्रतिशत स्थान-भेद है। जो भी हो, तीर्थयात्रा की परम्परा भारत में भौगोलिक चेतना के विकास का एक प्रमुख साधन रही है। शंकराचार्य ने हिन्दू धर्म के सुदृढ़ीकरण के उद्देश्य से ही मठों और अखाड़ों की व्यवस्था का सूत्रपात किया था।

अखाड़ा मठों का ही एक विशिष्ट अंग है। अखाड़ों से सम्बन्धित नागा संन्यासी यदि एक ओर शास्त्र-ज्ञान में पारंगत होते हैं तो दूसरी ओर शस्त्र-विद्या में भी निपुण होते हैं। उनको देख कर महर्षि परशुराम की मूर्ति मन में कौंध जाती है। परशुराम की कुटिया का वर्णन करते हुए राष्ट्रकवि रामधारी सिंह दिनकर ने लिखा है-

अजिन, दर्भ, पालाश, कमण्डलु- एक ओर तप के साधन,
एक ओर हैं टँगे धनुष, तूणीर, तीर, बरछे भीषण।
श्रद्धा बढ़ती अजिन-दर्भ पर, परशु देख मन डरता है,
युद्ध-शिविर या तपोभूमि यह, समझ नहीं कुछ पड़ता है।
हवन-कुण्ड जिसका यह, उसके ही क्या हैं ये धनुष कुठार?
जिस मुनि की यह स्रुवा, उसी की कैसे हो सकती तलवार?

(रश्मिरथी, द्वितीय सर्ग)

परन्तु सब जानते हैं कि वह हवन-कुण्ड और धनुष-कुठार एक ही ऋषि के हैं। बहरहाल, नागा संन्यासियों का व्यक्तित्व एक प्रकार से महर्षि परशुराम के बहुआयामी व्यक्तित्व की अनुकृति है। यह साधुओं का एक संगठित समूह है, जिसकी अपनी एक विशिष्ट परम्परा है। उनकी रीति-नीति भी सामान्य साधुओं-संन्यासियों से एकदम अलग हैं। इनका जीवन रहस्यमय होता है। ये धर्मयोद्धा हैं और हिन्दू धर्म के प्रहरी भी। जनसामान्य नागा साधुओं के रहस्यलोक को प्रायः भयमिश्रित श्रद्धा के भाव से देखता है।

अखाड़े, नागा साधु और कुम्भ

संन्यासियों के **'दशनामी'** नामक प्रसिद्ध संगठन का संस्थापक प्रायः आदि शंकराचार्य को माना जाता है, परन्तु कुछ विद्वान इसका श्रेय स्वामी सुरेश्वराचार्य को देते हैं, जो उनके अनन्तर दक्षिण भारत के शृंगेरी मठ के तृतीय आचार्य थे।

शृंगेरी मठ, जोशी मठ, गोवर्द्धन मठ और शारदा मठ के अलग-अलग आचार्य क्रमशः हस्तामलक, त्रोटकाचार्य, पद्मपादाचार्य और स्वरूपाचार्य बतलाये जाते हैं और इनकी विभिन्न परम्पराओं के साथ ही दशनामों से सम्बन्धित होने की भी चर्चा की जाती है। दशनामियों की 52 गढ़ियाँ भी प्रसिद्ध हैं, जिनमें से 27 गिरियों की, 16 पुरियों की, 4 भारतीयों की, 4 वनों की तथा एक लामा की कही जाती है। तीर्थों, आश्रमों, सरस्वतियों तथा भारतीयों में से आधे अर्थात् साढ़े तीन 'दण्डी' और शेष 'गोसाईं' कहे जाते हैं।

'वन और अरण्य' नामक नामक संन्यासी पूर्व में जगन्नाथपुरी के गोवर्द्धनपीठ से जुड़ गये। 'तीर्थ और आश्रम' नामक संन्यासी पश्चिम में द्वारका स्थित शारदापीठ

कुम्भ के अवसर पर अखाड़ों की शोभायात्रा

से सम्बद्ध किये गये। उत्तर में बदरीनाथ धाम के ज्योतिपीठ (जोशीमठ) से 'गिरि', 'पर्वत' और 'सागर' नामक संन्यासी सम्बद्ध किये गये। 'पुरी', भारती' और 'सरस्वती' नामक संन्यासी गण दक्षिण के शृंगेरीपीठ से सम्बद्ध कर दिये गये। आगे चलकर दशनामी संन्यासियों के 'दण्डी' और 'गोसाईं' नामक दो भेद हो गये। तीर्थ, आश्रम, सरस्वती और भारती नामक संन्यासियों को 'दण्डी' कहा गया क्योंकि वे लोग दीक्षा के साथ ही दण्ड का व्रत लेते थे। शेष छह संन्यासी वर्ग (वन, अरण्य, गिरि, पर्वत, सागर और पुरी) 'गोसाईं' कहलाते हैं। 'गो' इन्द्रियों का वाचक है। अतः उसका स्वामित्व ग्रहण करनेवाला या उसका नियन्ता गोस्वामी कहलाता है। 'गोसाईं' दरअसल गोस्वामी का ही देशज रूप है।

दशनामी साधुओं के प्रत्येक वर्ग में, उनकी आध्यात्मिक स्थिति के स्तरभेद के अनुसार चार प्रकार होते हैं जिन्हें क्रमशः कुटीचक, बहूदक, हंस और परमहंस कहा जाता है। इनमें से प्रथम दो को कभी-कभी 'त्रिदण्डी' की संज्ञा दी जाती है। दीक्षा के समय ब्रह्मचारियों की अवस्था प्रायः 17-18 से कम की नहीं होती है; और वे ब्राह्मण, क्षत्रिय या वैश्य वर्ण के हुआ करते हैं। उन्हें कतिपय विधियों के अनुसार अनुष्ठान करना पड़ता है और उन्हें बताया जाता है कि उन्हें गैरिक वस्त्र, विभूति एवं रुद्राक्ष धारण करना होगा, शिखासूत्र का परित्याग करना होगा तथा दीक्षामन्त्र के प्रति निष्ठा रखनी होगी। संन्यास ग्रहण करने के बाद वे विरक्त होकर तीर्थभ्रमण करते हैं और कभी अपने सम्प्रदाय के मठों में रहते हैं। इनके दैनिक आचार सम्बन्धी नियमों में रात और दिन मिलाकर केवल एक ही समय भोजन करना, बस्ती से बाहर निवास करना, अधिक से अधिक सात घरों से भिक्षा ग्रहण करना, केवल पृथ्वी पर ही शयन करना, किसी को प्रणाम न करना, किसी की निन्दा न करना और केवल संन्यासी का ही अभिनन्दन करना सम्मिलित थे।

दशनामी सम्प्रदाय का उद्देश्य धर्मप्रचार के साथ ही धर्मरक्षा भी है। दूसरे उद्देश्य की सिद्धि के लिए उन्होंने विभिन्न अखाड़ों के रूप में अपने को संगठित किया है। 'जूना अखाड़ा' (काशी) के इष्टदेव कालभैरव और कभी-कभी दत्तात्रेय समझे जाते हैं। 'आवाहन' जैसे एकाध अन्य अखाड़े भी उसी से सम्बन्धित हैं। 'निरंजनी अखाड़ा' (प्रयाग) के इष्टदेव कार्तिकेय हैं। इसकी भी 'आनन्द' आदि शाखाएँ हैं। 'महानिर्वाणी अखाड़ा' (झारखण्ड) ने औरंगजेब के विरुद्ध ज्ञानवापी युद्ध ठाना था। इसके कारण इस अखाड़े को विशेष प्रसिद्धि मिली थी। इसके इष्टदेव कपिल मुनि माने जाते हैं। इसके साथ 'अटल' जैसे एकाध अन्य अखाड़ों का सम्बन्ध भी जोड़ा जाता है। इन अखाड़ों में शस्त्राभ्यास करने की व्यवस्था रही है और इनमें प्रशिक्षित होकर नागाओं ने कई अवसरों पर धर्मयोद्धा की भूमिका का निर्वहन किया है। इनके प्रमुख महन्त को 'मण्डलेश्वर' कहा जाता है, जिसके नेतृत्व में ये सभी विशिष्ट

धार्मिक पर्वों के समय एक साथ स्नान करते हैं। इनकी शोभायात्रा के क्रम और स्वरूप को लेकर सुस्पष्ट नियम बने हुए हैं।[23]

यद्यपि नागा नामक कोई सम्प्रदाय नहीं है, तथापि पन्थ के रूप में वैष्णव वैरागी, शैव संन्यासी और सिख साधुओं के दर्शन होते हैं। ये ब्रह्मचर्यपूर्वक रहकर शरीर में भस्म रमाते हैं और जमात के साथ तीर्थाटन करते हैं। ये पहले तो सर्वथा नग्न रहते थे, लेकिन अब भी न्यूनतम वस्त्र धारण करते हैं। सिक्ख और जयपुरी नागाओं के अतिरिक्त अधिकांश नागा वैष्णव या शैव हैं।

कुम्भ के दौरान विभिन्न अखाड़ों के नागा साधुओं की शोभा-यात्रा निकलती है। यह कुम्भ मेले का सबसे ऐतिहासिक और दर्शनीय क्षण होता है। हाथी-घोड़ों पर सवार और कुछ पदाति नागा संन्यासियों की शोभा-यात्रा को देखते ही बनती है। पूरी देह में भस्म का शृंगार रचाये इन योद्धा-संन्यासियों का दल गाजे-बाजे के साथ जुलूस की शक्ल में निकलता है। पुरातन परम्परा के अनुसार प्रत्येक कुम्भ के दौरान सबसे मांगलिक मुहूर्तों में पवित्रतम स्थलों पर स्नान करने का सबसे पहला अधिकार इन नागा संन्यासियों का ही होता है। पवित्र स्थल पर और सबसे मांगलिक मुहूर्त में स्नान के लिए पूर्व-काल में विभिन्न समूहों के मध्य रक्तरंजित संघर्ष भी हुए हैं। नागाओं की सशस्त्र वाहिनी के मध्य संघर्ष की कई कहानियाँ प्रचलित हैं। कहते हैं, 1760 में कुम्भ के अवसर पर हरिद्वार में हुए एक ऐसे ही संघर्ष में शैव नागाओं द्वारा 18 हजार वैष्णव नागा मार दिये गये थे।[24] 1780 ई. में ब्रिटिश शासन द्वारा मठवासी समूहों के शाही-स्नान के लिए व्यवस्था बनायी गयी। आजादी के बाद अब सरकार द्वारा एक सुव्यवस्थित स्नान-व्यवस्था लागू की जाती है, ताकि लाखों-करोड़ों लोग निर्विघ्न और सुचारु रूप से स्नान कर सकें।

कहते है कि सबसे पहले आगम अखाड़े की स्थापना हुई थी, उनमें विखण्डन के बाद अन्य अखाड़े अस्तित्व में आये। अनुश्रुतियों के अनुसार आगम अखाड़े की स्थापना 2000 साल पहले हुई थी। 904 ई. में निरंजनी अखाड़े की और 1146 ई. में जूना अखाड़े की स्थापना हुई। मधुसूदन सरस्वती द्वारा 1565 ई. में दशनामी व्यवस्था की लड़ाका इकाइयों का गठन किया गया था।

नागा या दशनामी संन्यासी भगवान् शिव के उपासक होते हैं। ये नागा संन्यासी दिगम्बर जैन साधुओं की तरह सर्वथा नग्न रहते हैं, जटा धारण करते हैं; और कठोर शारीरिक अनुशासनों का पालन करते हैं। इनके सात अखाड़े हैं- (1) महानिर्वाणी अखाड़ा, (2) अटल अखाड़ा, (3) निरंजनी अखाड़ा, (4) आनन्द अखाड़ा, (5) जूना अथवा भैरव अखाड़ा, (6) आवाहन अखाड़ा और (7) पंचाग्नि अखाड़ा।

उदासी सम्प्रदाय के अनुयायियों का विश्वास है कि उसका प्रवर्तन मूलतः ऊँकार से हुआ था। उसकी 73वीं पीढ़ी में उदासी श्रीचन्द्र जी हुए, जिन्होंने इसको

सुसंगठित किया। ये गुरु नानकदेव के पुत्र थे। उदासी मतावलम्बी मानते हैं कि उनकी 16वीं पीढ़ी में बनखण्डी जी हुए जिन्होंने 1823 ई. में सिंध में साधुबेला तीर्थ की स्थापना की। भारत-विभाजन के बाद बनखण्डी जी की चौथी पीढ़ी के साधु गणेशदास ने 1949 ई. में अपने स्थान को काशी के भदैनी मुहल्ले में स्थानान्तरित कर दिया। इस सम्प्रदाय के अनुयायी मुख्यतः सिन्ध और पंजाब में ही पाये जाते हैं। उत्तराखण्ड में इनका प्रमुख स्थान हरिद्वार है, जबकि उत्तर प्रदेश में इनका प्रमुख स्थान काशी और वृन्दावन है। उज्जैन और नासिक के निकट त्र्यम्बकेश्वर में भी इनका अखाड़ा है। परन्तु उज्जैन और त्र्यम्बक के अखाड़ों में कुम्भ मेले के दौरान ही विशेष जागृति देखने को मिलती है।

उदासी सम्प्रदाय या अखाड़े के लोग या तो नागा हुआ करते हैं या इनके नामों के आगे 'दास' या 'शरण' उपाधि लगी होती है। जो परमहंस होते हैं उनके नामों के साथ 'आनन्द' शब्द जुड़ा होता है। नागा अपने शरीर पर प्रायः भस्म का प्रयोग करते हैं। इनक बाल बड़े-बड़े होते हैं; प्रायः जटाएँ होती हैं। दीक्षा के समय स्नान के बाद गुरु इनको भस्म लगा देते हैं; और उनको अपना चरणोदक पीने को देते हैं। चरणोदक पान के बाद इनको नया नाम देकर दीक्षा-मन्त्र के द्वारा दीक्षित कर दिया जाता है। ''चरण साधु का धो-धो पीयो, अरप साधु को अपना जीओ'', इनका प्रिय मन्त्र है। एक-दूसरे से मिलने पर ये लोग ''ऊँ नमो ब्रह्मणे'' कहकर परस्पर अभिवादन करते हैं।

उदासियों की दार्शनिक विचारधारा दशनामियों से मिलती-जुलती है। परन्तु जहाँ दशनामी लोग अपने को 'स्मार्त' मानते हैं, वहीं उदासी लोग अपने को 'श्रौत' मानते हैं। उदासी अखाड़े के साधु दशनामी साधुओं के समान शिव के प्रति श्रद्धालु तो नहीं होते, परन्तु अपने ललाट पर 'त्रिपुण्ड' लगाते हैं और उन्हीं के समान कमण्डलु भी रखते हैं।[25]

महानिर्वाणी अखाड़ा का मुख्यालय हरिद्वार में है। प्रयाग के दारागंज मुहल्ले में इसकी एक शाखा है। निरंजनी अखाड़े का मुख्यालय प्रयाग के दारागंज मुहल्ले में है, जबकि आनन्द अखाड़े का मुख्यालय काशी में है। कुम्भ के दौरान निरंजनी और आनन्द अखाड़े एक साथ रहते हैं; और कुम्भ-स्नान भी साथ ही करते हैं। आनन्द अखाड़े की एक शाखा प्रयागराज जिले के माण्डा में स्थित है। जूना अखाड़े का मुख्यालय काशी के हनुमान घाट में है। आवाहन अखाड़े का मुख्यालय भी काशी में ही है।

प्रयाग कुम्भ में अखाड़ों के स्नान का क्रम निम्नानुसार है-

1. महानिर्वाणी अखाड़ा
2. निरंजनी और जूना अखाड़ा

कुम्भ के अवसर पर अखाड़ों की शोभायात्रा

3. बैरागी (क) निर्मोही अखाड़ा (ख) दिगम्बर अखाड़ा (ग) निर्वाणी अखाड़ा
4. नया पंचायती उदासीन अखाड़ा
5. बड़ा पंचायती उदासीन अखाड़ा
6. निर्मल अखाड़ा

कुम्भ मेले में ध्वजाएँ

कार्तिकेय को मयूरध्वज और गणेश को कुम्भध्वज कहा गया है। 'झण्डा गाड़ना' हिन्दी का एक लोकप्रिय मुहावरा है। 'झण्डा गाड़ना' या ध्वज गाड़ना भारतीय परम्परा में किसी यज्ञ की सफलता का द्योतक है। पुरातन भारत में प्रत्येक राजभवन, शिविर और स्कन्धावार में तो ध्वज सदा फहरते ही रहते थे; देवमन्दिर, मण्डप और सामान्य घर भी प्रायः ध्वज-विहीन नहीं होते थे। कुम्भ मेले के दौरान प्रत्येक तीर्थ-पुरोहित (पण्डे) अपने यजमानों द्वारा सरलता से पहचाने जाने के उद्देश्य से अलग-अलग ध्वजाएँ गाड़े रहा करते थे। झण्डों से उनकी पहचान आसानी से हो जाया करती है।

प्रथम स्वाधीनता आन्दोलन और कुम्भ

प्रसंगवश उल्लेखनीय है कि '1857 के प्रथम स्वाधीनता आन्दोलन' की भूमिका हरिद्वार के पूर्ण कुम्भ के आयोजन के दौरान ही लिखी गयी थी। यह कोई आकस्मिक विस्फोट नहीं था। इस क्रान्ति के लिए पूरी तैयारी की गयी थी। प्रमुख नगरों में गुप्त समितियाँ स्थापित की गयी थीं। क्रान्ति विषयक सन्देश के प्रसार

के लिए सैनिक छावनियों, नगरों और गाँवों में कमल के फूल और रोटियाँ बाँटे गये थे। साधु-सन्तों, महात्माओं और मुल्ला-मौलवियों ने भी क्रान्ति के धर्मयुद्ध में लोगों को सम्मिलित होने के लिए प्रेरित किया था। 1855 ई. में ''हरिद्वार में लगे कुम्भ मेले के समय द्वितीय बाजीराव पेशवा के दत्तक पुत्र धुन्धु पन्त (नाना साहब), उनके बन्धु बाला साहब, अजीमुल्ला खाँ, तात्या टोपे और बाबू कुँवर सिंह ने ब्रिटिश शासन में देश की दशा तथा स्वराज के लिए देशवासियों के कर्तव्य के सम्बन्ध में हरिद्वार के नील पर्वत पर चण्डीस्थान के पास महर्षि दयानन्द से विचार-विमर्श किया था। इसमें स्वामी दयानन्द का यह अभिमत था कि किसी विदेशी राजा को किसी दूसरे देश पर शासन करने का अधिकार नहीं है।...भारत जैसे न्यायप्रिय, सुसभ्य और पुराने देश को पददलित करना महापाप है और इसको सहन करना और भी अधिक महापाप है।''[26]

कुम्भ को लेकर भारतीय जनमानस में अतुलनीय श्रद्धाभाव विद्यमान रहा है। बैकुंठनाथ मेहरोत्रा ने 'हिन्दुओं के प्रिय जलतीर्थ' शीर्षक एक लेख में लिखा है- ''1930 के (प्रयाग) कुम्भ की बात है। इस स्थान पर 40 लाख यात्री निवास कर रहे थे। हमलोग भी पिताजी के साथ उस अवसर पर यहाँ आये थे। हमलोग स्नान करके लौट रहे थे कि हमलोगों ने देखा काठियावाड़ प्रान्त की अनेक नारियाँ रास्ते के दोनों ओर लगे हुए रस्सों को तोड़कर सड़क पर आना चाहती थीं। हमलोगों को इस बात से कुछ आश्चर्य हुआ; अतः वहीं खड़े होकर हमलोग देखने लगे कि क्या बात है। उस समय नागा लोगों का अखाड़ा निकल रहा था। उसके निकल जाने पर वे स्त्रियाँ, कड़ी रुकावट होने पर भी, सड़क पर आ गयीं और उन्होंने उस मार्ग की धूलि को अपने माथे पर लगाया तथा थोड़ी-सी रज अपने आँचल में भी बाँध ली।''[27]

महात्मा गाँधी की दृष्टि में कुम्भ

1914 ई. के अन्तिम दिनों में दक्षिण अफ्रीका की समस्या प्रायः सुलझ जाने और गाँधी-स्मट्स समझौता हो जाने के फलस्वरूप मोहनदास करमचन्द गाँधी दक्षिण अफ्रीका से चलकर 9 जनवरी, 1915 को स्वदेश लौट आये। संयोगवश उसी वर्ष 12 वर्ष के अन्तर पर लगनेवाला कुम्भ मेला हरिद्वार में लगा था। एण्ड्रयूज ने गाँधीजी को भारत पहुँचकर जिन तीन लोगों से मिलने का सुझाव दिया था उनमें से एक थे हरिद्वार गुरुकुल के महात्मा मुंशीराम, जो आगे चलकर स्वामी श्रद्धानन्द के नाम से प्रसिद्ध हुए। महात्मा मुंशीराम से भेंट और महाकुम्भ में दर्शन-स्नान उस समय हरिद्वार में ही सम्भव था। गाँधीजी के शब्दों में ''इस साल (1915) हरिद्वार में कुम्भ का मेला पड़ता था। उसमें आने की मेरी प्रबल इच्छा थी। फिर मुझे महात्मा मुंशीराम जी के दर्शन भी करने थे। कुम्भ के मेले के अवसर पर गोखले के सेवक-समाज ने एक बड़ा

स्वयं-सेवक दल भेजा था। उसकी व्यवस्था का भार श्री हृदयनाथ कुंजरू को सौंपा गया था। यह बात तय पायी कि उन्हें मदद देने के लिए मैं भी अपनी टुकड़ी को ले जाऊँ। इसलिए मगनलाल गाँधी शान्ति निकेतन वाली हमारी टुकड़ी को लेकर मुझसे पहले हरिद्वार पहुँच गये थे। मैं भी रंगून से लौटकर उनके साथ शामिल हो गया।''[28] वे आगे कहते हैं कि ''मैं नहाने जाता तो वहाँ भी दर्शनाभिलाषी अकेला नहीं छोड़ते और फलाहार के समय तो एकान्त मिल ही कैसे सकता था? तम्बू में कहीं भी एक पल के लिए अकेला न बैठता। दक्षिण अफ्रीका में जो कुछ सेवा मुझसे हो सकी उसका इतना गहरा असर सारे भारत-खण्ड में हुआ होगा, यह बात मैंने हरिद्वार में ही अनुभव की।''[29]

1915 के हरिद्वार कुम्भ के बारे में गाँधीजी लिखते हैं- ''अब कुम्भ का दिन आया। मेरे लिए वह घड़ी धन्य थी। परन्तु मैं तीर्थ-यात्रा की भावना से हरिद्वार नहीं गया था। पवित्रता आदि के लिए तीर्थक्षेत्र में जाने का मोह मुझे कभी नहीं रहा। मेरा ख्याल है कि सत्रह लाख यात्रियों में सभी पाखण्डी नहीं हो सकते। यह कहा जाता था कि मेले में सत्रह लाख आदमी इकट्ठे हुए थे। मुझे इस विषय में कुछ सन्देह नहीं था कि इनमें असंख्य लोग पुण्य कमाने के लिए, अपने को शुद्ध करने के लिए आये थे। परन्तु इस प्रकार की श्रद्धा से आत्मा की उन्नति होती होगी यह कहना असम्भव नहीं तो मुश्किल जरूर है।''

गाँधीजी का समग्र जीवन व्रतों पर रचा गया है। हरिद्वार कुम्भ के समय ही उन्होंने कोई कठोर व्रत लेने का निश्चय किया। उन्हें ध्यान आया कि अभी हाल में रंगून और कलकत्ता प्रवास के दौरान उनके यजमानों को अनावश्यक श्रम करना पड़ा था। उनको लगा कि यदि उन्होंने भोजन के प्रकार की मर्यादा नहीं रखी तो जनसेवा करने के बजाय यजमानों को अपनी सेवा करने में लगाता रहूँगा। अतः गाँधीजी ने भविष्य में भोजन की वस्तुओं के प्रकार को मर्यादित या सीमित करने का और सूर्यास्त के पहले ही भोजन ग्रहण कर लेने का व्रत लिया। उन्होंने तय किया कि चौबीस घण्टों में पाँच चीजों से अधिक नहीं खायेंगे; और रात्रि का भोजन अब से कभी नहीं करेंगे।

''पहली बार जब 1915 में मैं हरिद्वार गया था, तब भारत सेवक संघ की सेवा समिति के कप्तान पं. हृदयनाथ कुंजरू के अधीन एक स्वयंसेवक बनकर पहुँचा था। इस कारण मैं सहज ही बहुतेरी बातें आँखों देख सका था और कई लोगों के निकट परिचय में आ सका था।...तब तो मैं बड़ी-बड़ी आशाएँ लगाकर और पूज्य भाव से प्रेरित होकर हरिद्वार गया था। लेकिन जहाँ एक ओर गंगा की निर्मल धारा ने और हिमांचल के पवित्र पर्वत-शिखरों ने मुझे मोह लिया, वहाँ दूसरी ओर मनुष्य की करतूतों को देख मेरे हृदय को सख्त चोट पहुँची और हरिद्वार की नैतिक तथा

भौतिक मलिनता को देखकर मुझे अत्यन्त दुःख हुआ।'' कहना न होगा कि तीर्थों की गन्दगी ने महात्मा गाँधी को बहुत ही व्यथित किया था।

1924 का प्रयाग-अर्द्धकुम्भ और नेहरू

1924 ई. में प्रयाग में अर्द्धकुम्भ मेला लगा था। जवाहरलाल नेहरू इस मेले के अद्भुत आकर्षण से अभिभूत हुए बिना न रह सके। अपनी आत्मकथा 'मेरी कहानी' में उन्होंने लिखा है- ''जनवरी 1924 में मुझे इलाहाबाद में एक नये ढंग का तजुरबा हुआ। मैं अपनी याददाश्त से यह लिख रहा हूँ और मुमकिन है कि तारीखों के सम्बन्ध में कुछ भूल और गड़बड़ हो। मैं समझता हूँ वह कुम्भ या अर्द्धकुम्भ के मेले का साल था। लाखों यात्री संगम, यानी त्रिवेणी, नहाने आते हैं। गंगा का पाट यों कोई एक मील चौड़ा है, मगर जाड़े में धारा सिकुड़ जाती है, और दोनों तरफ बालू का बड़ा मैदान छोड़ देती है, जोकि यात्रियों के ठहरने के लिए बड़ा उपयोगी हो जाता है। अपने इस पाट में गंगा अक्सर अपना बहाव बदलती रहती है। 1924 में गंगा की धारा इस तरह हो गयी थी कि यात्रियों के लिए नहाना अवश्य ही खतरनाक था। कुछ पाबन्दियों और अहतियात लगाकर और एक वक्त में नहानेवालों की तादाद मुकर्रर करके वह खतरा कम किया जा सकता था।

मुझे इस मामले में किसी किस्म की दिलचस्पी न थी; क्योंकि ऐसे पर्वों के अवसर पर गंगा नहाकर पुण्य कमाने की मुझे तो चाह नहीं थी। लेकिन मैंने अखबारों में पढ़ा कि इस मामले में पं. मदनमोहन मालवीय और प्रान्तीय सरकार के बीच एक चर्चा छिड़ गयी, क्योंकि प्रान्तीय सरकार ने एक ऐसा फरमान निकाल दिया था कि कोई संगम पर न नहाने पाये। मालवीयजी ने इस पर ऐतराज किया; क्योंकि धार्मिक दृष्टि से तो संगम पर नहाने का ही महत्त्व था। इधर सरकार का अहतियात रखना भी ठीक था कि जिससे जान का खतरा न रहे। लेकिन सदा की तरह उसने निहायत ही बेवकूफी और चिढ़ा देने वाले ढंग से इस सम्बन्ध में कार्रवायी की थी।

कुम्भ के दिन सुबह ही मैं मेला देखने गया। मेरा कोई इरादा नहाने का न था। गंगा किनारे पहुँचने पर मैंने सुना कि मालवीयजी ने जिला-मजिस्ट्रेट को एक सौम्य चेतावनी दे दी है, जिसमें त्रिवेणी में नहाने की इजाजत माँगी गयी है। मालवीयजी गरम हो रहे थे और वातावरण में क्षोभ फैला हुआ था। जिला मजिस्ट्रेट ने इजाजत नहीं दी तब मालवीयजी ने सत्याग्रह करने का निश्चय किया, और कोई दो सौ लोगों को साथ लेकर वह संगम की तरफ बढ़े। इन घटनाओं में मेरी दिलचस्पी थी, और मैं उसी वक्त जोश में आकर सत्याग्रही-दल में शामिल हो गया। मैदान के उस पार लकड़ियों का एक जबरदस्त घेरा बना दिया गया था कि लोग संगम तक पहुँचने से बचें। जब हम इस ऊँचे घेरे तक पहुँचे तो पुलिस ने हमें रोका और एक सीढ़ी, जो

हम साथ लिए हुए थे, छीन ली। हम तो थे अहिंसात्मक सत्याग्रही, इसलिए उस घेरे के पास बालू में शान्ति के साथ बैठ गये। सुबह-भर और दोपहर के भी कुछ घण्टे हम उसी तरह बैठे रहे। एक-एक घण्टा बीतने लगा। धूप की तेजी बढ़ती जा रही थी। पैदल और घुड़सवार पुलिस हमारे दोनों तरफ खड़ी थी। मैं समझता हूँ कि सरकारी घुड़-सेना भी वहाँ मौजूद थी। हम बहुतेरों का धीरज छूटने लगा, और हमने कहा कि अब तो कुछ-न-कुछ फैसला करना ही चाहिए। मै मानता हूँ कि अधिकारी भी उकता उठे थे। और उन्होंने कदम आगे बढ़ाने का निश्चय किया। घुड़-सेना को कुछ आर्डर दिया। इस समय मुझे लगा (मैं नहीं कह सकता कि वह सही था) कि वे हम पर घोड़े फेंकेंगे, और यों हमको बुरी तरह खदेड़ेंगे। घुड़सवारों से इस तरह कुचले और पीटे जाने का खयाल मुझे अच्छा न लगा और वहाँ बैठे-बैठे भी मेरा जी उकता उठा था। मैंने झट से अपने नजदीकवाले को समझाया कि हम इस घेरे को ही क्यों न फाँद जाएँ? और मैं उस पर चढ़ गया। तुरन्त ही बीसों आदमी चढ़ गये और कुछ लोगों ने तो उसकी बल्लियां भी निकाल डालीं, जिससे एक खासा रास्ता बन गया। किसी ने मुझे एक राष्ट्रीय झण्डा दे दिया, जिसे मैंने उस घेरे के सिरे पर खोंस दिया, जहाँ कि मैं बैठा हुआ था। मैं अपने पूरे रंग में था और खूब मगन हो रहा था और लोगों को उस पर चढ़ते और उसके बीच घुसते हुए और घुड़सवारों को उन्हें हटाने की कोशिश करते देख रहा था। यहाँ मुझे यह जरूर कहना चाहिए कि घुड़सवारों ने जितना हो सका इस तरह अपना काम किया कि किसी को चोट न पहुँचे। वे अपने लकड़ी के डण्डों को हिलाते थे और लोगों को उनसे धक्का देते थे। मगर किसी को चोट नहीं पहुँचाते थे। उस समय मुझे बलवे के समय के घेरे के दृश्य का कुछ-कुछ स्मरण हो आया।

आखिर मैं दूसरी तरफ पड़ा। इतनी मेहनत के कारण गर्मी चढ़ गयी थी, सो मैंने गंगा में गोता लगा लिया। जब वापस आया तो मुझे यह देखकर अचरज हुआ कि मालवीयजी और दूसरे लोग अब तक जहाँ-के-तहाँ बैठे हुए हैं और घुड़सवार और पैदल पुलिस सत्याग्रहियों और घेरे के बीच कन्धे-से-कन्धा भिड़ाकर खड़ी हुई थी। सो मैं (जरा टेढ़े-मेढ़े रास्ते से निकलकर) फिर मालवीयजी के पास जा बैठा। हम कुछ देर तक बैठे रहे। मैंने देखा कि मालवीयजी मन-ही-मन बहुत भिन्नाये थे और ऐसा मालूम होता था कि वह अपने मन का आवेश बहुत रोक रहे थे। एकाएक बिना किसी को कुछ पता दिये उन पुलिसवालों और घोड़ो के बीच अद्भुत रीति से निकलकर उन्होंने भी गोता लगा लिया। यों तो किसी भी शख्स के लिए इस तरह गोता लगाना आश्चर्य की बात होती, लेकिन मालवीयजी जैसे बूढ़े और दुर्बल-शरीर व्यक्ति के लिए तो ऐसा करना बहुत ही चकित कर देनेवाला था। खैर, हम सबने उनका अनुकरण किया। हम सब पानी में कूद पड़े। पुलिस और घुड़सेना ने हमें पीछे

हटाने की थोड़ी-बहुत कोशिश की, मगर बाद को रुक गयी। थोड़ी देर बाद वह वहाँ से हटा ली गयी।

हमने सोचा था कि सरकार हमारे खिलाफ कोई कार्रवाई करेगी। मगर ऐसा कुछ नहीं हुआ। शायद सरकार मालवीयजी के खिलाफ कुछ करना नहीं चाहती थी, और इसलिए बड़े के पीछे हम छुटभैये भी अपने-आप बच गये।''[30]

1930 का प्रयागकुम्भ और नेहरू

प्रयाग में 1930 ई. में पूर्ण-कुम्भ का मेला लगा था। उसको याद करते हुए जवाहरलाल नेहरू ने 'मेरी कहानी' में लिखा है- ''जनवरी के शुरू में मैं इलाहाबाद में था;...। यह एक बड़े भारी सालाना मेले-माघ का वक्त था। शायद वह कुम्भ का साल था, और लाखों स्त्री-पुरुष लगातार इलाहाबाद, या यात्रियों की भाषा में प्रयागराज, आ रहे थे। वे सब तरह के लोग थे, उनमें खासकर किसान थे, और मजदूर, दुकानदार, कारीगर, व्यापारी, औद्योगिक और ऊँचे पेशेवाले लोग भी थे। वास्तव में हिन्दुओं में से सभी तरह के लोग आये थे। जब मैं इस बड़ी भीड़ को और संगम पर जाते और आते हुए लोगों की अटूट धारा को देखता तो मैं सोचा करता कि ये लोग सत्याग्रह और शान्तिपूर्ण सीधे हमले की पुकार का कितना साथ देंगे? इनमें से कितने लोग लाहौर के प्रस्तावों को जानते हैं या उनकी परवा करते हैं? उनका वह विश्वास कितना आश्चर्यजनक और मजबूत था, जिससे वे और उनके बुजुर्ग हजारों बरसों से हिन्दुस्तान के हर हिस्से से पवित्र गंगा-मैया में स्नान करने के लिए चले आते थे! क्या वे इस अदम्य उत्साह को अपनी जिन्दगी सुधारने के लिए राजनैतिक और आर्थिक कार्य में नहीं लगा सकते? या क्या उनके दिमागों में धर्म का बाह्याचार और दकियानूसीपन इतना भर चुका है कि उनमें दूसरे खयालात की गुंजाइश ही नहीं रही? मैं तो यह जानता ही था कि ये दूसरे खयालात उनमें पहुँच चुके है जिनसे सदियों की शान्त निश्चिन्तता में खलबली पैदा हो गयी है। इस अस्पष्ट विचारों और आकांक्षाओं की हलचल के जनता में फैलने से ही पिछले बारह बरसों में बड़े-बड़े उतार चढ़ाव आये थे, जिनसे हिन्दुस्तान की सूरत ही बदल गयी है। इन विचारों के अस्तित्व की विषय में और उनकी बड़ी भारी ताकत के बारे में तो कोई शक ही नहीं था। मगर फिर भी शक पैदा होता था, और सवाल उठते थे, जिनका तत्काल कोई जवाब न था। ये खयालात कितने फैल चुके हैं? उनके पीछे कितनी ताकत है? संगठित काम करने की कितनी योग्यता है? लम्बे धैर्य की कितनी शक्ति है?

यात्रियों के झुण्ड हमारे घर आते थे। हमारा घर एक तीर्थ-स्थान, भारद्वाज-आश्रम, के पास ही पड़ता था, जहाँ पुराने जमाने में एक विद्यापीठ था। मेले के दिनों में सुबह

से शाम तक बेशुमार लोग हमसे मिलने आते रहते थे। मेरे खयाल से ज्यादातर लोग तो कोतूहल से, और जिन बड़े आदमियों का नाम उन्होंने सुन रखा है उन्हें, खासकर मेरे पिताजी को, देखने की इच्छा से आते थे।''[31]

1950 का हरिद्वार कुम्भ : कन्हैयालाल मिश्र 'प्रभाकर' के शब्दों में

'क्षण बोले, कण मुस्काये' हिन्दी गद्य में 'रिपोर्ताज विधा के जनक' कन्हैयालाल मिश्र 'प्रभाकर' (1906-1995 ई.) का प्रसिद्ध रिपोर्ताज संकलन है। 1963 ई. में प्रकाशित इस पुस्तक में उत्सवों, मेलों आदि के 25 रिपोर्ताज संकलित हैं। उसी में से एक रिपोर्ताज 1950 ई. के हरिद्वार कुम्भ से सम्बन्धित है- 'कुम्भ महान् 1950'। स्वतन्त्र भारत में आयोजित होनेवाला यह प्रथम कुम्भ मेला था। 'कुम्भ महान् 1950' शीर्षक इस रिपोर्ताज का एक महत्त्वपूर्ण अंश [32] द्रष्टव्य है-

13 अप्रैल, 1950 कुम्भ का मुख्य स्नान दिवस! ज्योतिशियों के अनुसार दिन में तीन बजे से रात में दस बजे तक ही पुण्य पर्व। लगभग सात घण्टे और इन सात घण्टों के लिए देश के कोने-कोने से उमड़े दस लाख से अधिक नर-नारी, क्या किसी राष्ट्र के जीवन की साधारण घटना है?

पिछले किसी कुम्भ में एक अमेरिकन पत्रकार ने स्वर्गीय महामना मालवीयजी से पूछा, ''इतने आदमियों को बुलाने के लिए आपने प्रचार में कितने रूपये खर्च किये हैं?''

अपने सजीव स्वभाव के अनुसार महामना ने कहा, ''रूपये के नाम पर एक पायी नहीं और प्रचार के नाम पर सिर्फ छपी हुई एक लाइन!''

महामना ने पास पड़ा पंचांग उठाकर दिखाया कि उसमें वैशाख मास के एक पृष्ठ पर एक तिथि के सामने विवरण में लिखा है- कुम्भ पर्व! महामना ने कहा, ''बस जनता ने ये चार अक्षर पढ़े और वह आ जुटी। इसके अतिरिक्त कोई निमन्त्रण, कोई नोटिस, इस काम के लिए नहीं छपा!''

अमेरिकन पत्रकार ने महामना को बताया कि हमारे देश में ऐसा मेला करना हो, तो बीस हजार पौण्ड धन कम से कम चाहिए और एक साल का समय; जिसमें लाखों पोस्टरों, नोटिसों, पुस्तिकाओं और पत्रों से हम देश का कोना-कोना छा सकें, फिर भी इतने आदमी कहाँ आयेंगे।''

कुम्भ : भारतीय राष्ट्र की मानसिक सामूहिकता का एक प्रतीक; यह सामूहिकता कितनी गहरी, कितनी महान् और कितनी आन्तरिक कि शताब्दियों के परिस्थिति-चक्रों में पड़कर भी अजेय और आज भी विश्व में अनुपमेय!

गंगा क्या है? हमारे देश की एक नदी। गाय क्या है? हमारे देश का एक पशु। पीपल क्या है? हमारे देश का एक वृक्ष। वेद क्या है? हमारे देश की एक पुस्तक।

हिमालय क्या है? हमारे देश का एक पहाड़। समुद्र क्या है? हमारे देश के जलोच्चय। यह बुद्धि की बात है, पर हमारे हृदय में इन सबके प्रति एक वन्दनीयता व्याप्त है। यह वन्दनीयता क्या है? नागरिक की राष्ट्र की सम्पूर्णता के प्रति आत्मीयता- राष्ट्र हमारा है, उसकी हर चीज हमारी है, हमें प्रिय है। इस आत्मीयता की कोख से ही उस बलिदान की उत्पत्ति है, जो राष्ट्र की रक्षा के लिए हमारे देश में सदा सुलभ रहा है और विश्व के बलिपन्थी इतिहास में जिसकी कोई उपमा नहीं!

यह आत्मीयता, यह सामूहिकता, यह वन्दनीयता, ज्ञान की गोद में जनमी थी, हमारा साहित्य साक्षी है।

यह आत्मीयता, यह सामूहिकता, यह वन्दनीयता, आज अज्ञान को छाया में खेल रही है, इस कुम्भ में हमने देखा।

यह आत्मीयता, यह सामूहिकता, यह वन्दनीयता, नष्ट नहीं, सहेजकर, सँवारकर फिर से यथास्थान प्रतिष्ठित करनी है, यह हमने कुम्भ में सोचा!

पर्वतमाला, दूर-दूर खड़े पर्वतों के मध्य में बहती गंगा की धाराएँ और उनके दाहिने तट पर पतली-लम्बी पटरी पर बसा हरिद्वार! हरिद्वार से कनखल तक कोई चार मील लम्बा तट। निर्मल जल, गहरा तल, समतल तट, तेज प्रवाह और बर्फीली शीतलता; गंगोत्री से गंगा सागर तक, ऐसी गंगा कहीं नहीं!

हरिद्वार में लोग स्नान करने भी आते हैं और सैर करने भी। स्नान करनेवाले सैर न करते हों और सैर करने वाले स्नान न करते हों, सो बात नहीं, पर दोनों की मानसिक दिशाएँ अलग-अलग हैं। स्नान करनेवालों का दिशा बिन्दु है-ब्रह्मकुण्ड! वे हरिद्वार कनखल के सौ घाटों पर गंगा-स्नान कर लें, पर ब्रह्मकुण्ड में स्नान न करें, तो उनकी यात्रा उनके लिए व्यर्थ रही।

कुम्भपर्व का एक दिन, ब्रह्मकुण्ड का छोटा-सा स्थान, दस लाख से ऊपर की भीड़ और भीड़ माने अप्रशिक्षित नर-नारी। फिर उस दिन भी कई घण्टे साधुओं के ही स्नान के लिए सुरक्षित और ब्रह्मकुण्ड तक जाने-आने के मार्ग सँकरे-बेढंगे, एक असम्भव घटना है कि दुर्घटना न हो- हर कुम्भ लाशों की एक प्रदर्शनी देखकर ही समाप्त होता है।

राष्ट्र की सबसे बड़ी शक्ति है-राष्ट्र-चेतना। इसी का लोकप्रिय नाम है भारतीय संस्कृति। संस्कृति ही मूल जीवन-स्रोत है। राष्ट्र के ह्रासकाल में जब जन-जीवन का सम्पर्क इस मूल-स्रोत से टूट चला और यों जाति के सर्वनाश का भय चारों ओर छाया, तो राष्ट्र के कर्णधारों, सन्तों ने जन-जीवन को उसे मूल-स्रोत के साथ अन्धश्रद्धा के सूत्र से बाँध दिया। यह अन्धश्रद्धा अन्धी श्रद्धा भी रही और अन्धों की श्रद्धा भी। यह एक प्रकार की विष-चिकित्सा थी, इसमें खतरा था, पर यह अनिवार्य थी, क्योंकि और कोई औषध उस दिन हमारे पास ही न थी, जो प्रभावशाली हो।

शताब्दियों के मन्थन-संघर्ष के बाद आज एक अमृत-कलश हाथ आया और वह है राष्ट्रीयता। इस ऊष्मा से आज भारत का भूगर्भ उफन रहा है। इस उफन में अन्धश्रद्धा को, जो आज बल न होकर, मल ही है, धीरे-धीरे बँटना है और यों भारतीय जनजीवन- राष्ट्रीयता को जीवन-दर्शन के मूल स्रोत भारतीय संस्कृति से जीवित रूप में सम्बद्ध होना है। यही आज का युग-दर्शन है!

कुम्भ का मुख्य प्रदर्शन साधुओं का गंगास्नान है। वे साधु अपने-अपने पन्थ का जुलूस बनाकर एक निश्चित क्रम से ब्रह्मकुण्ड में स्नान करने जाते हैं। इन जुलूसों को साही या स्याही कहते हैं। ये स्याहियाँ देखने लायक होती हैं। इनमें बाजे होते हैं, हाथी होते हैं, घोड़े होते हैं, पालकियाँ होती हैं, चाँदी के आसे-बल्लम और पंखे होते हैं। हाथियों पर चाँदी की अम्बारियाँ (हौदे) और मखमल की जरी-जड़ी झूलें होती हैं।

उत्तर प्रदेश क मुख्यमन्त्री माननीय श्री गोविन्दवल्लभ पन्त ब्रह्मकुण्ड में स्नान करने को पधारे। एक अधिकारी ने चाहा कि उनके लिए स्थान कर दिया जाये, पर उन्होंने मना कर दिया और गंगा में उतर गये। स्नान कर रही जनता उनके चारों ओर हो गयी और कुछ ने लाड़ से पानी के छींटे भी मारे। हँसते-झुकते वे भीड़ के बीच से ही निकल गये।

लम्बी शताब्दियों तक जिस शासन की चारदीवारी में यह राष्ट्र रहा वह राजाधिराज का था, बादशाहे-आलम का था या गवर्नर जनरल का, इस बात में समान था कि उसकी दृष्टि में जनता का कोई सम्मान न था- वह उनके उपयोग की वस्तु थी या उपभोग की। इस कुम्भ में हमारे इतिहास ने पहली बार देखा कि शासन हर दिशा में जनता की सेवा के लिए, उनके सम्मान की रक्षा के लिए सतर्क है। जनता ही राष्ट्र की मूल शक्ति है, यह कुम्भ में पहली बार, प्रत्यक्ष रूप में हमने देखा और मैं इसे 1950 के कुम्भ का महान् उपहार मानता हूँ।

विमल रॉय और कुम्भ का 'जोग स्नान'

गीतकार गुलजार ने अपने एक संस्मरणात्मक लेख में महान् फिल्मकार विमल रॉय और कुम्भ के 'जोग स्नान' सम्बन्धी एक अद्‌भुत संयोग का रोचक वर्णन किया है। गुलजार के ही शब्दों में ''उसे लोग 'जोग स्नान' का दिन कहते हैं। इलाहाबाद में, त्रिवेणी के संगम पर, जहाँ गंगा, यमुना और सरस्वती मिलती हैं। कहा जाता है कि उस दिन, उस संगम पर कोई स्नान करे तो उसके सारे रोग दूर हो जाते हैं, सारे पाप कट जाते हैं, और उस शख़्स की उम्र सौ साल हो जाती है।

एस्ट्रोनॉमी के मुताबिक ये दिन हर बारह साल के बाद आता है, जब सूरज के गिर्द घूमते हुए नौ के नौ ग्रह एक लाइन में आ जाते हैं, और इस दिन सूरज उदय होता है तो उसकी पहली किरण इस संगम पर पड़ती है। उस दिन के लिए यहाँ

कुम्भ का मेला लगता है। जिसकी तैयारी महीनों पीले से शुरू हो जाती है, क्योंकि यहाँ आने वाले यात्रियों की गिनती करोड़ों में पहुँच जाती है। इलाहाबाद से लेकर प्रयाग शहर तक कन्धे से कन्धा छिलता है, आसपास के बीसों गाँव में पाँव रखने को जगह नहीं मिलती। इसे पूर्ण कुम्भ का मेला भी कहते हैं। मेला तो बहुत दिन रहता है आखिरी नौ दिन खास गिने जाते हैं, जिसमें नौंवा दिन जोग-स्नान का दिन होता है।

1952 की बात है, इस मेले में एक स्टैम्पेड का हादसा हो गया था, जिसमें क़रीब एक लाख लोग मारे गये थे। आज तक उस हादसे की सही वजह मालूम नहीं हो सकी। बहुत-सी इन्क्वायरी कमेटियों ने बहुत-सी वजह दरियाफ़्त कीं। कुछ लोगों का कहना है कि नागा साधुओं के हाथी बिगड़ गये थे जिससे लोगों में भगदड़ शुरू हो गयी। उस भगदड़ से, होमगार्ड्स और मिलिट्री के बनाये हुए लकड़ी के कच्चे पुल गिर पड़े थे। लोग बदहवासी की हालत में भागे, दौड़े, गिरे, कुचले गये। हजार कश्तियाँ गंगा में उलट गयीं, कुम्भ मेले की तारीख में इससे बड़ा सानिहा नहीं गुज़रा।''[33]

(यहाँ गुलजार द्वारा लिखे गये साल को दुरुस्त करके पढ़ने की जरूरत है, क्योंकि प्रयाग में 1952 में नहीं बल्कि 1954 ई. में कुम्भ मेले का आयोजन हुआ था। इस दुर्घटना में हताहतों की संख्या में भी अतिरंजना है। समाचार-पत्रिका 'माया' में 1988 में प्रकाशित एक रिपोर्ट के अनुसार 1954 के कुम्भ हादसे में करीब एक हजार लोगों की मृत्यु हुई थी। उक्त रिपोर्ट का सन्दर्भित अंश द्रष्टव्य हैं- ''अखाड़ों के शाही जुलूसों के निकलने पर उपस्थित हुए अवरोध में भीड़ का दबाव बढ़ने के कारण ही 1954 के कुम्भ में वह हृदय-विदारक दुर्घटना हुई थी, जिसमें एक हजार से अधिक लोग कुचलकर और घुटन से मर गये थे और हजारों लोग घायल हो गये थे।'')

बांग्ला के प्रसिद्ध उपन्यासकार समरेश बसु ने इस त्रासद घटना की पृष्ठभूमि में 'अमृत कुम्भ की खोज में' शीर्षक एक बांग्ला उपन्यास लिखा था। यह उपन्यास 1955 ई. में कलकत्ता से प्रकाशित होने वाले बांग्ला अखबार 'आनन्द बाजार' में धारावाहिक रूप से प्रकाशित हुआ था। शुरू में यह धारावाहिक उपन्यास 'कालकूट' नामक एक छद्म-नाम से प्रकाशित हुआ था।

इस उपन्यास की शुरुआत लोगों से खचाखच भरी एक ट्रेन से होती है, जो प्रयाग स्टेशन से निकलकर इलाहाबाद की ओर रवाना हो रही है। ''बस कुछ मिनटों का सफर बाकी है। लोग जोश में आकर भजन गाना शुरू कर देते हैं। ट्रेन की छत पर बैठे लोग पीट-पीटकर नारे लगाने लगते हैं। ट्रेन रेंगते-रेंगते इलाहाबाद के प्लेटफार्म में दाखिल होती है और मुसाफिरों की भीड़ इस तरह बाहर निकलने के लिए बढ़ती है जैसे किसी ब्लैक होल से निकल रही हो। इस भीड़ में तपेदिक का एक मरीज

बलराम, जो अपना रोग छुड़ाने, सौ साल की उम्र माँगने, जोग स्नान के लिए जा रहा था, लोगों के पैरों तले कुचला गया, मर गया।''[34]

यह उपन्यास 1955 ई. में जैसे ही 'आनन्द बाजार' में छपना शुरू हुआ, महान् फिल्मकार विमल रॉय इससे अभिभूत होते चले गये। आगे चलकर उन्होंने इस उपन्यास पर आधारित एक हिन्दी फिल्म बनाने का निश्चय किया। फिल्म का निर्माण कार्य शुरू भी हो गया। गुलजार उनके सहायक थे। गुलजार इस फिल्म की पटकथा भी लिख रहे थे। उन्होंने एक बार विमल रॉय से 'जोग स्नान' सम्बन्धी प्रचलित मान्यताओं के बारे में पूछा तो उन्होंने बस इतना कहा था कि ''यह विश्वास की बात है, शास्त्रों में ऐसा कहा गया है।''

बहरहाल, फिल्म पर टुकड़ों-टुकड़ों में काम चलता रहा। दूसरे मेलों में जाकर कुछ आउटडोर शूटिंग भी कर ली गयी। ''इलाहाबाद में संगम पर एक और मेला लगता है। हर साल माघ का मेला। 1962 की सर्दियों में हम उसे फिल्माने की तैयारियाँ करने लगे, क्योंकि उसके दो साल बाद ही फिर पूर्ण कुम्भ का मेला आनेवाला था।'' परन्तु मेले की तैयारियों के दौरान विमल रॉय गम्भीर रूप से अस्वस्थ हो गये। एक दिन उन्होंने गुलजार और वरिष्ठ कैमरामैन कमल बोस से कहा कि ''मैं इलाहाबाद नहीं जा सकूँगा। तुम लोग जाओ। मेले में शॉट्स ले आओ।''

इलाहाबाद जाने के पहले ही गुलजार को पता चला कि विमल रॉय को कैंसर हो गया है। खैर, वे लोग दुखी मन से इलाहाबाद जाकर शूटिंग करने लगे। विमल रॉय के असाध्य रोग की बात जानने के बाद उनके सहयागियों में निरुत्साह के कारण काम तो हो रहा था, लेकिन उन सब के मन में यह संशय भी था कि कहीं यह फिल्म अधूरी न रह जाये।

एक बार विमल रॉय ने कहा था कि ''वो जो राइटर है ना, जिसकी नजर से यह कहानी कही गयी है, जो अमृत की खोज में गया है, मुझे लगता था कि वो मैं हूँ। वो जिस तरह अमृत की तलाश में गया है, जिससे आदमी की उम्र सौ साल की हो जाती है।...मुझे भी इस अमृत की तलाश है।'' दरअसल, वे शतायु होना चाहते थे। परन्तु उनके शब्दों में- ''सौ साल से मतलब गिनती के सौ साल नहीं होते। इसका मतलब है आदमी अमर हो जाता है, इस अमृत से।'' यह पूछने पर कि वह कौन-सा अमृत है? विमल रॉय ने कहा था कि ''तहजीब! संस्कृति! मैं इस जमीन की तहजीब का हिस्सा बन जाना चाहता हूँ ताकि...।'' वे आगे कुछ और कहना चाहते थे लेकिन कहा कुछ नहीं।

शूटिंग करके सभी लोग बम्बई लौट आये। विमल रॉय का स्वास्थ्य पहले से भी खराब हो गया था। परन्तु मन से अपराजित उस फिल्मकार ने एक दूसरी फिल्म की योजना तैयार कर रखी थी। गुलजार ने पूछा कि फिर अमृत कुम्भ का क्या होगा?

तब विमल रॉय ने कहा कि "वह तो बनती रहेगी। 1964 में बारह साल पूरे होंगे। 'पूर्णकुम्भ' का मेला फिर लगेगा। उसके बाद वह फिल्म मुकम्मिल करेंगे।"

परन्तु उनकी तबीयत लगातार बिगड़ती जा रही थी। सब को लग रहा था कि वे अब चन्द दिनों के मेहमान हैं। एक दिन उन्होंने गुलजार को बुलाकर पूछा कि "तुम अमृत कुम्भ की स्क्रिप्ट पर काम कर रहे हो कि नहीं ? और गुलजार को खामोश देखकर उनपर बिगड़ गये; और बोले "तुमसे कहा था कि बलराम की मौत बहुत जल्दी है। वो मंज़र वहाँ से हटाके मेले में ले जाओ। जब नौ दिन की पूजा शुरू होगी तो पहले दिन उसकी मौत होती है।" गुलजार खामोश रहे; और वे फिर कहने लगे कल से रोज शाम को स्क्रिप्ट पर चर्चा होगी। उन्होंने आगे कहा कि "इस साल पूर्ण कुम्भ का मेला है, जो दिसम्बर में शुरू होगा।" गुलजार ने उनकी बात का समर्थन करते हुए कहा कि "जी हाँ, 31 दिसम्बर से नौ दिन की पूजा शुरू होगी। जोग स्नान का दिन 8 जनवरी 1965 को होगा।"

प्रतिदिन स्क्रिप्ट पर चर्चा चलती रही। उन्होंने कहा कि बलराम की मौत को कुछ और आगे ले जाओ। पूजा के पाँचवें दिन। कुछ रोज बाद कहा कि "अब सही जगह मिली उस सीन को। जोग स्नान के दिन सुबह पौ फटते ही, जब सूरज की पहली किरण संगम पर पड़ती है, तब...। बलराम जोग स्नान के दिन मरेगा।" विमल रॉय के उत्साह को देखकर गुलजार ने सहमति में सिर हिलाया।

परन्तु नियति को कुछ और ही मंजूर था। "1964 तेजी से खत्म हो रहा था। और विमल दा भी।" एक दिन वह महान् फिल्मकार सदा-सर्वदा के लिए सो गया। "वो तारीख 1965 की 8 जनवरी थी; और वो दिन था 'जोग स्नान का दिन!"[35]

सन्दर्भ :

1. काशी नागरी प्रचारिणी सभा हिन्दी विश्वकोश, खण्ड 3 पृ. 49
2. वही, पृ. 50
3. जगदीश गुप्त, कुम्भ-दर्शन
4. धर्म कृत्योपयोगि-तिथ्यादिनिर्णयः कुम्भपर्व-निर्णयश्च; लेखकौ- श्री करपात्रस्वामिनः, मीठालाल हिम्मतराम ओझा, पृ. 23-25
5. दिनकर रचनावली खण्ड-1, पृ. 282-283
6. यहाँ तक यह कथा 'देवीभागवतपुराण' के चालीसवें अध्याय में वर्णित है।
7. जगदीश गुप्त, कुम्भ-दर्शन
8. वही
9. वही
10. कल्याण का तीर्थांक, पृ. 364
11. जगदीश गुप्त, कुम्भ-दर्शन

12. वही
13. महर्षि दयानन्द सरस्वती, ऋग्वेद भाषा-भाष्य, पृ. 888-889
14. ऋग्वेद, चतुर्थ खण्ड, सम्पादक पं. श्रीराम शर्मा आचार्य, पृ. 1740
15. महर्षि दयानन्द सरस्वती, ऋग्वेद भाषा-भाष्य, पृ. 729
16. यजुर्वेद, सम्पादक पं. श्रीराम शर्मा आचार्य, पृ. 340
17. अथर्ववेद, द्वितीय खण्ड, सम्पादक पं. श्रीराम शर्मा आचार्य, पृ. 912
18. क्षेमकरण दास त्रिवेदी इलाहाबाद निवासी सक्सेना कायस्थ थे। उन्होंने अथर्ववेद पर संस्कृत भाषा में भाष्य लिया है, जिसके 20 खण्ड हैं।
19. प्रयाग कुम्भ-रहस्य, पृ. 3
20. अथर्ववेद, प्रथम खण्ड, सम्पादक पं. श्रीराम शर्मा आचार्य, पृ. 181-182
21. महाभारत, शल्यपर्व, अध्याय 37, श्लोक सं. 40-56
22. हर्षचरित, द्वितीय उच्छवास, श्लोक सं. 73
23. का.ना.प्र.स.हि. विश्वकोश, खण्ड 6, पृ. 18
24. वही, खण्ड 6 पृ. 286
25. वही, खण्ड 2, पृ. 78
26. महर्षि दयानन्द सरस्वती का 'अपना जन्मचरित्र'; सम्पादक : आदित्यपाल सिंह आर्य एवं वेदव्रत आलोक, पृ. 208-211)
27. हिन्दू संस्कृति अंक, कल्याण, पृ. 692
28. उत्तर प्रदेश में गाँधीजी, रामनाथ सुमन, पृ. 30
29. वही, पृ. 32
30. जवाहरलाल नेहरू, मेरी कहानी, पृ. 154-155
31. वही, पृ. 251
32. कन्हैयालाल मिश्र 'प्रभाकर' रचना-संचयन, सं. योगेन्द्रनाथ शर्मा 'अरुण', पृ. 189-202
33. नया ज्ञानोदय, अंक 92, अक्टूबर 2010, पृ. 22
34. वही, पृ. 23
35. वही, पृ. 25

अध्याय–11

मध्यकाल में प्रयाग

इलाहाबाद का किला

सातवीं सदी ई. के आरम्भ में उत्तरी भारत में हर्षवर्द्धन का राज्य स्थापित हुआ। उसने कन्नौज को अपनी राजधानी बनाया। उस समय प्रयाग कन्नौज-राज्य का ही एक भाग हुआ करता था। हर्षवर्द्धन के देहान्त (648 ई.) के बाद प्रयाग का क्षेत्र क्रमशः बंगाल के पाल शासकों, परिहार राजपूतों और कन्नौज के गाहड़वाल नरेशों के अधीन रहा। कन्नौज के अन्तिम राजा जयचन्द्र ने कड़ा में एक किला बनवाया था। 1194 ई. में शाहबुद्दीन गोरी ने जयचन्द्र को हराकर काशी तक अपना अधिकार जमा लिया। तब से अकबर के समय तक मुसलमान शासकों के पूर्वी प्रदेशों की देख-रेख के लिए कड़ा एक केन्द्र बना रहा।

प्रयागराज के लगभग 55 किलोमीटर पश्चिमोत्तर में गंगा के तट पर बसा हुआ कड़ा कस्बा तुर्क-अफगानकाल से लेकर मुगलकाल तक तत्कालीन कड़ा नामक सूबे का मुख्यालय था। मुगल बादशाह अकबर के समय 1567 ई. में कड़ा के एक सरदार अलीकुली खाँ ने बगावत कर दिया। उसके विद्रोह को कुचलने के लिए अकबर स्वयं ही एक बड़ी सेना के साथ कड़ा आ पहुँचा। युद्ध हुआ, जिसमें अकबर की सेना की जीत हुई और अलीकुली खाँ मारा गया।

लड़ाई से निबटकर अकबर प्रयाग आया और दो दिन वहाँ ठहरकर काशी की ओर चला गया। प्रयाग-प्रवास के दौरान उसने प्रयाग में गंगा और यमुना के बीच की ऊँची भूमि को सामरिक दृष्टि से सुरक्षित देखकर वहाँ एक किला बनाने का निश्चय किया था। लेकिन उस समय वह अपने विरोधियों और विद्रोहियों के साथ संघर्ष में व्यस्त था, इसलिए वह अपने विचार को मूर्तरूप नहीं दे सका।

प्रयाग में गंगा-यमुना के संगम के उस पार झूँसी नामक एक प्राचीन स्थल है। पुरातनकाल में इसको प्रतिष्ठान कहा जाता था। मुगलकाल में 1580 ई. के आसपास नयाबत खाँ नामक एक सरदार प्रयाग और झूँसी का जागीरदार था। उसने भी अकबर की सत्ता को चुनौती देते हुए बागी तेवर अपनाये; और अपने

सैनिकों के साथ कड़ा के किले पर हमला कर दिया। हमले की खबर मिलते ही अकबर ने एक बड़ी सेना भेजी। मुगल सेना ने मिर्जापुर तक नयाबत खाँ का पीछा किया और आखिरकार उसको पराजित करके वहाँ से भी खदेड़ दिया।

उस समय तक प्रयाग क्षेत्र कड़ा सूबे का एक भाग था। इस इलाके में बार-बार होने वाले विद्रोहों के मद्‌देनजर अकबर ने प्रयाग में संगम के पास एक किला बनवाकर वहाँ अपनी उप-राजधानी स्थापित करने का विचार किया। इसके बाद ही प्रयाग को एक नया नाम इलाहाबाद मिला; और वहाँ किले की नींव पड़ी। अकबर के इतिहासकार अबुल फजल ने 'आईन-ए-अकबरी' में इसका उल्लेख करते हुए लिखा है कि "यह स्थान प्राचीन काल से 'पयाग' (प्रयाग) कहलाता था। बादशाह ने इसका नाम 'इलाहाबास' रखा और यहाँ पत्थर का एक किला बनवाया, जिसमें अनेक सुन्दर महल बने हुए हैं।" परन्तु 'आईन-ए-अकबरी' में इसके निर्माण-वर्ष का जिक्र नहीं किया गया है।[1]

बहरहाल, 'अकबरनामा' में अबुल फजल ने अकबर के राज्यकाल के 28वें वर्ष (1583 ई.) के अन्तर्गत विस्तार से लिखा हैः "बादशाह (अकबर) के मन में बहुत दिनों से यह विचार था कि कस्बा 'पयाग' में, जहाँ गंगा और यमुना एक-दूसरे से मिलकर, एक होती हैं और भारत के लोग जिसको बहुत ही पवित्र समझते हैं, एक दुर्ग बनाया जाये और कुछ दिन वहाँ गद्‌दीनशीं रहे, जिससे आस-पास के सिर उठाने वाले बागी लोग उसकी अधीनता स्वीकार करें।

तदनुसार बादशाह अक्टूबर महीने की पाँचवीं तारीख को राजधानी फतेहपुर सीकरी से तीन सौ नावों का बेड़ा लेकर यमुना के मार्ग से नवम्बर महीने की पहली तारीख को वहाँ (प्रयाग) पहुँचा और दूसरे दिन शुभ मुहूर्त में 'इलाहाबाद' नगर की नींव डाली। वहाँ चार खण्डोंवाला किला बनवाया और प्रत्येक में सुन्दर-सुन्दर भवन बनवाये। किले का आरम्भ वहाँ से किया गया था जहाँ दो नदियाँ एक-दूसरे से मिलती हैं। किले के पहले खण्ड में 12 आनन्द वाटिकाएँ बनायी गयीं और प्रत्येक में सुन्दर-सुन्दर महल और एक भव्य राज-प्रासाद स्वयं बादशाह के रहने के लिए बनवाये गये। दो खण्डों में बेगमों, शाहजादों और उनके नौकर-चाकरों के लिए तथा चौथे में सैनिकों के रहने के लिए स्थान बनाये गये। अन्य लोगों ने भी अपनी-अपनी सामर्थ्य के अनुसार अच्छे घर बनवाए जिससे थोड़े ही दिनों में एक अच्छा-खासा शहर आबाद हो गया।"[2]

इस विवरण से ज्ञात होता है कि इलाहाबाद के किले की नींव 14 नवम्बर, 1583 को पड़ी थी। मध्यकालीन इतिहासकार निज़ामुद्‌दीन अहमद (1551-1621 ई.) की किताब 'तबक़ात-ए-अकबरी' के अनुसार बादशाह अकबर ने इलाहाबाद

किले के निर्माण के लिए हिम्मत अली को वास्तुकार नियुक्त किया था। बहरहाल, किले के निर्माण और उस स्थान पर 'इलाहाबास' (इलाहाबाद) नामक एक नया नगर बसने के बाद इलाहाबाद सूबे का केन्द्र बन गया। किला बन जाने पर वहाँ की टकसाल से सिक्के ढलने शुरू हो गये थे। प्रयाग से मुगल बादशाह अकबर, जहाँगीर, शाहजहाँ और औरंगजेब के समय के सिक्के मिले हैं। इनमें से जहाँगीर से लेकर बाद के सभी मुगल सिक्कों पर 'इलाहाबाद' अंकित है। मगर अकबर के राज्यकाल के सोने के दो ऐसे सिक्के मिले हैं जिन पर 'इलाहाबास' अंकित है। 'आईन-ए-अकबरी' में भी यही नाम मिलता है। मुगलकाल में बनारसीदास (1586-1644 ई.) नामक एक जैन-कवि द्वारा 1641 ई. में ब्रजभाषा में लिखी गयी पद्यात्मक आत्मकथा 'अर्द्धकथानक' में भी यह कहा गया है कि उस समय प्रयागपुरी को 'इलाहाबास' भी कहा जाता था।[3] इन सबसे ऐसा लगता है कि अकबर ने नये नगर को 'इलाहाबास' (ईश्वर का निवास-स्थान) नाम दिया था, जो बाद में 'इलाहाबाद' हो गया। जो भी हो, इलाहाबाद के किले के बन जाने और नये नगर के बन जाने के बाद अकबर ने कड़ा और जौनपुर के पुराने सूबों को तोड़कर उसकी जगह इलाहाबास नामक एक नये सूबे का पुनर्गठन किया। पुनर्गठित सूबे की राजधानी इलाहाबास को ही बनाया गया था। अकबर के शासनकाल में कुल 12 सूबे थे।[4]

'अकबरनामा', 'आईन-ए-अकबरी' और मुगलकालीन अन्य ऐतिहासिक पुस्तकों से ज्ञात होता है कि अकबर ने 1583 ई. में त्रिवेणी संगम के पास किले की नींव डालकर इलाहाबाद नामक एक नया नगर बसाया। ''कदाचित् किले के निर्माण के पूर्व ही प्रयाग गंगा की बाढ़ के कारण नष्ट अथवा बहुत छोटा हो गया होगा। इस बात की पुष्टि वर्तमान भूमि के अध्ययन से भी होती है। वर्तमान प्रयाग रेलवे स्टेशन से भरद्वाज आश्रम, गवर्नमेण्ट हाउस, गवर्नमेण्ट कालेज तक का ऊँचा स्थल अवश्य ही गंगा का एक प्राचीन तट ज्ञात होता है, जिसके पूरब की नीची भूमि गंगा का पुराना कछार रही होगी जो सदैव नहीं तो बाढ़ के दिनों में अवश्य जलमग्न हो जाती होगी। संगम पर बने किले की रक्षा हेतु बेनी तथा बक्शी नामक बाँधों को बनवाना भी अकबर के लिए आवश्यक रहा होगा। इन बाँधों द्वारा कछार का अधिकांश भाग सुरक्षित हो गया।''[5]जो भी हो, इलाहाबाद का किला लगभग 45 साल में बना और इसके निर्माण में 6 करोड़, 20 हजार रूपए खर्च हुए। इसमें 23 महल, 3 ख्वाबगाह (शयनागार) व झरोखे, 25 दरवाजे, 31 बुर्ज, 277 मकान, 176 कोठरियाँ 77 तहखाने, 20 तबेले, 1 बावली, 5 कुएँ और एक यमुना की नहर थी। यह किला दिल्ली और आगरा के किले की तरह लाल पत्थर का बना है। किले के दक्षिण में यमुना और पूर्व में गंगा नदी है। उत्तरी भाग में परिखा बनायी गयी, जो यमुना से जुड़ी हुई थी। किला दो नदियों के बीच में था, इसलिए इसके बनाने

इलाहाबाद का किला

में अधिक लागत आयी थी। किले की पूर्वी प्राचीर करीब 36 मीटर ऊँची है, और इधर के ही दो दरवाजों से यात्री भीतर के पातालपुरी मन्दिर में जाते है। मुख्य प्रवेश-द्वार उत्तर की ओर है।

किले में कई महल थे। चालीस खम्भोंवाला 'चिहल सुतून' उन सब में सबसे सुन्दर था। नीचे वाले खण्ड में 40 अठपहल खम्भे चारों ओर दो पंक्तियों में खड़े थे, इसलिए इसको चिहल सुतून कहा जाता था। यह महल भूरे रंग के पत्थरों से बना था। अकबर द्वारा बनवाये गये इस महल के ऊपर से गंगा और यमुना में तैरती नावों का नजारा बहुत आकर्षक लगता था। यह महल बहुत पहले ही नष्ट हो चुका है।

किले में निर्मित दूसरी भव्य इमारत 'जनानखाना' या 'रानी महल' के नाम से प्रसिद्ध है। यह इमारत भी दो खण्डों की चौकोर है। फर्म्यूसन ने लिखा है कि 'यह महल बहुत ही उत्तम नमूने का था। इसकी शैली ऐसी दर्शनीय और नक्काशी तथा चित्रकारी ऐसा उत्तम थी कि भारत में इस ढंग की कोई इमारत इससे बढ़कर सुन्दर नहीं होगी।" यह इमारत किसी तरह आज तक टिकी हुई है।

अकबर का पुत्र सलीम (जहाँगीर) कई वर्षों तक इलाहाबाद के किले में रहा। पिता से विद्रोह करके उसने 1601 ई. में यहीं ताजपोशी का जश्न मनाया था। यहाँ की कई इमारतें उसी के समय की हैं। 'खुल्दाबाद की सराय' और 'खुसरो बाग' उसी के बनवाए हुए हैं। उस दिनों इलाहाबाद में किले के पश्चिम में यमुना

तट के पास बड़ी-बड़ी नावें बनती थीं और फिर गंगा के जलमार्ग से समुद्र तक पहुँचती थीं।

औरंगजेब की मृत्यु (1707 ई.) के बाद मुगल साम्राज्य का वैभव घटता गया। मराठों ने इलाहाबाद पर आक्रमण करके काफी लूटपाट की। फिर इधर के सूबेदारों के बीच कई लड़ाइयाँ हुई, जिसमें किले को बहुत क्षति पहुँची। 1759 ई. में इलाहाबाद का किला और सूबा अवध के नवाब शुजाउद्दौला के अधिकार में चला गया। अन्ततोगत्वा नवम्बर, 1801 में अवध के नवाब सआदत अली खाँ के साथ हुई सन्धि के अनुसार इलाहाबाद के सूबे पर ईस्ट इंडिया कम्पनी का अधिकार हो गया।

अंग्रेजों के शासनकाल में किले में काफी परिवर्तन किया गया। महलों और मकानों को तोड़कर सैनिक गोदाम और बैरकें बनवायी गयीं। किले को सैनिक छावनी बना दिया गया। 1857 के स्वाधीनता संग्राम के दौरान यद्यपि शहर पर विद्रोही सैनिकों का कब्जा हो गया था, तथापि किला अंग्रेजों के हाथ में ही रहा। 1947 ई. में भारत के स्वाधीन होने पर यह किला भारतीय सेना की छावनी में बदल गया।

वर्तमान में किले का एक-तिहाई हिस्सा सेना के अधिकार में है। सैनिक छावनी होने के कारण किले में प्रवेश पर प्रतिबन्ध है। केवल पूर्वी भाग के प्रवेश-द्वार से ही किले में पहुँचकर यात्रि-गण पातालपुरी मन्दिर के दर्शन कर सकते हैं। तहखाने में बने इस मन्दिर में कपड़े में लपेटी हुई एक सूखी डाल है, जिसे अक्षयवट दर्शन कराया जाता है। मूल अक्षयवट किले के यमुना किनारे वाले दक्षिणी कोने में रानी महल के पास है।

इलाहाबाद किले के भीतर सरस्वती कूप है। इसके विषय में मान्यता है कि यह अदृश्य सरस्वती नदी का स्रोत-स्थल है। किले में मौजूद ऐतिहासिक महत्त्व का सबसे प्राचीन स्मारक है- अशोक का एकाश्मक स्तम्भ। बलुआ पत्थर का यह गोलाकार स्तम्भ 10.6 मीटर (35 फुट) ऊँचा और नीचे की ओर लगभग एक मीटर व्यास का है। इसे सम्राट् अशोक ने 232 ई. पू. में कौशाम्बी में स्थापित करवाया था। आज इसका ऊपरी हिस्सा मौजूद नहीं है, जो सम्भवतः सिंह का सिर रहा होगा। स्तम्भ पर ब्राह्मी लिपि और प्राकृत भाषा में अशोक और उसकी रानी कारुवाकी के लेख उत्कीर्ण हैं। बाद में, ईसा की चौथी सदी में, इसी स्तम्भ पर कवि हरिषेण द्वारा संस्कृत में रचित समुद्रगुप्त की प्रशस्ति अंकित की गयी। अशोक और समुद्रगुप्त के इन महत्त्वपूर्ण लेखों को 1837 ई. के बाद ही पढ़ पाना सम्भव हुआ।

अशोक स्तम्भ को कौशाम्बी से इलाहाबाद कब लाया गया, इसके बारे में स्पष्ट

जानकारी नहीं है। लेकिन किला बनने पर जहाँगीर ने 1605 ई. में स्तम्भ के एक भाग को छिलवाकर वहाँ फारसी में अपनी वंशावली और गद्दी पर बैठने सम्बन्धी घटना को अंकित करवाया। स्तम्भ पर अकबर के मन्त्री बीरबल का भी तीन पंक्तियों का हिन्दी लेख अंकित है। 1800 ई. में किले की प्राचीर सीधी बनाने के लिए अशोक स्तम्भ को गिरा दिया गया था किन्तु 1838 ई. में अंग्रेजों ने इसे पुनः खडा कर दिया।

प्रतिदन सैकड़ों तीर्थयात्री किले के पास संगम-स्नान के लिए जाते हैं। माघ मेला और कुम्भपर्व के अवसर पर देश के कोने-कोने से आये लाखों-करोड़ों लोग इस किले के पास पहुँचते हैं।

खुसरोबाग

खुसरोबाग

खुसरोबाग जहाँगीर के बड़े बेटे खुशरो द्वारा बनवाया गया था। इस बाग में खुसरो, उसकी माँ शाह बेग़म[6] और उसकी बहन शाहज़ादी निसार बेग़म की कब्रें हैं। ये मकबरे स्थापत्यकला का सुन्दर उदाहरण तो हैं ही, फारसी काव्य का भी सुन्दर उदाहरण हैं। फारसी भाषा में जीवन की नश्वरता का वर्णन करती हुई एक मर्मस्पर्शी कविता यहाँ अंकित है।

जहाँगीर के बाद का इलाहाबाद

जहाँगीर की मृत्यु के बाद 1628 ई. में शाहजहाँ दिल्ली का बादशाह बना। उसी के समय में प्रयाग का नाम 'इलाहाबास' के स्थान पर 'इलाहाबाद' हुआ। 1658 ई. में औरंगजेब अपने पिता शाहजहाँ को कैद करके गद्दी पर बैठा। अपने भाइयों के साथ सत्ता के लिए संघर्ष शुरू हुआ। उस समय औरंगजेब के बड़े भाई दाराशिकोह की ओर से कासिम बारहा इलाहाबाद का सूबेदार था। दाराशिकोह को दूसरी बार औरंगजेब की सेना ने हरा दिया। उस समय उसका बेटा सुलैमान शिकोह इलाहाबाद से पश्चिम कड़ा के निकट डेरा डाले हुए था। पिता की हार का समाचार सुनकर वह तुरन्त इलाहाबाद के किले में आया और यहाँ एक सप्ताह ठहरा। इस दौरान वह भविष्य के लिए अपने सरदारों के साथ विचार-विमर्श करता रहा। अन्ततः उसने अपने पिता की मदद करने का निश्चय किया। वह अपने परिजनों को किले में सुरक्षित छोड़कर एक बड़ी सेना के साथ गंगा के पार उतरा और रुहेलखण्ड के मार्ग से पिता के पास जाना चाहा, परन्तु औरंगजेब की सेना ने उसको दारा से मिलने नहीं दिया।

इधर पूर्व में औरंगजेब का दूसरा भाई शुजा बंगाल और बिहार का स्वतन्त्र मालिक बन बैठा था। पहले तो उसकी दारा के साथ अनबन थी, लेकिन बाद में दारा ने कासिम को यह सन्देश भेजा कि इलाहाबाद का किला शुजा के हवाले कर दिया जाय। कासिम ने शुजा को इसकी सूचना दी और उसने तुरन्त आकर किले को अपने कब्जे में ले लिया। उधर औरंगजेब ने पहले से ही अपने एक सरदार खाने-दौरां को इलाहाबाद हस्तगत करने के लिए भेज रखा था। बहरहाल जब औरंगजेब को शुजा के वहाँ पहुँचने की सूचना मिली, तब उसने अपने बड़े बेटे मुहम्मद सुल्तान को भी एक बड़ी सेना के साथ इलाहाबाद भेजा; और उसके पीछे स्वयं भी आ पहुँचा। इधर शुजा भी इलाहाबाद से अपनी सेना के साथ औरंगजेब से लड़ने के लिए आगे बढ़ा। उसके साथ यहाँ का किलेदार कासिम भी था। प्रयाग के पश्चिम खजुआ[6] में दोनों दलों की घमासान लड़ाई

हुई। इस युद्ध में औरंगजेब की सेना विजयी हुई और शुजा को वहाँ से भागना पड़ा।

किलेदार कासिम उल्टे पाँव अपने किले में लौट आया। शुजा ने फिर से इलाहाबाद के किले को हस्तगत करना चाहा, लेकिन इस बार कासिम ने उसको किले में घुसने न दिया। अतः बाध्य होकर वह लौट गया। इधर शाहजादा सुल्तान कुछ सेना लेकर शुजा की खोज में प्रयाग आया। कासिम ने सोचा कि इस समय औरंगजेब का पल्ला भारी है, इसलिए उसने उसी की अधीनता स्वीकार करने में भलाई समझा। अतः उसने किले की कुंजी बादशाह के हवाले कर दी। 1661 ई. इलाहाबाद के किले को हस्तगत करने के बाद औरंगजेब नें खाने दौरां को यहाँ का किलेदार बनाया।

औरंगजेब के समय में फ्रांसीसी यात्री टैवर्नियर भारत आया था। 6 दिसम्बर, 1665 ई. को वह आलमचन्द नामक स्थान से नाव द्वारा इलाहाबाद पहुँचा। अपने यात्रा-वृत्तान्त में उसने लिखा है कि- ''इलाहाबास (इलाहाबाद) एक बड़ा शहर है, जो गंगा और यमुना के संगम की नोक पर बसा हुआ है। यहाँ (किले में) तराशे हुए पत्थर का एक बहुत ही सुन्दर महल है, जिसके पास दोहरी खायी है। इस महल में सूबेदार रहता है। वह भारत के उच्च श्रेणी के अधिकारियों में से एक है। कोई भी व्यक्ति सरकारी अनुमति के बिना गंगा या यमुना पार नहीं कर सकता। मुझे इसके लिए सबेरे से दोपहर तक नाव की प्रतीक्षा करनी पड़ी। अन्त में एक डच डॉक्टर की कृपा से आज्ञा पत्र मिला। यहाँ प्रत्येक लदी हुई नाव का चार रुपया महसूल लिया जाता है।'' टैवर्नियर केवल एक दिन यहाँ ठहर कर बनारस चला गया।[6]

प्रयाग में छत्रपति शिवाजी

1ष ई. में छत्रपति शिवाजी अपनी विलक्षण चतुराई से दिल्ली में औरंगजेब के बन्दीगृह से मुक्त होकर मथुरा होते हुए इलाहाबाद आये थे; और यहाँ दारागंज मुहल्ले में किसी पण्डे के यहाँ ठहरे थे। दक्षिण भारतीय तीर्थयात्रियों की जजमानी वाले अधिकांश पण्डे अब भी इसी महल्ले में रहते हैं। शिवाजी के पुत्र सम्भाजी उस समय छोटे से बालक था। मार्ग की थकावट के मद्देनजर सम्भाजी को उसी पण्डे के यहाँ सुरक्षित छोड़कर शिवाजी यहाँ से काशी होते हुए मराठवाड़ा चले गये थे। कहते हैं कि सम्भाजी के आश्रयदाता का नाम 'कवि कलस' था। सम्भाजी ने गद्दी पर बैठने के बाद उसको अपना मन्त्री बनाया था।[6]

औरंगजेब के बाद का प्रयाग

औरंगजेब के राज्यकाल में सरकार इलाहाबाद में 11 महाल और 5512 गाँव थे। 1707 ई. में औरंगजेब की मृत्यु के समय से लेकर 1712 ई. तब अब्दुल्ला खाँ इलाहाबाद का हाकिम रहा। उस समय उसका उसके भाई हुसैन अली को 'बादशाह गर' (किंग मेकर) माना जाता था। औरंगजेब के मरणोपरान्त उसका बेटा आजम शाह बादशाह बना। उसके समय ये दोनों भाई उसके वफादार बने रहे। लेकिन आजम के भाई मुअज्जम ने एक लड़ाई में आज़मशाह को हराकर उसकी हत्या कर दी और बहादुरशाह के नाम से स्वयं बादशाह बन बैठा। तब अब्दुल्ला और हुसैन नामक दोनों भाई बहादुरशाह के बेटे अजीमुश्शान के पक्ष में हो गये, जो उस समय बंगाल का सूबेदार था। उसने अपनी ओर से इलाहाबाद का सूबा अब्दुल्ला को और बिहार का सूबा उसके भाई हुसैन अली को दे दिया।

1712 ई. में बहादुरशाह की मृत्यु के बाद उसका बेटा जहाँदार शाह के नाम से गद्दी पर बैठा। अजीमुश्शान को उसके भाइयों ने ही युद्ध में मार डाला। इसलिए उसका बेटा फर्रुखसियर जो उस समय बंगाल में था, पटना पहुँचा और इन दोनों भाइयों (अब्दुल्ला और हुसैन अली) से मदद माँगी। हुसैन अली पटना से प्रयाग को चला, लेकिन तब तक इन दोनों भाइयों के शड्यन्त्र की खबर दिल्ली पहुँच गयी थी। वहाँ से राजे मुहम्मद खाँ अब्दुल्ला की जगह इलाहाबाद का सूबेदार नियुक्त हुआ। वह आठ हजार सवार और चौदह हजार पैदल सेना लेकर इलाहाबाद की ओर चला। अब्दुल गफ्फार नामक एक और योद्धा उसके साथ कर दिया गया। जब ये लोग कड़ा के निकट पहुँचे तो वहाँ का सूबेदार सरबुलन्द खाँ भी इनकी मदद के लिए साथ हो गया। इधर से अब्दुल्ला ने भी अपनी सेना इन लोगों से लड़ने के लिए भेजी। इलाहाबाद से पश्चिम आलमचन्द में इन दोनों सेनाओं में युद्ध हुआ। अब्दुल्ला कुछ दिनों के लिए किले में घिर गया था। लेकिन इसी बीच फर्रुखसियर पटना से आ गया। अतः अब्दुल्ला को राहत मिली। इसके बाद वह स्वयं सैनिकों की एक टुकड़ी लेकर आगे बढ़ा और आलमचन्द में संघर्षरत अपने सैनिकों से जा मिला। पुनः लड़ाई छिड़ गयी। 2 अगस्त, 1712 ई. को हुए इस युद्ध में अब्दुल्ला की जीत हुई। वह आलमचन्द से प्रयाग लौट आया और यहाँ 12 नवम्बर, 1712 ई. को उसकी फर्रुखसियर से भेंट हुई। उस समय फर्रुखसियर की सेना झूँसी, सराय बाबू और सराय जगदीश में डेरा डाले थी। इस अवसर पर उसने झूँसी में शेख तकी की मज़ार के दर्शन किये। उसकी सेना गंगा के इस पार उतर कर सिपहदारगंज में ठहरी और वह अब्दुल्ला से समझौता करके जहाँदार शाह से लड़ने के लिए आगे बढ़ा।

1713 ई. में हुई लड़ाई में जहाँदार शाह मारा गया और फर्रुखसियर ने मुगल सिंहासन पर अधिकार कर लिया। छबीले राम नागर नामक एक गुजराती ब्राह्मण ने फर्रुखसियर की बड़ी सहायता की थी। वह जहाँदार शाह के समय में कोष विभाग का मन्त्री था। उसकी सेवा से प्रसन्न होकर फर्रुखसियर ने उसको इलाहाबाद का सूबेदार नियुक्त किया और अब्दुल्ला को प्रधानमन्त्री बनाकर दिल्ली बुला लिया। छबीले राम बहुत वीर था। गौरतलब है कि बादशाह फर्रुखसियर सैयद बन्धुओं (अब्दुल्ला और हुसैन अली) के हाथ की कठपुतली बना हुआ था; और वे दोनों छबीलेराम के प्रति ईर्ष्या रखते थे। अतः इन लोगों ने उसके विरुद्ध बादशाह के कान भरने शुरू किये।

अगस्त 1719 ई. में तंग आकर छबीलेराम खुल्लम-खुल्ला उनके विरुद्ध हो गया। हुसैन अली ने उसको प्रयाग के किले से बेदखल करने के लिए आगरे से सेना भेजी। रास्ते में और भी कई मुसलमान सरदार अपने-अपने लड़ाकों को लेकर उसके साथ हो लिए। छबीलेराम अपने भतीजे गिरिधर बहादुर को किले में छोड़कर खुद एक बड़ी सेना लेकर उन लोगों से लड़ने के लिए आगे बढ़ा। लेकिन मुठभेड़ होने के पहले ही अचानक छबीलेराम का देहान्त हो गया। उन लोगों ने फर्रुखाबाद के नवाब महम्मद खाँ बंगश को साथ लेकर प्रयाग के किले पर चढ़ाई की। इधर गिरिधर ने भी पूरी तैयारी कर रखी थी। आस पास के बड़े हिन्दू जमींदारों और बुद्ध सिंह बुन्देला को उसने अपना सहयोगी बना रखा था। किले में कई वर्ष के लिए रसद भी जमा कर ली थी। दोनों ओर से सात दिनों तक लड़ाई होती रही। यह युद्ध अनिर्णीत समाप्त हुआ। इधर दिल्ली में फर्रुखसियर की जगह पर 1719 ई. में मुहम्मदशाह बादशाह बना। सैयद बन्धुओं ने दिल्ली दरबार में उच्च पदस्थ राजा रत्नचन्द को इस झगड़े के निपटाने के लिए प्रयाग भेजा। 1720 ई. में इलाहाबाद आकर रत्नचन्द ने इस विवाद को सुलझा दिया। गिरिधर को इलाहाबाद के बदले अवध की सबेदारी मिली। मुहम्मद खाँ बंगश को इलाहाबाद का सूबेदार बनाया गया। वह 1721 से 1732 ई. तक सूबेदार रहा। उन्हीं दिनों बुन्देलखण्ड के महाराजा छत्रसाल ने यमुनापार इलाहाबाद की सीमा तक बादशाही भूभाग पर अधिकार कर लिया।

इलाहाबाद और मराठे

1739 ई. में नागपुर के राघोजी भोंसले ने इलाहाबाद पर चढ़ाई कर दी और यहाँ के आमिल शुजा खाँ की हत्या करने के बाद काफी लूटपाट की। प्रयाग के दारागंज मुहल्ले में स्थित नागवासुकि का वर्तमान मन्दिर उन्हीं का बनवाया हुआ है।[6]

मथुरा, प्रयाग और काशी हिन्दुओं के पवित्रतम तीर्थ हैं। मराठे 1736 ई. के बाद से ही इन तीनों तीर्थ स्थानों को सदा के लिए अपने अधिकार में रखना चाहते थे। अतः वे 1761 ई. तक इन स्थानों से चौथ के नाम पर कुछ-न-कुछ कर बराबर वसूल करते रहे। 1744 ई. के आसपास पेशवा और राघोजी के मध्य यह सन्धि हुई कि प्रयाग से जो भी कर मिलेगा वह बालाजी का भाग समझा जायेगा।

स्वामी रामानन्द

मध्यकालीन भारतीय धर्मसाधना के इतिहास में स्वामी रामानन्द का व्यक्तित्व सबसे प्रभावशाली प्रतीत होता है। वे अपने युग के सर्वाधिक यशस्वी साधक एवं प्रगतिशील विचारक थे। उत्तरी भारत में भक्ति की गंगा बहाने का श्रेय उन्हीं को दिया गया है। कहते हैं कि,

भक्ति द्राविड़ ऊपजी लाए रामानन्द।
परगट किया कबीर ने सात द्वीप नौ खण्ड।।

उत्तरी भारत में सन्त मत के प्रचार एवं प्रसार में उनकी अग्रणी भूमिका थी। उनके कई शिष्य थे जिनमें कबीरदास, अनन्तदास, पीपा और धन्ना विशेष रूप से उल्लेखनीय हैं। 'अगस्त्य संहिता' और 'श्रीभक्तमाल सटीक' के अनुसार इनका जन्म प्रयाग में एक कान्यकुब्ज ब्राह्मण कुल में हुआ था। वैसे डॉ. रामेश्वरदत्त शर्मा ने अपनी पुस्तक 'ब्राह्मण समाज : परिचय एवं योगदान' में गुरु रामानन्द को भूमिहार ब्राह्मण बताया है।[6]

रामानन्द को एक दीर्घ जीवन प्राप्त हुआ था। इनके जीवन-चरित के सम्बन्ध में कोई प्रामाणिक जानकारी उपलब्ध नहीं हो पायी है। वैसे, इनका जन्म चौदाहवीं शताब्दी के अन्तिम चरण में हुआ होगा क्योंकि ये कबीर और पीपा के गुरु थे और इन दोनों का जन्मकाल क्रमशः 1399 और 1425 ई. माना गया। रामानन्दीय सम्प्रदाय की परम्परा में उनकी जन्मतिथि वि. सं. 1356 (अर्थात् 1299 ई.) माघ कृष्ण सप्तमी बताई जाती है। रामानन्दीय सम्प्रदाय के मठों एवं इस सम्प्रदाय के अयोध्या, मिथिला, चित्रकूट आदि केन्द्रों में उनकी जयन्ति प्रति वर्ष इसी तिथि को मनाई जाती है।

उनके पिता का नाम पुण्यसदन और माता का नाम सुशीला देवी था। इनकी शिक्षा-दीक्षा काशी में हुई थी। 'भक्तमाल' के अनुसार ये रामानुजाचार्य की शिष्य परम्परा में उनकी चौथी पीढी में उत्पन्न हुए थे। 'श्री रामाचरन-पद्धति' में स्वयं रामानन्द ने राघवानन्द स्वामी को अपना गुरु कहा है। राघवानन्द के विशिष्टाद्वैत का रामानन्द जी के विचारों पर अधिक प्रभाव पड़ा। गुरु ने विशिष्टाद्वैत के अतिरिक्त उन्हें सभी शास्त्रों एवं तत्वज्ञान की शिक्षा दी।

रामानन्द द्वारा संस्कृत में रचे गये ग्रन्थों की प्रमाणिकता निश्चित नहीं है। उनके गुरु राघवानन्द की 'सिद्धान्तपंचमात्रा' के आधार पर यह कहा जा सकता है कि रामानन्द की साधना-पद्धति में नाम-स्मरण का विशेष महत्त्व है। नाभादास के मतानुसार रामानन्द दशधा भक्ति के आगार थे। दशधा भक्ति के प्रचार के साथ ही उन्होंने ज्ञान मार्ग का उपदेश दिया। रामानन्द की प्रेरणा पाकर ही कबीरदास ने साधना और भक्ति को सभी वर्णों और सभी वर्गों के लिए सुलभ कराया था। रामानन्द बड़े ही उदार थे। उन्होंने सामाजिक हीनता और असमर्थता की भावना को समूल नष्ट कर साधना का ऐसा मन्दिर बनाया, जिसके द्वारा सबके लिए खुले हुए थे।

रामानन्द की हिन्दी रचनाओं में उनका प्रगतिशील, अध्यात्मिक एवं साधनात्मक दृष्टिकोण उपलब्ध होता है। तीर्थयात्रा, मूर्ति पूजा, वेदादि धर्म ग्रन्थों एवं उपासना के बाह्य साधनों की अलोचना करते हुए उन्होंने अन्तस्साधना का मार्ग प्रदर्शित किया। उनकी रचनाओं में ब्रह्म की प्रेमा भक्ति का उपदेश दिया गया है। अपने गुरु राघवानन्द से प्राप्त भक्ति और ज्ञान की पृष्ठभूमि में उन्होंने 'रामावत सम्पदाय' का प्रवर्तन किया। उनके बाद सोलहवीं शताब्दी में इस सम्प्रदाय का सम्पर्क 'श्री सम्प्रदाय' के साथ इतना बढ़ गया कि दोनों एक से माने जाने लगे। श्री सम्प्रदाय के आराध्य नारायण है जबकि रामावत सम्प्रदायक के आराध्य राम है। इस सम्प्रदाय का मूलमंत्र राम या सीता राम है और आराध्यदेव श्रीराम है। वे निर्गुण, निरागार, अगम, अगोचक होते हुए भी सन्तों, भक्तों और आर्त जनों के परित्राणार्थ अवतार धारण कर लेते हैं।[6]

रामानन्द पर युगधर्म का भी प्रभाव पड़ा था। उन्होंने तीर्थों की यात्रा करके अपने विचारों को युगधर्म के अनुसार बना लिया। उन्होंने नये सम्प्रदाय की स्थापना की और रामभक्ति के प्रमुख आचार्य माने गये। उन्होंने भक्ति को ही अपनाया। राम उनके उपास्य देवता है। राम के प्रति अनन्य शरणागति ही उनकी साधना है। वास्तव में वह भक्ति आन्दोलन के उत्तर और दक्षिण भारत के मध्य एक अपूर्व सेतु का काम करते रहे।

रामानन्द स्वामी का केन्द्रीय मठ पंचगंगा घाट काशी में था, जो आज भी अपने अवशिष्ट रूप में विद्यमान है। इसी स्थान से अपने सम्प्रदाय का उन्होंने व्यापक प्रचार किया और यही से उस धर्म का प्रकाश निकला था जिसके फलस्वरूप तुलसी ने युग-युग के अन्धकार को दूर किया था।[6]

'भक्तमाल' के अनुसार रामानन्द के प्रमुख शिष्यों में से बारह बहुत प्रसिद्ध थे- अनतानन्द, कबीर, सुखानन्द, सुरसुरानन्द, पद्मावती, नरहर्यानन्द, पीपा, भावानन्द, रैदास, धना, सेन और सुरसुरी। रामानन्द ने अपने मत का प्रचार करने के लिए

भारतवर्ष के विभिन्न तीर्थों की यात्रा की और विरोधियों को हरा कर विशिष्टाद्वैत मत की प्रतिष्ठा की। रामनाम के सबसे महान् प्रचारक रामानन्द स्वामी की ही साधना का फल था कि भारत के एक कोने से दूसरे कोने तक रामषडाक्षर मन्त्र का इतनी दृढ़ता से प्रचार हो सका। रामानन्द की मृत्युतिथि वि. सं. 1467 वैशाख सुदी तृतीया अधिकांश रूप से मानी जाती है।

रामानन्द ने भाषा के क्षेत्र में भी नवीनता अपनायी। कहा जाता है कि उन्होंने स्वयं कुछ पद हिन्दी में लिखे और अपने शिष्यों को भी हिन्दी ही में लिखने के लिए प्रेरित किया।

तीर्थयात्रा करने के बाद रामानन्द जब घर आये और गुरुमठ पहुँचे तो उनके गुरुभाइयों ने उनके साथ भोजन करने में आपत्ति की। उनका अनुमान था कि रामानन्द ने तीर्थाटन में अवश्य ही खानपान सम्बन्धी छुआछूत का कोई विचार नहीं किया होगा। राघवानन्द ने अपने शिष्यों का यह आग्रह देखकर एक नया सम्प्रदाय चलाने की सलाह दे दी। यहीं से रामानन्द सम्प्रदाय का जन्म हुआ। इन दृष्टियों से रामानन्द सम्प्रदाय एवं रामानुज सम्प्रदाय में भेद है किन्तु दार्शनिक सिद्धान्त से दोनों ही सम्प्रदाय विशिष्टाद्वैत मत के पोषक है। दोनों ही ब्रह्म को चिदचिद्विशिष्ट मानते हैं और दोनों ही के मतानुसार मोक्ष का उपाय परमोपास्य की प्रपत्ति है। रामानन्द सम्प्रदाय में प्रमुख बातें निम्नलिखित हैं-

1. द्विभुज श्रीराम परमोपास्य हैं।
2. 'ॐ रामाय नमः' इस सम्प्रदाय का मन्त्र है।
3. इस सम्प्रदाय का नाम 'श्री सम्प्रदाय' या 'रामानन्द सम्प्रदाय' या 'वैरागी सम्प्रदाय' है।
4. इस सम्प्रदाय में आचार पर अधिक चल नहीं दिया जाता। कर्मकाण्ड का महत्त्व यहाँ बहुत कम है।

रामानन्द ने उदार भक्ति का मार्ग प्रदर्शित किया। उनके शिष्यों में जुलाहा, चमार, जाट, क्षत्रिय एवं स्त्रियाँ भी थी। भक्ति का द्वार सभी के लिए मुक्त था। उन्होंने वैरागी सम्प्रदाय की स्थापना इसी कारण की। उनके उपदेशों के फलस्वरूप दो विचारधाराएँ धार्मिक क्षेत्र में उत्पन्न हुई। प्रथम प्राचीन परपरागत विचारधारा जो परिवर्तन के विरूद्ध थी। दूसरी नवीन विचारधारा जो परिवर्तन करके हिन्दू-मुसलमान सभी को सम्मिलित करने को तैयार थी। प्रथम विचारधारा के प्रतिनिधि तुलसीदास थे, जबकि दूसरी विचारधारा के प्रतिनिधि कबीरदास थे।

रामानन्द सम्प्रदाय के दार्शनिक सिद्धान्त को श्री सम्प्रदाय कहा जाता है उसमें 'श्री' शब्द का अर्थ लक्ष्मी के स्थान पर सीता किया जाता है। इस सम्प्रदाय का

दार्शनिक मत विशिष्टाद्वैत ही माना जाता है। रामानन्द सम्प्रदाय में राम को ही ब्रह्म कहा गया है और सीताराम आराध्य मान गये हैं।

आचार्य विट्ठलनाथ

वल्लभ सम्प्रदाय के प्रवर्तक श्री वल्लभाचार्य जी के द्वितीय पुत्र गुसाई विट्ठलनाथ का जन्म काशी के निकट चरणाट ग्राम में पौष कृष्ण नवमी को वि. संवत् 1572 (1515 ई.) में हुआ। इनका बचपन काशी और प्रयाग के निकट अरैल नामक स्थान में व्यतीत हुआ। काशी में रहकर इन्होंने अपने शास्त्रगुरु श्री माधव सरस्वती से वेदान्त आदि शास्त्रों का अध्ययन किया। अपने ज्येष्ठ भ्राता गोपीनाथ की अकाल मृत्यु हो जाने पर संवत् 1565 में सम्प्रदाय की गद्दी के स्वामी बनकर उसे नया रूप देने में लीन हो गये। धर्मप्रचार के लिए इन्होंने दो बार गुजरात की यात्रा की और अनेक धर्मप्रेमियों को वैष्णव धर्म में दीक्षित किया।

वल्लभ सम्प्रदाय को सुसंगठित करने में विट्ठलनाथ का विशेष योगदान है। श्रीनाथ जी के मन्दिर में सेवा-पूजा की नूतन विधि, वार्षिक उत्सव, व्रतोपवास आदि की व्यवस्था कर उन्हें अत्यन्त आकर्शक बनाने का श्रेय इन्हीं को है। संगीत, साहित्य, कला आदि के सम्मिश्रण द्वारा इन्होंने भक्तों के लिए अद्भुत आकर्षण की सामग्री श्रीनाथ जी के मन्दिर में जुटा दी थी। अपने पिता के चार शिष्यों-कुम्भनदास, सूरदास, परमानन्ददास तथा कृष्णदास के साथ अपने चार शिष्यों-चतुर्भुजदास, गोविन्द स्वामी, छीतस्वामी और नन्ददास का मिलाकर इन्होंने अष्टछाप की स्थापना की। इन्हीं आठ सखाओं के पद श्रीनाथ जी के मन्दिर में सेवा-पूजा के समय गाये जाते थे।

विट्ठलनाथ का अपने समय में बहुत प्रभाव था। बादशाह अकबर ने इनके अनुरोध पर गोकुल में वानर, मयूर, गौ आदि के वध पर प्रतिबन्ध लगाया था और अपने शाही फरमान द्वारा गोकुल की भूमि माफी में प्रदान की थी। विट्ठलनाथ जी के सात पुत्र थे, जिन्हें गुसाईं जी ने सात स्थानों पर भेजकर सम्प्रदाय की सात गद्दियाँ स्थापित कर दी थीं। सात पुत्रों को पृथक् स्थानों पर भेजने से सम्प्रदाय का व्यापक रूप से प्रचार सम्भव हुआ। इनके चौथे पुत्र गुसाई गोकुलनाथ ने 'चौरासी वैष्णवन की वार्ता' तथा 'दो सौ बावन वैष्णवन की वार्ता' का प्रणयन किया। ये वार्ताएँ प्रारम्भ में मौखिक रूप में कही गयी थी, बाद में इन्हें लिखित रूप मिला।

विट्ठनलाथ द्वारा रचे गये ग्रन्थों में अणुभाष्य, यमुनाष्टक, सुबोधिनी की टीका, विद्वन्मण्डल, भक्तिनिर्णय और शृंगाररसमण्डन प्रसिद्ध है। शृंगाररसमण्डन ग्रन्थ द्वारा माधुर्य भक्ति की स्थापना में बहुत सहयोग मिला। वि. संवत् 1642

(1585 ई.) में गिरिराज की एक गुफा में प्रवेश करके अपने प्राण त्याग दिये।

इलाहाबाद शहर और उसके मोहल्लों का नामकरण

यदि किसी स्थान का इतिहास जानना हो तो सबसे पहले उसके नामकरण का इतिहास जानना चाहिए। नगरों के नामों में बहुधा उनकी ऐतिहासिकता सन्निहित होती है। मुगलकाल के पहले प्रयाग की ख्याति मुख्यतः एक धर्मभूमि के रूप में थी। बादशाह अकबर ने शहर के मन्दिरों, मठों, अखाड़ों, मुस्लिम दायरों, दरगाहों, सन्तों, फकीरों, सूफियों व औघड़ों को देखकर पहले इसका नाम फकीराबाद रखा था। ''कहते हैं कि मुसलमानी राज्य के समय यहाँ 12 दायरे (फकीरों के आश्रम) और 18 सरायें थीं।''[6] बाद में कुछ समय तक यह इलाहाबास नाम से जाना गया। कहते हैं कि संगम के दूसरी ओर महान् चन्द्रवंशी राजा पुरूरवा की राजधानी थी- प्रतिष्ठान। राजा पुरूरवा वैवस्वत मनु की पुत्री इला के पुत्र थे। राजा पुरूरवा अपने मातृवंश को अधिक महत्त्व देते थे। इसलिए अपनी माँ इला के नाम पर पुरूरवा को 'ऐल' भी कहा जाता था। उनकी माता के नाम पर उस नगर को इलावास भी कहा जाने लगा था। लगता है इलावास नाम ही आगे चलकर इलाहाबास में बदल गया। बहरहाल, मजहबी प्रेरणा से ही अकबर ने इस नगर को अन्त में 'अल्लाह से आबाद' कहा, जो बाद में इलाहाबाद हो गया। अंग्रेज हुक्मरानों ने भी इसी नाम पर अपनी मुहर लगाई। तब से यही नाम प्रचलित रहा है।

इलाहाबाद शहर के पुराने मोहल्लों के नामकरण का इतिहास बेहद दिलचस्प है। मुट्ठीगंज, कीडगंज, रामबाग, चौक, खुल्दाबाद, जानसेनगंज, गढ़ीसराय, सरायमीर खां, शाहगंज, रोशनबाग, अहियापुर, कटरा, सिविल लाइंस, ममफोर्डगंज आदि बहुत पुराने मोहल्ले हैं। यह शहर लम्बे समय तक मुगलों और अंग्रेजों के प्रशासनिक नियन्त्रण में रहा है। इसलिए स्वाभाविक रूप से यहाँ के पुराने मोहल्लों में से कुछ मुगलों के बसाए हुए हैं तो कुछ अंग्रेजों के। इन मोहल्लों के बसने-बसाने के कई किस्से हैं।

जयपुर के राजा जयसिंह ने औरंगजेब द्वारा दी गयी जागीर पर इलाहाबाद सहित कई जिलों में कटरा मोहल्ला बसाया। आज का भीड़भाड़वाला इलाहाबाद का चौक इलाका सौ साल पहले तक एक साधारण गाँव जैसा था। यहाँ मुगलकालीन दो सरायें थीं- खुल्दाबाद सराय और गढ़ी सराय। शहर के कारोबारी इलाके मुट्ठीगंज का नाम ब्रिटिशकालीन पहले कलेक्टर मिस्टर आर0 अहमुटी के नाम पर रखा गया था। जबकि पण्डों (प्रयागवाल समाज) के परम्परागत क्षेत्र कीडगंज का नाम किले के अंग्रेज कमाण्डेण्ट जनरल कीड के नाम पर पड़ा था। मुगल

बादशाह शाहजहाँ के बड़े बेटे दारा शिकोह के नाम पर दारागंज मोहल्ला आबाद हुआ।[6] जबकि बेगम सराय नामक बस्ती को दारा शिकोह की पत्नी नादिरा बेगम ने बसाया था।[6] 1741 ई. में नवाब सफदर जंग ने राजा नवल राय को इलाहाबाद का आमिल (दीवान) नियुक्त किया था। प्रयाग के किले के निकट कीडगंज एवं बैरहना के बीच मोहल्ला तालाब नवल राय उन्हीं के नाम पर बसा। राजा नवल राय लखनऊ की शिया रियासत के वजीर और सिपहसालार थे। अवध की सूबेदारी और हुकूमत के वे मजबूत स्तम्भ थे और अवध के नवाब के भरोसेमन्द सामन्तों में गिने जाते थे। इन्होंने दारागंज में राधाकृष्ण का एक मन्दिर बनवाया था।

1906 ई. के आसपास संयुक्त प्रान्त के तत्कालीन उपराज्यपाल मिस्टर जेम्स डिग्स लाटूश ने स्टेशन के पास सरकारी कर्मचारियों के रहने के लिए एक मोहल्ला बसाया, जिसका नाम उन्होंने गवर्नमेण्ट प्रेस के तत्कालीन सुपरिटेण्डेण्ट मिस्टर एफ0 लूकर के नाम पर लूकरगंज रखा।

जहाँ आज चौक मोहल्ला है, वहाँ चारों ओर कच्चे घर थे। कोई-कोई मकान पक्के और कुछ बिना प्लास्टर की पक्की ईंटों के बने थे। बीच में एक पक्की गड़ही थी, जिसमें आस-पास का पानी इकट्ठा होता था तथा कूड़ा-करकट फेंका जाता था। लोग उसे लाल डिग्गी कहते थे। उसके किनारे कुछ बिसाती, कुँजड़े और अन्य छोटे-छोटे दुकानदार चबूतरों पर बैठते थे। जान्स्टनगंज घनी बस्ती थी। चौक से कटरे की ओर जाने के लिए ठठेरी बाजार, शाहगंज, लीडर रोड का रास्ता था।[6]

1864 के आसपास जिले के कलेक्टर मि. विलियम जान्स्टन ने चौक की पुरानी बस्ती की जगह नया बाजार व पक्की सड़क बनवायी थी, जिसे जान्स्टनगंज कहा जाने लगा। चौक में जहाँ बरामदा के नाम से सौन्दर्य-प्रसाधन की दुकानें हैं, वहाँ पहले एक विशाल कुआँ था। इसके ठीक सामने गिरजाघर के पास नीम के सात पेड़ों का समूह था, जिन पर ब्रिटिश पुलिस क्रान्तिकारियों को फाँसी देती थी और कुएँ में दफन कर देती थी। 1873 में लाल डिग्गी की गड़ही को शहर के रईस बाबू रामेश्वर रायचौधरी ने पटवाकर सब्जी मण्डी बनवायी।

1874 में कोतवाली बनी। कोतवाली के पीछे रानी मण्डी है, जिसका नामकरण इंग्लैण्ड की महारानी विक्टोरिया के शासन की शुरुआत की याद में रखा गया। रानी मण्डी एवं भारतीय भवन पुस्तकालय के पीछे पहले एक पठार था, जिसे खुशहाल पर्वत कहा जाता था। इसी नाम से वहाँ एक बस्ती अभी भी आबाद है। पास ही में पहले साधु गंगादास रहते थे, जिनके नाम पर चौक गंगादास मोहल्ला बसा। खुशहाल पर्वत से नीचे की तरफ के खाली स्थान में मालवीय लोगों के बसने से

मालवीय नगर मोहल्ला बसा। दरिया (यमुना) के किनारे होने के कारण मुगलकाल से ही दरियाबाद नाम से एक मोहल्ला आबाद है।

जहाँ अब कम्पनीबाग है, वहाँ पहले समदाबाद और छीतपुर नामक दो गाँव थे। 1857 की क्रान्ति से नाराज ईस्ट इंडिया कम्पनी की पलटन ने दोनों गाँवों को तबाह कर दिया और वहाँ कम्पनी बाग (अल्फ्रेड पार्क) की नींव रखी। इंग्लैण्ड से इलाहाबाद भेजे गये सर विलियम म्योर को इलाहाबाद बहुत पसन्द आया। उनके कार्यकाल में इलाहाबाद का बहुत विकास हुआ। हाईकोर्ट का पुराना भव्य भवन, गवर्नमेण्ट प्रेस, रोमन कैथोलिक चर्च, पत्थर का बड़ा गिरजा (ऑल सेण्ट्स कैथेड्रल) तथा म्योर सेण्ट्रल कालेज उन्हीं के समय में बना। उनके नाम से म्योराबाद नामक बस्ती भी बसायी गयी। इलाहाबाद का सबसे पुराना अखबार पायनियर, जो बाद में लखनऊ स्थानान्तरित हो गया, के संस्थापक सर जार्ज एलन व म्यूनिसिपल बोर्ड के चेयरमैन रहे मिस्टर ममफोर्ड के नाम पर क्रमशः एलनगंज एवं ममफोर्डगंज मोहल्ले बसे।

मुगल बादशाह औरंगजेब को सन्त मलूकदास ने एक नाम 'मीर राघव' दिया था। इसी के नाम पर चौक के बगल में सराय मीर खाँ मोहल्ला बसा, जो बाद में भगवान् शंकर के नाम पर लोकनाथ कहा जाने लगा। चौक और जान्स्टनगंज के बीच स्थित घण्टाघर 1913 ई. में यहाँ के एक रईस रायबहादुर लाला रामचरन दास तथा उनके भतीजे लाला विशेषर दास ने बनवाया था। घण्टाघर ठीक उसी आकार-प्रकार का बनवाया गया था जैसा दिसम्बर 1910 में यमुना किनारे किले के पश्चिम में लगी कला-प्रदर्शनी में बना था।

संयुक्त प्रान्त के उपराज्यपाल सर जार्ज हिवेट के नाम पर हिवेट रोड (वर्तमान विवेकानन्द मार्ग) बना। जबकि उस समय के प्रसिद्ध अंग्रेजी अखबार लीडर के नाम पर लीडर रोड (स्टेशन रोड) मोहल्ला बसा। लीडर का प्रकाशन वहीं होता था, जहाँ से आजकल दैनिक आज अखबार निकलता है। हाईकोर्ट के प्रसिद्ध वकील और कुछ समय तक डिप्टी कलेक्टर रहे शहर के जैन रईस बाबू शिवचरण लाल के नाम पर एक सड़क राधा थिएटर मानसरोवर सिनेमा के सामने बनायी गयी थी, जो अब भी इसी नाम से जानी जाती है। म्यूनिसिपल बोर्ड के चेयरमैन रहे कामता प्रसाद कक्कड़ के नाम पर केपी कक्कड़ रोड (जीरो रोड) बनी। 1931 में रोशन बाग मोहल्ला नवाब सरबुलन्द खाँ के नायब रोशन खाँ के नाम पर बसा। मुगल शासक जहाँगीर ने पहले बादशाही मण्डी बनवायी थी, जो अब मोहल्ला बन गया है।

सिविल लाइन्स पहले एक पिछड़ा हुआ इलाका था। इसका विकास कार्य

1860 में शुरू हुआ, जो 15 वर्शों तक चलता रहा। पहले इसे कैनिंग टाउन (कैनिंगटन) कहा जाता था। 1920-21 के पहले अंग्रेजी सेना के कर्नल व अन्य अधिकारी आनन्द भवन के आसपास रहते थे, इसलिए उसको कर्नलगंज कहा जाने लगा। लेकिन बाद में उन्हें छावनी क्षेत्र (कैंटोनमेण्ट) में बसा दिया गया। यहाँ के तत्कालीन कमिश्नर थार्नहिल के नाम पर थार्नहिल रोड (दयानन्द मार्ग) बना।

नगर की प्रसिद्ध पथरचट्टी रामलीला कराने के लिए डेढ़ सौ साल पहले शहर के कारोबारी सेठ लाला दत्तीलाल कपूर ने मुट्ठीगंज के आगे जमीन खरीदकर उसका नाम रामबाग रखा। बाद में इसी नाम से यहाँ एक मोहल्ला आबाद हुआ। धार्मिक कारणों से भी मोहल्ले जाने गये। कल्याणी देवी, अलोपी देवी और सूर्यकुण्ड जैसे प्राचीन मन्दिरों के नाम से कल्याणी देवी, अलोपीबाग और सूरजकुण्ड मोहल्ले बने। अत्रि ऋषि और अनसुइया आश्रम होने के कारण अतरसुइया मोहल्ला बसा।

गंगागंज और बेनीगंज मोहल्ले करीब डेढ़-दो सौ साल पहले गंगेश्वरनाथ महादेव के भक्त पं. गंगाराम तिवारी एवं पं. बेनी प्रसाद के नाम पर बसाये गये थे। जबकि पुराने समय में यमुना के किनारे गउओं (गायों) का मेला लगने के कारण गऊघाट मोहल्ला बसा। शहर के दक्षिणी भाग का नाम नैनी पहाड़ों की देवी (नयना देवी) के नाम पर पड़ा। 1868 एवं 1896 में यमुना पार में भयंकर दुर्भिक्ष पड़ा। इसी दौरान कुमाऊँ एवं गढ़वाल से कुछ पहाड़ी लोग यहाँ काम की तलाश में आये। वे अपने साथ नयना देवी की मूर्ति लाये थे, जिन्हें यहीं स्थापित कर दिया गया। नयना देवी के नाम पर इलाहाबाद के उस मुहल्ले को नयनी (नैनी) कहा जाने लगा।

सन्दर्भ

1. गुणाकर मुले, खण्डहर बोलते हैं, पृ. 49
2. वही, पृ. 50
3. इहि बिधि कीनौ मास दस साहिजादपुर बास।
   फिरि उठि चले प्रयागपुर बसै त्रिबेणी पास।।

   (बनारसीदास कृत अर्द्धकथानक, दोहा सं. 132)

   इस दोहे में आत्मकथा-लेखक बनारसीदास अपने पिता खड़गसेन श्रीमाल की कथा कहते हुए बताते हैं कि (वर्तमान कौशाम्बी जिले में कड़ा के पास स्थित) शहजादपुर में दस माह का समय बिताने के बाद वे त्रिवेणी के पास बसे प्रयागपुर की ओर रवाना हो गये।

   बसै प्रयाग त्रिबेणी पास। जाकौ नाँउ इलाहाबास।।
   तहाँ दानि वसुधा पुरहूत। अकबर पातिसाह कौ पूत।।

   (बनारसीदास कृत अर्द्धकथानक, चौपायी सं. 133)

अर्थात- खड़गसेन प्रयाग में त्रिवेणी संगम के पास जाकर बस गये। प्रयाग का नाम इलाहाबास भी है। इस चौपायी में यह सूचना भी दी गयी है कि उन दिनों बादशाह अकबर का पुत्र दानियाल इलाहाबास का प्रशासक (सूबेदार) था।

4. गुणाकर मुले, खण्डहर बोलते हैं, पृ. 50
5. काशी नागरी प्रचारिणी सभा, हिन्दी विश्वकोश, भाग 1, पृ. 541
6. बादशाह जहाँगीर के साथ शाह बेग़म का विवाह 1584 ई. में हुआ था और फिर 1587 ई. में उनके पुत्र खुसरो का जन्म हुआ था। उल्लेखनीय है कि शाह बेग़म मूलतः हिन्दू थीं। वह राजपूत सरदार राजा मानसिंह की बहन थीं।
7. खजुआ वर्तमान में फतेहपुर जिले में स्थित एक कस्बा है।
8. शालिग्राम श्रीवास्तव, प्रयाग प्रदीप, पृ. 44
9. वही, पृ. 44
10. वही, पृ. 49
11. डॉ. रामेश्वरदत्त शर्मा कृत 'ब्राह्मण समाज : परिचय एवं योगदान', प्रकाशक : आर्ष प्रकाशन, भिवानी, हरियाणा, (पृ. सं. 46)। प्रसंगवश उल्लेखनीय है कि भूमिहार ब्राह्मणों को बहुधा कान्यकुब्ज ब्राह्मणों की एक शाखा माना गया है, इसलिए गुरु रामानन्द सम्बन्धी उक्त दोनों कथन अपनी-अपनी जगह सही हैं।
12. हिन्दी साहित्य का इतिहास, सम्पादक डॉ. नगेन्द्र, पृ. 142-143
13. काशी ना.प्र.स. हिन्दी वि. कोश, भाग 10, पृ. 107
14. शालिग्राम श्रीवास्तव, प्रयाग प्रदीप, पृ. 213
15. वही, पृ. 44
16. वही, पृ. 45
17. वही, पृ. 215

अध्याय–12

प्रयाग के राजे–रजवाड़े

इलाहाबाद के जुन्नारदार जमींदार

अबुल फज़ल ने 'आईने अकबरी' में ब्राह्मणों के लिए 'जुन्नारदार' शब्द का प्रयोग किया गया है। यहाँ 'जुन्नार' शब्द यज्ञोपवीत यानी जनेऊ का वाचक है। उल्लेखनीय है कि कर्नल एच.एस. जैरेट द्वारा किये गये 'आईने अकबरी' के अंग्रेजी अनुवाद (प्रकाशन वर्ष 1894 ई.) में इलाहाबाद के जमींदारों के प्रसंग में ब्राह्मणों के उपभेदों का उल्लेख न करके सभी का जाति-नाम मात्र जुन्नारदार लिखा गया है। अनूदित ग्रन्थ के द्वितीय भाग के पृष्ठ 161 पर अंकित सूची के अनुसार इलाहाबाद के निम्नलिखित परगनों में ब्राह्मणों की जमींदारी थी- इलाहाबाद, सोराँव, सिंगरापुर, सिकन्दरपुर, केवायी और हादिया बस (यानी झूँसी)। स्वामी सहजानन्द सरस्वती के अनुसार इनमें से सोराँव, सिकन्दरपुर और केवायी परगनों में भूमिहार या जमींदार ब्राह्मण थे और बाकी में सरयूपारीण या कान्यकुब्ज ब्राह्मण जमींदार थे। (ब्रह्मर्षि वंश विस्तर, पृ. 180)

मांडा, डैया तथा बड़ोखर के राजघराने

यमुना पार परगना खैरागढ़ में मांडा, डैया तथा बड़ोखर के राजघराने थे। ये तीनों गहरवार राजपूतों के घराने थे। ये लोग अपने को कन्नौज के राजवंश से सम्बन्धित बताते थे। 1194 ई. में जब कन्नौज का अंतिम राजा जयचन्द्र, शहाबुद्दीन गोरी से पराजित होकर मारा गया और उसकी राजधानी नष्टप्राय हो गयी तो उस राजघराने की एक शाखा राजपूताने की ओर चली गयी, और वहाँ उसने जोधपुर आदि राज्य स्थापित किये। दूसरी शाखा पूर्व की ओर चली आई और मिर्जापुर जिले की पूर्वी सीमा पर केरा मंगरौर नामक स्थान पर बस गयी। यहाँ इन लोगों ने धीरे-धीरे 14 परगनों पर अधिकार कर लिया। राजा शिवराज देव के समय तक ये क्षेत्र प्रायः उसी राजपरिवार के पास रहे। राजा शिवराज देव ने अपना बहुत-सा क्षेत्र काशीनरेश के पूर्वजों को दे दिया था।

इस वंश की 16वीं पीढ़ी में भूर्ज सिंह हुए। इनके तीन बेटे थे। देवदत्त, भारतीचन्द और कुन्दनदेव। देवदत्त 16वीं शताब्दी के मध्य के लगभग शेरशाह के समय में जबरदस्ती मुसलमान बना दिए गये। इससे भयभीत होकर उनके भाई भारतीचन्द कुंहडार (तहसील मेजा) में आ बसे और कुन्दनदेव परिवार-सहित कंतित (जिला मिर्जापुर) और खैरागढ़ की ओर चले आये। यहाँ उन्होंने भरों से बहुत-सा इलाका जीत कर एक राज्य स्थापित किया। कुन्दनदेव के दो बेटे थे- भोजराज और उग्रसेन। इन दोनों ने इस राज्य को बाँट लिया, जिसके अनुसार भोजराज मांडा और उग्रसेन विजयपुर (जिला मिर्जापुर) के स्वामी हुए। भोजराज की छह पीढ़ी बाद पूर्णमल हुए। इनके भी दो बेटे लखनसेन और छत्रसेन थे। इन दोनों भाइयों ने राज्य का फिर बँटवारा किया, जिससे छत्रसेन के हिस्से में तालुका बड़ोखर आया और शेष रियासत लखनसेन के हाथ में ही रही, जिन्होंने मांडा को अपनी राजधानी रखा। उस समय से 17 पीढ़ी तक बड़ोखर की रियासत छत्रसेन के घराने में रही। फिर मांडावालों ने उसको अपने अधिकार में ले लिया। लखनसेन के एक पुत्र का नाम मर्दानशाह था। इनके दो बेटे पृथ्वीराज सिंह और छत्रसाल सिंह थे। इनके समय में मांडा की रियासत फिर बँटी। तदनुसार छत्रसाल सिंह ने डैया में जाकर अपनी अलग राजधानी स्थापित की और पृथ्वीराज सिंह मांडा में रह गये। इस जिले में मांडा सबसे बड़ी और पुरानी रियासत है।

बारा राजघराना

बारा के पुराना नाम 'कसौटा' है। अकबर के समय में इसको 'भटगोरा' कहा जाता था। यहाँ के राजा बघेल राजपूत थे। वे रीवां और कोटा राजपरिवार से सम्बन्धित थे। इस परिवार के आदि-पुरुष का नाम 'व्याघ्रदेव' था, जिन्होंने संवत् 606 के लगभग गुजरात से आकर वर्तमान रीवां राज्य की नींव डाली थी। व्याघ्रदेव के 5 बेटे थे। पहले के वंश से रीवां-नरेश थे। पांचवे का नाम कन्धरदेव था, जो संवत् 662 में पैदा हुए थे। वे ही कुल परगना बारा तथा अरैल के स्वामी हुए थे।

शाहपुर राजघराना

शाहजहाँ के समय में कुछ बिसेन क्षत्रियों को उनके वीरतासूचक कार्यों के उपलक्ष्य में दिल्ली दरबार से अथरबन के परगने की जमींदारी मिली थी। शाहीपुर बिसेनों का दूसरा प्रतिष्ठित घराना गंगापार किवायी में शाहीपुर में था। ये लोग नौलखा कहलाते थे। ये लोग गोरखपुर जिले के मझौली राजपरिवार से सम्बन्धित थे।

कोटवा और धोकरी राजघराना

बैस क्षत्रियों का केन्द्र परगना झूँसी में कोटवा है। 1857 के स्वाधीनता संग्राम गदर के पहले इन लोगों के पास बहुत बड़ी रियासत थी। 1857 के बाद इस घराने

की एक शाखा वहाँ से कुछ दूर पूर्व धोकरी नामक गाँव में जाकर बस गयी है, जिसके नेता ठाकुर शिवपाल सिंह थे। वह बड़े नामी पहलवान थे और 1857 ई. में उन्होंने अंग्रेजों की सहायता की थी, इसलिए उनको बहुत सा इलाका इनाम में मिला था।

नसरतपुर, गोरापुर तथा तारडीह राजघराना

बिसेन अथवा परिहार वंश के प्रसिद्ध घराने पगरना सिकन्दरा में नसरतपुर, गोरापुर और तारडीह में थे। ठाकुर आसापाल सिंह ने 1857 ई. में ब्रिटिश सरकार की सहायता की थी, जिसके एवज में उनको रायबहादुर की उपधि और कई गाँव ईनाम में मिले थे।

बराँव राजघराना

भूमिहार ब्राह्मणों की सबसे बड़ी रियासत परगना अरैल में बराँव की थी। ये लोग कान्यकुब्ज ब्राह्मणों की एक शाखा थे। इस परिवार के आदि-पुरुष पूरमराम पाण्डे थे, जो कन्नौज के निकट हीरापुर नामक गाँव के रईस थे। इसीलिए बराँव राजपरिवार के लोग 'हीरापुरी पाण्डे' कहलाते थे। उल्लेखनीय है कि पूरनराम पाण्डे दिल्ली के बादशाह बहलोल लोदी की सेना में रिसालदार थे। 15वीं शताब्दी में लोदी बादशाह की ओर से प्रयाग भेजे गये और यहाँ अरैल परगना की जमींदारी उनको जागीर में मिली। पहले वे बीरपुर में बसे थे, जहाँ अब भी उनके वंशज रहते हैं। पूरनराम के पुत्र का नाम अनन्तदेव था; और अनन्तदेव के पुत्र का नाम अभिमन्यु देव था। इनकी दो पत्नियाँ थीं। एक के वंशज परासा तथा खांईं गाँव में और दूसरी के वंशज बराँव में जा बसे। बराँव के राघोप्रसाद नारायण सिंह को पहले, 'राय बहादुर' और बाद में सदैव के लिए 'राजा' की पदवी प्राप्त हुई थी।

1923 ई. में यह रियासत दो भाग में बँट गयी। एक के स्वामी राजा राघोप्रसाद नारायण सिंह और उनके वंशज हुए और दूसरे हिस्से के स्वामी राजा साहब के चचेरे भाई कुँवर सरयूप्रसाद नारायण सिंह और तदनन्तर उनके वंशज हुए।

आनापुर राजघराना

तहसील सोरांव के नवाबगंज परगना में आनापुर का राजपरिवार भी भूमिहार ब्राह्मण कुल से सम्बन्धित रहा है। ये छत्रसाल या चतुरसाल 'चौधरी' कहलाते थे। इस वंश के आदिपुरुष गोरखपुर के एक महात्मा थे। एक बार झूँसी के एक मुसलमान हाकिम ने संकटकाल में अपनी रक्षा के लिए उनसे प्रार्थना करायी थी। संयोगवश वह प्रार्थना फलीभूत हुई। अतः उन महात्मा के प्रति श्रद्धाभाव दिखाते हुए उस मुसलमान हाकिम ने 84 गाँव माफी के रूप में उनको दिलवाए थे।

सोराँव के निकट सड़क के किनारे 'उसरही' के नाम से एक डीह है। वहीं इस वंश के पूर्वजों का आदि निवास-स्थान बताया जाता है। अंग्रेजी अमलदारी के आरम्भ में बनारस के बाबू देवकीनन्दन सिंह इस परिवार के एक प्रसिद्ध नेता थे। आनापुर राजपरिवार के इलाके प्रयाग के अतिरिक्त मिर्जापुर, गाजीपुर, आजमगढ़, बनारस और बलिया में भी है।

होलागढ़ और खरगापुर

सोराँव परगना में छत्रसाल चौधरियों के दो अन्य बड़े ताल्लुके थे- होलागढ़ और खरगापुर। परन्तु कोई उत्तराधिकारी नहीं होने के कारण 'व्यपगत के सिद्धान्त' (डॉक्ट्रिन ऑफ लैप्स) के आधार पर 1878 ई. में होलागढ़ और 1887 ई. में खरगापुर राजपरिवार की सम्पत्तियों को अंग्रेज सरकार ने अधिकृत कर लिया था।

नेपाली राजपरिवार

नेपाल के प्रधानमन्त्री सर राना जंगबहादुर के पुत्र पद्मजंग राना बहादुर वि. संवत् 1940 (1883 ई.) में गृहकलह के कारण भारत चले आये थे। दो वर्ष पटना और बेतिया आदि स्थानों में रहने के बाद 1885 ई. में स्थायी रूप से प्रयाग में आकर बस गये। इनकी विशाल कोठी शिवकोटी महादेव के समीप 'फाफामऊ कैसेल' के नाम से प्रसिद्ध थी।

अध्याय–13

प्रयाग : कला, संस्कृति और साहित्य

प्रयागराज संग्रहालय

विश्व प्रसिद्ध कला-समीक्षक डॉ. आनन्द के0 कुमारस्वामी (1877-1947 ई.) की पहल पर दिसम्बर, 1910 में प्रयागराज नगर में भारतीय कला सम्बन्धी एक भव्य प्रदर्शनी आयोजित की गयी थी। दो सौ बीघा जमीन पर तीन महीने तक लगी रही इस राष्ट्रीय स्तर की प्रदर्शनी को देखने देश-विदेश के आठ लाख लोग आये थे, जिसमें जर्मनी के युवराज और भारत के लगभग सभी रियासतों के राजे-महराजे शामिल थे। माना जाता है कि कुम्भ मेले के बाद इतनी बड़ी भीड़ इसी प्रदर्शनी में देखी गयी थी। इस प्रदर्शनी पर साढ़े इक्कीस लाख रूपये व्यय हुए थे। इसका विवरण 1931 के सरकारी गजेटियर में उपलब्ध है।

प्रयागराज नगर-वासियों के लिए भारतीय कला विषयक यह पहली प्रदर्शनी थी। इस आयोजन ने कलात्मक वस्तुओं के संग्रह के प्रति लोगों में अभिरुचि पैदा किया। इसी कड़ी में 1931 में कुछ प्रबुद्ध जनों के प्रयास से इलाहाबाद नगरपालिका कार्यालय के दो कक्षों में प्रयागराज संग्रहालय की शुरुआत हुई। पाषाण मूर्तियों, मृण्मूर्तियों, शिलालेखों, सिक्कों, मुद्राओं एवं मुद्रांकनों, माला के मनकों, प्राचीन लघुचित्रों और आधुनिक चित्रों के अलावा जवाहर लाल नेहरू द्वारा उपलब्ध करायी गयी वस्तुओं से यह संग्रहालय लगातार समृद्ध होता चला गया।

संगृहीत वस्तुओं के समुचित प्रदर्शन के लिए एक स्वतन्त्र भवन की आवश्यकता महसूस की जाने लगी। आल्फ्रेड पार्क (मोती लाल नेहरू उद्यान) स्थित वर्तमान भवन का शिलान्यास 14 दिसम्बर 1947 को तत्कालीन प्रधानमन्त्री जवाहरलाल नेहरू द्वारा किया गया था। 1954 के जनवरी-फरवरी मास में होने वाले कुम्भ मेले के ठीक पहले नवनिर्मित भवन में संग्रहालय को स्थानान्तरित करके संगृहीत वस्तुओं को व्यवस्थित ढंग से प्रदर्शित किया गया था। वर्तमान में यह पुरातत्त्व एवं कला सम्बन्धी एक श्रेष्ठ

संग्रहालय है, जिसमें 15 विशाल वीथिकाएँ हैं। इसमें पुरातत्व एवं कला सम्बन्धी निम्नलिखित वस्तुएँ संगृहीत हैं :-

1. पाषाण युगीन उपकरण
2. ताम्रयुगीन उपकरण
3. मुअनजोदड़ो[1]-हड़प्पा की सामग्री
4. पाषाण-कला (ई.पू. तीसरी शती से 12वीं शती ई. तक)
5. मृण्मूर्ति-कला (ई.पू. तीसरी शती से छठी शती ई. तक)
6. मुद्रांकन एवं मुद्राएँ (ई.पू. तीसरी शती से 10वीं शती ई. तक)
7. सिक्के (ई.पू. छठी शती से 18वीं शती ई. तक)
8. शिलालेख (ई.पू. दूसरी शती से 15वीं शती तक)
9. लघु चित्रकला (16वीं शती ई. से 19वीं शती ई. तक)
10. मुगलकालीन फरमान (16वीं शती ई. से 19वीं शती ई. तक)
11. आधुनिक चित्र कला
12. वस्त्र (मुगलकाल तथा 20वीं शती)
13. तिब्बती थंके; तथा ताँबे और काँसे की मूर्तियाँ
14. हस्तशिल्प
15. मृत पशु-पक्षियों के अवशेष
16. अस्त्र-शस्त्र
17. संस्कृत, हिन्दी और फारसी की पाण्डुलिपियाँ।
18. जवाहरलाल नेहरु द्वारा प्रदत्त सामग्री और समकालीन गणमान्य लोगों के साथ उनके पत्राचार

संग्रहालय में ताम्रयुग के कुल 16 उपकरण उपलब्ध हैं। बिसौली (बदायूँ जिला) से प्राप्त मानवाकृति तथा चन्दौसी (बरेली) से प्राप्त दुधारी तलवार को दुर्लभ संग्रहों में गिना जा सकता है। पुराविद् इसको 1200 ई.पू. का मानते हैं।

संग्रहालय मे प्रस्तर कला का एक अनूठा संग्रह है। इसमें तीसरी सदी ई.पू. से लेकर 12वीं सदी ई. तक की प्रस्तर कला का प्रतिनिधित्व है। मौर्य युगीन प्रस्तर कला का एक मात्र उदाहरण इलाहाबाद के किले में स्थित अशोक स्तम्भ का पशु-रहित शीर्ष भाग है। संग्रहालय के संग्रह में दूसरी सदी ई.पू. के भरहुत (म.प्र.) स्थित बौद्ध स्तूप की वेष्ठनी के 58 उत्कीर्ण शिलाखण्ड अत्यन्त महत्त्वपूर्ण है। पुरातात्त्विक एवं कलात्मक धरोहरों की दृष्टि से इण्डियन म्युजियम कोलकाता के बाद यह भारत में

सबसे बड़ा और महत्त्वपूर्ण संग्रह है। इस वेष्ठनी के अवशेषों पर अन्य विषयों के साथ ही महत्त्वपूर्ण जातक कथाओं का अंकन भी मिलता है। इनमें वेस्सन्तर जातक तथा मुचलिन्द जातक उत्कीर्ण वेदिका-स्तम्भ, गजमुख जातक, हंस जातक तथा हाथी पर महात्मा बुद्ध की अस्थि-मंजूषा ले जाने के दृश्य वाले उष्णीष-खण्ड विशेष रूप से उल्लेखनीय है। नटों के खेल के दृश्यांकनवाला वेदिका-स्तम्भ विषयवस्तु की दृष्टि से भारतीय कला का एक अनुपम उदाहरण है।[2]

संग्रहालय में गान्धार कला के भी कुछ महत्त्वपूर्ण नमूने संरक्षित है। एक शिलाखण्ड पर बुद्ध के जन्म का दृश्यांकन है। लुम्बिनी वन में मायादेवी शाल वृक्ष की शाखा पकड़े खड़ी हैं। उनकी बायीं ओर खड़ी कुछ स्त्रियाँ उन्हें पकड़े हुए हैं और दायीं ओर खड़े कुछ पुरुष मायादेवी के कटि-पार्श्व से निकलते हुए भगवान् बुद्ध का स्वागत कर रहे हैं। गान्धार कला सम्बन्धी एक अन्य शिलाखण्ड पर बुद्धदेव के शवदाह का चित्रण है। यह दृश्य भी भारतीय कला में अद्वितीय है।[3]

गुप्तकालीन कई भव्य कृतियाँ संग्रहालय में मौजूद है। भूमरा (म.प्र.) के एक गुप्तकालीन शिवमन्दिर के बहुत से शिलाखण्ड संग्रहालय में हैं। इन पर लतावल्लरियाँ और भगवान् शिव के गणों की विभिन्न भावमुद्राओं वाली आकृतियाँ उत्कीर्ण है। परम्परागत रूप से शिव की बारात में इन अप्राकृतिक रूपधारी गणों का विशेष महत्त्व माना गया है। गणों के स्वामी गणेश हैं और उनके प्रधान वीरभद्र, जो सप्तमातृका मूर्तियों की पंक्ति के अन्त में दण्ड धारण कर खड़े होते हैं। शिव के अनन्त गण हैं जिनके वामन तथा कई अन्य स्वरूपों का गुप्तकालीन कला में यथेष्ठ अंकन हुआ है।

भूमरा से प्राप्त एक चैत्य-खण्ड में अंकित यमराज की मूर्ति अत्यन्त भावपूर्ण और कलात्मक है। मध्य प्रदेश के खोह नामक स्थान से प्राप्त गुप्तकालीन एकमुखी शिवलिंग भारतीय कला का एक सुन्दर नमूना है। भगवान् शिव के मुख-मण्डल पर एकाग्रता, शान्ति और आध्यात्मिकता की आभा दिखायी देती है। नागौद (म. प्र.) से प्राप्त द्वारस्तम्भ पर उत्कीर्ण वृक्ष की शाखा पकड़े एक लेटे पुरुष पर स्थित शालभंजिका स्त्री-सौन्दर्य का एक श्रेष्ठ निदर्शन है।

संग्रहालय में मध्ययुमीन प्रस्तर कला के कई नमूने हैं। इनमें खजुराहो (म.प्र.) से प्राप्त हर-गौरी की प्रतिमा, सतना से प्राप्त अम्बिका की प्रतिमा, कौशाम्बी से प्राप्त आठवीं शती की सूर्य की आवक्ष प्रतिमा, कौशाम्बी से ही प्राप्त प्रतिहारकालीन विष्णु की प्रतिमा और जमसोत (प्रयागराज जिला) से प्राप्त नृत्यमुद्रा में नायिकाओं की प्रतिमाएँ प्रस्तर-शिल्प के उत्कृष्ट उदाहरण हैं। जमसोत से प्राप्त अर्द्धनारीश्वर (12वीं शती ई.) वीणाधारिणी नायिका (12वीं शती ई.) और यक्षी की प्रतिमाएँ भी बहुत ही आकर्षक एवं महत्त्वपूर्ण हैं।

वीणाधारिणी नायिका (12वीं शती ई.)
जमसोत (जिला प्रयागराज)

संग्रहालय में 6000 से ज्यादा मृण्मूर्तियों का एक विशाल संग्रह है। इनमें से अधिकांश कौशाम्बी से प्राप्त हैं। इलाहाबाद के भीटा, लच्छागिर और झूँसी जैसे प्राचीन स्थलों से प्राप्त मृण्मूर्तियों के कई अनूठे नमूनों के साथ ही संग्रहालय में बरेली जिले के अहिच्छत्र, वाराणसी के राजघाट तथा मथुरा से प्राप्त मृण्मूर्तियों का संग्रह भी मौजूद है।

मथुरा से प्राप्त मौर्यकालीन मृण्मूर्तियाँ मथुरा कला-शैली का उदाहरण प्रस्तुत करती हैं। इनमें से अधिकांश मृण्मूर्तियाँ मातृदेवियों की हैं। उल्लेखनीय है कि

शुंगकाल में मृण्मूर्ति कला बहुत विकसित अवस्था में थी। संग्रहालय में शुंगकालीन मृण्मूर्तियों की बहुलता है। उनमें मनोहर मुद्राओं में स्थित स्त्री-पुरूष, प्रेमालाप, आसवपान, नृत्य-वादन, मल्लयुद्ध आदि दृश्यों का अंकन हुआ है। पशु-पक्षियों के साथ क्रीड़ा के दृश्यों की अधिकता है। एक मृत्फलक पर एक पुरुष डोरी पकड़ कर एक हिरण को ले जाते हुए दर्शाया गया है। मृत्फलकों पर अंकित किसी चित्र में खड़ी स्त्री के हाथ पर बैठा शुक उसके लाल-लाल ओठों को कोई मधुर फल समझकर उसमें अपनी चोंच लगा रहा है; और किसी दूसरे चित्र में उसके कान की लाल मोतियों पर चोंच मार रहा है। कुछ मृत्फलकों पर एक पुरुष एक मोर को पकड़ कर अपने वक्ष पर दोनों हाथों से चिपटा कर खड़ा दर्शाया गया है। एक मृत्फलक पर एक मयूर की पीठ पर बैठे हुए व्यक्ति का चित्रांकन किया गया है।[4]

इस काल की मृण्मूर्ति कला में मृच्छकटिकाएँ भी बड़ी संख्या में उपलब्ध हैं। संग्रहालय में इनका भी एक मनोरम संग्रह है। इसमें मेष, वृष, अश्व और हरिण सभी प्रकार के पशु जुते हुए दिखाए गये हैं। एक शकटिका में एक स्त्री दो पुरुष एक ओर और उतने ही दूसरी ओर आमने-सामने बैठे दिखाये गये हैं। इन दोनों समूहों के बीच में एक मृदंग रखा हुआ है जिसको एक पुरुष बजाते हुए दर्शाया गया है। कुछ खाद्य पदार्थ एक थाली में रखकर गाड़ी में पिछले भाग में रखा है। यह किसी मनोरंजक यात्रा पर जानेवालों का एक दल प्रतीत होता है, जो रास्ते में गायन-वादन का आनन्द भी ले रहा है। इस युग की मृण्मूर्तियों में तत्कालीन सामाजिक परिदृश्य का अंकन मिलता है।[5]

कुषाणकालीन सबसे महत्त्वपूर्ण पुरातात्विक कलाकृति मृण्शिर है। इनमें विशिष्ट शिरोभूषा या पगड़ी और चेहरे ही भाव भंगिमाएँ विदेशी प्रतीत होती है। प्रयागराज के झूँसी से प्राप्त एक गोल मंजूषा की आकृति की मिट्टी की एक वस्तु भी है। यह भीतर से खोखली है और उसका रंग काला है। इसके ऊपरी भाग पर भिन्न दिशाओं में उड़ते हुए गन्धर्व का जोड़ा अंकित है। दोनों का मुख बहुत पास-पास है और उनके सिर के बाल घुँघराले हैं। इसके पिछले हिस्से पर एक पक्षी की आकृति बनी हुई है।

मथुरा से प्राप्त एकमुखी शिवलिंग की मृण्मूर्ति भी श्रेष्ठ कलाकृति है। शिव की तनी हुई मूँछें, दाढ़ी और उनका तीसरा नेत्र उनके रौद्र-रूप को दर्शाता है। संग्रहालय में भीटा, झूँसी तथा कन्नौज से प्राप्त कुछ मिट्टी के मुद्रांकणों का कुमारामात्याधिकरण, आयुक्ताधिकरण, आमात्याधिष्ठान तथा दलाधिकरण लेख पाँचवी सती ई. में प्रचलित लिपि में पाये गये हैं। ये सभी गुप्तकाल के प्रशासनिक अधिष्ठानों के नाम हैं।

सिक्के : संग्रहालय में कई शिक्षा केन्द्रों के नाम वाले मुद्रांकन और मुद्राएँ संरक्षित है। जो विभिन्न स्थानों में मिली थी। यह सब पाँचवी सदी ई. की हैं। राजघाट (वारणसी) से प्राप्त बहच्चरण लेखयुक्त मुद्रांकन ऋग्वेद का अध्ययन करनेवालों की संस्था से सम्बन्धित है, जबकि छन्दोग लेख वाले मुद्रांकन सामवेद का अध्ययन करनेवालों की संस्था से सम्बन्धित है। झूँसी से प्राप्त त्रैविद्य लेख वाले मुद्रांकन से ऐसा लगता है कि वह तीन वेदों का अध्ययन करने वाले लोगों की संस्था से सम्बन्धित रहा होगा। इसी प्रकार लच्छागिरी (इलाहाबाद) से प्राप्त शाकल्यचरण प्रकार की ताम्र मुद्रा भी संग्रहालय में उपलब्ध है।

संग्रहालय में चाँदी के आहत सिक्को से लेकर अन्तिम मुगल बादशाहों के सोने चाँदी व तांबे के सिक्के संगृहीत है। चाँदी के आहत सिक्कों में प्याली की आकृति वाले सिक्के बहुत महत्त्वपूर्ण हैं। इनको भारत के प्राचीनतम सिक्कों में गिना गया है।

चित्रकला : प्राचीन चित्रों में मुगल-राजस्थानी और पहाड़ी सभी शैलियों का एक उच्च कोटि का संग्रह संग्रहालय में है। आधुनिक चित्रों में बंगाल शैली के चोटी के कलाकार जैसे अवनीन्द्रनाथ टैगोर, गगनेन्द्रनाथ टैगोर, क्षितीन्द्रनाथ मजूमदार, शैलेन्द्र डे, असित कुमार हलधर, विनोद बिहारी मुकर्जी, नन्दलाल बोस तथा यामिनी रॉय जैसे कलाकारों की कृतियाँ हैं। ऐसा मनोहर संग्रह भारत के कम ही संग्रहालयों में है। रंगो के जादूगर कहे जाने वाले महान् रूसी कलाकार प्रो0 निकोलस रोरिक की 21 कलाकृतियाँ संग्रहालय में है। जर्मन बौद्धभिक्षु अनागरिक गोविन्द के भी 30 चित्र संग्रहालय में हैं।

आदेशपत्र (फरमान) : मुगल कालीन बादशाहों तथा उनके विभिन्न अधिकारियों द्वारा जारी किये गये लगभग 700 आदेशपत्र और परवाने संग्रहालय में हैं। इसमें अकबर के संरक्षक एवं सेनापति बैरम खाँ द्वारा जारी किया गया एक आदेशपत्र बहुत महत्त्वपूर्ण है। उसमें कस्बा पियाग में अब्दुल कादिर को 1500 बीघे अनुदान के रूप में देने का आदेश है। इससे यह पता चलता है कि बैरम खाँ के समय तक प्रयाग का नाम परिवर्तित होकर इलाहाबाद या इलाहावास नहीं हुआ था; और यह एक कम आबादीवाला स्थान था, जिसके कारण उक्त फरमान में इसे कस्बा कहा गया है।

संग्रहालय में एक वीथिका में जवाहर लाल नेहरु द्वारा दी गयी वस्तुएँ प्रदर्शित हैं। उनकी हस्तलिखित आत्मकथा की पाण्डुलिपि, लखनऊ जेल की हिस्ट्रीशीट, लकड़ी का बन्दी टिकट तथा 1930 में गाँधी जी द्वारा दण्डी-यात्रा के समय बनाया हुआ नमक आदि ऐतिहासिक महत्त्व की वस्तुएँ है। हुबली (कर्नाटक) नगरपालिका

द्वारा प्रदत्त अर्जुन का चन्दन का रथ तथा चन्दन पर उत्कीर्ण विश्वामित्र को मेनका द्वारा लुभाये जाने का दृश्य उत्कृष्ट कला के नमूने हैं।

हिन्दुस्तानी एकेडेमी, प्रयागराज

हिन्दी और उर्दू भाषा-साहित्य के संवर्द्धन और विकास के लिए 29 मार्च 1927 ई. को संयुक्त प्रान्त (यूनाइटेड प्रॉविंस) के तत्कालीन गवर्नर सर विलियम मैरिस द्वारा हिन्दुस्तानी एकेडेमी की स्थापना की गयी थी। इस अवसर पर संयुक्त प्रान्त के तत्कालीन शिक्षामन्त्री राय राजेश्वर बली ने स्पष्ट कर दिया था कि यद्यपि इस संस्था की स्थापना का दायित्व शासन (सरकार) का है, तथापि शासन एकेडेमी के क्रिया-कलापों को नियन्त्रित करने का इच्छुक नहीं है। बहरहाल, हिन्दी के विकास के लिए 1957 ई. में संस्था के उद्देश्य एवं लक्ष्य का विस्तार किया गया। अब उसका लक्ष्य एवं उद्देश्य था-

1) राजभाषा हिन्दी, उसके साहित्य तथा अन्य रूपों एवं शैलियों, जैसे : उर्दू, ब्रजभाषा, अवधी, भोजपुरी आदि भाषाओं का परिरक्षण, संवर्द्धन और विकास।

2) मौलिक हिन्दी कृतियों और अन्य भारतीय भाषाओं की अनूदित कृतियों को प्रकाशित करने का प्रयास।

3) साहित्यकारों को सम्मान एवं पुरस्कार देने की परम्परा शुरु करना।

उक्त के क्रम में संस्था द्वारा कई स्तरीय ग्रन्थों का प्रकाशन हुआ है। एकेडेमी द्वारा गत 9 दशकों से शोध एवं सृजन पत्रिका 'हिन्दुस्तानी' का प्रकाशन किया जा रहा है।

हिन्दी साहित्य सम्मेलन, प्रयाग

हिन्दी भाषा एवं देवनागरी लिपि का प्रचार करने और हिन्दी को राष्ट्रभाषा बनाने के उद्देश्य से नागरी प्रचारिणी सभा, काशी द्वारा 1 मई 1910 ई. को एक बैठक में अखिल भारतीय साहित्य सम्मेलन की योजना बनायी गयी। तत्क्रम में 10 अक्तूबर 1910 ई. को महामना मदनमोहन मालवीय (1861-1946) की अध्यक्षता में काशी में हिन्दी साहित्य सम्मेलन का एक अधिवेशन सम्पन्न हुआ, जिसमें प्रत्येक प्रदेश के साहित्यकारों ने भाग लिया था। राजर्षि पुरुषोत्तमदास टण्डन (1882-1962) के प्रस्ताव के आधार पर प्रतिवर्ष सम्मेलन करने का निर्णय लिया गया। उसी में यह भी तय हुआ कि आगामी सम्मेलन प्रयाग में होगा। आगामी अधिवेशन के लिए 'हिन्दी साहित्य सम्मेलन' नाम की एक समिति का गठन किया गया, जिसका प्रधानमन्त्री राजर्षि पुरुषोत्तमदास टण्डन को बनाया गया। उनकी हिन्दी के प्रति निष्ठा के परिणामस्वरूप 'सम्मेलन' स्थायी हो गया; और उसका कार्यालय भी स्थायी रूप से प्रयाग आ गया।

'सम्मेलन' को पल्लवित-पुष्पित करने में महात्मा गाँधी (1869-1948), डॉ. राजेन्द्र प्रसाद (1884-1963) और राजर्षि टण्डन का योगदान महत्त्वपूर्ण है। सम्मेलन के हिन्दी संग्रहालय में देश-विदेश के शोध छात्र और विद्वान दुर्लभ ग्रन्थों एवं पाण्डुलिपियों का अध्ययन-अवलोकन करते हैं। 'सम्मेलन पत्रिका' यहाँ से प्रकाशित होने वाली साहित्यिक-शोध पत्रिका है।

'हिन्दी साहित्य सम्मेलन' प्रथमा, मध्यमा (विशारद), उत्तमा (साहित्यरत्न), शिक्षा विशारद, पत्रिकारिता एवं जनसंचार विशारद आदि परीक्षाएँ संचालित करता है। उक्त परीक्षाएँ सम्पूर्ण भारतवर्ष के अलावा मारीशस, थाईलैण्ड आदि देशों में भी आयोजित की जाती हैं।

अखिल भारतीय हिन्दी साहित्य सम्मेलन जिसके उद्देश्यों में हिन्दी की हस्तलिखित और प्राचीन सामग्री तथा हिन्दी भाषा और साहित्य के निर्माताओं के स्मृतिचिह्नों की खोज तथा प्रकाशित पुस्तकों का संग्रह और संरक्षण करने के लिए सम्मेलन के अन्तर्गत एक बृहद् संग्रहालय की व्यवस्था करना एवं हिन्दी भाषा और साहित्य सम्बन्धी अनुसन्धान का प्रबन्ध करना भी है।

इसीलिए सम्मेलन ने हिन्दी का एक विशाल संग्रहालय स्थापित करने का संकल्प लिया। राजर्षि टण्डन जी ने संग्रहालय की प्रस्तावित योजना के सम्बन्ध में सन् 1922 के कानपुर अधिवेशन में यह कहा था कि हिन्दी साहित्य सम्मेलन के अन्तर्गत एक ऐसे विशाल संग्रहालय की आवश्यकता है, जिसमें हिन्दी के प्रामाणिक ग्रन्थ हों, जिसके आधार पर अनुशीलनकर्ता हिन्दी की अधिक से अधिक समृद्धि और पुष्टि करें। इसी आधार पर सम्मेलन कार्यालय से सम्बद्ध विशालभूमि पर हिन्दी संग्रहालय की स्थापना हुई जिनका शिलान्यास 16 मई 1932 को लाला सीताराम जी ने किया था। संग्रहालय का प्रारम्भ कलकत्ता के श्री बहुदर सिंह सिन्धी, श्री बहादुर सिंह कनौडिया, महाराजा पडरौना जैसे दानदाताओं द्वारा दिये गये दान से यथा प्रयाग नगरपालिका की आर्थिक सहायता से हुआ था।

हिन्दी संग्रहालय का उद्घाटन महात्मा गाँधी ने 4 अप्रैल, 1916 ई. को किया था। उस समारोह में भारतीय भाषाओं के साहित्यकारों के अतिरिक्त कस्तूरबा गाँधी, जवाहरलाल नेहरू, काका कालेलकर, सेठ जमनालाल बजाज, डॉ. कैलाशनाथ काटजू, श्रीमती विजय लक्ष्मी पण्डित, डॉ. गंगानाथ झा जैसे गणमान्य लोग उपस्थित थे। उस अवसर पर बापू ने संग्रहालय को अपनी ओर से 5000 रू. दान देने की घोषणा की थी। थोड़े ही समय में संग्रहालय में हस्तलिखित ग्रन्थों, साहित्यकारों के चित्रों, पत्रों और स्मृति चिह्नों, प्रकाशित ग्रन्थों, समाचार पत्रों और पत्रिकाओं का पर्याप्त संग्रह हो गया। संग्रहालय में हिन्दी के शोधकर्ताओं और साहित्यकारों को उनके अध्ययन और अनुसन्धान में सुविधा देने का कार्य प्रारम्भ हुआ। मुद्रित ग्रन्थ कक्ष, रणवीर कक्ष,

सूरज-सुभद्रा ग्रन्थ कक्ष, राजर्षि कक्ष, वसु कक्ष, सामयिक कक्ष, पुस्तकालय और अनुशीलन कक्ष मुख्य हैं।

अमेठी के महाराज कुमार श्री रणन्जय सिंह द्वारा अपने स्वर्गीय अनुज महाराज रणवीर सिंह की स्मृति में प्रदत्त हस्तलिखित ग्रन्थों का एक विशाल संग्रह सम्मेलन को प्राप्त हुआ था। हस्तलिखित ग्रन्थों के कक्ष का नाम महाराज कुमार रणवीर सिंह की स्मृति में उन्हीं के नाम पर रखा गया है।

हस्तलिखित ग्रन्थों के दूसरे कक्ष का नाम 'सूरज-सुभद्रा कक्ष' है। ग्वालियर निवासी श्री सूरजराज धारीवाल से सम्मेलन को लगभग 2000 हस्तलिखित ग्रन्थों का एक महत्त्वपूर्ण संग्रह भेंट स्वरूप प्राप्त हुआ। इस कक्ष का नाम ग्रन्थदाता और उनकी पत्नी के नाम पर रखा गया है। इसमें संस्कृत, प्राकृत, अपभ्रंश और हिन्दी आदि अनेक भाषाओं के साहित्यक एवं ऐतिहासिक महत्त्व के ग्रन्थ सम्मिलित है।

राजर्षि टण्डन को जो वस्तुएँ भेंट स्वरूप मिलती थी, उनमें से अधिकांश सम्मेलन को दे देते थे। उनको व्यक्तिगत और सामाजिक रूप से प्राप्त अधिकांश वस्तुएँ संग्रहालय के राजर्षि कक्ष में संग्रहीत हैं। स्वर्गीय मेजर वामनदास बसु, प्रयाग नगर के एक विद्याव्यसनी थे। उनकी मृत्यु के बाद उनके निजी पुस्तकालय के लगभग 5 हजार ग्रन्थों और पत्रिकाओं की जिल्द-बन्द फाइलों का संग्रह उनके पुत्र डॉ. ललित मोहन बसु ने हिन्दी साहित्य सम्मेलन को भेंट कर दिया था।

सन्दर्भ

1. 'मुअनजोदड़ो' दरअसल सिन्धी भाषा का शब्द है, जिसका शाब्दिक अर्थ है- मृतकों का टीला। सिन्धी में 'मुअन' का अर्थ है- मृत, 'जो' का अर्थ है- 'का' और 'दड़ो' को अर्थ है- टीला। परन्तु इतिहास की पुस्तकों में इसको प्रायः मोहनजोदड़ो लिखा जाता है। मानो यह 'मृतकों का टीला' न होकर 'मोहन का टीला' हो।
2. उ.प्र. संग्रहालय पुरातत्त्व पत्रिका का राय कृष्णदास स्मृति अंक, सं. 19-20, जून-दिसम्बर 1977 में डॉ. ऋषिराज त्रिपाठी का लेख 'इलाहाबाद संग्रहालय में महत्त्वपूर्ण प्रदर्श : संक्षिप्त इतिहास, पृ. 6
3. वही, पृ. 7
4. वही, पृ. 8
5. वही, पृ. 8

अध्याय–14

आधुनिक काल में प्रयाग

मुगलकाल के अन्तिम चरण में इलाहाबाद नगर की दशा कदाचित् अच्छी नहीं थी और उसका विस्तार (ग्रैण्ड ट्रंक रोड के दोनों ओर) बाढ़ से रक्षित भूमि तक ही सीमित था। सन् 1801 ई. में नगर अंग्रेजों के हाथ आया, तब उन्होंने यमुनातट पर किले के पश्चिम अपनी छावनियाँ बनायीं। फिर बाद में, वर्तमान ट्रिनिटी चर्च के आसपास भी इनके बँगले तथा छावनियाँ बनीं।

संगम क्षेत्र प्रयाग के तीर्थ पुरोहित

संगम क्षेत्र के तीर्थ पुरोहितों (पण्डों) को प्रयागवाल कहा जाता है। उनका कहना है कि त्रिवेणी संगम पर तीर्थ-यात्रियों की सेवा के रूप में तीर्थ-पौरोहित्य करने का अधिकार उन्हें बादशाह अकबर के एक शाही फरमान के माध्यम से 1593 ई. में दिया गया था। कहते हैं कि कवीन्द्राचार्य नामक एक विद्वान ने मुगल बादशाह शाहजहाँ के समक्ष प्रयाग और काशी के तीर्थयात्रियों के पक्ष में ऐसी सुन्दर उक्तियाँ कही थीं कि उनसे प्रभावित होकर बादशाह ने कवीन्द्राचार्य को 'सर्वविद्या-निधान' की उपाधि से सम्मानित किया था; और वहाँ के तीर्थयात्रियों को तीर्थयात्रा कर से मुक्त कर दिया था।[1]

1801 ई. में जब इलाहाबाद पर अंग्रेजों का नियन्त्रण स्थापित हुआ तब प्रयाग के पण्डों और अंग्रेजों के बीच कुम्भ, अर्द्धकुम्भ या माघ मेले से होनेवाली आय और तीर्थयात्रियों पर लगाये गये कर के नियमन एवं नियन्त्रण का प्रयास किया गया। 1806 ई. में तीर्थयात्रियों से लिए जाने वाले कर का संग्रह अपने कर्मचारियों के माध्यम से शुरू किया गया। उस समय प्रत्येक तीर्थयात्री से तीर्थयात्रा-कर के रूप में 1 रुपया लिया जाता था।

1857 की क्रान्ति और इलाहाबाद

कहते हैं कि 1857 की क्रान्ति के लिए 31 मई, 1857 का दिन निर्धारित किया गया था। परन्तु एक आकस्मिक घटनाक्रम के कारण वह क्रान्ति योजनानुसार

सम्भव नहीं हो पायी। दरअसल, ब्रिटिश सेना के भारतीय सिपाहियों को एनफील्ड रायफलें दी गयी थीं। इनमें प्रयुक्त होने वाले कारतूसों में गाय और सुअर की चर्बी लगी हुई होती थी। उन कारतूसों का प्रयोग करने के पहले उनको दाँत से काटना पड़ता था। इस बात ने हिन्दू-मुस्लिम दोनों प्रकार के सैनिकों की धार्मिक भावना को उद्वेलित कर दिया। अतः क्रान्ति की ज्वाला निर्धारित समय के पहले ही भड़क उठी। बैरकपुर में तैनात ब्रिटिश-सेना के एक युवा भारतीय सिपाही मंगल पाण्डे ने 29 मार्च, 1857 को अपने साथी सिपाहियों को ललकारा और अंग्रेजों के विरुद्ध पहली गोली चलाकर आधुनिक भारत के पहले मुक्ति-संग्राम का शंखनाद कर दिया।

इसके बाद 10 मई, 1857 को मेरठ छावनी में तैनात भारतीय सिपाहियों ने खुला विद्रोह कर दिया। देखते ही देखते विद्रोह की यह चिंगारी पश्चिमी भारत में पंजाब एवं राजपूताना तक, दक्षिणी भारत में नर्मदा घाटी तक और पूर्वी भारत में बिहार तक फैल गयी। मेरठ के क्रान्तिकारी सिपाहियों ने दिल्ली के लाल किले पर अधिकार ही नहीं किया, बल्कि ब्रिटिश-शासन को अमान्य करते हुए वयोवृद्ध मुगल बादशाह बहादुर शाह जफर को भारत का शासक घोषित कर दिया। शाह जफर ने क्रान्ति के संचालन और मुक्त-क्षेत्रों के प्रशासन के लिए एक सोलह-सदस्यीय समिति का गठन किया। साम्प्रदायिक सद्भाव के दृष्टिगत शाह जफर ने गो-वध पर प्रतिबन्ध लगाने की घोषणा भी की। उस समय मौलाना फजल-उल-हक खैराबादी ने 'आज़ाद हिन्दुस्तान' का एक संविधान बनाया था, जिसकी प्रथम धारा यही थी कि स्वतन्त्र भारत में गो-वध निषिद्ध होगा। संयोगवश मुक्ति-संग्राम के दौर में ही 9 जुलाई, 1857 को ईद-उल-जुहा (बकरीद) का त्योहार पड गया़ था। परन्तु उस दौर में हिन्दू-मुस्लिम एकता इतनी मजबूत थी कि 11 मई से लेकर 20 सितम्बर, 1857 तक 'स्वतन्त्र दिल्ली' में गो-वध का पूर्णतः पालन हुआ। बहरहाल, इस सोलह-सदस्यीय समिति ने सैन्य-क्रान्ति को एक जनक्रान्ति में बदल दिया। दिल्ली पर लगभग साढ़े चार महीने तक क्रान्तिकारियों का कब्जा बना रहा।

6 जून, 1857 को इलाहाबाद में भी क्रान्ति की ज्वाला जल उठी। मौलवी लियाकत अली के नेतृत्व में इलाहाबाद और उसके आसपास के गाँवों को स्वतन्त्र करा लिया गया। लियाकत अली ने फतेहपुर और प्रतापगढ़ में भी क्रान्ति की आग को फैला दिया। परन्तु कुछ समय बाद ही कर्नल नील के नेतृत्व में ब्रिटिश सेना की एक टुकड़ी ने इलाहाबाद आकर यहाँ के लोगों पर अमानुषिक अत्याचार किये। इस बीच नाना साहब की सहायता करने के लिए लियाकत अली इलाहाबाद से कानपुर चले गये। बाद में 1872 ई. में उनको बम्बई में गिरफ्तार करके आजीवन

कारावास की सजा दे दी गयी। उधर, बाबू कुँवर सिंह ने जगदीशपुर को मुक्त कराने के बाद तत्कालीन संयुक्त प्रान्त (वर्तमान उत्तर प्रदेश) के बलिया, आजमगढ़, बनारस, मिर्जापुर, अयोध्या, लखनऊ, कानपुर और इलाहाबाद तक क्रान्तिकारी अभियान चलाया; और कई स्थानों पर ब्रिटिश फौज को कड़ी टक्कर दी।

सन् 1857 की क्रान्ति के दौरान अंग्रेजों की इलाहाबाद स्थित छावनियाँ नष्ट कर दी गयीं। नगर को भारी क्षति पहुँची। 1857 की क्रान्ति के बाद इलाहाबाद को उत्तर-पश्चिमी प्रान्तों (नॉर्थ वेस्टर्न प्रॉविंसेज़) की राजधानी बनाया गया। वर्तमान सिविल लाइन्स की योजना 1860 ई. में बनी और 1875 तक वह पर्याप्त रूप से बस गयी। यद्यपि इलाहाबाद और कानपुर तक की रेलवे लाइन 1857 की क्रान्ति के पूर्व बन बन चुकी थी, तथापि नगर का व्यापारिक महत्त्व 1865 ई. में यमुना पर पुल बनने के पश्चात बढ़ा। इलाहाबाद-फैजाबाद रेलवे लाइन 1905 ई. में और झूँसी से सिटी (रामबाग) तक की रेलवे लाइन 1912 ई. में बनी।

प्रयाग में महर्षि दयानन्द सरस्वती

1875 ई. में आर्य समाज की स्थापना करने के बाद 1880 ई. में महर्षि दयानन्द सरस्वती प्रयागराज आये थे। उसी समय आर्य समाज की एक शाखा प्रयागराज में स्थापित की गयी थी। 1901 ई. में प्रयागराज में आर्य समाज के 256 अनुयायी थे। 1911 ई. में यह संख्या बढ़कर 592 हो गयी थी।[2] आज भी प्रयागराज नगर में आर्य समाज द्वारा संचालित कई शैक्षणिक एवं सामाजिक संस्थाएँ हैं।

गाँधी : प्रयाग की धरती पर पहली बार

महात्मा गाँधी का प्रयाग से रिश्ता बहुत पुराना है। 1896 ई. में वे किसी अनजान डोर में बँधकर प्रयाग खिंचे चले आये थे। हुआ यूँ कि दक्षिण अफ्रीका में तीन साल रहने के बाद वे वहाँ के सार्वजनिक जीवन में रम-से गये थे। चूँकि यह निश्चित नहीं था कि उनको वहाँ कब तक रहना है, इसलिए उनके शुभचिन्तकों ने यह सुझाया कि वे भारत जाकर अपनी पत्नी और बच्चों को भी वहीं ले आयें। इसी उद्‌देश्य से 5 जून 1896 को वे डर्बन से हुगली जानेवाले समुद्री जहाज से रवाना हुए और करीब 24 दिनों की यात्रा के बाद हुगली (कलकत्ता) पहुँचे। फिर 4 जुलाई को वे कलकत्ता-बम्बई मेल से बरास्ता (वाया) प्रयाग राजकोट के लिए रवाना हुए। 5 जुलाई को पूर्वाह्न करीब 11 बजे यह ट्रेन प्रयागराज पहुँची। यहाँ यह ट्रेन 45 मिनट रुकती थी।

स्वयं महात्मा गाँधी के शब्दों में, ''मैंने सोचा कि इतने समय में जरा शहर देख आऊँ। मुझे औषधि-विक्रेता के यहाँ से दवा भी लेनी थी। औषधि-विक्रेता ऊँघता हुआ बाहर आया। दवा देने में बड़ी देर लगा दी। ज्योंही मैं स्टेशन पहुँचा, गाड़ी चलती

हुई दिखायी दी। भले स्टेशन मास्टर ने गाड़ी एक मिनट रोकी भी पर मुझे वापस न आता देखकर मेरा सामान उतरवा लिया।''[3]

गाड़ी छूट चुकी थी और अब अगले दिन ही वहाँ से जा पाना सम्भव था। गाँधीजी ने इस अनपेक्षित स्थिति का सदुपयोग करने का निश्चय किया। दक्षिण अफ्रीका में प्रवासी भारतीयों के प्रति अमानवीय व्यवहार और भेदमूलक कानूनों के प्रतिकार के लिए वे भारतीयों को संगठित करने का प्रयास लगातार कर रहे थे। उनके व्यक्तित्व का चुम्बकीय आकर्षण लोगों का ध्यान अपनी ओर खींच रहा था। बहरहाल, प्रयाग में एक दिन रहने का जो आकस्मिक सुयोग उन्हें सुलभ हुआ, उन्होंने उसका अधिकतम सदुपयोग करने का निश्चय किया।

उन्हीं के शब्दों में ''मैं केलनर होटल में उतरा और वहीं से अपना काम शुरू करने का निश्चय किया। यहाँ के 'पायोनियर' पत्र की ख्याति मैंने सुनी थी। भारत की आकांक्षाओं का वह विरोधी है, यह मैं जानता था। मुझे याद पड़ता है कि उस समय मि. चेजनी उसके सम्पादक थे। मैं तो सब पक्षों की सहायता प्राप्त करना चाहता था। इसलिए मैंने मि. चेजनी को, मुलाकात के लिए पत्र लिखा। अपनी ट्रेन छूट जाने का हाल लिखकर उन्हें सूचित किया कि कल ही मुझे प्रयाग से चले जाना है। उत्तर में उन्होंने तुरन्त मिलने के लिए बुलाया। मुझे खुशी हुई। उन्होंने गौर से मेरी बातें सुनीं। मुझे आश्वासन दिया कि 'आप जो कुछ लिखेंगे, मैं उस पर तुरन्त टिप्पणी करूँगा। परन्तु मैं आपको यह वचन नहीं दे सकता कि आपकी सब बातों को मैं स्वीकार कर सकूँगा। औपनिवेशिक दृष्टि-बिन्दु भी तो हमें समझना और देखना चाहिए न?'

मैंने कहा- आप इस प्रश्न का अध्ययन करें और अपने पत्र में इसकी चर्चा करते रहें, इतना ही मेरे लिये काफी है। शुद्ध न्याय के अतिरिक्त मैं और कुछ नहीं चाहता।''[4] 'पायोनियर' समाचारपत्र का कार्यालय 'आनन्द भवन' से थोड़ी दूर प्रयाग स्टेशन के पास था। मि. चेजनी से मिलने के बाद गाँधीजी त्रिवेणी संगम गये और वहाँ पहुँचकर उन्होंने स्नान-दर्शन आदि किये। अगले दिन 6 जुलाई को वे बम्बई के रास्ते राजकोट के लिए रवाना हो गये।

यह गाँधीजी की पहली प्रयाग यात्रा तो थी ही, तत्कालीन संयुक्त प्रान्त से उनका प्रथम सम्पर्क भी था। प्रयाग की इस प्रथम यात्रा के दौरान ही उन्होंने 'हरी पुस्तिका' (ग्रीन पैम्फलेट) की रचना करने का निश्चय किया था, जिसके कारण नेटाल के अंग्रेज उनके प्रति इतने आक्रोशित हो गये थे कि दक्षिण अफ्रीका लौटने के बाद उनपर घातक हमला कर दिया गया था। यह अलग बात है कि उस हमले

से गाँधीजी को कोई विशेष क्षति नहीं पहुँची, अलबत्ता उनकी ख्याति बहुत बढ़ गयी थी।

म्योर सेण्ट्रल कॉलेज में गाँधी

म्योर सेण्ट्रल कॉलेज, इलाहाबाद की अर्थशास्त्र समिति के तत्त्वावधान में 22 दिसम्बर, 1916 को पं. मदनमोहन मालवीय की अध्यक्षता में एक व्याख्यान का आयोजन किया गया था। विषय था- 'क्या आर्थिक उन्नति वास्तविक उन्नति के विपरीत जाती है?' इस सभा में डॉ. तेजबहादुर सप्रू, इलाहाबाद विश्वविद्यालय के तत्कालीन उप-कुलपति डॉ. सुन्दरलाल, एच0 एस0 एल0 पोलक, सी0 वाई. चिन्तामणि, शिवप्रसाद गुप्त, पुरुषोत्तमदास टण्डन और म्योर सेण्ट्रल कॉलेज के प्रधान अध्यापक डॉ. ई. जी0 हिल जैसे लब्धप्रतिष्ठ लोग उपस्थित थे। सभा को सम्बोधित करते हुए गाँधीजी ने कहा-

"...मेरा ख्याल है कि आर्थिक उन्नति का अर्थ हम सीमा-विहीन भौतिक प्रगति लगाते हैं और वास्तविक उन्नति को हम नैतिक प्रगति का पर्याय मानते हैं। यह नैतिक प्रगति हमारे अन्तर में रहने वाले शाश्वत अंश के विकास के सिवा और क्या है?... यह तो आज तक किसी ने भी नहीं कहा कि अतिशय दरिद्रता नैतिक पतन के अतिरिक्त कुछ और दे सकती है। प्रत्येक मनुष्य को जीवित रहने का अधिकार है; और इसलिए उसे पेट भरने के लिए भोजन तथा आवश्यकतानुसार तन ढकने के लिए वस्त्र और रहने के लिए मकान जुटाने का अधिकार है। परन्तु इस बिल्कुल मामूली से काम के लिए हमें अर्थशास्त्रियों अथवा उनके द्वारा गढ़े गये विषयों की मदद की जरूरत नहीं है।...किसी भी सुव्यवस्थित समाज में रोज़ी कमाना सबसे सुगम बात होनी चाहिए; और हुआ करती है। निस्सन्देह किसी देश की सुव्यवस्था की पहचान यह नहीं है कि उसमें कितने लखपति लोग रहते हैं, बल्कि यह कि जनसाधारण का कोई भी व्यक्ति भूखों तो नहीं मर रहा है।

भौतिक उन्नति के उच्च शिखर तक पहुँचते ही रोमन लोगों का नैतिक पतन आरम्भ हो गया। मिस्र देशों में भी यही हुआ। और कदाचित् उन सभी देशों में भी, जिनका इतिहास हमें उपलब्ध है, ऐसा ही हुआ है। दक्षिण अफ्रीका में मुझे अपने हजारों देशवासियों के निकट सम्पर्क में आने का सौभाग्य प्राप्त था, मैंने वहाँ लगभग सदा यही देखा कि आर्थिक दृष्टि से जो जितना ही सम्पन्न होता था उसका नैतिक स्तर उतना ही गया-गुजरा होता था।...सत्याग्रह के हमारे नैतिक संघर्ष को गरीबों से जितना बल मिला, उतना अमीरों से नहीं।

आज जिस प्रश्न की हम चर्चा कर रहे हैं वह नया नहीं है। दो हजार वर्ष पूर्व ईसा से भी यही प्रश्न पूछा गया था। एक जिज्ञासु पूछता है :...मैं किस रास्ते चलूँ

कि अविनाशी जीवन की विरासत पा जाऊँ? ईसा ने उससे कहा :...तुम धर्मानुशासनों से परिचित हो। व्यभिचार मत करो, जीव-हत्या मत करो, चोरी मत करो, झूठी गवाही मत दो, किसी के साथ कपट का व्यवहार मत करो, अपने माता-पिता का आदर करो।...जो लोग अपनी दौलत पर भरोसा करते हैं, उनके लिए ईश्वर के राज्य में प्रवेश पाना कितना दुष्कर है। सुई के छेद से होकर ऊँट का गुजर जाना आसान है, परन्तु धनाढ्य व्यक्ति के लिए ईश्वर के राज्य में प्रवेश कर पाना कठिन है।

ईसा मसीह, मुहम्मद, बुद्ध, नानक, कबीर, चैतन्य, शंकराचार्य, दयानन्द, रामकृष्ण ऐसे व्यक्ति थे जिनका लाखों नर-नारियों के हृदयों पर प्रभाव था और जिन्होंने असंख्य व्यक्तियों का चरित्र गढ़ा है।...ध्यान रहे कि ये सब ऐसे व्यक्ति थे जिन्होंने जानबूझ कर गरीबी को अपनाया था।

मेरी धारणा है कि आर्थिक उन्नति...वास्तविक उन्नति के विरुद्ध पड़ती है। यही कारण है कि हमारा प्राचीन आदर्श धन-सम्पत्ति में वृद्धि करनेवाली गतिविधियों पर नियन्त्रण रखता रहा है।...परमेश्वर और माया दोनों को एक साथ नहीं साधा जा सकता। यह अत्यन्त महत्त्वपूर्ण आर्थिक सत्य है। हमें इन दोनों में एक को चुन लेना है। आज पाश्चात्य देश भौतिकवाद रूपी राक्षस के पाँवों तले पड़े हुए कराह रहे हैं। उनकी नैतिक उन्नति को जैसे लकवा मार गया है; वे अपनी उन्नति का मानदण्ड रुपया, आना, पायी बनाये हुए हैं।

हमें बताया गया है कि हमारे देश में कभी देवता निवास करते थे। जिस देश को मिलों की चिमनियों से निकलनेवाला धुआँ और कारखानों का कर्कश स्वर भयानक बनाये हुए है; जिसकी सड़कों पर ऐसे मुसाफिरों से भरी गाड़ियाँ तेजी से इधर-उधर दौड़ रही हैं, जो नहीं जानते कि उनका लक्ष्य क्या है और जो प्रायः भ्रान्तचित्त रहते हैं,...उस देश में देवताओं के निवास की कल्पना करना असम्भव है।[5]

गाँधी बोले : इसे धर्मभूमि बनाये रखना

प्रयागराज में 23 दिसम्बर, 1916 को मुंशी रामप्रसाद के बाग, कटघर रोड में पं. मदनमोहन मालवीय की अध्यक्षता में एक सार्वजनिक सभा आयोजित की गयी थी। इस सभा में प्राचीन एवं अर्वाचीन शिक्षा-नीति पर बोलते हुए गाँधीजी ने अंग्रेजी भाषा के माध्यम से शिक्षा देने की आधुनिक प्रणाली पर कठोर प्रहार किया था। भारत की प्राचीन शिक्षा-प्रणाली की प्रशंसा करते हुए उन्होंने कहा था कि "उसका आधार संयम और ब्रह्मचर्य था। यह इसी शिक्षा-प्रणाली का प्रताप था कि हजारों वर्षों से अनेक प्रकार के आघात सहने पर भी भारतीय सभ्यता आजतक जीवित है।...भारतीय

सभ्यता का प्रधान आधार आध्यात्मिक बल है। वह भौतिक बल से कहीं बढ़कर है। भारतवर्ष प्रधानतः धर्मभूमि है। इसे धर्मभूमि बनाये रखना भारतवासियों का सबसे बड़ा कर्तव्य है।"[6]

सत्याग्रह और स्वदेशी

11 मार्च, 1919 को गाँधीजी पुनः प्रयागराज आये; और पं. मोतीलाल नेहरू के आवास पर ठहरे। यहाँ से उन्होंने जनता के तीव्र विरोध के दृष्टिगत रौलेट बिल के स्थगन और उसपर पुनर्विचार के लिए वायसराय के निजी सचिव श्री मैफी को एक तार (टेलिग्राम) भेजा। बाद में उन्होंने एक पत्र भी लिखा। उसी दिन प्रयागराज में एक सार्वजनिक सभा का आयोजन किया गया, जिसकी अध्यक्षता 'इंडिपेण्डेण्ट' नामक अंग्रेजी दैनिक के सम्पादक सैय्यद हुसैन ने की थी। अस्वस्थ होने के कारण गाँधीजी स्वयं भाषण नहीं दे सके थे। इसलिए उनके लिखित भाषण को अंग्रेजी में सभाध्यक्ष ने और हिन्दी में गाँधीजी के निजी सचिव महादेव देसाई ने पढ़कर सुनाया था। इस भाषण में कहा गया था कि जो "व्यक्ति सत्याग्रह की शपथ लेना चाहता है, उसे शपथ लेने के पूर्व उस पर सांगोपांग विचार कर लेना चाहिए। उसे रौलेट विधेयकों की मुख्य-मुख्य बातों को भी समझ लेना चाहिए और तसल्ली कर लेना चाहिए कि वे कितने आपत्तिजनक हैं। हर प्रकार का शारीरिक कष्ट सहन करने की क्षमता भी उसमें होनी चाहिए। सत्याग्रह में एक बार शामिल हो जाने पर पीछे मुड़ना हो ही नहीं सकता। सत्याग्रह में पराजय की कल्पना ही नहीं है। सत्याग्रही मरते दम तक संघर्ष करता रहता है।...सत्याग्रह में हम आत्मबलिदान अर्थात् प्रेम के द्वारा अपने विरोधियों को जीतने की आशा रखते हैं। यदि हम प्रतिदिन अपनी शपथ का पालन करते रहेंगे तो हमारे आसपास का वातावरण शुद्ध हो जाएगा। हिंसा-मार्ग के समर्थकों की समझ में भी आने लगेगा कि गुप्त या प्रकट हिंसा की अपेक्षा सत्याग्रह कहीं अधिक समर्थ साधन है।"[7]

3 जून, 1920 को अखिल भारतीय केन्द्रीय खिलाफत कमेटी की बैठक प्रयागराज में हुई। इसमें बोलते हुए गाँधीजी ने कहा कि "हम यह युद्ध नैतिक बल के जोर पर ही जीतना चाहते हैं। असहयोग आन्दोलन चार चरणों में किया जाएगा।...पहला चरण वायसराय को एक महीने का समय देने के बाद शुरू किया जाएगा।" उन्होंने बहिष्कार को अव्यावहारिक कहकर उसके प्रति असहमति व्यक्त किया और उसके स्थान पर स्वदेशी को अपनाने का सुझाव दिया।

28 नवम्बर, 1920 को प्रयागराज में पं. मोतीलाल नेहरू की अध्यक्षता में एक सार्वजनिक सभा हुई। इंग्लैण्ड के कर्नल वेजवुड, मौलाना आजाद और शौकत अली भी सभा में शामिल थे। सभा में बोलते हुए गाँधीजी ने कहा कि "यह सरकार

आसुरी और रावण-राज्य जैसी है। इसने मुसलमानों के साथ अन्याय किया है, पंजाब में अत्याचार किये हैं किन्तु आज भी उसे इसका पछतावा नहीं है।...आप लोग एक हो जाएँ तो खिलाफत और पंजाब के अन्यायों को दूर कर सकते हैं और स्वराज्य ला सकते हैं।...आपको चाहिए कि वर्तमान सरकार को सुधार दें या समाप्त कर दें। इसके लिए एकता बहुत जरूरी है।...जैसे उजाला अँधेरे को दूर करता है, वैसे ही हम झूठ को सत्य से और बुरी शक्तियों को आत्मबल से नष्ट कर सकते हैं।''

अगले दिन 29 नवम्बर, 1920 को प्रयागराज में महिलाओं की एक सभा में बोलते हुए गाँधीजी ने महिलाओं से अपील की कि ''आप अपने पतियों और पुत्रों से अनुरोध करें और उन्हें प्रोत्साहन दें कि वे अपने कर्तव्य के पथ पर चलें तथा स्वयं स्वदेशी को अपनाकर स्वतन्त्र भारत के निर्माण में प्रबल और प्रभावकारी सहायता दें।...स्वदेशी स्वराज्य प्राप्त करने का एक अमोघ उपाय है और उसके प्रचार का मुख्य भार भारतीय स्त्रियों पर ही है। गाँधीली की इस अपील का बहुत ही सकारात्मक प्रभाव पड़ा। कई महिलाओं ने अपने आभूषण आदि राष्ट्रीय कार्यों के लिए दान कर दिये और स्वदेशी की शपथ ली। इसी दिन इलाहाबाद में आयोजित एक अन्य सभा में बोलते हुए उन्होंने कहा कि ''संयुक्त प्रान्त (वर्तमान उत्तर प्रदेश) हिन्दुस्तान का केन्द्र है, इसलिए उससे देश के अन्य भागों से आगे रहने की आशा की जाती है।''

1 दिसम्बर, 1920 को गाँधीजी ने प्रयागराज में तिलक विद्यालय का उद्घाटन किया। दरअसल प्रयागराज के राष्ट्रीय कार्यकर्ताओं ने एक राष्ट्रीय विद्यालय की स्थापना की थी। यह विद्यालय स्वराज्य-सभा के कार्यालय में ही चलाया जाता था। लोकमान्य बाल गंगाधर तिलक ने स्वराज्य के लिए अप्रतिम संघर्ष किया था, इसलिए प्रयागराज के राष्ट्रीय विद्यालय को तिलक विद्यालय का नाम दे दिया गया था। विद्यालय के उद्घाटन के अवसर पर बोलते हुए गाँधीजी ने कहा कि ''स्वराज्य के लिए जितना आत्मत्याग तिलक ने किया है उतना किसी दूसरे व्यक्ति ने नहीं किया। इसलिए उस महान् देशभक्त के नाम पर इसका नाम रखा जाना उचित ही है।''[8]

इलाहाबाद नहीं फकीराबाद

10 मई, 1921 को गाँधीजी प्रयागराज के जिला सम्मेलन में सम्मिलित हुए। सम्मेलन में स्वामी श्रद्धानन्द, कस्तूरबा गाँधी, लाला लाजपत राय, मौलाना शौकत अली, पं. रामभजदत्त चौधरी, पुरुषोत्तमदास टण्डन, मौ0 हजरत मोहानी, डॉ. किचलू और जवाहरलाल नेहरू उपस्थित थे। इस सभा में गाँधीजी को स्थानीय लोगों की ओर से एक अभिनन्दन-पत्र दिया गया था। सभा में बोलते हुए गाँधीजी ने कहा कि-

''प्रयाग तो अब मुझे अपना घर-सा ही प्रतीत होता है। मानपत्र का अर्थ यही है कि मानपत्र देनेवाले असहयोग आन्दोलन से सहमत हैं और स्वराज्य-संग्राम में हमारे साथ हैं। हम लोगों को इसी वर्ष स्वराज्य लेना तथा खिलाफत और पंजाब के अन्यायों का परिमार्जन करना है। परन्तु यह केवल सम्मेलनों, भाषणों, कविताओं और अभिनन्दन-पत्रों से नहीं होगा।...समय बदल गया है और लोगों को अपने ही प्रयत्नों से अपना उद्देश्य पूरा करना है।

अपने अभिनन्दन-पत्र में आप लोगों ने कहा है कि इलाहाबाद का एक नाम और है- फकीराबाद। मेरी हार्दिक इच्छा है कि यह नगर पूरी तरह उस नाम के योग्य हो। इस आन्दोलन को सफल बनाने के लिए हमें फकीरों की ही आवश्यकता है और मैं आशा करता हूँ कि इसमें आपका नगर अगुआई करेगा।''[9]

10 अगस्त, 1921 को गाँधीजी एक बार पुनः प्रयागराज आये। महिलाओं की एक सभा में उन्होंने स्वदेशी पर भाषण दिया और उन सब से विदेशी वस्त्रों को त्यागकर खादी पहनने तथा चरखा चलाने की अपील की। शाम को स्वराज्य-सभा के मैदान में एक बड़ी जनसभा हुई, जिसमें मौ0 मुहम्मद अली, श्री स्टोक्स और गाँधीजी ने भाषण दिया। गाँधीजी ने कहा कि ''यदि आप इसी वर्ष स्वराज्य प्राप्त करना चाहते हैं तो आपको जेल और मृत्यु का भय छोड़ देना चाहिए, बल्कि अनुभव करना चाहिए कि निर्दोष व्यक्ति की प्रत्येक जेल-यात्रा और मृत्यु स्वराज्य को अधिकाधिक निकट ले आती है। जब तक आप ऐसा अनुीाव नहीं करते तब तक मैं समझूँगा कि आप अहिंसा और असहयोग के अर्थ को भली-भाँति नहीं समझ सके हैं। असहयोग का अर्थ निष्क्रिय बैठे रहना नहीं है।

अन्त में उन्होंने कहा कि ''अब मैं यहाँ एकत्र विदेशी वस्त्रों की ढेर में आग लगाने जा रहा हूँ। इसमें किसी के प्रति दुर्भावना की बात मेरे मन में नहीं है। प्रेम, अहिंसा और शान्ति मेरा धर्म है। अन्त में मैं आशा करता हूँ कि पुरुषों की अपेक्षा महिलाएँ इस दिशा में अधिक कार्य करेंगी।''[10]

कमला नेहरू अस्पताल

19 नवम्बर, 1939 को महात्मा गाँधी ने प्रयागराज में 'कमला नेहरू अस्पताल' का शिलान्यास किया। करीब डेढ़ साल बाद 28 फरवरी, 1941 को उन्हीं के कर-कमलों से इस अस्पताल का उद्घाटन भी हुआ। इस अवसर पर उन्होंने यह उम्मीद जाहिर की कि यह अस्पताल इस क्षेत्र के एक बड़े अभाव की पूर्ति करेगा। गौरतलब है कि 1930 ई. में प्रयागराज में एक्सरे तक की व्यवस्था नहीं थी, इसलिए गम्भीर रूप से बीमार होने पर पं. मोतीलाल नेहरू को 4 फरवरी, 1930 को मोटरगाड़ी से एक्सरे कराने के लिए लखनऊ ले जाना पड़ा था। यह अलग बात है कि अतिशय

निर्बलता के कारण वहाँ भी उनका एक्सरे नहीं हो पाया था; और दो दिन बाद 6 फरवरी, 1930 को उनका निधन हो गया था। प्रयाग में मोतीलाल नेहरू की चिता की ओर इंगित करके महात्मा गाँधी ने कहा था कि "यह चिता नहीं, राष्ट्रयज्ञ का हवन-कुण्ड है।"

राष्ट्रीय आन्दोलन के दौर में इलाहाबाद

राष्ट्रीय आन्दोलन के दौर में इलाहाबाद पं. मदनमोहन मालवीय, डॉ. तेजबहादुर सप्रू और मुंशी ईश्वरशरण जैसे उदारवादी नेताओं का गढ़ रहा है। लोकमान्य बाल गंगाधर तिलक 'गरम दल' के नेता थे। इसलिए 1907 ई. में जब तिलक का प्रयागराज आगमन हुआ, तो उक्त तीनों नेताओं ने कोई विशेष उत्साह नहीं दिखाया। परन्तु प्रयागराज में अकेले बाबू चारुचन्द्र चटर्जी ने तिलक के स्वागत के लिए अपनी बग्गी (गाड़ी) देने की इच्छा व्यक्त की। प्रयागराज रेलवे स्टेशन पर छात्रों का एक बहुत बड़ा हुजूम था। उत्साही छात्रों ने बग्गी के घोड़ों को अलग कर दिया और स्वयं बग्गी खींचकर ले जाने का आग्रह करने लगे। परन्तु बाल गंगाधर तिलक ने हस्तक्षेप करते हुए कहा कि छात्र-गण अपने उत्साह को किसी बेहतर और रचनात्मक कार्य के लिए सुरक्षित रखें। आचार्य नरेन्द्र देव छात्रों की इस प्रदर्शनकारी भीड़ का नेतृत्व करनेवालों में शामिल थे।

1907 ई. में सूरत अधिवेशन के बाद मतभेदों के कारण कांग्रेस दो धड़ों- 'नरम' और 'गरम' दल में विभाजित हो गयी। सर फिरोजशाह मेहता, गोपालकृष्ण गोखले और सुरेन्द्रनाथ बनर्जी नरम दल के नायक थे, जबकि बाल गंगाधर तिलक और अरविन्द घोष गरम दल के अगुआ थे। गरमपन्थियों को निकाल दिए जाने के कारण कांग्रेस ने लोकप्रियता के एक बड़े आधार और तेज-तर्रार युवाओं से अपने को वंचित कर लिया था। विद्रोह के आरोप में 1908 ई. में बाल गंगाधर तिलक को 6 वर्षों के कारावास का दण्ड देकर बर्मा के माण्डले जेल भेज दिया गया था। (महर्षि) अरविन्द घोष को भी कारावास की सजा दी गयी थी।

नेशनलिस्ट पार्टी से जुड़े लाला लाजपत राय, विपिन चन्द्र पाल और दिल्ली के जोशीले शायर और वक्ता सैय्यद हैदर रज़ा ने कई शहरों में अपने प्रभाव का प्रयोग करके युवकों को अपने पक्ष में कर लिया था। लाला हरदयाल अपनी पढ़ाई बीच में ही छोड़कर ब्रिटेन से वापस आ गये थे। उन्होंने राजनैतिक कार्यों में रुचि रखने वाले छात्रों के मार्गदर्शन के लिए एक पाठ्यक्रम तैयार किया था। इस पाठ्यक्रम में रमेशचन्द्र दत्त और दादा भाई नौरोजी की किताबों के अलावा भारत का इतिहास और मेजिनी आदि विदेशी विद्वानों का लेखन शामिल था।

बीसवीं शताब्दी के आरभिक दशक में प्रयागराज नेशनलिस्ट पार्टी का गढ़ हुआ करता था। आचार्य नरेन्द्र देव गरमपन्थी माने जाते थे। वे शुरू से ही तिलक और अरविन्द घोष से प्रभावित थे। वे प्रयागराज के स्पोर्ट्स कॉलेज के छात्रावास में रहते थे। यह छात्रावास राजनैतिक गतिविधियों का एक प्रमुख केन्द्र हुआ करता था। लाला हरदयाल का पाठ्यक्रम यहाँ के छात्रों के जीवन को गहराई से प्रभावित कर रहा था। नरेन्द्र देव सहित तमाम छात्र देश के राजनैतिक भविष्य को लेकर वाद-विवाद-संवाद करते रहते थे।

गरम दल के समर्थक लोग इलाहाबाद से दो समाचार पत्रों का प्रकाशन कर रहे थे। एक था पं. सुन्दरलाल द्वारा सम्पादित 'कर्मयोगी' और दूसरा था उर्दू साप्ताहिक 'स्वराज'। सुन्दरलाल को उनकी राजनैतिक सक्रियता के कारण इलाहाबाद विश्वविद्यालय से निष्कासित कर दिया गया था। उस दौर में पं. गोविन्द वल्लभ पन्त, डॉ. के0एन0 काटजू, बाबू शिवप्रसाद गुप्त सरीखे युवा विद्यार्थी राष्ट्रीय आन्दोलन की धारा में शामिल हो रहे थे।

आचार्य नरेन्द्र देव संस्कृत, पालि, हिन्दी और उर्दू के अप्रतिम विद्वान थे। वे बौद्ध दर्शन के मर्मज्ञ तो थे ही, उनकी वाक्पटुता भी मुग्धकारी थी। उनकी गणना प्रखर वक्ताओं में होती थी। उनको भारत में प्रजातान्त्रिक समाजवाद का जनक कहा गया है।

जनवरी 1915 ई. के आसपास इलाहाबाद विश्वविद्यालय में 'पोस्ट-वैदिक स्टडीज' नामक एक नये विभाग की स्थापना हुई थी। इस विभाग में प्रोफेसर के पद पर तीन वर्ष के लिए डॉ. वेनिस की नियुक्ति हुई थी। डॉ. वेनिस आधुनिक पाश्चात्य दर्शन और प्राचीन ग्रीक दर्शन के साथ ही प्राचीन भारतीय इतिहास में प्राचीन शिलालेखों और प्राचीन मुद्रशास्त्र (न्यूमिस्मैटिक्स) के विशेषज्ञ थे। आरम्भिक व्याख्यान के लिए डॉ. वेनिस जनवरी 1915 ई. में इलाहाबाद आये थे। बनारस के क्वींस कॉलेज में नरेन्द्र देव डॉ. वेनिस के शिष्य रह चुके थे। इण्डोलॉजी (भारतविद्या) उनका विषय था। डॉ. वेनिस से उन्होंने प्राचीन भारतीय इतिहास, प्राचीन पुरालिपिशास्त्र एवं प्राचीन मुद्रशास्त्र (न्यूमिस्मैटिक्स) जैसे विषयों और पालि भाषा का ज्ञान प्राप्त किया था।

अप्रैल 1919 के जलियाँवाला बाग त्रासदी के कुछ समय बाद ही पं. मोतीलाल नेहरू के आवास आनन्द भवन में अखिल भारतीय काँग्रेस कमेटी की एक बैठक हुई थी। इसमें भाग लेने के लिए बनारस के सुप्रसिद्ध लखपति देशभक्त शिवप्रसाद गुप्त के अलावा डॉ. भगवान् दास के पुत्र श्रीप्रकाश जी भी इलाहाबाद आये थे। वे दोनों जॉर्ज टाउन स्थित पं. मदनमोहन मालवीय के आवास पर ठहरे थे। उस समय बैठक में जाने के दौरान शिवप्रसाद गुप्त से मिलने अविनाशी लाल नामक

एक व्यक्ति आये थे। यही अविनाशी लाल कालान्तर में आचार्य नरेन्द्र देव के नाम से प्रसिद्ध हुए।

पं. मदनमोहन मालवीय

मदनमोहन मालवीय हिन्दू गौरव और प्राचीन भारतीय संस्कृति के सजग प्रहरी थे। काशी हिन्दू विश्वविद्यालय, हिन्दू महासभा, सनातन धर्म महासभा, हिन्दी साहित्य सम्मेलन, ब्राह्मण महासभा, गोरक्षा आन्दोलन, सेवा समिति आदि कई सार्वजनिक संस्थाओं के वे सूत्रधार रहे। काशी हिन्दू विश्वविद्यालय उनकी आजीवन तपस्या का संचित सार था। इसका शिलान्यास तत्कालीन वायसराय लार्ड हार्डिज ने 1918 ई. में किया था। इसकी स्थापना के लिए उन्होंने उस जमाने में चन्दा माँग कर लगभग डेढ़ करोड़ रूपये इकट्ठा किये थे। वे वर्षों तक इसके कुलपति रहे।

मालवीय जी का जन्म 25 दिसम्बर 1861 को प्रयागराज में हुआ था। उनके पिता पं. ब्रजनाथ एक अनन्य कृष्णभक्त और संस्कृत के प्रकाण्ड विद्वान थे। 'मालवीय' उपनाम से ही स्पष्ट है कि उनके पूर्वज मूलतः मालवा के रहने वाले थे परन्तु बाद में तीर्थराज प्रयाग में आकर बस गये थे। मदनमोहन मालवीय की शिक्षा दीक्षा प्रयाग में ही हुई। स्थानीय 'धर्मज्ञानोपदेश पाठशाला', 'विद्याधर्मप्रवर्द्धिनी सभा' द्वारा संचालित संस्कृत पाठशाला, प्रयागराज के जिला स्कूल से आरम्भिक शिक्षा ग्रहण करने के बाद 1884 में म्योर सेण्ट्रल कॉलेज से उन्होंने बी0ए0 किया। इसके बाद कुछ समय तक स्थानीय गवर्नमेण्ट कॉलेज में अध्यापन करते रहे।

1886 ई. में वे अखिल भारतीय काँग्रेस के दूसरे अधिवेशन में भाग लेने के लिए कलकत्ता पहुँचे। इसके साथ ही उन्होंने अपने राजनैतिक जीवन की शुरुआत की। कलकत्ता अधिवेशन में दिये गये उनके ओजपूर्ण भाषण ने अन्य लोगों के साथ ही काँग्रेस के संस्थापक और तत्कालीन मन्त्री ए. ओ. ह्यूम का ध्यान भी आकृष्ट किया। संयोगवश इस अधिवेशन में कालाकाँकर के विद्याप्रेमी राजा रामपाल सिंह भी उपस्थित थे। उन्होंने इस युवक की प्रतिभा को वहीं पहचान लिया। उन्होंने मदनमोहन मालवीय को कालाकाँकर से प्रकाशित होने वाले 'हिन्दुस्तान नामक हिन्दी दैनिक पत्र का सम्पादक नियुक्त किया।

उन्होंने एल. एल. बी. करने के बाद 1893 में प्रयाग में वकालत करना भी शुरू कर दिया था। अपने विद्यार्थी जीवन में ही उन्होंने 'इलाहाबाद लिटरेरी इंस्टीट्यूट, 'स्वदेशी तिजारत कम्पनी तथा 'हिन्दू समाज' जैसी संस्थाओं की स्थापना की थी। 'हिन्दुस्तान' के बाद पं. अयोध्यानाथ द्वारा स्थापित प्रयाग के अंग्रेजी अखबार 'इंडियन ओपीनियन' के सम्पादन में हाथ बँटाया। 1907 ई. में उन्होंने स्वयं 'अभ्युदय' नामक

एक साप्ताहिक और 1910 ई. में 'मर्यादा' नामक एक माासिक पत्र निकाला। बाद में कृष्णकान्त मालवीय ने 'अभ्युदय' का सम्पादन कार्य सँभाला था। शुरू में 'मर्यादा' के सम्पादक राजर्षि पुरुषोत्तम दास टण्डन थे। बाद में कृष्णकान्त मालवीय ने ही इसके सम्पादन का भार भी सँभाला था। मदनमोहन मालवीय ने आगे चलकर 'लीडर' नामक एक अंग्रेजी दैनिक की शुरूआत करने में भी सहयोग किया।

सन 1902 ई. में वह अपने प्रान्त की व्यवस्थापिका सभा के सदस्य नियुक्त हुए। बाद में जब प्रान्तीय कौंसिल से प्रतिनिधि चुनकर वायसराय की कौंसिल में भेजने का नियम बना तब उससे हटकर वायसराय की इम्पीरियल कौंसिल के सदस्य भी बने। तब से लेकन 1929 तक वे लगाातार केन्द्रीय व्यवस्थापिका सभा के सदस्य बने रहे। इस कालावधि में निर्भीक होकर ब्रिटिश सरकार की भारत विरोधी नीतियों की आलोचना करते रहे। परन्तु राजनीति के क्षेत्र में वे सदैव नरमपन्थी ही रहे।

स्वराज पार्टी की स्थापना होने पर काँग्रेस ने कौंसिलो में अपना मोर्चा सँभालने का निर्णय लिया तो देशबन्धु ओर मोतीलाल नेहरू के विपक्ष में खड़े हो गये। 1926 में उन्होंने एक अलग नेशनलिस्ट पार्टी बनाकर काँग्रेस के अपने सहयोगियों के खिलाफ ही चुनाव लड़े। इस दौर में वे काँग्रेस की अपेक्षा हिन्दू महासभा के साथ अधिक सम्बद्ध रहे।

1931 ई. के अगस्त माह में दूसरे गोलमेज सम्मेलन में निमन्त्रित होकर पहली बार इंग्लैण्ड गये। वहाँ से लौटकर सितम्बर 1932 में दलितों के प्रश्न पर पूना में गाँधीजी के आमरण अनशन के लिए तत्पर होने पर जिन लोगों ने सार्थक प्रयास करके प्रसिद्ध 'पूना समझौता' करवाया उनमें मालवीय जी प्रमुख थे।

इलाहाबाद उच्च न्यायालय

देश का चौथा सबसे पुराना उच्च न्यायालय 1866 ई. में आगरा में स्थापित हुआ था। परन्तु 1869 ई. में इसे इलाहाबाद स्थानान्तरित कर दिया गया। अतः तत्कालीन 3 प्रसिद्ध अधिवक्ता पं. नन्दलाल नेहरू, पं. अयोध्यानाथ और मुंशी हनुमान प्रसाद प्रयागराज आ गये और उन्हीं लोगों ने प्रयागराज में विधिक व्यवसाय की नींव डाली। पं. नन्दलाल नेहरु मोती लाल नेहरु के छोटे भाई थे। 1886 ई. में मोतीलाल नेहरु भी प्रयागराज चले आये और तब से प्रयागराज और नेहरु परिवार का एक अटूट सम्बन्ध कायम हुआ।

उल्लेखनीय है कि उत्तर प्रदेश विधान मण्डल (तत्कालीन अवध और संयुक्त प्रान्त विधान परिषद) के प्रथम सत्र का समारोह प्रयागराज के थार्नहिल मेमोरियल हाल में 08 जनवरी 1887 को आयोजित किया गया था।

गणेश शंकर विद्यार्थी और इलाहाबाद

गणेश शंकर विद्यार्थी हिन्दी पत्रकारिता के शिखर-पुरुषों में गिने जाते हैं। उनका जन्म 1890 ई. में अपने ननिहाल प्रयागराज के अतरसुइया मुहल्ले के एक कायस्थ परिवार में हुआ था। इनके पिता मुंशी जयनारायण फतेहपुर जिले के हथगाँव के निवासी थे। कानपुर से एण्ट्रेंस की परीक्षा पास करने के बाद आगे की पढ़ाई के लिए कायस्थ पाठशाला, इलाहाबाद में दाखिल हुए। उसी समय से उनका झुकाव पत्रकारिता की ओर हो गया; और वे इलाहाबाद से प्रकाशित होने वाले 'कर्मयोगी' नामक हिन्दी साप्ताहिक पत्र के सम्पादन में सहयोग देने लगे। 1911 ई. में वे प्रसिद्ध हिन्दी पत्रिका 'सरस्वती' में आचार्य महावीर प्रसाद द्विवेदी के सहायक के रूप में काम करने लगे। सरस्वती को छोड़कर वे 'अभ्युदय' में सहायक सम्पादक हुए। 1913 ई. में कानपुर से उन्होंने स्वयं अपना साप्ताहिक पत्र 'प्रताप' निकालना शुरू किया। 'प्रताप' किसानों और मजदूरों का प्रबल पक्षधर था। 1920 ई. में विद्यार्थी जी ने इसको साप्ताहिक की जगह दैनिक कर दिया। शुरू में वे बालगंगाधर तिलक को अपना आदर्श मानते थे, किन्तु भारतीय राजनीति के क्षितिज पर महात्मा गाँधी के अवतरण के बाद वे उनके अनुयायी बन गये। कानपुर में भड़के साम्प्रदायिक दंगे के दौरान 25 मार्च, 1931 को एक धर्मान्ध ने उनकी हत्या कर दी थी।

डॉ. अमरनाथ झा और प्रयाग विश्वविद्यालय

प्रयाग विश्वविद्यालय को 'पूरब का ऑक्सफोर्ड' कहा गया है। 1935 ई. के आसपास यहाँ ऐसे कई शिक्षक थे, जिनकी विद्वता देश-विदेश में चर्चित थी। डॉ. मेघनाद साहा, प्रोफेसर रानाडे, डॉ. वेणी प्रसाद, डॉ. ताराचन्द और डॉ. अमरनाथ झा (1897-1955 ई.) के नाम उनमें से उल्लेखनीय है। आगे चलकर डॉ. अमरनाथ झा प्रयाग विश्वविद्यालय के पर्याय-से बन गये। वे महामहोपाध्याय डॉ. गंगानाथ झा जैसे विद्वान-मनीषी के पुत्र थे। उन्होंने गवर्नमेण्ट हाई स्कूल, प्रयाग से आरम्भिक शिक्षा ग्रहण करने के बाद म्योर कॉलेज, इलाहाबाद से बी0ए0 किया। अंग्रेजी भाषा और साहित्य पर उनके असाधारण अधिकार को देखते हुए तत्कालीन अंग्रेज प्रोफेसर ने बी0ए0 पास करने के तुरन्त बाद 1917 में ही उनको म्योर कॉलेज में ट्यूटर के रूप में रख लिया। 1930 ई. में प्रयाग विश्वविद्यालय के अंग्रेजी विभाग के अध्यक्ष नियुक्त हो गये। 1939 ई. में उनको प्रयाग विश्वविद्यालय का उप-कुलपति नियुक्त किया गया। वे सीढ़ी-दर-सीढ़ी ऊपर चढ़ते चले गये। 1948 ई. में उनको उत्तर प्रदेश लोक सेवा आयोग का अध्यक्ष बनाया गया। कुछ समय के लिए वे काशी हिन्दू विश्विविद्यालय के उप-कुलपति भी बनाये गये। 1953 ई. में उनको बिहार लोक सेवा आयोग का अध्यक्ष भी बनाया गया।

वे बहुज्ञ और बहुभाषाविद् थे। अंग्रेजी लिखने की उनकी शैली एकदम टकसाली थी। कुल मिलाकर वे मिथिला की गौरवशाली पांडित्य-परम्परा के सच्चे प्रतिनिधि थे। संस्कृत का ज्ञान उनको पैतृक परम्परा से सहज ही सुलभ हुआ था। हिन्दी साहित्य की परम्परागत और समकालीन दोनों ही धाराओं से वे भली भाँति परिचित थे; और उस दौर की उर्दू शायरी से भी वे गहराई से वाकिफ थे।

प्रसिद्ध नाटककार जगदीशचन्द्र माथुर ने डॉ. अमरनाथ झा को एक जीवन-निर्माता अध्यापक के रूप में सश्रद्धा याद करते हुए अपने एक संस्मरणात्मक लेख में लिखा है- ''सन् 1938 में एक दिन हम लोग प्रयाग विश्वविद्यालय के फ्राइडे क्लब की मीटिंग में बैठे हुए थे। उन दिनों छात्रों में फ्राइडे क्लब का सदस्य होना एक खासा रुतबा माना जाता था। इने-गिने सदस्यों की यह मण्डली हर शुक्रवार को अंग्रेजी विभाग के एक कमरे में बैठती। चाय और खाना-पीना होता, कुछ साहित्यिक चर्चा, कुछ चुहल, मगर सब कुछ एक सुसंस्कृत और संयत स्तर पर। चार-पाँच चुने हुए और अध्ययनरत छात्र ही उसके सदस्य थे, बाकी सब साहित्य के अध्यापक। अंग्रेजी का बोलबाला था। अक्सर हमलोग निबन्ध पढ़ते, कभी-कभी नाटक खेले जाते, डिनर होते। लेकिन शायद क्लब की सबसे अधिक उपयोगिता यह थी कि सामाजिक स्तर पर अध्यापकों के साथ मेल-जोल होता, उनके विनोदपूर्ण और सांस्कृतिक चेतना से भरपूर संवाद और वाक्द्वन्द्व सुनने को मिलते। सामाजिक शिष्टाचार (खास तौर से महिलाओं की मौजूदगी में) का पाठ सोदाहरण सीखा जाता और बातचीत तथा व्यवहार में आत्मविश्वास आप-ही-आप आ जाता। इसलिए जो लोग उसके सदस्य नहीं थे, वे फ्राइडे क्लब को स्नॉब क्लब कहते- यानी उन बने-ठने लोगों की मण्डली, जो अपने को दूसरों से ऊँचा समझते हैं। झा साहब इस क्लब के सर्वेसर्वा थे और शायद ही किसी मीटिंग में नागा करते हों।''[11]

अमरनाथ झा एक शिष्य-वत्सल गुरु थे। ''उन दिनों इलाहाबाद विश्वविद्यालय के म्योर हॉस्टल में भरती होना किसी भी छात्र के लिए सौभाग्य की बात समझी जाती थी। झासाहब उस हॉस्टल के वार्डन थे और बाद में उपकुलपति हो जाने के बाद भी उन्होंने वार्डन का छोटा पद नहीं छोड़ा। अनेक आवेदन-पत्र आते; कुछ ही को इण्टरव्यू में बुलाया जाता। इण्टरव्यू खुद झासाहब करते। अजब रोब आवेदकों पर छाया रहता। यों यह सर्वविदित था कि फर्स्ट डिविजन पानेवाले छात्र, अच्छे खिलाड़ी, पुराने छात्रों के पुत्र- ऐसे आवेदकों को प्रायः ले लिया जाता था। फिर भी इण्टरव्यू ऐसे ही विधिवत् होता, जैसा नौकरी के लिए। (शायद उसी क्षण से व्यवहारकुशलता और आत्मविश्वास की वह ट्रेनिंग शुरू हो जाती, जिसके फलस्वरूप म्योर हॉस्टल के छात्र उच्च सरकारी नौकरियों के लिए प्रतियोगिताओं में प्रायः सफल हो जाते थे।) जो भी हो, अच्छे-से-अच्छे छात्र को म्योर हॉस्टल की 'प्रवेश परीक्षा' में पास हो जाने पर गौरव का अनुभव होता।''[12]

म्योर हॉस्टल का तो हरेक छात्र समझता कि वह एक विशाल बरगद के कल्याणकर आश्रय में है। अन्धड़-तूफान हो या घोर तपन, वे समर्थ हाथ उसकी रक्षा करेंगे। यह नहीं कि उनके यहाँ कोई सदावर्त खुला हुआ था या कि दानी-प्रवृत्ति के धनीमानी सज्जन की तरह उन्हें निर्धन छात्रों की सहायता करने में सुख मिलता हो। शिष्यों के साथ झासाहब एक उदारहृदय दानी सेठ का-सा व्यवहार नहीं करते थे, बल्कि एक स्नेह-सिक्त, करुणार्द्र, हितचिन्तक पिता का-सा। म्योर हॉस्टल के न जाने कितने छात्रों की व्यक्तिगत समस्याओं, उनके निजी रहस्यों को वह जानते थे और मन में सँजोकर रखे हुए थे। सलाह देंया चुप रहें, पर हमारी चिन्ताओं, हमारी आकांक्षाओं, हमारी समस्याओं के 'बैंक' थे ः साहब- ऐसा बैंक, जो किसी तरह का कमीशन नहीं काटता, केवल पितृयोग्य बड़प्पन के प्रति समादर-प्रदर्शन की अपेक्षा करता है। यही कौटुम्बिक वातावरण म्योर हॉस्टल की विशेषता थी, जिसे इलाहाबाद विश्वविद्यालय के अन्य योग्य और विद्वान अध्यापक समझ नहीं पाते थे, लेकिन जो एक रेज़िडेंसियल (आवासीय) यूनिवर्सिटी का प्राण होना चाहिए।[13]

''म्योर हॉस्टल उन दिनों अक्सर 'सिसी' हॉस्टल कहा जाता था, जिसका तात्पर्य यह था कि वहाँ के लड़के न सिर्फ नाजुक-से हैं, बल्कि किसी भी तरह की हलचल और मारधाड़ से अलग रहते हैं। नजाकत का आरोप गलत था...म्योर हॉस्टल खेल-कूद में अक्सर आगे रहता। झासाहब खेल-कूद में सिद्धहस्त छात्रों को हमेशा प्रोत्साहित करते। अरसे तक हमारे हॉस्टल के ही हॉल में विश्वविद्यालय की 'क्रासकण्टरी रेस' की शील्ड रही। किन्तु मारधाड़ से अलग रहने की बात एकदम सही थी। दूसरे हॉस्टलों में 'इंट्रोडक्शन नाइट' और रैगिंग होते, यानी नये छात्रों के साथ छोड़छाड़, जो अक्सर बेहूदा हरकतों का रूप ले लेते थे। लेकिन म्योर हॉस्टल में (कम-से-कम उन दिनों) स्वयं झासाहब की मौजूदगी में नये छात्रों का सबके सामने परिचय कराया जाता और गाने इत्यादि का प्रबन्ध होता। होली में अन्य छात्रावासों में अगर अनियमित हुड़दंग होता, तो म्योर हॉस्टल में शिष्ट उत्सव।''[14]

डॉ. अमरनाथ झा यह उम्मीद करते थे कि उनका हरेक छात्र म्योर हॉस्टल की परम्परा की छाप लिये हुए ही वहाँ से जाये, ताकि बाद के जीवन में भी वह अपने व्यवहार से पहचाना जा सके। ''असल में इस तरह की छाप वह चाहते थे इलाहाबाद विश्वविद्यालय के अधिक-से-अधिक छात्रों में। यद्यपि झासाहब विश्वविद्यालय के उपकुलपति सन् 1938 में ही बने थे, तथापि उससे कई वर्ष पहले से वह प्रयाग विश्वविद्यालय के प्रतीक-से समझे जाने लगे थे। जहाँ झासाहब होते, वहीं मानो प्रयाग विश्वविद्यालय का झण्डा-सा गड़ जाता। साल में एकाध बार जब कभी वह दिल्ली, मसूरी, कलकत्ता आते, प्रयाग के पुराने छात्रों की मजलिस अवश्य जुड़ती; ऐसे ही

पटना में बम्बई, बनारस एवं भारतवर्ष के अन्य नगरों में भी। यहाँ तक कि सन् 1946 के बाद उनका विश्वविद्यालय से कोई विशेष सम्बन्ध नहीं रहा था, तब भी इलाहाबाद के बाहर उन्हीं के नाम पर इलाहाबाद के पुराने छात्र जमा होते, मानो किसी राजा की मृत्यु हो जाने पर भी अरसे तक उसके इकबाल के कारण उसी का सिक्का चलता रहा हो। एक व्यक्ति इतनी बड़ी संस्था का इस तरह से प्रतीक माना जाने लगे, यह मार्के की बात थी।''[15]

जैसे कुम्हार चाक पर से एक के बाद एक बरतन उतारता जाता है, कुछ ऐसे ही झासाहब के हाथों भावी आई. सी. एस. और अन्य प्रकार के अफसरों का निर्माण होता रहा। म्योर हॉस्टल के बराबर देश में शायद किसी एक छात्रावास से इतने छात्र ऊँची सरकारी नौकरियों के लिए प्रतियोगिताओं में सफल नहीं हुए।[16]

झासाहब के मन-पन्छी का जहाज था वह वट-वृक्ष, जो प्रयाग विश्वविद्यालय के शीर्षचिह्न (क्रेस्ट अथवा मोनोग्राम) पर गंगा-यमुना की धाराओं के संगम पर अपनी विशाल शाखाओं को फैलाये दिखाया गया है। ज्ञानगरिमा में जिसके असंख्य मूल शिराओं-से बिछे हैं, वह अनादि वट-वृक्ष, जिसकी पत्तियों पर नवीन पीढ़ियों के बालमुकुन्द खेलते-खेलते अविकसित विश्व की विराट झाँकियाँ दिखाते हैं, वही वट-वृक्ष गुरूप्रवर अमरनाथ झा के शुक-स्वरूप व्यक्तित्व का चित्तरंजन नीड़ था।[17] गौरतलब है कि डॉ. अमरनाथ झा के नाम पर म्योर हॉस्टल को अब अमरनाथ झा हॉस्टल कहा जाता है।

भारतीय हॉकी के लौह-पुरुष : ध्यानचन्द

ध्यानचन्द को 'भारतीय हॉकी का लौह पुरुष' कहा जा सकता है। उनको भारतीय हॉकी का पर्याय माना जाता है। उनका जन्म इलाहाबाद के एक साधारण राजपूत परिवार में 21 अगस्त 1905 को हुआ था। आगे चल कर इनका परिवार इलाहाबाद छोड़कर झाँसी में जा बसा। अपने जीवन के प्रारम्भिक तथा अन्तिम वर्ष ध्यानचन्द ने झाँसी में ही गुजारे। वे आजीवन भारतीय हॉकी के लिए समर्पित रहे। हॉकी से उनके गठबन्धन की कहानी बहुत रोचक है। बचपन में उनका हॉकी से कोई लगाव नहीं था। 17 वर्ष की अवस्था में वे सेना में भर्ती हो गये। उन्होने जब हॉकी खेलनी शुरू की तो उन्हीं के शब्दों में ''जब मैं ब्राह्मण रेजिमेण्ट में आया तो वहाँ बाले तिवारी नाम का एक सूबेदार मेजर था, जो हॉकी का बहुत अच्छा खिलाड़ी था। उसने मेरी तरफ विशेष ध्यान दिया। मेरी रेजिमेण्ट हॉकी के लिए बहुत प्रसिद्ध थी। हॉकी ही एक ऐसा आउटडोर खेल था, जिस पर रेजिमेण्ट स्वयं बहुत समय व्यतीत करती थी। खेलने के लिए हमारा कोई निश्चित समय नहीं होता था। हम सारा-सारा दिन खेलते हुए बिता दिया करते थे।''

सूबेदार मेजर तिवारी उनके लिए प्रेरणास्रोत सिद्ध हुए। उन्होंने ध्यानचन्द में निहित प्रतिभा निहित को पहचाना। बाले तिवारी की मेहनत रंग लायी और 1926 में ध्यानचन्द भारतीय सेना की हॉकी टीम के सदस्य बन गये। वह 1926 में आस्ट्रेलिया तथा न्यूजीलैण्ड जाने वाली टीम के साथ गये। इस दौर में उन्होंने सभी मैच जीतकर भारतीय को विश्व हॉकी के नक्शे पर ला खड़ा किया। ध्यानचन्द के लिए यह भ्रमण ओलिम्पिक प्रवेश का पूर्वाभ्यास था। 1927 के एम्सटर्डम ओलिम्पिक में भाग लेने के लिए जयपाल सिंह के नेतृत्व में ध्यानचन्द का चुनाव किया गया।

इस ओलम्पिक में आस्ट्रिया, बेल्जियम, डे नमार्क और स्विट्जरलैण्ड को पराजित कर भारत फाइनल में पहुँ ा, जहाँ भारत का मुकाबला हालैण्ड से था। भारतीय हॉकी टीम के कई खिलाड़ी बीमार थे और जयपाल सिंह बीच में ही कप्तानी छोड़कर चले गये थे। इसलिए कप्तानी की जिम्मेदारी पिन्नीगर को दिया गया। उस समय का वर्णन करते हुए ध्यानचन्द ने अपनी प्रसिद्ध पुस्तक 'गोल' में लिखा है कि- ''मुझे भी तेज बुखार था। जो खेल रहे थे, वे द्वितीय श्रेणी के थे। ऐसे समय मैनेजर ने नारा बुलन्द किया 'करो या मरो'। मैंने उसी क्षण निश्चय किया, अब मैं खेलते हुए मरूँगा। पेशे में मैं एक सिपाही था और जब देश की इज्जत ही दाँव पर लगी हो तो इसके सिवाय और कोई चारा नहीं रह जाता कि साहस के साथ युद्ध-क्षेत्र में कूद पड़ा जाये। विशाल जनसमूह की हर्षध्वनि के बीच हम मैदान में उतरे, खेल बड़ा रोमांचक था। परम्परागत भारतीय शैली का मोहक प्रदर्शन कर हमने हालैण्ड पर 3-0 से विजय पायी। इस तरह 26 मई 1927 को सारे विश्व में हमने भारत की महानता अंकित कर दी।''

1932 के लॉस एन्जेल्स में भारतीय हॉकी टीम के कप्तान लालशाह बुखारी थे। ध्यानचन्द ने यहाँ भी शानदार प्रदर्शन किया। इस ओलिम्पिक में उनके सगे भाई रूप सिंह ने भी भाग लिया तथा निर्णायक मुकाबले में संयुक्त राज्य अमेरिका को भारतीय टीम ने एक के मुकाबले 24 गोलों के बड़े अन्तर से जीता। इसमें ध्यानचन्द ने आठ तथा रूप सिंह ने 10 गोल किये।

1936 के बर्लिन ओलिम्पिक में भारतीय हॉकी टीम के कप्तान स्वयं ध्यानचन्द थे। उन्होंने भारतीय हॉकी टीम को स्वर्णिम शिखर पर पहुँचा दिया। इस ओलिम्पिक में भारतीय हॉकी टीम ने 37 गोल किये और महज एक गोल खाया। ध्यानचन्द ने अकेले 11 गोल किये थे। हॉकी-स्टिक से चिपकी हुई गेन्द के साथ चीते जैसी फुर्ती के साथ दौड़ना, कठिन से कठिन कोणों से गोल में अचूक ढंग से गेन्द डालना, अपने साथी खिलाड़ी को सही समय पर पास देना आदि खूबियों ने ध्यानचन्द को 'हॉकी के जादूगर' सिद्ध किया। वे सच्चे देशप्रेमी भी थे। उनके खेल से प्रभावित होकर हिटलर

ने उन्हें जर्मनी में बसने का निमन्त्रण दिया था। इसके लिए हिटलर ने उनको फील्ड मार्शल बनाने का प्रलोभन भी दिया, लेकिन ध्यानचन्द ने ये प्रस्ताव ठुकरा दिया।

ध्यानचन्द मेजर के रूप में सेना से सेवानिवृत्त हुए। 1938 में उन्हें पद्मभूशण से अलंकृत किया गया। आस्ट्रिया की राजधानी वियना के एक क्लब में ध्यानचन्द की एक चार हाथों वाली मूर्ति लगी है। चारों हाथों में स्टिक है। दरअसल उनके प्रतिद्वन्द्वी यह समझ ही नहीं पाते थे कि केवल दो हाथ से कोई व्यक्ति गेन्द पर इस तरह काबू कैसे रख सकता है!

इलाहाबाद वि.वि. में सरदार पटेल का दीक्षान्त भाषण

25 नवम्बर, 1948 को इलाहाबाद विश्वविद्यालय के दीक्षान्त समारोह में तत्कालीन गृहमन्त्री सरदार वल्लभभाई पटेल को 'डॉक्टर ऑफ लॉ' की मानद उपाधि से सम्मानित किया गया था। उक्त अवसर पर दीक्षान्त भाषण देते हुए लौहपुरुष सरदार पटेल कहा था कि- "मैंने जो कुछ पाठ पढ़े हैं, वे जीवन के महान् विश्वविधालय में पढ़े हैं। मैं विद्वान होने का कोई दावा नहीं करता। ...मेरा काम तो कच्ची झोपड़ियों में और गरीब किसानों के खेतों, ऊसर जमीनों या शहरों के गन्दे मकानों और मोरियों में रहा है।...आज मैं बड़ी गम्भीरता से आपसे पूछता हूँ कि क्या हमने उस आजादी का असल मतलब समझा है, जो वर्षों की कोशिशों के बाद और इतने दुख झेल कर हमने पायी। क्या हमने अपने आपको इस काबिल बनाया है कि आजादी के साथ जो जिम्मेदारियाँ हम पर आ गयी हैं उन्हें हम निभा सकें। मैं चाहता हूँ कि आप गम्भीरता से इस बात को सोचें कि क्या हम अपने कर्तव्य और अनुशासन का ध्यान रखते हुए उसी तरह काम कर रहे हैं, जैसा कि हम उस समय करते थे, जब हम आजादी की लड़ाइयाँ लड़ रहे थे ?...अगर हर एक देशवासी अपना फर्ज अदा करने लगे तो राष्ट्र उन समस्याओं को पक्के और असरदार ढंग से सुलझा सकेगा।"

सरदार पटेल ने तत्कालीन आर्थिक स्थितियों के सन्दर्भ में कहा था कि "हम जो पैदा करते है, वह उतना नहीं होता, जितनी कि हमें जरूरत है। जरूरी चीजों को बाहर से मँगाना हमको बहुत महँगा पड़ रहा है। इतना खर्च सहने की हममें शक्ति नहीं है। जो कुछ हमारे पास है, वह भी आसानी से और न्यायोचित हिस्से से सबको नहीं मिलता।"

"मुल्क की आजादी के दुश्मन अक्सर अन्दर ही होते हैं, वे बाहर से कम आते है। हमको बड़ी सावधानी से अपने राष्ट्र की एकता, पूर्णता, और सुरक्षा का एक ओर तो अन्दर की अन्दर की फूट डालने वाली शक्तियों से बचाव करना है, दूसरी ओर बाहरवालों के आक्रमण के मनसूबों से अपने देश को बचाना है।...

हिन्द का इतिहास हमें बताता है कि हमने अपनी आजादी उन संकुचित उद्‌देश्यों और स्वार्थपूर्ण आकांक्षाओं के बदले में दे डाली थी, जिन्होंने हमारे बड़े उद्‌देश्यों और राष्ट्रीय अभिलाषाओं को ढक लिया था। राष्ट्रीय संकट के उस युग में जब हर एक का यह कर्तव्य था कि वह देश की रक्षा में अपना कन्धा लगाए, हमारे देश के कई भागों में फूट पड़ गयी और वह अलग-अलग दलो में बँट गया। व्यक्तिगत आकांक्षाओं नें हमें राष्ट्रीय हितों की ओर से अन्धा कर दिया और आपसी नफरत ने एकता और अनुशासन की सारी भावनाओं को नष्ट कर दिया। आज हमें यह समझ लेना चाहिए कि किसी कौम के लिए अपने इतिहास के पाठ को भूल जाना खतरे से खाली नहीं होता।...

कोई भी विदेशी नीति, चाहे वह कितनी भी अच्छी तरह सोची हुई क्यों न हो, विदेशों में हमारी कोई संस्था, चाहे वह कितनी भी कुशल क्यों न हो, कोई विशेष असर नहीं डाल सकती, जब तक कि उसके पीछे एक ठोस शक्ति न हो। आज की अन्तर्राष्ट्रीय सभाओं में किसी मामले की विजय केवल इसी कारण नहीं होती है कि वह सच्चा हे और उसमें नैतिक बल है। किसी सच्चे और बलवान मामले को भी उसे प्रस्तुत करने वाले देश की शक्ति और साख का समर्थन प्राप्त होना चाहिए।''

कृषि और शिक्षा जैसे मूलभूत सवालों का जिक्र करते हुए उन्होंने कहा था कि- ''हमारा देश कृषि प्रधान है और हमारे सामने खेती के मजदूरों की एक बहुत बड़ी संख्या की भी समस्या है, जो साल में काफी समय के लिए खाली रहते है। उनके लिए और उन पर आश्रित उनके परिवारों के लिए हमें को-आपरेटिव ढंग पर घरेलू धन्धों की एक कुशल और सुसंगठित व्यवस्था बनानी है और उसको बढ़ाना है। हमें एक ऐसी राष्ट्रीय शिक्षा की बुनियाद भी रखनी है, जो हमारे लोगों की प्रकृति, उनकी जरूरतों और उनकी विशेष योग्यता के अनुकूल हो। हमें स्वस्थ बुद्धि और स्वस्थ शरीरों के आधार पर एक स्वस्थ और सबल राष्ट्र बनाना है।

इलाहाबाद विश्वविशलय के छात्रों को उनके दायित्व का बोध कराते हुए सरदार पटेल ने कहा था कि- ''हमारे दिन अब बीत गये है, और हमें गर्व है कि अपनी जिन्दगी में ही हमने देश की आजादी हासिल कर ली।...देश के नेतृत्व का बीड़ा जल्दी ही आपको उठाना पड़ेगा ओर सार्वजनिक कामों का संचालन करना होगा। आप अपने जीवन की उस अवस्था पर हैं, जब मनुष्य का वास्तविक निर्माण होता है। आप विश्व-विद्यालय को छोड़कर जा रहे हैं और अपने व्यावहारिक तथा सांसारिक जीवन के द्वार पर खड़े हैं। अपने-अपने व्यवसायों में आपको मातृभूमि

की सेवा करने के बहुत से मौके मिलेंगे। आपमें से जो अभी पढ़ाई जारी रखेंगे, या जो अपनी पढ़ाई समाप्त कर जीवन के महान् विश्वविधालय में दाखिल हो जाएँगे वे सब भविष्य के लोग है। आप को अपनी बुद्धि, आत्मा और शरीर को उन कामों के योग्य बनाना है, जो आपके सामने हैं। हमने आपको वह सब से कीमती उपहार दिया, जो हम दे सकते थे। जिन जंजीरों और बेड़ियों से हमारी भारत-माता के हाथ-पैर जकड़े हुए थे, वे आज तोड़ दी गयी हैं। हिन्द अब आजाद लोगों का देश है।...

मेरा कथन है कि जीवन का निचोड़ अनुशासन है। अनुशासन के बिना मनुष्य समाज या राष्ट्र उन्नति नहीं कर सकते, अनुशासन आपकी जमातों में और खेल के मैदानों में भी उतना ही जरूरी है, जितना वह आपके भावी व्यवसाय में है।

देश को इस समय सधे हुए और अनुशासन की शिक्षा प्राप्त युवकों की जरूरत है, न कि गैर-जिम्मेदार उत्पात मचानेवालों की। इस तरह आपके पास दृष्टि भी होनी चाहिए और आदर्श भी। जब तक कि आपके सामने अपनी मातृ-भूमि के भविष्य का यह गौरवमय दृश्य और उसकी महानता और उसके भाग्य की एक आदर्श कल्पना नहीं है, तब तक आप अपने वर्तमान कर्तव्यों और जिम्मेदारियों को सच्चे रूप में नहीं समझ सकते। पर आपको यह अवश्य ही समझ लेना चाहिए कि अपने जीवन में कुछ कर सकने के लिए आपको अपने पैर हमेशा मजबूती से पृथ्वी पर जमाए रखने चाहिए। केवल दृष्टि और आदर्शवाद से कुछ न होगा। आपको इन्हें ठोस कार्य के रूप में बदलना होगा और अपने उद्‌देश्यों को वास्तविकता के कठोर क्षेत्र में पाना होगा।''[18]

लालबहादुर शास्त्री (1904-1966 ई.)

1926 में लालबहादुर शास्त्री 'लोकसेवक संघ' के सदस्य बने और उन्होंने प्रयागराज को अपने कार्यक्षेत्र का केन्द्र बनाया। वे सात वर्शों तक प्रयागराज म्युनिसिपल बोर्ड के सदस्य रहे। लगभग चार वर्शों तक वे 'इलाहाबाद इम्प्रूवमेण्ट ट्रस्ट' के सदस्य भी रहे। इ. इ. ट्रस्ट द्वारा इलाहाबाद नगर के कई भागों में छोटी-छोटी बस्तियाँ बसायी गयीं और कई नयी सड़कों का निर्माण भी कराया गया। परन्तु उत्तर प्रदेश की राजधानी लखनऊ चली जाने के परिणामस्वरूप उस दौर में प्रयागराज की प्रगति धीमी हो गयी। परन्तु हिन्दुओं का सुप्रसिद्ध तीर्थस्थान होने के साथ ही प्रदेश का उच्च न्यायालय और प्रख्यात विश्वविद्यालय स्थित होने के कारण प्रयागराज नगर की गरिमा अक्षुण्ण बनी रही।

सन्दर्भ :

1. डॉ. पाण्डुरंग वामन काणे, धर्मशास्त्र का इतिहास, तृतीय भाग, पृ. 1312-1313
2. इलाहाबाद जिला गजेटियर (1966), पृ. 78
3. उत्तर प्रदेश में गाँधीजी, रामनाथ सुमन, पृ. 18
4. वही, पृ. 19
5. वही, पृ. 50-53
6. वही, पृ. 54
7. वही, पृ. 60
8. वही, पृ. 89-90
9. वही, पृ. 95-96
10. वही, पृ. 100
11. जगदीशचन्द्र माथुर, दस तसवीरें, पृ. 13
12. वही, पृ. 20
13. वही, पृ. 22
14. वही, पृ. 23
15. वही, पृ. 24
16. वही, पृ. 27
17. वही, पृ. 34
18. सरदार वल्लभभाई पटेल; भारत की एकता का निर्माण (27 भाषण) पृ. 199-212

अध्याय–15

प्रयाग के दर्शनीय स्थल

संगम तट, भरद्वाज आश्रम, इलाहाबाद का किला और उसके परिसर में स्थित अक्षयवट, अशोकस्तम्भ और खुसरो बाग का विस्तृत वर्णन पूर्व अध्यायों में किया जा चुका है। प्रयाग के अन्य दर्शनीय स्थल निम्नवत हैं-

प्रयाग का समुद्रकूप

समुद्रकूप गंगा के उस पास पुरानी झूँसी में स्थित है। यह कूप उल्टा किला के अन्दर है जो कि एक ऊँचे टीले पर स्थित है। मान्यता है कि यह कूप समुद्र का स्रोत है, क्योंकि इस कूप का पानी खारा है।

प्रयाग का समुद्रकूप

समुद्रकूप प्रयाग का एक पवित्र स्थल है। सामान्यतः इसको तीर्थराज प्रयाग का एक उपतीर्थ माना जाता है। मत्स्य पुराण के अनुसार गंगा के बाएँ तट पर तीनों लोकों में प्रसिद्ध समुद्रकूप और प्रतिष्ठान स्थित है।

पूर्व पार्श्वे तु गंगोयास्त्रिषु लोकेषु भारत।
कूपञ्चैव तु सामुद्रं प्रतिष्ठानञ्च विश्रुतम्।।

(मत्स्य पुराण, 105/30)

पौराणिक मान्यताओं के अनुसार जो व्यक्ति ब्रह्मचर्य का पालन और क्रोध पर नियन्त्रण करते हुए समुद्रकूप के पास तीन रात्रि तक निवास करता है, वह सभी पापों से मुक्त तो होता ही है, अश्वमेध यज्ञ करने का फल भी प्राप्त करता है।

ब्रह्मचारी जितक्रोधस्त्रिरात्रं यदि तिष्ठति।
सर्व पाप विशुद्धात्मा सोश्वमेधफल लभेत।।

(मत्स्य पुराण, 105/31)

उल्लेखनीय है कि मत्स्य पुराण का संकलन गुप्तकाल (पाँचवीं-छठी शताब्दी ई.) में हुआ था। इससे स्पष्ट होता है कि गुप्तकाल तक आते-आते एक पवित्र तीर्थ के रूप में समुद्रकूप की प्रतिष्ठा और महत्ता इतनी बढ़ गयी थी कि पुराणकार ने प्रतिष्ठान के साथ ही उसका उल्लेख करना आवश्यक समझा।

प्रो. वासुदेवशरण अग्रवाल के अनुसार "विदेशों के साथ व्यापार करके घर लौटने पर धनी व्यापारी सवा पाव से लेकर सवा मन तक सोने के बने हुए सप्त-समुद्ररूपी सात कुण्डों का दान करते थे। मथुरा, प्रयाग, काशी- जैसे बड़े केन्द्रों में जहाँ इस प्रकार के दान दिये जाते थे, वे जलाशय सप्तसमुद्रकूप या समुद्रकूप कहलाते थे। इस नाम के कूप अभी तक इन तीनों स्थानों में विद्यमान हैं।"[1]

समुद्रकूप चौड़े मुँहवाला एक पक्का कुआँ है। झूँसी के टीले पर यह आज भी मौजूद है। वर्तमान में झूँसी के इस टीले को 'कोट' कहा जाता है। प्रयाग गुप्तकाल में सम्राट् समुद्रगुप्त के साम्राज्य के अधीन रहा है। इसलिए इस कूप के नाम के आधार पर इसको सम्राट् समुद्रगुप्त द्वारा बनवाया हुआ माना जाता है। समुद्रगुप्त कालीन अश्वमेध प्रकार के सिक्कों के मिलने से यह स्पष्ट है कि समुद्रगुप्त द्वारा अश्वमेध यज्ञ कराया गया था। प्रसंगवश यह भी उल्लेखनीय है कि हरिषेण द्वारा समुद्रगुप्त की विजयों का विस्तृत वर्णन करते हुए जो प्रशस्ति लिखी गयी थी, वह अशोक के कोसम-प्रयाग स्तम्भलेख के एक भाग पर अंकित है। इस 'प्रयाग-प्रशस्ति' में समुद्रगुप्त द्वारा 'गो-शत-सहस्त्र दान' किये जाने का उल्लेख है। 'गो-शत-सहस्त्र दान' मत्स्य पुराण में वर्णित 16 महादानों में से एक है। मत्स्य पुराण में कहा गया है कि 'गो-शत-सहस्त्र दान' करनेवाला व्यक्ति अधिराज का पद प्राप्त करता है; और कभी नरक नहीं जाता है। वहीं यह भी कहा गया है कि 'गो-शत-सहस्त्र दान'

करने के पहले यजमान को तीन रात्रि तक मात्र दुग्धाहार पर ही रहना चाहिए। यानी तीन रात्रि संयमित भोजन करने के बाद उक्त दान की क्रिया आरम्भ की जानी चाहिए। मत्स्य पुराण के उपर्युक्त श्लोक (105/31) में भी प्रसंगानुकूल बात कही गयी है। उसमें कहा गया है कि जो व्यक्ति ब्रह्मचर्य का पालन और क्रोध पर नियन्त्रण करते हुए समुद्रकूप के पास तीन रात्रि तक निवास करता है, वह सभी पापों से मुक्त तो होता ही है, अश्वमेध यज्ञ करने का फल भी प्राप्त करता है। इससे ऐसा प्रतीत होता है कि सम्राट् समुद्रगुप्त ने प्रयाग में गंगा के पावन तट पर अश्वमेध किया था; और वहीं समुद्रकूप का निर्माण कराया था। वहाँ तीन रात्रि तक ब्रह्मचर्य आदि विधि-निषेधों का पालन करते हुए रहने के बाद 'गो-शत-सहस्त्र दान' करके यज्ञ का फल प्राप्त किया था। प्रतिष्ठानपुर से प्राप्त एक गुप्तोत्तर-कालीन ताम्रलेख से भी इस बात की पुष्टि होती है कि शासक-गण धार्मिक अवसरों पर या धार्मिक अनुष्ठानों के दौरान पुण्य-लाभ के लिए यथेष्ठ दान देते थे। इस ताम्रलेख के अनुसार विजयपाल देव के पौत्र और राज्यपाल देव के पुत्र त्रिलोचनपाल देव ने दक्षिणायन संक्रान्ति के दिन गंगा-स्नान के बाद भगवान् शिव का पूजन करके प्रतिष्ठानपुर नामक गाँव में विविध गोत्रवाले ब्राह्मणों को दान दिया। ताम्रलेख में यह भी कहा गया है कि त्रिलोचनपाल देव गंगा के किनारे प्रयाग के पास ही रहते थे। इस ताम्रलेख की तिथि श्रावण बदी संवत् 1084 विक्रमी (अर्थात 26 जून, 1027) अंकित है।

समुद्रकूप लम्बे अरसे से ढका पड़ा था। सम्भव है कि मध्यकाल में विधर्मियों द्वारा इसकी पवित्रता को नष्ट होने से बचाने के उद्देश्य से किसी श्रद्धालु ने इसको ढकवा दिया हो। 1882 ई. के आसपास अयोध्या के एक वैष्णव साधु बाबा सुदर्शनदास ने इस कूप को खुलवाकर इसकी सफाई करवायी और वहीं एक आश्रम और एक मन्दिर भी बनवाया।

कूर्म पुराण में कहा गया है कि समुद्र में विलीन होनेवाली नदियाँ पवित्र हैं, किन्तु समुद्र पवित्रतम है। जबकि नारदीय पुराण में कहा गया है कि सागर सरिताओं का स्वामी और समस्त तीर्थों का राजा है। अतः यह भी सम्भव है कि तीर्थराज प्रयाग में त्रिवेणी संगम के समीप उक्त कूप को समुद्रतीर्थ के रूप में स्थापित किया गया हो।

प्रयाग के घाट

प्रयाग में घाटों की एक पुरानी परम्परा रही है। यहाँ स्थित दशाश्वमेघ घाट पर मार्कण्डेय ऋषि की प्रेरणा से युधिष्ठिर ने दस यज्ञ किये थे। झूँसी में रामघाट स्थित है, जहाँ पौराणिक काल में चन्द्रवंशी राजा पुरूरवा अपने गन्धर्व मित्रों के साथ

अग्निहोत्र किया करते थे। त्रिवेणी घाट धार्मिक अनुष्ठानों और पावित्र स्नान के लिए प्रसिद्ध है। त्रिवेणी घाट के आगे संगम घाट है। संगम क्षेत्र में ही अकबर द्वारा निर्मित किले की प्राचीरों को जिस जगह यमुना नदी स्पर्श करती है, उसी के पास किला घाट स्थित है। किला घाट से संगम तट तक जाने वाली नौकाओं का जमघट लगा रहता है। इससे पश्चिम की ओर आगे बढने पर अदृश्य सरस्वती के समीप सरस्वती घाट है। रसूलाबाद घाट भी प्रयाग का एक महत्त्वपूर्ण घाट है।

शृंगवेरपुर

शृंगवेरपुर (सिंगरौर) इलाहाबाद जिला मुख्यालय से 35 कि0मी0 दूर इलाहाबाद-लखनऊ मुख्यमार्ग पर गंगा के किनारे स्थित है। यहाँ शृंगी ऋषि की समाधि है और उनकी पत्नी देवी शान्ता का मन्दिर भी है। शान्ता देवी का उपनाम 'आनन्द माई' है। यहाँ आषाढ़ और सावन में कृष्णपक्ष की सप्तमी और अष्टमी तथा रामनवमी, वैशाख कृष्ण पक्ष की तृतीया और कार्तिक की पूर्णिमा को मेले लगते हैं।

पौराणिक अनुश्रुतियों के अनुसार शृंगी ऋषि ने अयोध्या के निस्सन्तान राजा दशरथ के लिए पुत्रेष्टि यज्ञ करवाया था। इस यज्ञ के बाद ही राजा दशरथ पुत्रवान हुए थे; और राम, भरत, लक्ष्मण एवं शत्रुघ्न का जन्म हुआ था। श्रीराम के जीवन से सम्बन्धित होने के कारण भारतवासियों के जीवन में इस स्थान का विशेष महत्त्व है। वनवास के लिए अयोध्या से वन को जाते समय श्रीराम शृंगवेरपुर के पास गंगाजी

शृंगवेरपुर (सिंगरौर), प्रयागराज

के तट पर पहुँचे थे। गंगाजी को देखकर वे प्रसन्नचित्त हुए, उनको सश्रद्धा प्रणाम करने के बाद श्रीराम ने गंगास्नान किया था।

गङ्गातीरं समागच्छच्छृङ्गवेराविदूरतः।
गङ्गां दृष्ट्वा नमस्कृत्य स्नात्वा सानन्दमानसः।।60।।

(अध्यात्मरामायण, अयोध्याकाण्ड)

फिर श्रीराम शिंशपा (सीसम) के वृक्ष की छाया में बैठे। इसी समय उनके आगमन का समाचार मिलते ही निषादराज गुह फल, शहद आदि लेकर वहाँ उपस्थित हुए। परन्तु श्रीराम ने अपने रखा गुह से कहा कि मैं चौदह वर्ष तक किसी गाँव या घर में नहीं जा सकता; और न ही किसी के दिए हुए फल-मूल ही खा सकता हूँ।

तत्पश्चात श्रीराम ने वट का दूध मँगाकर लक्ष्मण सहित भली भाँति सँवारकर अपने जटाजूट बाँधे थे। इस प्रकार श्रृंगवेरपुर में ही श्रीराम ने भ्राता लक्ष्मण के साथ मुनिवेश धारण किया था।

वटक्षीरं समानाय्य जटामुकुटमादरात्।
बबन्ध लक्ष्मणेनाथ सहितो रघुनन्दनः।।70।।

(अध्यात्मरामायण, अयोध्याकाण्ड)

वाल्मीकि रामायण के अनुसार श्रीराम ने कहा था कि "गंगा जी का जल देवताओं, मनुष्यों, गन्धर्वों, नागों और पशु-पक्षियों के लिए आदरणीय है। गंगा का दर्शन यहाँ से होता रहेगा।"

श्रृंगवेरपुर से ही उन्होंने सुमन्त एवं अन्य अवधवासियों को विदा किया था। उन सब को विदा करने के बाद इंगुदी के वृक्ष के नीचे रात्रि-विश्राम किया था; और अगले दिन प्रातः देवी सीता और लक्ष्मण सहित नाव से गंगा के पार उतरे थे। जिस घाट से वे तीनों गंगा के पार उतरे थे, वह अब 'रामचौरा' कहलाता है जो वर्तमान सिंगरौर से लगभग आधा मील दूर स्थित है।

गंगा पार करके वे तीनों प्रयाग स्थित महर्षि भरद्वाज के आश्रम पहुँचे थे। रामायण के अनुसार राम ने त्रिपथगा देवनदी गंगा का दर्शन किया था। गंगा शीतल जल से परिपूर्ण थीं। उसके तट पर ऋषियों के कई आश्रम थे।

महाभारतकार वेदव्यास ने भी श्रृंगवेरपुर का वर्णन किया है। उन्होंने वनवास के दौरान युधिष्ठिर को श्रृंगवेरपुर जाने को कहा था। कालिदास ने 'रघुवंशम्' में श्रृंगवेरपुर का वर्णन किया है। रघुवंशम् में श्रीराम के लंका से अयोध्या लौटते समय चित्रकूट, श्यामवट, प्रयाग और श्रृंगवेरपुर का वर्णन किया गया है। श्रृंगवेरपुर के सन्दर्भ में श्रीराम कहते हैं कि "निषादराज का यह वही पुर है, जहाँ मुकुट का त्याग करके मैंने जटाजूट धारण किया था। जहाँ सुमन्त्र रोये थे और उन्होंने कहा था कि कैकेयि! तुम्हारी कामना फलित हो गयी।"

भारत के सामाजिक इतिहास में यह स्थान एक महत्त्वपूर्ण मोड़ है, जहाँ आर्य संस्कृति के महानायक श्रीराम निषादराज गुह से भ्रातृभाव से मिलते हैं। शृंगवेरपुर जातीय भेदभाव और अस्पृश्यता की मानसिकता पर करारा प्रहार करता है। एक आर्य राजकुमार यहाँ वनवासियों का स्वरूप ही नहीं धारण करता, अपितु जातीय अभिमान को त्यागकर वनवासियों को गले भी लगाता है। इस दृष्टि से शृंगवेरपुर भारत की सांस्कृतिक समरसता और जातीय एकता का आदिपीठ है।

हंस कूप और हंस तीर्थ

हंस-कूप एक प्राचीन कुआँ है। इस पक्के कुएँ पर निम्नलिखित लेख उत्कीर्ण है-

हंस प्रपत वन्ती
हंस रूपी जगं
नाथः सदास
तत्र स्नाने पाने
हंस गति लभेत

अर्थात- इस हंस रूपी कुएँ में स्नान करने और इसका जल पीने से मनुष्य को मुक्ति (हंसगति) प्राप्त होती है। हंस-कूप का उल्लेख मत्स्य और वाराह पुराणों में भी किया गया है।

इसके दक्षिण-पूर्वी कोने में 'हंसतीर्थ' नामक स्थान है। हंसतीर्थ दरअसल 'हंस' सम्प्रदाय के साधुओं का आश्रम है। हंस सम्प्रदाय के साधुगण शिखा, सूत्र और श्वेत वस्त्र धारण करते हैं। बिहार के भागलपुर जिले के शाहपुर-सोनबरसा के एक राजपूत जमींदार ठाकुर प्रसाद साधु हो गये थे। उन्होंने अपना उपनाम 'आत्मा हंस' रख लिया था। विक्रम संवत् 1926 में उन्होंने ही इस आश्रम की स्थापना की थी।

शरीर की आभ्यान्तरिक शक्तियों के विविध स्थानों में छह केन्द्र मानकर, उनको तन्त्रशास्त्र में 'शट्चक्र कहा गया है। इन चक्रों का आधार रीढ़ की हड्डी है, जिसको हठयोग की शब्दावली में 'मेरुदण्ड' कहा गया है। इसके भीतर से होकर एक प्रधान ज्ञानतन्तु मस्तिष्क तक गया है, जिसको 'सुषुम्ना नाड़ी' कहते हैं। इसके बायें और दायें दो नाड़ियाँ हैं, जिनको 'इड़ा' और 'पिंगला' कहा जाता है। दोनों नेत्रों के बीच में 'त्रिकुटी' है; और एक-दूसरे के आरपार शरीर में सबसे नीचे 'कुण्डलिनी' है। कहा जाता है कि यह सर्प के समान साढ़े तीन बार लपटी रहती है, जो योगसाधन (प्राणायाम) से सीधी होकर मेरुदण्ड द्वारा षट्चक्रों को क्रमशः भेदती हुई ऊपर चढ़ती है; और ब्रह्माण्ड अर्थात् मस्तिष्क में पहुँच जाती है, जहाँ 'सहस्त्रदल कमल' अर्थात्

अनन्त ज्ञान का भण्डार है। यह स्थान ज्ञान-स्वरूप परमात्मा की सत्ता से परिपूर्ण है; और यही योगसाधना का चरम बिन्दु है। प्रत्येक चक्र कई-कई कोशों का होता है, जिनको 'दल' कहते हैं। इनके सांकेतिक नाम अक्षरों या वर्णों के अनुसार रखे गये हैं, जिन्हें 'बीज' भी कहा जाता है।

हंसतीर्थ आश्रम बहुत ही सुविचारित ढंग से बनवाया गया है, जिसमें हठयोग के सिद्धान्त के अनुसार शरीर के आन्तरिक स्थलों को स्थूल-रूप में दिखाने का प्रयास किया गया है। बीच-बीच में कुछ देवी-देवताओं की मूर्तियों का भी समावेश है, जिनमें से कई का सम्बन्ध ध्यानयोग के अनुसार षट्-चक्र-भेदन की क्रिया से है।

आश्रम में पान के आकार का एक छोटा-सा चबूतरा है, जिसका नाम 'कुण्डलिनी है। एक कुआँ है जिसके ऊपर छत पटी हुई है। इसको 'सुषुम्ना-कूप' कहते हैं। इस कुएँ के पीछे पूर्व और पश्चिम से सीढ़ियों की दो पंक्तियाँ कुएँ की छत तक गयी है। एक ओर 8 और दूसरी ओर 9 सीढ़ियाँ है। यह आठ सिद्धियों और नौ निधियों की द्योतक है। प्रतीकात्मक रूप से यह समझाने का प्रयास किया गया है कि योगसाधना के आरम्भ में यदि साधक इन सिद्धियों में लिप्त हो गया तो वह मानो कुँए में गिर पड़ता है और फिर उसका उत्थान नहीं होता। कुएँ के आगे दाएँ-बाएँ दो कोठरियाँ बनी हुई हैं। इनमें से एक का नाम 'स्नानभवन' और दूसरे का 'भिक्षाभवन' है। इन कोठरियों के दक्षिण में एक दालान है और उसके आगे एक कोठरी है। फिर उसके पीछे एक छोटी-सी कोठरी कुछ ऊँचाई पर है, जिसका द्वार दक्षिण की ओर एक छतदार चबूतरे पर है। इस भवन-समूह का नाम 'त्रिकुटी' है। त्रिकुटी के दोनों ओर नेत्रों के समान दो चबूतरे बने हुए हैं, जिसका नाम आज्ञा-चक्र है। चबूतरे पर शिव-पार्वती की मूर्तियाँ स्थापित हैं। मेरुदण्ड के प्रतीक-स्वरूप एक 2.1 फुट ऊँचा पक्का स्तम्भ है, जिस पर साँप की तरह कुण्डलिनी को लिपटे हुए दिखाया गया है। आश्रम के पूर्व और पश्चिम आमने-सामने दो द्वार हैं, जो इड़ा और पिंगला नाड़ियों के प्रतीक हैं।

प्रयागराज के मन्दिर

भरद्वाज आश्रम में भरद्वाज मुनि द्वारा भरद्वाजेश्वर महादेव का शिवलिंग स्थापित किया गया था। प्रयागराज में यमुना के तट पर मनकामेश्वर मन्दिर है जिसमें भगवान् शिव की दिव्य प्रतिमा स्थापित है। भगवान् शिव को समर्पित एक अन्य मन्दिर शिवकुटी मन्दिर है, जो गंगा के तट पर स्थित है। इसके साथ ही सिविल लाइन्स में स्थित हनुमत निकेतन मन्दिर, नवग्रह मन्दिर, वासुकी मन्दिर, आलोपी का मन्दिर, ललिता देवी मन्दिर, कल्याणी देवी मन्दिर, सुमेश्वर महादेव मन्दिर अरैल घाट आदि प्रमुख मन्दिर हैं।

मनकामेश्वर मन्दिर, प्रयागराज

पातालपुरी मन्दिर

प्रयागराज में संगम-तट पर स्थित किले की उत्तरी दीवार के निकट एक प्राचीन मन्दिर के अवशेष हैं, जिसको पातालपुरी मन्दिर कहा जाता है। इसकी लम्बाई पूर्व-पश्चिम में 84 फुट और उत्तर-दक्षिण में 49 फुट है। पत्थर की छत साढ़े छह फुट ऊँचे स्तम्भों के ऊपर टिकी है। मन्दिर में बारह-बारह स्तम्भों की सात पंक्तियाँ हैं; और बीच वाली पंक्ति में दोहरे स्तम्भ हैं। मन्दिर में स्तम्भों की कुल संख्या 100 है। मन्दिर का मुख्य द्वार पश्चिम की ओर है। वहाँ से सीढ़ियों से नीचे उतरना पड़ता है। यहाँ गणेश, धर्मराज, नृसिंह आदि देवताओं और गोरखनाथ आदि सन्तों की प्रतिमाएँ स्थापित हैं। बीच में कई शिवलिंग स्थापित हैं। उत्तरी दीवार में एक बड़ा आला है, जिसको अक्षयवट का अवशेष माना जाता है। 1906 ई. तक मन्दिर के भीतर घना अँधेरा था। उस समय तक श्रद्धालु यात्रियों को दीपक जलाकर दर्शन-पूजन कराया जाता था। बाद में वहाँ कई रोशनदान बना दिये गये हैं, जिसके कारण अब वहाँ प्रकाश की यथेष्ठ व्यवस्था है। 2019 के अर्द्धकुम्भ मेले के लिए इस मन्दिर के परिसर का जीर्णोद्धार किया गया है।

अलोपी देवी का मन्दिर

दारागंज की ओर जानेवाली जी0टी0 रोड पर अलोपी देवी का मन्दिर है। इस मन्दिर का नामकरण अलोपशंकरी देवी के नाम पर किया गया है। यह एक

शक्ति-पीठ है। यहाँ किसी देवी-देवता की कोई मूर्ति नहीं है। मन्दिर के बीच में एक चबूतरा है, जिसमें एक छोटा-स कुण्ड बना हुआ है। उसके ऊपर एक झूला है जो लाल कपड़े से ढँका रहता है।

बड़े हनुमान जी का मन्दिर

संगम के निकट बाँध से सटा एक अनोखा मन्दिर है जिसे बड़े हनुमान जी का मन्दिर कहते हैं। इस मन्दिर में हनुमान जी की लेटी हुई प्रतिमा है और उसके दर्शन के लिए लोगों को सीढ़ियों से उतर कर नीचे जाना पड़ता है। कहते हैं कि सोलहवीं सदी ई. में प्रयाग में एक सिद्ध महात्मा रहते थे। वे हमेशा बाघम्बर ओढ़ते और बिछाते थे। उन्हीं के नाम भी प्रयाग के दारागंज मुहल्ले में बाघम्बरी गद्दी स्थापित है। बड़े हनुमानजी की पूजा-अर्चना का प्रबन्ध इसी गद्दी से होता है।

शंकर विमान मण्डपम्

उसके पास ही द्रविड़ शैली में निर्मित शंकर विमान मण्डपम् नामक एक मन्दिर है। इस मन्दिर की ऊँचाई 130 फिट है और इसमें चार मंजिलें है। अनुश्रुतियों के अनुसार कुमारिल भट्ट से आदि शंकराचार्य की भेंट इसी स्थान पर हुई थी। उस स्मृति को चिरस्थायी बनाने के उद्देश्य से ही इस मन्दिर की स्थापना की गयी है। मन्दिर के प्रथम तल पर कुमारिल भट्ट और आदि शंकराचार्य की प्रतिमाएँ स्थापित हैं। द्वितीय तल पर कामाक्षी देवी, तृतीय तल पर तिरुपति बालाजी और चतुर्थ तल पर सहस्त्र योग-लिंगम् स्थापित है। इस मन्दिर का मण्डप वास्तुशिल्प की दृष्टि से बेजोड़ है।

हनुमत निकेतन

प्रयागराज नगर के मध्य में सिविल लाइन्स क्षेत्र में हनुमत निकेतन नामक एक भव्य मन्दिर स्थित है। हनुमानजी के एक परम भक्त पं. रामलोचन ब्रह्मचारी ने घर-घर भिक्षा माँगकर इस मन्दिर की स्थापना की थी। मन्दिर के गर्भगृह में हनुमानजी की जाग्रत प्रतिमा के अतिरिक्त श्रीराम, सीता, लक्ष्मण, भगवती दुर्गा, सरस्वती, राधा-कृष्ण और शिवपरिवार की प्रतिमाएँ हैं। मन्दिर परिसर में ही भारतीय संस्कृति, दर्शन और इतिहास सम्बन्धी एक वाचनालय भी है, जहाँ बैठकर लोग स्वाध्याय भी करते हैं। मन्दिर परिसर में ही एक व्यायामशाला भी है।

नागवासुकि मन्दिर

वासुकि को नागों का राजा कहा गया है। वे प्रजापति कश्यप और कद्रू की सन्तान थे। शतशीर्षा नागवासुकि की पत्नी थीं। देवताओं ने नागधन्वातीर्थ में वासुकि को नागराज के पद पर अभिषिक्त किया था। शिव का परम भक्त होने के कारण

नागवासुकि मन्दिर, प्रयागराज

वह उनके शरीर पर निवास करता था। जब उसे पता चला कि नागकुल का नाश होनेवाला है और उसकी रक्षा उसके भगिनी-पुत्र (भांजे) द्वारा ही होगी, तब उसने अपनी बहन का विवाह जरत्कारु ऋषि से कर दिया। जरत्कारु के पुत्र आस्तीक ने ही जनमेजय के नागयज्ञ को बीच में ही स्थगित करवाकर नागकुल की रक्षा की थी। समुद्र-मन्थन के दौरान वासुकि ने मन्दराचल को बाँधने के लिए नेति (रस्सी) का काम किया था; और त्रिपुरदाह के समय वह शिव के धनुष की डोरी भी बना था।

मत्स्य पुराण के अनुसार प्रतिष्ठान से वासुकि कुण्ड तक प्रयाग का विस्तार है। वासुकि कुण्ड वासुकि नाग का विश्राम-स्थल था। प्रयागराज के दारागंज मुहल्ले के बख्शीकलाँ उप-मुहल्ले में नाग वासुकि मन्दिर स्थित है। इस मन्दिर में नाग वासुकि की प्रतिमा स्थापित है। वे ही इस मन्दिर के प्रधान देवता हैं। प्राचीन मन्दिर जीर्ण होकर नष्ट हो चुका है। उसके स्थान पर मराठा राजा श्रीधर भोंसले द्वारा 18वीं सदी ई. में बनवाया गया मन्दिर विद्यमान है। प्रतिवर्ष नाग पंचमी के अवसर पर इस मन्दिर में एक बहुत बड़ा मेला लगता है।

अलफ्रेड पार्क

प्रयागराज में स्थित अलफ्रेड पार्क युगान्तरकारी घटनाओं का साक्षी रहा है। राजकुमार ड्यूक ऑफ एडिनबरा के प्रयागराज आगमन को यादगार बनाने के लिए इसको बनवाया गया था। यह पार्क भारतीय स्वतन्त्रता-संग्राम के नायक चन्द्रशेखर

अमर शहीद चन्द्रोखर आजाद की प्रतिमा,
चन्द्रशेखर आजाद पार्क (अलफ्रेड पार्क), प्रयागराज

आजाद (1908-1931) की शहादत का साक्षी है। चन्द्रशेखर आजाद इसी पार्क में 27 फरवरी, 1931 को अंग्रेज सिपाहियों द्वारा घेर लिये गये थे। पूर्वाह्न 10 बजे का समय था। उसी समय अंग्रेज सिपाहियों के साथ मोर्चा लेते हुए आखिरकार खुद को गोली मार कर उन्होंने आजीवन 'आजाद' रहने के अपनी प्रतिज्ञा पूरी की थी।

अलफ्रेड पार्क में अष्टकोणीय बैण्ड स्टैण्ड है, जहाँ ब्रिटिश सेना द्वारा बैण्ड बजाया जाता था। यहाँ पहले महारानी विक्टोरिया की एक भव्य मूर्ति लगी हुई थी, जिसे 1957 ई. में हटा दिया गया था। अब इस पार्क का नाम चन्द्रशेखर आजाद पार्क कर दिया गया है। पार्क में अमर शहीद चन्द्रशेखर आजाद की एक आदमकद प्रतिमा लगी हुई है। इसी पार्क के परिसर में प्रयागराज राज्य संग्रहालय स्थित है।

उत्तर प्रदेश की सबसे पुरानी और गॉथिक शैली[2] में बनी एक पब्लिक लाइब्रेरी भी इसके परिसर में ही है, जिसकी स्थापना 1864 ई. में हुई थी।

'आनन्द भवन'

1857 में भारत के प्रथम स्वाधीनता संग्राम में भारत की हिन्दू एवं मुस्लिम जनता, हिन्दू राजा एवं मुस्लिम नवाब और भारत में तैनात ब्रिटिश सेना के भारतीय सिपाहियों ने मिलजुल कर क्रान्ति का शंखनाद किया था। उस समय भारत में मुगलों का शासन था और दिल्ली की राजगद्दी पर बहादुरशाह जफर विराजमान थे। क्रान्ति की यह ज्वाला इतनी तीव्रता से भड़की वि अंग्रेज एकदम घबरा गये। परन्तु दमन-चक्र चलाकर कुछ समय बाद ही अंग्रेजों ने फिर से अपना नियन्त्रण स्थापित कर लिया। इसके बाद अंग्रेजों ने भारतीयों पर अमानुषिक अत्याचार किये।

यह क्रान्ति मुसलमान बादशाह के नायकत्व में हुई थी। इसलिए अंग्रेज भारतीय मुसलमानों से खासे खफा थे। इसलिए शुरू में उन्होंने हिन्दुओं के साथ नरमी और मुसलमानों के साथ सख्ती की नीति अपनायी। बदले की नीयत से शुरू में उन्होंने मुसलमानों को उन्नति का कोई मौका न देने का फैसला किया। लेकिन कुछ ही समय बाद उन्होंने इस नीति को बदल दिया। अंग्रेज गवर्नर जनरल ने प्रान्तीय गवर्नरों को लिखा कि ऐसे प्रभावशाली व्यक्ति की तलाश की जाये जो मुसलमानों और अंग्रेजों के बीच सेतु का काम कर सकें। संयुक्त प्रान्त (यू0पी0) के लेफ्टिनेण्ट गवर्नर सर जान स्टेची ने गवर्नर जनरल को सूचित किया कि ऐसा आदमी उनकी नज़र में है। कुछ दिनों बाद सर स्ट्रेची ने सर सैयद अहमद खान (1817-1898 ई.) को गवर्नर जनरल से मिलवाया। गवर्नर जनरल को सर सैयद अहमद उपयुक्त व्यक्ति लगे। बहरहाल, यह तय हुआ कि सर सैयद और गवर्नर जनरल अक्सर सलाह-मशविरा करते रहेंगे। परन्तु उन दोनों के बीच संवाद सीधे न होकर सर स्ट्रेची के माध्यम से हुआ करता था।

उस समय संयुक्त प्रान्त (यू.पी.) की राजधानी इलाहाबाद थी। अतः सर सैयद अहमद खान को सर स्ट्रेची से सलाह के लिए अक्सर इलाहाबाद आना-जाना और वहाँ कई-कई दिनों तक रहना पड़ता था। गवर्नर जनरल के निर्देश पर सर स्ट्रेची ने राजभवन के पास बीस एकड़ जमीन पर एक भव्य कोठी बनवाकर सर सैयद अहमद को भेंट कर दिया। सर सैयद ने अपने बेटे के नाम पर कोठी का नाम 'महमूद मंजिल' रखा और उनका परिवार उसमें रहने लगा। सर सैयद ने अलीगढ़ कॉलेज की स्थापना करके मुसलमानों को उनके धार्मिक वातावरण से निकालकर अंग्रेजियत में ढालने की पहल की।

सर सैयद के पुत्र महमूद साहब हाईकोर्ट के जज थे। सर सैयद के निधन के बाद वे 'महमूद मंजिल' में रहते रहे। सेवानिवृत्त होने के बाद उन्होंने इलाहाबाद छोड़ दिया और वह कोठी इलाहाबाद हाईकोट के एक वकील रायबहादुर परमानन्द पाठक को बेच दी। उन्होंने उस कोठी का नाम बदलकर 'पाठक निवास' कर दिया। परन्तु इलाहाबाद में उनकी वकालत नहीं चल पायी। 'पाठक निवास' के रख-रखाव का खर्च भी बहुत अधिक था। इसलिए उस कोठी को उन्होंने पंडित मोतीलाल नेहरू के हाथों बेच दिया। पं. मोतीलाल के उसको और भी भव्य बना दिया। कोठी के नामकरण के सन्दर्भ में उन्होंने अपने दोस्त और उर्दू के मशहूर शायर उस्ताद अकबर से सुझाव माँगा। उन्होंने कहा कि "मैंने अपनी कोठी का नाम उर्दू में 'इशरत मंजिल' रखा है, आप हिन्दी में 'आनन्द भवन' रख लें।" पं. मोतीलाल नेहरू को यह नाम पसन्द आया; और उन्होंने उस कोठी का नाम 'आनन्द भवन' रख दिया। भारत के प्रथम प्रधानमन्त्री जवाहरलाल नेहरू का बचपन इस 'आनन्द भवन' में ही बीता।

1924-25 ई. में पं. मोतीलाल ने इसे कांग्रेस को दान कर दिया। तब इसका नाम बदलकर 'स्वराज्य भवन' कर दिया गया। 'स्वराज्य भवन' के पास शीघ्र ही दूसरा 'आनन्द भवन' बनाया गया जो पुराने 'आनन्द भवन से भी ज्यादा शानदार था। इस दूसरे 'आनन्द भवन' को श्रीमती इन्दिरा गाँधी ने 1969 ई. में 'जवाहरलाल स्मारक ट्रस्ट' को दान कर दिया।

सन्दर्भ

1. वासुदेवशरण अग्रवाल, हर्षचरित : एक सांस्कृतिक अध्ययन, पृ. 17
2. गॉथिक शैली वास्तुकला की एक विशिष्ट शैली है जो उत्तर मध्यकाल में यूरोप में प्रचलित थे। यूरोप के कई प्रसिद्ध गिरिजाघर आदि इसी शैली में बने हैं। उल्लेखनीय है कि रोमनेस्क वास्तुकला से गॉथिक शैली का जन्म हुआ। इस शैली का जन्म फ्रांस में बारहवीं सदी ई. में हुआ और सोलहवीं सदी ई. तक यह प्रचलित रही। प्वाइण्टेड आर्च इस शैली की प्रमुख विशेषता है।

अध्याय–16

हिन्दी साहित्य का तीर्थ : प्रयाग

प्रयागराज पहले धर्म और आध्यात्म के साथ ही हिन्दी साहित्य का भी एक तीर्थ हुआ करता था। आधुनिक युग में अकबर इलाहाबादी, फिराक गोरखपुरी, सूर्यकान्त त्रिपाठी निराला, सुमित्रानन्दन पन्त, नरेश मेहता, डॉ. रामकुमार वर्मा, महादेवी वर्मा, हरिवंशराय बच्चन, उपेन्द्र नाथ अश्क, डॉ. धीरेन्द्र वर्मा, विजयदेव नारायण साही, धर्मवीर भारती, अमरकान्त, अमृतराय, दुष्यन्त कुमार, कमलेश्वर, मार्कण्डेय, डॉ. रघुवंश, दूधनाथ सिंह, भुवनेश्वर, रमानाथ अवस्थी, डॉ. कामिल बुल्के, डॉ. हरदेव बाहरी, डॉ. रामस्वरूप चतुर्वेदी, कैलाश गौतम, रवीन्द्र कालिया और नासिरा शर्मा जैसे साहित्य-साधकों ने इलाहाबाद की साहित्यिक परम्परा को प्रबल आधार प्रदान किया।

निराला की 4 अप्रैल, 1937 ई. को लिखी गयी प्रसिद्ध कविता 'तोड़ती पत्थर' में इलाहाबाद का एक श्रमशील चेहरा दिखायी देता है।

वह तोड़ती पत्थर,
देखा उसे मैंने इलाहाबाद के पथ पर।
वह तोड़ती पत्थर।
कोई न छायादार
पेड़ वह जिसके तले बैठी हुई स्वीकार;
श्याम तन, भर बँधा यौवन,
नत नयन, प्रिय-कर्म-रत मन,
गुरु हथौड़ा हाथ,
करती बार-बार प्रहार :-
सामने तरु-मालिका अट्टालिका, प्राकार।
चढ़ रही थी धूप;

गर्मियों के दिन
दिवा का तमतमाता रूप;
उठी झुलसाती हुई लू,
रुई ज्यों जलती हुई भू,
गर्द चिनगीं छा गयीं,
प्रायः हुई दुपहर :-
वह तोड़ती पत्थर।
देखते देखा मुझे तो एक बार
उस भवन की ओर देखा, छिन्नतार;
देखकर कोई नहीं,
देखा मुझे उस दृष्टि से
जो मार खा रोयी नहीं,
सजा सहज सितार,
सुनी मैंने वह नहीं जो थी सुनी झंकार
एक क्षण के बाद वह काँपी सुघर,
ढुलक माथे से गिरे सीकर,
लीन होते कर्म में फिर ज्यों कहा-
मैं तोड़ती पत्थर।

डॉ. हरिवंशराय बच्चन ने लोकधुन पर लिखी अपनी एक कविता में कहा है-

नाव बिराजी,
केवट राजी,
डाँड़ छुई भर, बस आ पहुँची संगम पर की भीड़।
डोंगा डोले,
नित गंग-जमुन के तीर,
डोंगा डोले।
मन मुसकायी,
उतर नहायी,
'आगे पाँव न देना, रानी, पानी अगम-गम्भीर'।
डोंगा डोले,
नित गंग-जमुन के तीर,
डोंगा डोले। *(पगला मल्लाह; त्रिभंगिमा)*

जबकि उपेन्द्रनाथ अश्क त्रिवेणी संगम की अदृश्य नदी सरस्वती के बहाने एक नया रूपक गढ़ते हुए लिखते हैं-

गंगा यमुना ही नहीं, मेरे नगर में
लोग कहते है एक तीसरी नदी भी हैं- सरस्वती
जो कभी दिखायी नहीं देती-
जो कभी दिखायी नहीं देती वह व्यथा है-
जो दिल-ब-दिल बहती है
और चेहरे पर जिसका आभास नहीं मिलता
तुम्हारी इन डबडबायी आँखों की
उसी तीसरी नदी ने मुझे डुबो लिया है
तुम्हारी वह तीसरी नदी मैं हूँ
तो फिर इन आँखों को चुपचाप पोंछ डालो
और मुझे पहले की तरह अदृश्य बहने दो।

लोकजीवन के चितेरे कवि कैलाश गौतम की एक प्रसिद्ध कविता है- 'अमौसा का मेला'। इस कविता में ठेठ गँवई परिवेश के साथ प्रयाग के माघ-मेले और मौनी अमावस्या-स्नान का बहुत ही सूक्ष्म अंकन किया गया है-

भक्ति के रंग में रंगल गाँव देखा,
धरम में करम में, सनल गाँव देखा,
अगल में बगल में सगल गाँव देखा,
अमौसा नहाय चलल गाँव देखा,
कान्ही का बोरा, कपारे पर बोरा,
गुलब्बन के दुल्हन चलै धीरे-धीरे,
भरल नाव जेइसे नदी तीरे तीरे,
सजल देह जैसे गौने के डोली,
हँसी हौ बताशा शहद हउवे बोली।

इलाहाबाद और छायावाद

'छायावाद' नामक हिन्दी काव्य-धारा के चार स्तम्भ माने गये हैं- जयशंकर प्रसाद, सुमित्रानन्दन पन्त, सूर्यकान्त त्रिपाठी निराला और महादेवी वर्मा। जयशंकर प्रसाद की कर्मभूमि और जन्मभूमि वाराणसी थी; और शेष सभी की कर्मभूमि इलाहाबाद थी। चूँकि छायावाद के कवि-चतुष्टय (यानी शीर्षस्थ चार कवियों) में

से तीन चौथाई इलाहाबाद के थे, इस दृष्टि से यदि यह कहा जाये कि इलाहाबाद ही छायावाद था, तो अत्युक्ति न होगी।

सूर्यकान्त त्रिपाठी निराला (1896-1961) आधुनिक काल में हिन्दी के सबसे महत्त्वपूर्ण कवियों में से एक हैं। आधुनिक हिन्दी कविता में उनका अवदान और प्रभाव व्यापक है। यदि संगीत की भाँति साहित्य में भी घराने होते, तो आज 'निराला घराना' ही सबसे बड़ा और सबसे महत्त्वपूर्ण साहित्यिक-घराना होता।

सुमित्रानन्दन पन्त (1900-1977) प्रकृति-चित्रण की दृष्टि से छायावाद युगीन कवियों में सर्वोपरि थे। इसीलिए उनको 'प्रकृति का सुकुमार कवि' कहा गया है। उनको 'हिन्दी का विलियम वर्ड्सवर्थ' भी कहा जाता है। उनके प्रयाग-प्रवास के दौरान हरिवंशराय बच्चन उनके काफी करीब रहे। हरिवंशराय बच्चन के बड़े पुत्र और सिनेमा की दुनिया के महानायक को 'अमिताभ' नाम पन्त जी ने ही दिया था।

फिराक गोरखपुरी और प्रयागराज

रघुपति सहाय 'फिराक' (1896-1982) और रामविलास शर्मा क्रमशः इलाहाबाद और लखनऊ विश्वविद्यालय में लम्बे समय तक अंग्रेजी के शिक्षक रहे। बाद में उन्होंने क्रमशः उर्दू और हिन्दी को अपनी साहित्य-साधना का क्षेत्र बनाया। फिराक को एक हिन्दी-विरोधी के तौर पर प्रचारित किया गया है। फिराक की कुछ टिप्पणियों और उसके बाद डॉ. रामविलास शर्मा द्वारा लिखे गये लेख से इस धारणा को बहुत बल मिला। परन्तु सच पूछा जाए तो फिराक का कथित हिन्दी-विरोध मुख्यतः छायावाद के दौर (1913-1936 ई.) तक रूपाकार धारण करने लगी हिन्दी काव्यभाषा की त्रिमता का विरोध था। वे तत्युगीन काव्यभाषा में द्विवेदीयुगीन पण्डिताऊपन के प्रवेश के प्रबल विरोधी थे। वे हिन्दी और उर्दू के बीच कोई दीवार नहीं मानते थे; और एक ही समाज की भाषा होने के कारण हिन्दी में भी उर्दू की सहजता और प्रवाह के आग्रही थे।

फिराक हिन्दी के सुप्रसिद्ध कवि सूर्यकान्त त्रिपाठी निराला के भी समकालीन थे। फिराक के जीवनीकार रमेशचन्द्र द्विवेदी ने फिराक और सूर्यकान्त त्रिपाठी निराला के सम्बन्ध में लिखा है कि निराला की यह कविता 'बाँधो न नाव इस ठाँव बन्धु' को सुनकर इस कदर बेचैन हो जाते हैं कि उनकी यह बेचैनी उसी भाव के अपने ढंग से पुनर्सृजन पर जाकर ही रुकती है।[1] फिराक की रचना की आरम्भिक पंक्ति थी-

नदी कहाँ हमें लाई यहाँ न बाँधो नाव,
ये और देश है भाई यहाँ न बाँधो नाव।

डॉ. धीरेन्द्र वर्मा और प्रयागराज

1921 ई. में इलाहाबाद के म्योर सेण्ट्रल कॉलेज से संस्कृत में एम.ए0 करने के बाद 1924 ई. में धीरेन्द्र वर्मा (1897-1973) इलाहाबाद विश्वविद्यालय में हिन्दी के प्राध्यापक नियुक्त हुए। बाद में वे वहीं प्रोफेसर और हिन्दी विभागाध्यक्ष हुए। "हिन्दी समीक्षा के क्षेत्र में जो कार्य आचार्य रामचन्द्र शुक्ल ने किया, हिन्दी शोध के क्षेत्र में वही कार्य डॉ. धीरेन्द्र वर्मा ने किया।"[2] आधुनिक समय में 'मध्यदेश' को एक भौगोलिक तथा सांस्कृतिक इकाई के रूप में पुनरन्वेषित करने का श्रेय धीरेन्द्र वर्मा को ही है।[3] भारतीय भाषाओं से सम्बद्ध शोध कार्यों के आधार पर 1933 ई. में उन्होंने हिन्दी भाषा का प्रथम वैज्ञानिक इतिहास लिखा था।

हरिवंशराय बच्चन का इलाहाबाद

हरिवंशराय बच्चन (1907-2003) की आत्मकथा या उनके शब्दों में कहें तो उनकी 'स्मृति यात्रा' के चौथे भाग का शीर्षक है- 'दशद्वार से सोपान तक'। यह शीर्षक जिज्ञासा जगाता है। 'दशद्वार' का शाब्दिक अर्थ है- जिसमें दस दरवाजे हों; और 'सोपान' का अर्थ है- सीढ़ी। 'दशद्वार' और 'सोपान' वस्तुतः दो घरों के नाम हैं। 'दशद्वार से सोपान तक' की भूमिका में बच्चनजी ने लिखा है-

"इलाहाबाद में क्लाइव रोड पर मैं जिस किराये के मकान में रहता था उसे मैंने दशद्वार का नाम दिया था। शायद आप यह भी जानना चाहें क्यों? मकान बहुत रोशन और हवादार था। उसमें रहते हुए एक दिन अचानक मेरा ध्यान इस ओर गया कि उसके हर कमरे में दरवाजों, खिड़कियों, रोशनदानों को मिलाकर दस-दस खुली जगहें हैं जिनसे रोशनी और हवा आती है। क्या मकान बनवाने वाले ने जानबूझकर ऐसी व्यवस्था करायी है? बहुत सम्भव है। ब्रजमोहन व्यास साहित्यिक सुरुचि के संस्कारवान नागरिक हैं। क्या कमरे बनवाते हुए कबीर के इस दोहे को वे घर में भी मूर्तिमान देखना चाहते थे?

दस द्वारे का पींजरा तामें पंछी पौन।
रहबे को अचरज है, जाय तो अचरज कौन।।

मौत हमें प्रायः अचरज में डाल देती है। कबीर कहते हैं, अचरज करने की चीज जिन्दगी है। शरीर-पिंजर दस दरवाजों का है- गीता के 'नवद्वारपुर' को उन्होंने 'दसद्वार' का बना दिया है। सम्भवतः अनुप्रास मोह से अथवा नाभिकुण्ड या त्रिकुटी (तीसरा नेत्र खुलने की जगह) या ब्रह्मरन्ध्र को दसवाँ खुला स्थान मानकर।

उसमें प्राणरूप पवन-पंछी रहता है। रहता है यह आश्चर्य है, निकल जाना स्वाभाविक है।

एक दिन व्यास जी से कहीं मिलने पर मैंने अपनी सूझ उन्हें बतायी।

बोले, 'खूब पकड़ा!'

मैंने कहा, ''क्या आपने कभी कल्पना की थी कि इस 'दशद्वार-पिंजर' में एक दिन कोई 'गीत-खग' सचमुच आकर बसेरा लेगा?''

बच्चन जी के अनुसार उस मकान के मालिक ब्रजमोहन व्यास ने अपनी पत्नी ललिता के नाम पर उस घर को पहले 'ललिताश्रम' नाम दिया था। प्रसिद्ध साप्ताहिक पत्रिका 'दिनमान' के सम्पादक कन्हैयालाल नन्दन को 1985 में दिये एक साक्षात्कार में हरिवंशराय बच्चन ने कहा था कि, ''वह मकान बनवाया था श्री ब्रजमोहन व्यास ने, अपने खुद के रहने के लिए। बनाने में इतना पैसा खर्च हो गया कि मकान बेच देना पड़ा। 10 हजार का कर्ज उस समय बहुत होता था। 40 हजार रूपये उसमें लगने थे उस समय। मगर उसमें लग गये 50 हजार। उनके पास नहीं थे तो उन्होंने पंचायती अखाड़ा को वह मकान बेच दिया। हम उसके एक हिस्से में किराये पर रहते थे।''

हरिवंशराय बच्चन ने साक्षात्कार में आगे कहा कि, ''उस वक्त 100 रु० किराया हम देते थे। मगर वह 3 हिस्सों में था। उस वक्त भी उसका किराया मेरा खयाल है तीन-चार सौ रूपये रहा होगा। हम एक विंग में रहते थे। बहुत कुछ वहाँ हुआ। अमिताभ-अजिताभ का छुटपन उसी मकान में बीता। 8 बरस हम वहाँ थे। 1948 में हम वहाँ गये थे और 1956 में हम वहाँ से निकले। उस समय की बहुत सी स्मृतियाँ उसके साथ जुड़ी हैं। इस वास्ते हम लोग चाहते हैं कि अगर वह मकान मिल जाये तो हम लोग उसे खरीद लें।''[4]

जहाँ तक 'सोपान' का सवाल है, यह बच्चन जी के दिल्ली वाले घर का नाम था। 1970 के दशक में जब नयी दिल्ली का विस्तार हो रहा था, उस समय लेखकों और पत्रकारों की एक सहकारी समिति बनी। इस समिति ने अपने नाम एक आवासीय कॉलोनी करायी, जिसको आगे चलकर 'गुलमोहर पार्क' कहा गया। उस कॉलोनी को 'गुलमोहर पार्क' नाम बच्चन जी ने ही दिया था। समिति के सदस्य होने के नाते उसमें एक प्लाट मिला था। इसी में बने अपने घर को उन्होंने 'सोपान' नाम दिया था।

हरिवंशराय बच्चन कहते हैं कि, ''दिल्ली के बुलावे पर 'दशद्वार' से मैं फरवरी 1956 में निकला। दस बरस विदेश मन्त्रालय में हिन्दी विशेषाधिकारी के पद पर रहा। छह वर्ष राज्यसभा के मनोनीत सदस्य के रूप में, दो वर्ष बम्बई में बड़े बेटे अमिताभ और छोटे बेटे अजिताभ के साथ रहा। चार वर्ष फिर बम्बई में अमिताभ

के साथ रहा; और एक बार फिर दिल्ली के बुलावे पर ही फरवरी 1983 में मैंने 'सोपान' के अभिनव भवन में प्रवेश किया।

इन सत्ताइस वर्षों में कितना पानी मेरी सुधियों की सरिता में बह चुका है। निश्चय ही उसके चेतन और अवचेतन के तटों पर अपने बहुविध प्रवाह की कितनी-कितनी निशानियाँ छोड़ते हुए- कहीं चटक, कहीं फीकी; कहीं चमकीली, कहीं धुँधली, कहीं साफ-सुथरी, कहीं धूमिल।''[5]

धर्मवीर भारती की नज़रों में इलाहाबाद

धर्मवीर भारती (1926-1997) ने अपने लोकप्रिय उपन्यास 'गुनाहों का देवता' में इलाहाबाद का बहुत ही वस्तुनिष्ठ शब्दचित्र उकेरने का प्रयास किया है। उन्हीं के शब्दों में- ''अगर पुराने जमाने की नगर-देवता की और ग्राम-देवता की कल्पनाएँ आज भी मान्य होतीं तो मैं कहता कि इलाहाबाद का नगर-देवता जरूर कोई रोमाण्टिक कलाकार है। ऐसा लगता है कि इस शहर की बनावट, गठन, जिन्दगी और रहन-सहन में कोई बँधे-बँधाये नियम नहीं, कहीं कोई कसाव नहीं, हर जगह एक स्वच्छन्द खुलाव, एक बिखरी हुई-सी अनियमितता। बनारस की गलियों से भी पतली गलियाँ और लखनऊ की सड़कों से चौड़ी सड़कें। वार्कशायर और ब्राइटन के उपनगरों का मुकाबला करने वाले सिविल लाइन्स और दलदलों की गन्दगी को मात करने वाले मुहल्ले। मौसम में भी कहीं कोई सम नहीं, कोई सन्तुलन नहीं। सुबहें मलयजी, दोपहरें अंगारी, तो शामें रेशमी। धरती ऐसी कि सहारा के रेगिस्तान की तरह बालू भी मिले, मालवा की तरह हरे-भरे खेत भी मिलें और ऊसर और परती की भी कमी नहीं। सचमुच लगता है कि प्रयाग का नगर-देवता स्वर्ग-कुंजों से निर्वासित कोई मनमौजी कलाकार है जिसके सृजन में हर रंग के डोरे हैं।

और चाहे जो हो, नगर इधर क्वार, कार्तिक तथा उधर वसन्त के बाद और होली के बीच के मौसम से इलाहाबाद का वातावरण नैस्टर्शियम और पैंजी के फूलों से भी ज्यादा खूबसूरत और आम के बौरों की खुशबू से भी ज्यादा महकदार है। सिविल लाइन्स या अलफ्रेड पार्क, गंगातट हो या खुसरूबाग, लगता है कि हवा एक नटखट दोशीजा की तरह कलियों के आँचल और लहरों के मिजाज से छेड़खानी करती चलती है। और अगर आप सर्दी से बहुत नहीं डरते तो आप ज़रा एक ओवरकोट डालकर सुबह-सुबह घूमने निकल जायें तो इन खुली हुई जगहों की फिजाँ इठलाकर आपको अपने जादू में बाँध लेगी। खास तौर से पौ फटने के पहले तो आपको एक बिल्कुल नयी अनुभूति होगी। वसन्त के नये-नये मौसमी फूलों के रंग से मुकाबला करने वाली हलकी सुनहरी, बाल-सूर्य की अँगुलियाँ सुबह की राजकुमारी के गुलाबी वक्ष पर बिखरे हुए भौंराले गेसुओं

को धीरे-धीरे हटाती जाती हैं और क्षितिज पर सुनहली तरुणाई बिखर पड़ती है।''[6]

रामकथा एवं हिन्दी के अनन्य प्रेमी कामिल बुल्के और इलाहाबाद

फादर कामिल बुल्के (1909-1984 ई.) 1935 ई. में बेल्जियम से भारत आये थे। यहाँ आकर उन्होंने भारत की जनभाषा को पढ़कर यहाँ की संस्कृति को समझने का निश्चय किया। इसी उद्‌देश्य से उन्होंने इलाहाबाद विश्वविद्यालय से संस्कृत और हिन्दी में एम.ए. किया। फिर इलाहाबाद में रहते हुए उन्होंने रामकथा पर शोध भी किया। उनका हिन्दी शोध-प्रबन्ध 'रामकथा : उत्पत्ति और विकास' (1950 ई.) एक अद्वितीय ग्रन्थ है। अपने शोध-कार्य को उन्होंने 'रामकथा की दिग्विजय का विवरण' कहा है। डॉ. धीरेन्द्र वर्मा ने इसकी प्रस्तावना में लिखा है- ''यह ग्रन्थ वास्तव में रामकथा सम्बन्धी समस्त सामग्री का विश्वकोष कहा जा सकता है। सामग्री की पूर्णता के अतिरिक्त विद्वान लेखक ने अन्य विद्वानों के मत की यथास्थान परीक्षा की है तथा कथा के विकास के सम्बन्ध में अपना तर्कपूर्ण मत भी दिया है। वास्तव में, यह खोजपूर्ण रचना अपने ढंग की पहली ही है और अनूठी भी है। हिन्दी क्या, किसी भी यूरोपीय अथवा भारतीय भाषा में इस प्रकार का कोई दूसरा अध्ययन उपलब्ध नहीं है।''

जो काम आदिकाल के लिए महापण्डित राहुल सांकृत्यायन कर गये वही काम रामकथा के प्रसंग में डॉ. बुल्के ने कर दिखाया।[7] उन्होंने गहरी छानबीन करके स्पष्ट किया कि भारत ही नहीं, दक्षिण-पूर्व एशिया, भूटान, तिब्बत, वियतनाम और बर्मा तक रामकथा का विस्तार है। रामकथा की ऐसी महिमा है कि इण्डोनेशिया जैसे मुस्लिम-बहुल देश में लगभग 350 रामलीलाएँ होती हैं। वह रामकथा को सिर्फ हिन्दुओं या भारत की कथा न मानकर पूरे विश्व की कथा मानते थे।

जिस प्रकार रामायण की रचना करके वाल्मीकि और रामचरितमानस लिखकर तुलसी अमर हो गये हैं, उसी प्रकार रामकथा के विभिन्न स्रोतों का संकलन करके और उस पर तुलनात्मक रूप से प्रकाश डालकर कामिल बुल्के भी हिन्दी साहित्य जगत में अमरत्व को प्राप्त हो गये हैं।[8]

डॉ. प्रभाकर माचवे ने एक बार इलाहाबाद में एक गोष्ठी में कामिल बुल्के को 'हनुमान' कह दिया था। केरल में हनुमान दाढ़ी वाले होते है, कथकलि में। डॉ. माचवे के अनुसार उन्होंने ऐसा दो कारणों से कहा था। एक तो वे विश्व-विश्रुत रामभक्त थे। दूसरे वे इस मूर्च्छित हिन्दी-शोध प्रदेशीय रामकथा का पूरा पर्वत उठाकर ले आये।''[9]

इलाहाबाद में एम.ए. करते समय वे भारतीय संन्यासियों के अनुरूप कभी-कभी गेरुआ वस्त्र भी धारण किया करते थे। उनका विचार था कि जिस देश में हिन्दू, बौद्ध, सूफी आदि विभिन्न मतों के संन्यासी गेरुआ वस्त्र पहनते हैं उस देश के ईसाई संन्यासियों को भी अपने लिए निर्धारित वेश-भूशा के रूप में गेरुए कपड़े का उपयोग करना चाहिए। यद्यपि वे अभ्यासवश ईसाई संन्यासियों के बीच प्रचलित श्वेत-वस्त्र पहनते थे, लेकिन वे केवल इस रंग के आग्रह को उचित नहीं मानते थे।

उन्होंने इलाहाबाद विश्वविद्यालय में 1945 ई. में एम.ए० (हिन्दी) में नामांकन कराया; क्योंकि वे जिस हिन्दी भाषा के माहात्म्य से अभिभूत थे और जिसके माध्यम से काम करने का संकल्प ले चुके थे, उसमें दक्षता प्राप्त करने के लिए स्वयं उसके अनुसार, परीक्षार्थी छात्र की तरह हिन्दी पढ़ना आवश्यक था। जब उन्होंने डी.फिल. के लिए रामकथा पर शोध आरम्भ किया, तो उनके सामने हिन्दी की प्रतिष्ठा का प्रश्न अचानक उपस्थित हुआ। उन दिनों अन्य भारतीय विश्वविद्यालयों की तरह इलाहाबाद विश्वविद्यालय में भी यह नियम लागू था कि भारतीय भाषाओं से सम्बन्धित शोध प्रबन्ध अंग्रेजी में ही प्रस्तुत किये जा सकते हैं। यद्यपि फादर बुल्के फ्लेमिशभाशी थे, लेकिन उनका अंग्रेजी पर भी पूरा अधिकार था। वस्तुतः वे कई यूरोपीय भाषाओं के जानकार थे। उन्होंने बेलजियम की एक अनिवार्य भाषा के रूप में फ्रेंच पढ़ी थी, धर्म भाषाओं के रूप में ग्रीक और लैटिन का अध्ययन किया था, यूरोप में धर्म-शिक्षा ग्रहण करते समय जर्मन सीखी थी तथा भारत आने पर दूसरे यूरोपीय मिशनरियों की तरह अंग्रेजी में विशेषज्ञता हासिल की थी। इसलिए अंग्रेजी भाषा में हिन्दी विषय का शोध-प्रबन्ध लिखना उनके लिए बहुत सरल था; किन्तु उन्हें यह नियम न केवल असंगतिपूर्ण लगा, वरन हिन्दी भाषा के प्रति उपेक्षा और अपमान से पूर्ण भी। उन्होंने विश्वविद्यालय से आग्रह किया कि उन्हें हिन्दी में शोध प्रबन्ध प्रस्तुत करने की अनुमति प्रदान की जाय। उन दिनों विश्वविद्यालय ने शोध की माध्यम भाषा के सम्बन्ध में प्रचलित नियम का संशोधन कर उन्हें हिन्दी में प्रबन्ध प्रस्तुत करने की अनुमति दे दी। यह बात बहुत कम लोगों की मालूम है कि फादर बुल्के की राम-कथा हिन्दी विषय का डाक्टरेट के लिए हिन्दी में लिखित प्रथम शोध प्रबन्ध है और यह भी कि शोधोपाधि की माध्यम-भाषा के रूप में हिन्दी को पहली बार प्रतिष्ठित कराने का श्रेय उन्हीं को है।[10]

उनके मन में महाकवि तुलसीदास के प्रति आकर्षण उत्पन्न हो गया था और उन्होंने भारत आते ही तुलसी-साहित्य को पढ़ने के लिए हिन्दी का अध्ययन आरम्भ कर दिया। तुलसी की भक्ति के मर्म को समझने के लिए उन्होंने रामकथा

के रहस्य को जानना चाहा। उनके शोध-विषय का मूल शीर्शक था- तुलसी की रामभक्ति। जिसके प्रथम अध्याय के रूप में उन्होंने रामकथा के ऐतिहासिक विकास का निरूपण किया था। जब उन्होंने इस अध्याय की सामग्री को पूर्णता पर ले जाने के लिए समस्त भारतीय राम-साहित्य के अतिरिक्त फ्रेंच और डच-फ्लेमिश में उपलब्ध दक्षिण-पूर्व एशियाई राम-साहित्य का अवलोकन किया, तो वे इस कथा की महिमा से अभिभूत हो उठे। उन्होंने यह निश्चय किया वे तुलसी की राम भक्ति पर बाद में कार्य करेंगे और सबसे पहले शोध विषय के रूप में रामकथा के विश्वव्यापी प्रसार के रहस्य तथा ऐतिहासिक विकास-क्रम का निरूपण करना चाहेंगे। अतः उन्होंने इलाहाबाद विश्वविद्यालय के हिन्दी विभागाध्यक्ष डॉ. धीरेन्द्र वर्मा से शोध विषय का शीर्षक बदलकर 'रामकथा : उत्पत्ति और विकास' कर देने का अनुरोध किया और उन्हें इसकी अनुमति मिल गयी। रामकथा जिस पर उन्हें 1949 ई. में डी. फिल. मिली और जिसका प्रकाशन स्वयं इलाहाबाद विश्वविद्यालय ने 1950 ई. में किया, उनकी विश्वव्यापी कीर्ति का आधार स्तम्भ है। इसमें संस्कृत, पाली, प्राकृत अपभ्रंश, हिन्दी, बंगला, तमिल आदि समस्त प्राचीन और आधुनिक भारतीय भाषाओं में उपलब्ध राम-विषयक विपुल साहित्य का ही नहीं वरन् तिब्बती, बर्मी, सिंहाली, इन्दोनेसी, मलय, थाई आदि एशियाई भाषाओं के समस्त राम-साहित्य की सामग्री का, इस कथा के अध्ययन के विकास की दृष्टि से, अत्यन्त वैज्ञानिक रीति से उपयोग हुआ है। इसका महत्त्व केवल हिन्दी या साहित्य तक सीमित नहीं है, बल्कि यह भारतविद्या के क्षेत्र में फादर बुल्के की अद्वितीय उपलब्धि है। यह भारत विद्या और एशियाई साहित्य के अध्ययन की आधारभूत पुस्तकों में है।[11]

प्रयागराज : एक उदार शहर

प्रयागराज की सबसे बड़ी विशेषता यह है कि जो भी इसकी गोद में स्नेहभाव से आया, इस नगर ने उसको अपना बना लिया। पन्त, निराला, महादेवी, बच्चन, फिराक हों या भुवनेश्वर- इलाहाबाद उनमें से किसी की भी मातृभूमि नहीं थी, सब कहीं और से आये और अन्ततः वहीं के होकर रह गये। प्रसिद्ध एकांकीकार और कथाकार भुवनेश्वर (1910-1957) का जन्म शाहजहाँपुर में हुआ था। परिस्थितिवश प्रयागराज आ गये।

"वर्ष 1933-34 में वह इलाहाबाद विश्वविद्यालय के मालवीय छात्रावास में शमशेर बहादुर सिंह के साथ रहे, जहाँ उनकी भेंट नरेन्द्र शर्मा और केदारनाथ अग्रवाल से हुई। कहते हैं, वह इलाहाबाद के अंग्रेजी अखबार लीडर से भी जुड़े रहे। वर्ष 1935 में उनका 'कारवाँ' संग्रह लीडर प्रेस से छपा, जिससे उनकी

लेखन-प्रतिभा चर्चा का विषय बनी। तब इलाहाबाद में 'परिमल' हिन्दी साहित्यकारों का केन्द्रीय अंग था, पर उसकी सक्रियता में भुवनेश्वर का कोई स्थान नहीं था।''[12] बाद में वे पूर्णतः विक्षिप्त होकर कहीं गायब हो गये; और एक गुमनाम मौत मर गये।

दुष्यन्त कुमार और प्रयागराज

हिन्दी गजल को महबूबा की जुल्फों के पेंचोखम से बाहर निकालकर आम आदमी के जीवन-संग्राम की भाषा बनाने वाले दुष्यन्त कुमार (1933-1975) की शिक्षा-दीक्षा भी प्रयागराज में ही हुई। उन्हीं दिनों आकाशवाणी इलाहाबाद द्वारा आयोजित नये प्रयोगशील कवियों के कविता-पाठ में आमन्त्रित कवियों में शमशेर, अजित कुमार, धर्मवीर भारती, जगदीश गुप्त, त्रिलोचन शास्त्री, गंगाप्रसाद पाण्डेय, राजनारायण बिसारिया, सर्वेश्वर दयाल सक्सेना और केदारनाथ सिंह के अलावा दुष्यन्त कुमार भी आमन्त्रित थे। 29 मार्च, 1954 को आकाशवाणी के इस आयोजन का चित्रात्मक वर्णन करते हुए दुष्यन्त लिखते हैं- ''एक संगीतमयता वातावरण में व्याप्त थी। सभी लोग धीरे-धीरे शिष्टतापूर्वक एक-दूसरे से बातें कर रहे थे। ठहाकों का काम मुस्कराहटों से लिया जा रहा था और सिगरेटों का लच्छेदार धुआँ प्रायः हर सिर के तीन फिट ऊपर तक छाया हुआ था। तब शायद नौ बजने में सात मिनट थे। और जब नौ में पाँच ही मिनट शेष रह गये तो (सुमित्रानन्दन) पन्त जी आये, जो उस गोष्ठी के मनोनीत सभापति थे। और ज्यों नौ बजे स्वयं उन्होंने कवि-गोष्ठी का कार्यक्रम घोषित किया और अपना एक निबन्ध नयी कविता पर पढ़ने के बाद एक-एक कर कवियों के नाम पुकारने लगे।

मैं बेसब्री से अपने नाम का इन्तजार कर रहा था। सोच रहा था कि कब कविता सुनाऊँ और कब यहाँ से भागूँ। दरअसल कवि-सम्मेलन की बजाय मेरा सारा ध्यान अलगे दिन सुबह सात बजे से होने वाली अपनी परीक्षा की ओर था, जिसकी कोई तैयारी तब तक नहीं की जा सकी थी।''[13]

अपने साथ के कवियों की रचनाओं पर टिप्पणी करते हुए 'डायरी के पृष्ठ' के इसी क्रम में लिखते हैं, दुर्भाग्यवश मेरा नम्बर आठवाँ निकला और तब तक मुझे मन मारकर इच्छा न रखते हुए भी सबकी कवितौँ सुननी पड़ी। सर्वेश्वर के अतिरिक्त और किसी की कविताएँ बहुत ज्यादा पसन्द नहीं आयी, यों सभी कविताएँ अच्छी थी।''[14]

प्रयागराज के आरम्भिक दिनों यानी 1950-51 में जब दुष्यन्त बी0ए0 में पढ़ रहे थे, जब वे विश्वविद्यालय के पी0सी0 बनर्जी छात्रावास के कमरा नम्बर 87 में रहते थे। उन दिनों उनको शुरुआती उठना-बैठना रमानाथ अवस्थी और बलवीर

सिंह रंग जैसे कवियों के साथ था। बाद में 'दुष्यन्त, कमलेश्वर और मार्कण्डेय प्रयाग के साहित्याकाश में 'त्रिशूल' बनकर चमके थे।'[15] इन तीनों ने मिलकर प्रयागराज से ही 'विहान' नामक पत्रिका पहला अंक निकाला। यह पत्रिका अर्थाभाव के कारण चल न सकी और इसका प्रवेशांक ही अन्तिम अंक साबित हुआ।

प्रयागराज के इन दिनों में, जबकि वे विश्वविद्यालय के हिन्दी विभाग में एम.ए. उत्तरार्द्ध के विद्यार्थी थे, कैरियर, पैसा और आत्मा की स्वाधीनता के द्वन्द्वों और इनसे पैदा हुए अन्तर्द्वद्वों में उलझ-उलझ जाया करते थे। पर अपने दोस्तों कमलेश्वर और मार्कण्डेय के चलते उनके पास सुरक्षा का एक ऐसा घेरा भी था जो उन्हें कोशिश-भर सँभाला करता। दुष्यन्त इलाहाबाद के अपने इन मित्रों के अलावा कथाकार भैरवप्रसाद गुप्त, अमृतराय, श्रीपत राय और उपेन्द्रनाथ 'अश्क' जैसे ख्यात कथाकारों और कहानी-पत्रिका के सम्पादकों के निरन्तर सम्पर्क में रहे और किताब महल (प्रयाग) जैसे प्रकाशनों के लिए अनुवाद कार्य भी करते रहे।

1954 में ही दुष्यन्त एम.ए. का इम्तहान देकर विश्वविद्यालयीन पढ़ाई से बाहर आये थे। इन्हीं दिनों उनके द्वारा किया गया सबसे महत्त्वपूर्ण काम है- नये कथाकारों पर लिखते हुए 'नयी कहानी' संज्ञा ईजाद करना। इस सम्बन्ध में उनका एक गम्भीर आलोचनात्मक लेख 'नयी कहानी : परम्परा और प्रयोग' हैदराबाद से प्रकाशित होने वाली पत्रिका कल्पना के जनवरी 1955 अंक में छपा, जिसने कहानी-क्षेत्र में एक प्रकार से नयी आलोचना का प्रवर्तन किया। नयी कहानी की आलोचना का यह प्रवर्तक लेख आज भी ऐतिहासिक महत्त्व का है।

बीसवीं सदी के छठे-सातवें दशक में प्रयागराज साहित्य की राजधानी माना जाता था। अपने इसी चरित्र के कारण वहाँ साहित्य के पण्डों, पुरोहितों, महन्तों और गद्दीधारियों की भी कोई कमी नहीं थी। युवा लेखक दुष्यन्त इनके बीच अक्सर उलझ जाते थे। वे लिखते हैं- ''आये थे इलाहाबाद विश्वविद्यालय में साहित्यिक बनने का स्वप्न लेकर और अब लेने के देने पड़ रहे है।...कहा जाता है कि आप अपना स्टैण्ड क्लियर कीजिए कि आप हममें है या प्रगतिवादियों में?'' दुष्यन्त सवाल करते हैं- ''जैसे बिना इनके या प्रगतिवादियों के साहित्यसेवी का और कोई रूप हो ही नहीं सकता। अगर कोई कभी भूले-भटके अपने आप को इन दोनों से अलग मान ले तो उस पर खुदा का कुफ्र नाजिल होता है। कुछ ऐसे निर्भीक और इनकी भाषा में धृष्ट नये लेखक भी मिले जिन्होंने अपने को दोनों दलों में मानकर अपनी स्वतन्त्र सत्ता की घोषणा कर दी।''[16] दुष्यन्त, प्रकारान्तर से, स्वयं को ऐसा ही 'स्वतन्त्र' लेखक मान रहे थे। जो भी हो, ''इलाहाबाद ने गीत

कवि दुष्यन्त का कायाकल्प कर उन्हें 'सूर्य का स्वागत' जैसी असाधारण कविताओं का उपहार दिया...।"[17]

कमलेश्वर का इलाहाबाद

इलाहाबाद को याद करते हुए कमलेश्वर (1932-2007) ने लिखा था- "गर्मियों में इलाहाबाद के गुलमोहर और अमलतास कवियों, लेखकों के लिए खिलते थे- हरसिंगार पन्तजी के लिए, चम्पा महादेवी जी के लिए, नेस्टर्शियम डॉ. भारती के लिए, कमल श्रीपत जी के लिए, मौलश्री रमानाथ अवस्थी और गिरधर गोपाल के लिए, पलाश और नीम हम जैसे नये लेखकों के लिए और बसन्त पर गेंदा खिलता था सिर्फ निराला जी के लिए।"[18]

इस महानगरी में विचारों और रचनाओं, शब्दों और अर्थों का महामन्थन चलता ही रहता था। लगता था इलाहाबाद इलाहाबाद नहीं, पौराणिक काल की बिम्बनगरी थी, पूराकाल की उज्जयिनी थी, आधुनिक व्यास, वाल्मीकि और कालिदास की नगरी। कमलेश्वर लिखते हैं- "यह शहर एक महावृक्ष है, जिसकी शाखों की नसों में न जाने कितने रंग और वैचारिक धाराएँ बहती हैं और पत्ते-फल स्वतः खिलते हैं।"[19]

प्रयागराज केवल त्रिवेणी की त्रिकूट-धारा और 'परिमल', 'सह-परिमल' और प्रगतिवादियों के वाद-विवाद का ही शहर भर नहीं रहा है, बल्कि यह विभिन्न प्रकार की विचारधाराओं का उद्गम-स्थल भी रहा है।

'परिमल' विहीन प्रयाग

यश मालवीय के शब्दों में, "साहित्यिक संस्था 'परिमल' क्या टूटी, प्रयागराज का साहित्य-तीर्थ कॉफी हाउस भी नये रंग में रँगता चला गया। जाड़े की सर्द दोपहरी भी यहाँ गर्म दिखायी देती है। जिन कुर्सियों पर फिराक, साही, गोपेश, भारती, जगदीश गुप्त, लक्ष्मीकान्त वर्मा, इलाचन्द्र जोशी, रामस्वरूप चतुर्वेदी, केशवचन्द्र वर्मा, उमाकान्त मालवीय आदि बैठकर साहित्यिक चर्चाएँ करते थे, वहीं अधिवक्ता जन बैठकर मुकदमे का सौदा तय करते हैं या फिर छात्र राजनीति की दिशा तय होती है।"[20]

धर्मवीर भारती, विजयदेव नारायण साही, जगदीश गुप्त, डॉ. रघुवंश आदि परिमल से सम्बद्ध थे। 'परिमल' में प्रायः अस्तित्ववादी, समाजवादी और मार्क्सवादी विचारधारा के लोग थे। मार्कण्डेय और दुष्यन्त कुमार परिमल की गोष्ठियों में कभी नहीं गये। वे दोनों परिमल खेमे के विरोधी थे। उन्होंने कुछ अन्य साथियों के सहयोग से इलाहाबाद विश्वविद्यालय के विद्यार्थियों के लिए 'सह-परिमल' नामक एक समानान्तर संस्था बनायी थी। डॉ. प्रभाकर माचवे ने डॉ. कामिल बुल्के

सम्बन्धी एक संस्मरणात्मक लेख में लिखा है कि "इलाहाबाद के विश्वविद्यालय के दिन उन्हें बहुत याद आते थे। धर्मवीर भारती, रघुवंश, रामस्वरूप चतुर्वेदी, जगदीश गुप्त, गंगा प्रसाद पाण्डेय- ये सभी उनके साथी थे। तब परिमल नया-नया जुटा था। मैंने उसमें कई निबन्ध पढ़े हैं। मैं बोलने जाता तो उसमें बुल्केजी अवश्य शामिल होते।[21]

ममता कालिया की नज़र में इलाहाबाद

कथा-लेखिता ममता कालिया कहती हैं कि- इलाहाबाद को याद करते हुए मन विस्मय और कृतज्ञता से भर जाता है। यही वह शहर है जिसने लिखने के लिए पर्याप्त समय दिया तो स्वाधीनता और स्वाभिमान का भाव भी। आज भी कहीं जाते हैं तो इलाहाबाद का नाम बड़े सम्मान से लिया जाता है।" उनका मानना है कि "जो यहाँ रह जाये, वही इसकी गरिमा और महत्त्व को समझ सकता है। इसका रचनात्मक और अकादमिक तेवर आज भी इसे दूसरे शहरों से अलग करता है। मुम्बई में रहकर हम यह मानते हैं कि लेखन की दुनिया में तब तक स्वीकृति नहीं मिलेगी जब तक इलाहाबाद की मुहर न लग जाए। यह इलाहाबाद ही है जो रचनात्मक निर्भीकता, हेकड़ और फकीरी में भी स्वामिभमान से रहने की ताकत देता है। धन से कहीं अधिक महत्त्वपूर्ण आत्मविश्वास की सुरक्षा है और यह शहर इसका सलीका सिखाता है।"[22]

सन्दर्भ

1. कथादेश, सितम्बर 1997 अंक में राजेन्द्र शर्मा का लेख : 'कब हमने फिराक को देखा था'
2. हिन्दी साहित्य कोश, भाग 2, प्र. सं. डॉ. धीरेन्द्र वर्मा, पृ. 273
3. वही, पृ. 274
4. दिनमान साप्ताहिक; 28 अप्रैल-4 मई, 1985, पृ. 20
5. वही, पृ. 25
6. धर्मवीर भारती, गुनाहों का देवता, पृ. 9
7. मुक्तकण्ठ, वर्ष 15, अंक 11-12, नवम्बर-दिसम्बर 1982, प्रो0 केसरी कुमार का लेख 'राम सनेही ना मरे', पृ. 9
8. आजकल, फरवरी 2010 अंक में इन्दरराज बैद का लेख 'रामकथा के अनन्य शोधकर्ता : कामिल बुल्के' पृ. 42
9. मुक्तकण्ठ, वर्ष 15, अंक 11-12, नवम्बर-दिसम्बर 1982, डॉ. प्रभाकर माचवे का लेख 'स्व0 बुल्के जी' पृ. 5
10. वही, डॉ. दिनेश्वर प्रसाद का लेख 'एक पुण्य स्मरण', पृ. 23
11. वही, डॉ. दिनेश्वर प्रसाद का लेख 'एक पुण्य स्मरण', पृ. 23-24

12. अमर उजाला हिन्दी दैनिक पत्र के 30 अक्टूबर, 2009 अंक में प्रकाशित अनिल सिद्धार्थ का लेख 'हाँ, भुवनेश्वर शर्मिन्दा हैं हम'
13. दुष्यन्त कुमार रचनावली 1, सं. विजय बहादुर सिंह, पृ. 34-35
14. वही, पृ. 35
15. वही, पृ. 41
16. वही, पृ. 38
17. वही, पृ. 63
18. वही, पृ. 49
19. वही, पृ. 49
20. अहा जिन्दगी, अक्टूबर, 2010 अंक, पृ. 33
21. मुक्तकण्ठ, वर्ष 15, अंक 11-12, नवम्बर-दिसम्बर 1982, डॉ. प्रभाकर माचवे का लेख 'स्व0 बुल्के जी' पृ. 6
22. 'अमर उजाला' दैनिक-पत्र के 11 सितम्बर, 2009 अंक का 'आखर'

सन्दर्भ ग्रन्थ सूची

1. धर्मशास्त्र का इतिहास, तृतीय भाग : डॉ. पाण्डुरंग वामन काणे (उ.प्र. हिन्दी संस्थान, लखनऊ)
2. भारतवर्ष का इतिहास : पं. भगवद्दत्त (वैदिक अनुसन्धान संस्थान, माडल टाउन, पंजाब)
3. भारतीय इतिहास की रूपरेखा, जिल्द-1-2, जयचन्द्र विद्यालंकार (हिन्दुस्तानी एकेडेमी, प्रयाग)
4. हिन्दूधर्म कोष : डॉ. राजबली पाण्डेय (उत्तर प्रदेश हिन्दी संस्थान, लखनऊ)
5. भारतीय मिथक कोष : डॉ. उषा पुरी विद्यावाचस्पति (नेशनल पब्लिशिंग हाउस, नयी दिल्ली)
6. मध्यदेश : डॉ. धीरेन्द्र वर्मा (बिहार राष्ट्रभाषा परिषद्, पटना)
7. कुम्भ दर्शन : जगदीश गुप्त
8. महाकुम्भ-पर्व (गीताप्रेस, गोरखपुर)
9. प्रयाग प्रदीप : शालिग्राम श्रीवास्तव (हिन्दुस्तानी एकेडेमी, प्रयाग)
10. श्रीरामचरितमानस विजया टीका (खण्ड 1-3) : पं. विजयानन्द त्रिपाठी (चौखम्बा विद्याभवन, वाराणसी)
11. प्राचीन भारत की सांग्रामिकता : पं. रामदीन पाण्डेय (बिहार राष्ट्रभाषा परिषद्, पटना)
12. ह्वेनत्सांग की भारतयात्रा, हिन्दी अनुवादक- ठाकुर प्रसाद शर्मा (शब्द महिमा प्रकाशन, जयपुर)
13. हर्ष : वी0 डी0 गंगल; हिन्दी अनुवाद : सुमंगल प्रकाश (नेशनल बुक ट्रस्ट, नयी दिल्ली)
14. हर्षचरित : एक सांस्कृतिक अध्ययन, डॉ. वासुदेवशरण अग्रवाल (बिहार राष्ट्रभाषा परिषद्, पटना)
15. भारत के प्रमुख अभिलेख, खण्ड 2 : डॉ. परमेश्वरीलाल गुप्त (विश्वविद्यालय प्रकाशन, वाराणसी)
16. पुरातत्त्व का रोमांस : भगवतशरण उपाध्याय (भारतीय ज्ञानपीठ, नयी दिल्ली)
17. खण्डहर बोलते हैं : गुणाकर मुले (राजकमल प्रकाशन, नयी दिल्ली)
18. इलाहाबाद जनपद की सांस्कृतिक एवं पुरातात्त्विक विरासत, सं. डॉ. वीना सिंह, डॉ. प्रदीप कु0 केसरवानी (राका प्रकाशन, इलाहाबाद)

19. उत्तर प्रदेश में गाँधीजी, रामनाथ सुमन (सूचना एवं जनसम्पर्क विभाग, उ.प्र.)
20. भारत की एकता का निर्माण (27 भाषण) : सरदार वल्लभभाई पटेल (पब्लिकेशन डिविजन, ओल्ड सेक्रेटेरियट, दिल्ली)
21. उ.प्र. संग्रहालय पुरातत्त्व पत्रिका, राय कृष्णदास स्मृति अंक, (अंक सं. 19-20, जून-दिसम्बर, 1977)
22. प्राग्धारा (उ.प्र. राज्य पुरातत्त्व संगठन की शोध पत्रिका) अंक 1, वर्ष 1990-91
23. Prayaga - The Site of Kumbh Mela : D.P. Dubey (Aryan Books International, New Delhi)
24. Allahabad Where The Rivers Meet : Neelam Saran Gaur
25. Glimpses of the transcendental world of Kumbh Mela : Manoj Thakkar & Jayesh Rajpal (Shiv Om Sai Prakashan, Indore)
26. The Ancient Geography of India : A. Cunningham (Indological Book House, Varanasi)
27. Uttar Pradesh District Gazetteers : Allahabad (Edition 1968)
28. The Modern Beginings of the Ancient Kumbh Mela in Allahabad : Kama Maclean [The Journal of Asian Studies 62, no. 3 (August 2003) page no. 873-905]